KB075694

대전환시대,
한반도 평화의 새로운 **길**

Reviving Korea Peace Initiative

— Pragmatic Approaches
in the Age of Great Transformation

Edited by
The Northeast Asia Peace Economic Association

ORUEM Publishing House
Seoul, Korea
2022

대전환 시대,
한반도 평화의 새로운 길

(사)
동북아평화경제협회 편

책을 펴내며

어떤 국가든 숙제를 가지고 있습니다. 그러나 선진국과 그렇지 못한 국가의 차이는, 공동체의 문제점을 사회적으로 합의된 시스템과 자원의 효율적인 배분을 통해서 갈등은 최소화하면서도 빠른 시간 안에 해결할 수 있는 국가능력의 여부에 있습니다. 국가능력을 키워서 모든 국민이 다양한 공동체적 위기로부터 안전하고 풍요로운 삶을 누릴 수 있게 하는 것이 국가 존재의 이유입니다.

대한민국은 한국전쟁의 폐허 속에서 70년 만에 선진국의 반열에 올랐습니다. 역사적으로 비슷한 사례가 없을 정도로, 우리나라는 많은 국가들이 배우고 따라가야 할 모델로 자리 잡았습니다. 대한민국은 경제·군사·혁신 등의 지수에서 세계를 선도하고 있습니다. 대한민국의 국가능력을 세계가 인정하고 있는 것입니다. 하지만 우리는 부족한 것이 있습니다. 바로 '평화'입니다. '코리안 디스카운트'는 평화가 결핍된 한국의 현실을 상징하는 용어입니다.

한반도 평화와 통일이 민족의 영원한 숙제가 되어가고 있습니다. 김대중·노무현·문재인 정부는 북한을 무조건적인 적대세력이 아닌 대화의 상대이자 협력의 상대로 인식하고 평화를 통한 안보를 추구해 왔습니다. 풀지 못하는 영원한 숙제로 덮어놓는 것이 아니라 우리가 주도적으로 움직여 새로운 한반도 평화시대의 문을 열고자 했습니다. 하지만 우리의 용기 부족과, 보수정권의 비현실적 정책, 북한의 잘못된 선택과 고집으로 한반도의 문제는 점점 더 복잡해졌고, 우리의 능력을 발휘할 수 있는 공간은 줄어들고 말았습니다. 하지만 그렇다고 해서, 한반도의 운명과 관련된 일을 남의 손에 맡길 수는 없습니다.

 문재인 정부의 평화구상은 평화에 대한 국민들의 기대를 높이며 많은 지지를 받았습니다. 하지만 안타깝게도 다양한 요인들로 일어난 문제들이 겹쳐, 기대와 지지가 지속되지 못했습니다. 한반도의 봄이 다시 올 수 있도록, 문재인 정부의 한반도 평화구상을 지속·발전시켜야만 합니다. 지금이 문재인 정부의 경험을 발판 삼아 한반도 평화구상 2.0을 마련해야 할 시기입니다. 북미 정상이 최초로 만나 합의한 싱가포르선언, 남북이 합의한 판문점선언, 평양공동선언, 남북군사합의 모두가 현실화될 수 있도록 우리의 국가능력에 맞는 새로운 전략이 필요합니다.

 이 책은 2022년 새로운 정부가 대한민국의 '평화-국가능력'을 높일 수 있는 방안을 제시하기 위해, 동북아평화경제협회가 중심이 되어 국내 최고의 외교·안보·통일 전문가들이 머리를 맞댄 결과입니다. 항상 한반도의 평화를 끊임없이 고민하며 실천할 수 있는 방안을 마련해 주신 연구진과 출판 작업에 참여해주신 모든 분들의 노고에 감사의 말씀을 드립니다. 이 책이 한반도 평화를 위한 실천적 대안으로서 그 역할을 할 수 있기를 기대합니다.

2022년 2월
(사)동북아평화경제협회 이사장 이해찬

책머리에

2017년 위기, 2018년 희망, 그리고 2019년 이후의 교착 상태를 보면서 한반도에서 70년 넘은 전쟁을 종식하고 새로운 평화의 지평을 여는 게 얼마나 어려운가를 절감하게 된다. 문재인 정부가 한반도 평화구상이란 기치 아래 숱한 노력을 했지만, 현실의 벽은 높고 두터웠다. 한반도 평화라는 우리의 소망은 계속 미결의 과제로 남게 될 것으로 보인다.

올해 5월 어떤 정부가 들어서도 한반도와 동북아 상황은 녹록지 않아 보인다. 남북관계는 얼어붙었고, 북미관계도 '강대강'의 대결 구도 아래 한 치 앞을 내다보지 못할 정도다. 그나마 안정적인 한미관계도 미·중 신냉전 구도 아래서 어떻게 전개될지 예측하기 어렵다. 한일관계는 바닥을 치고 있고 한·중·일 3국 협력도 마비 상태에 있다. 특히 코로나19 사태의 장기화, 기후변화의 파장, 그리고 첨예화되고 있는 핵 및 재래식 군비 경쟁 등은 인류의 미래를 위협하는 어두운 그림자라 하지 않을 수 없다. 이렇듯 안과 밖에서 대전환의 파고가 밀려 오고 있다.

이러한 도전 중에서도 가장 중차대한 것은 한반도의 비핵화와 평화라 하겠다. 이 책자는 이 주제를 중점적으로 다루고 있다. 1부에서는 문재인 정부의 한반도 평화구상을 비핵화, 남북군사합의, 평화경제, 한반도 평화체제로 각론별로 나누어 집중적으로 재조명하면서 그 한계와 문제점을 밝혀내고 있다. 2부에서는 한반도 비핵화와 평화체제에 대한 미국·중국·러시아·일본 주변 4강의 시각을 상세하게 규명하고 있다. 3부에서는 DMZ 접경지역의 평화, 번영에 대한 창의적 아이디어를 설득력 있게 제시하고 있다. 마지막으로 4부에서는 한반도 평화체제에 대한 새로운 구상과 한반도 비핵화, 군비통제, 평화경제, 포스트 코로나 시대의 남북협력, 그리고 남남갈등의 극복을 위한 실천적 대안들이 논의되고 있다.

이 책자의 필자들은 국내외적으로 명망 있는 전문가들이다. 이들의 글을 읽으면서 명불허전名不虛傳의 의미를 되새기게 된다. 그만큼 명료하고 창의적이다. 이들 글에는 몇 가지 공통점이 있다. 첫째, 국익을 모든 분석의 중심에 놓고 있다는 점이다. 허망한 담론에서 벗어나 국익의 시각에서 한반도 비핵화와 평화체제의 현재와 미래를 논하고 있다. 둘째, 상식이 이들 분석의 기본 축을 구성하고 있다는 점이다. 이념적 편견이나 선동적 허구가 아닌 지극히 상식적인 시각에서 한반도 문제를 바라보고 있다. 셋째, 팩트에 기반한 현실주의적 접근 또한 돋보인다. 여기서 현실주의라 함은 '힘의 정치'를 특징으로 하는 서구 리얼리즘이 아니라 실사구시의 실용주의를 의미한다. 마지막으로 이들은 평화, 북핵 문제의 외교적 타결, 한반도 경제공동체 등 진보주의적 이상을 공유하고 있다. 이렇게 보면 이 책자는 '진보 현실주의' 또는 '진보 실용주의'의 결정체라 할 수 있다.

대전환시대에 한반도 평화의 새로운 길을 찾는 작업은 쉽지 않았고, 앞으로도 쉽지 않을 것이다. 국익에 대한 확신, 미래에 대한 믿음, 실천적 의지, 그리고 이를 뒷받침하는 정확한 지식과 정보가 필요하기 때문이다. 이 책자는 이러한 요구에 대한 답을 제공해 주고 있다. 집단지성의 파워를 새삼 느끼게 하는 책자다. 한반도 평화에 관심 있는 모든 이들에게 강력히 추천하는 바이다.

세종연구소 이사장 / (사)동북아평화경제협회 고문 문정인

차 례

제 1 부

문재인 정부의 한반도 평화구상: 내용과 평가

1장

문재인 정부의 한반도 평화구상:
성과 · 한계 · 과제

이정철

I. 문재인 정부의 평화구상과 국정과제

박근혜 정부와 비교해보면 문재인 정부는 100대 과제 중 16개 과제를 외교·안보·국방 분야에 배치했다. 박근혜 정부가 평화통일 기반구축으로 17개 과제를 선정한 것과 비교하면 수적으로는 유사하나 남북관계와 관련된 항목은 박근혜 정부의 3개에 비해 도리어 5개로 확대되었다.

문재인 정부는 출범 초기 평화와 번영의 한반도 제하에 16개 과제를 제시하였다. 이 중 남북관계 관련 항목은 통일부가 담당한 5개로 볼 수 있으나 넓게 보면 〈표 2〉의 10개 항목 전체를 남북관계 항목으로 다룰 수 있다. 통일부가 담당하고 있는 항목은 〈표 2〉의 90~94까지의 5개 항목이다.

〈표 1〉 박근혜 정부 남북관계 관련 국정과제

평화통일 기반구축	■ 한반도 신뢰 프로세스	
	124	한반도 신뢰 프로세스를 통한 남북관계 정상화
	125	작은 통일에서 시작하여 큰 통일을 지향
	126	통일 대비 역량 강화를 통한 실질적 통일 준비

〈표 2〉 문재인 정부 평화와 번영의 한반도 관련 16개 국정과제 중 주요 과제

평화와 번영의 한반도	■ 전략 1: 강한 안보와 책임 국방	
	85	북핵 등 비대칭 위협 대응 능력 강화 (국방부)
	86	굳건한 한미동맹 기반 위에 전작권 조기 전환 (국방부)
	■ 전략 2: 남북 간 화해협력과 한반도 비핵화	
	90	한반도 신경제지도 구상 및 경제통일 구현 (통일부)
	91	남북 기본협정 체결 및 남북관계 재정립 (통일부)
	92	북한 인권 개선과 이산가족 등 인도적 문제 해결 (통일부)
	93	남북교류 활성화를 통한 남북관계 발전 (통일부)
	94	통일 공감대 확산과 통일 국민협약 추진 (통일부)
	95	북핵문제의 평화적 해결 및 평화체제 구축 (외교부)
	■ 전략 3: 국제협력을 주도하는 당당한 외교	
	96	국민외교 및 공공외교를 통한 국익 증진 (외교부)
	98	동북아 플러스 책임공동체 형성 (외교부)

■1 문재인 정부 대북정책 3대 국정과제 특징

문재인 정부의 대북정책 과제 중 가장 특징적인 것은 한반도 신경제구상, 남북 기본협정, 통일 국민협약의 세 가지다. 다른 인권, 교류를 다루는 과제는 전 정부부터 일상적으로 진행해오던 과제였다. 한반도 신경제지도 구상으로 명해진 국정과제 90번은 이후 지도라는 표현이 갖는 주변

국 자극 요인을 감안하면 동북아 각국과의 평화적 공존을 막는 불필요한 오해를 낳는다는 이유로 한반도 신경제구상으로 수정되었다. 동 과제는 환황해벨트와 환동해벨트 그리고 접경지역벨트라는 3대 축을 통해 한반도 경협을 진행하겠다는 구상을 구체화한 것이다. 대북제재를 고려하지 않고 나온 제안인지 비핵화 문제를 조기에 풀 수 있다는 자신감인지 알 바 없지만 그 구체성만큼이나 현실 괴리도도 높았다. 결국 한반도 신경제구상은 하노이 회담이 노딜로 끝나면서 대북제재라는 한계에 직면했고 결과적으로 남북관계는 북미관계의 종속변수임을 스스로 인정하는 꼴이 되어 그 한계가 분명해졌다.

한편 남북기본협정 체결 및 남북관계 재정립 즉 91번 과제의 경우 남북관계를 근본적으로 재정립하는 기본법을 합의하겠다는 취지의 제안이었으나 남북기본합의서 등도 체결되지 못한 국내적 상황에 대한 대책이

〈그림 1〉 한반도 신경제구상

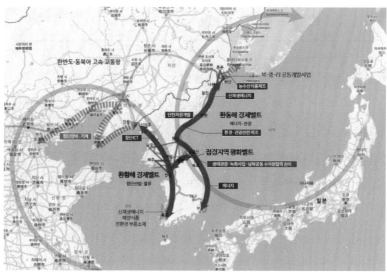

출처: 국정기획자문위원회

불비함으로써 법제화 추진은 한계를 낳고 말았다. 실제 남북 판문점공동
선언이나 9.19 공동선언 같은 후속 합의마저도 국회 비준에 실패하는 상
황에 직면하게 되었다. 남북 기본협정은 남북 간 협정 체결이 가능한가,
그리고 필요한가라는 근본 문제와도 관련된 문제였고 그만큼 상대방 즉
북한의 의사와 직결된 문제이기도 했다. 국내적으로도 기본협정론은 국
회의 이니셔티브나 여야 합의 프로세스 등 해결해야 할 난제가 한두 개
가 아니었다. 결국 새로운 기본협정은 기존 합의의 국회 비준 문제로 치
환되고 있었다.

문재인 정부 통일 정책의 특이한 특징 중의 하나는 국민협약 즉 사회
협약식 방법론을 제시한 것이다. 통일공감대 확산과 통일국민협약 추진
이라는 과제 94는 남북협약식 접근법을 강조하는 것이었다. 초기에 통일
국민협약 전략과 관련해서는 남북 전략 즉 남북협약준비론과 국내 전략
즉 남남갈등 해소론의 두 가지 버전이 논의되었다. 양자 병행론이 제기
되었으나 통일부는 사실상 후자로 정리하면서 94번 과제는 남남갈등 해
소를 위한 사회적 대화와 공론화론으로 자리하게 되었다.

그럼에도 불구하고 국내에서는 통일국민협약은 의미가 매우 컸다는
점을 부인하기 어렵고 다양한 차원에서 사회적 대화는 진행형이다. 다만
그것이 국회나 정당과 같은 공식 대의기구를 시민조직 등에 의한 조합적
대표제로 대체하려는 불순한 의도라는 비판 앞에 무기력을 극복하지 못
하고 정당의 대대적인 참여를 이끌어내지 못하였다. 또한 공론화 방법론
즉 의제 설정이나 숙의제 기법과 같은 기술적 논의, 심지어는 저작권에
발목이 잡히는 아이러니한 현실과도 직면해야 했다. 이 과정에 독자적인
시민 기구가 필요하냐, 민주평통과 같은 기존 기구를 통해 협약과 사회
적 대화를 대규모화하는 것이 필요한가라는 논란도 발생했다. 결국 남북
협약이냐 남남갈등 해소냐라는 쟁점과 독자적 협약 기구냐 민주평통 등

기존 기구에 사회적 대화를 전담시킬 것인가를 두고 벌어진 쟁점을 해소하지 못한 채 통일국민협약은 구체적 초안을 마련하지 못하고 임기를 마치게 되었다.

2 대외정책과 지역 전략

한편 지역 및 외교 전략으로서 빼놓을 수 없는 특징은 동북아 플러스 책임공동체론이다. 동북아 중심론의 계보를 잇는 이 지역 전략은 동북아 평화협력플랫폼을 평화의 축으로 하고, 신북방정책과 신남방정책을 경제협력을 통한 번영의 축으로 삼는 매우 창조적인 발상이었다. 지역전략과 평화전략의 조합을 통해 한국의 외교전략을 구성하였다는 점에 특징이 있다. 과거 박근혜 정부 시기 유라시아 이니셔티브나 동북아 평화협력구상을 계승 발전시켰다고도 볼 수 있다는 점에서 지난 정부와의 단절만이 아니라 계승의 측면을 담고 있는 매우 의미 있는 전략과제였다.

〈그림 2〉 동북아 플러스 책임공동체의 개념 구성

출처: 외교부, 동북아 평화협력 플랫폼 홍보자료, p. 2

특히 중국을 중심으로 동북아공동체 논의가 재론되고 있는 상황에서 한국이 동북아 지역 전략을 배제해서도 안 되는 상황이었고 동시에 북방만 관여하는 것이 아니라 동남아를 중심으로 한 남방전략 역시 중요하게 제기되고 있는 상황에 맞추어 적시에 제기된 전략이 신남방정책이었다. 동북아 플러스 책임공동체는 이런 점에서 신북방과 신남방을 아우르는 경제협력 즉 번영의 축을 평화의 축 플랫폼 개념과 연결하는 매우 획기적인 제안이었다.

동 구상은 미중관계 전략과 관련해서도 시의적절한 것이었다. 중국의 '일대일로'나 미국의 '인도-태평양 전략'이 제기됨에 따라 더욱 값진 것으로 되었다. 한반도는 양쪽을 다 걸쳐서 할 수 있는 지정학적 장점을 지니고 있고 동시에 우리가 키워온 소프트파워에 대한 자신감을 종합하면 플랫폼 전략의 값어치는 일일이 계산하기 어려울 정도이다.

플랫폼의 3대 기둥을 정치·경제·안보로 뒀을 때, 정치·경제·안보 각각이 뭘 할 것이냐가 마련되어야 한다. 그리고 북방국가들인 중앙아시아, 러시아 이런 나라들과의 관계를 신북방정책을 통해서 다자 평화레짐을 만들어가고, 남방으로는 아세안 국가들과의 관계를 강화하는 신남방정책을 통해서 또 남쪽 레짐을 강화하는 것을 통해서 한반도가 중앙아시아와 러시아 북방 그리고 아세안이라는 남방을 연결하는 고리를 만들면 중국의 일대일로와 미국의 인도-태평양, 양자가 신남방·신북방정책으로 연결되게 된다. 결국 두 개 거대 국가들의 네트워크가 자기 이익을 로딩할 수 있는 열린 시스템을 한반도에 만들게 하자는 취지의 제안이 바로 이 플랫폼 구상이었던 것이다.

II. 문재인 정부 평화구상의 성과와 한계

1 한반도 운전자론: 남북관계 진전과 4강외교의 균형발전전략으로의 복귀[1]

박근혜 정부 시기 한국 외교를 책임진 외교부 엘리트주의자들에겐 미국과 중국이라는 두 슈퍼파워 사이에서 균형을 잡는 것 이상의 중요한 외교 과제는 없었다. 한국 스스로 전략적 비전을 제시하고 이를 향해 매진하는 돌파 방식이 아니라, 외교의 성공 자체를 강대국 간의 균형화라는 현상유지적 목표에 두었던 것이다. 그러나 미·중 간의 구조적 역관계가 변화에 변화를 거듭하는 사이, 이들 간의 균형이라는 목표 하에 지속된 미세조정alignment 외교는 한국 외교의 질을 높이기보다 점점 더 한국 외교의 기회주의성만 드러낼 뿐이었다. 전략적 목표 설정 행위나 비전 없는 조정외교의 한계는 분명했다. 이런 한계를 극복하기 위해 문재인 정부가 애초에 내건 외교 기치가 한반도 운전자론이었다. 그것은 두 가지 점에서 과거와의 단절을 의미한다.

하나는 미·중 강대국 간의 균형이나 조정을 통한 생존 도모를 목표로 삼는 것이 아니라, 한반도 문제에 대해서 우리가 스스로 키를 잡겠다는 뜻이있다. 적어도 한국 문제, 북한 문제, 나아가 두 가지가 복합된 한반도 문제에 대해서 우리의 소유권을 포기하지 않겠다는 선언이었다. 과거 북한 문제를 미국과 중국 사이의 중재를 통해 결정하겠다는 한·미·중 3자 회담론과 같은 터무니없는 사대주의적 발상과 단절하겠다는 의지이기도 했다.

또 다른 단절은 우리 외교가 '남북관계 진전과 4강외교의 균형 발전'이라는 오래된 신노선으로 회귀하겠다는 데 있다. 지난 10년의 한미동맹 몰입론, 미·중 균형조정론 등과 같은 낡은 노선의 실패를 인정하고, 김대중-노무현 정부 시기 우리 외교의 기본 문법이었던 오래된 공식을 새롭게 살리겠다는 것이다. 남북관계의 진전이 한국 외교의 자율성을 높여 준다는 경험에 근거한 발상이었다. 그것은 애초에 베를린선언으로 나타 났지만 그에 대한 반향은 미미했고 북한의 반응은 냉랭했다. 그러나 한 국 정부의 끈질긴 노력은 마침내 평창올림픽에서 화해 국면을 가져왔고 남북의 극적인 합의를 낳기에 이르렀다.

사실 우리 외교의 최종 목표는 '통일된' 글로벌 중급 국가이다. 이 길 을 보장하는 외교 문법을 '남북관계 진전과 4강외교의 균형 발전'에서 찾는다는 것이다. 이 문법은 한국에 세 가지 역할을 요구한다. '분단 및 평화 관리'의 당사자, '역내 갈등'의 협력적 매개자 및 외교적 교량자, 그 리고 '신성장동력' 창조를 위한 협력자가 그것이다. 분단 및 평화 관리의 당사자 역할을 강화하기 위해서는 '억지에 기반한 안보 담론'을 '통일 및 평화 담론'으로 전환하는 일이 급선무다. 지금까지의 분단관리로는 한미 동맹을 통한 대북 억지와 현상유지의 평화에 그쳤지만, 비핵화 과정으로 서의 통일과 평화를 위해서는 한국이 주변국에 대한 평화 담보자로서 가 교bridging, 즉 교량국가Linkers State 혹은 플랫폼 역할을 맡겠다는 것이다.

물론 글로벌 중급국가로 도약하기 위해서 역내 교량자나 매개자적 역 할을 더욱 높여야 한다. 미국과 중국이 군사안보 중심의 대결관계로 전 락하는 것도 반대하지만, 동시에 양국이 콘도미니엄 체제를 구성하는 것 도 한국의 전략적 이익에 배치된다. 이를 막기 위해서는 한국이 협력적 매개자로서 역할을 수행해야 한다. 미일동맹이 대중 억지를 위한 군사안 보 위주의 동맹이라면, 한미동맹은 중국의 패권화에 길항하기 위한 미국 의 협력적 매개자이자 외교적 교량자로 기능하게 해야 한다는 뜻이다. 강대국 간의 대결과 결탁 양쪽 모두를 막아내는 역할은 한반도에서 시작 되어야 한다는 점을 일찍 간파한 것이다. 역사적 공통가치의 복원과 동 북아 규범 제정은 남북의 협력을 조건으로 한다는 점에서 매개자·교량자로서 중급 국가의 시작을 남북관계의 진전에 두는 것이 역사적 경험에 조응한다.

2018년 평창 평화 프로세스를 가능하게 한 것은 이같은 결단의 결과였다. 미중관계에도 불구하고 평창 올림픽이라는 계기를 살려 한국의 역할 공간을 최대화하고 이 틈새에서 남북협력을 통해 동력을 만들어낸 경험은 두고두고 평가받을 일이다. 세 번의 남북 정상회담, 세 번의 북미 정상회담, 네 번의 북중 정상회담, 이러한 정상외교가 평창 평화 프로세스의 산물이라는 점을 부인할 수는 없다.

2 2019년 성과와 딜레마

1) 2019년 상반기 중재자론의 성과

북한은 2018년 남북 정상회담을 앞둔 시점에 제7기 3차 중앙위원회를 개최해 핵-경제 병진노선의 종결을 선언하고 경제건설총력집중노선을 선포하였다. 결정서 《경제건설과 핵무력건설병진로선의 위대한 승리를 선포함에 대하여》와 결정서 《혁명발전의 새로운 높은 단계의 요구에 맞게 사회주의경제건설에 총력을 집중할데 대하여》가 채택된 것도 이 시점이었다. 2019년 신년사에서도 새로운 길을 선언하고 경제 우선 노선을 강조하였지만 2019년 하노이 노딜 사태 이후 정책 변경 가능성을 논하기 시작했다. 다시 예전의 도발과 협상의 무한 루프로 되돌아가는 것이 아닌가 하는 우려가 제기되었다.

일단 북한은 2019년 연말까지의 시한부를 선언하고 도발을 자제하겠다는 암시를 주었다. 이런 와중에 한국정부는 북미회담을 재개시키기 위해 또 다른 중재안을 만들기 시작했다. 6.30 판문점회담은 이같은 한국정부의 노력에 의해 만들어진 잘 짜여진 작품이었다.

당시 문재인 대통령은 북미 정상회담을 또다시 중재하고자 했던 것으로 드러났다. 김정은 위원장은 2019년 4월 12일 시정연설을 통해 "오지랖 넓은 '중재자'·'촉진자' 론"을 비판하면서 "제가 할 소리는 당당히 하면서 민족의 리익을 옹호하는 당사자가"되어야 한다고 요구했다. 그때가지도 북한의 대남 비판은 중재자론·운전자론에 대한 비판 수준에 머무르고 있었다. 한편 볼턴의 그의 회고록에서 4월 11일 한미 정상회담 당시 문재인 대통령은 트럼프 대통령에게 차기 북미회담과 관련해 세 가지 사항을 제안했다고 전한다. ① 먼저 시기는 6월 12일에서 7월 27일 사이이다. 트럼프 대통령이 방한할 경우 북미 정상회담을 개최할 수 있도록 하겠다. ② 그 장소는 판문점이나 미 해군 함정을 지정한 것도 특이할 점이다. ③ 방식은 북한의 실무회담에 대한 거부감을 반영하여 실무회담 없는 3자 정상회담으로 한다는 것이 그 제안 내용이었다. 볼턴의 회고가 맞다면 문 대통령은 6.30 판문점정상회담 실현을 위해 다양한 중재안을 가다듬고 있었다고 볼 수 있다. 5월 16일 트럼프 대통령이 자신의 6월 방한 계획을 공표하자 남북미 정상회담 논의는 급물살을 타기 시작했다. 이후 한국정부는 오슬로 선언과 스톡홀름 연설에서 북한을 대화로 끌어내기 위한 다양한 평화 제의를 던졌다. 6.30회담은 트럼프 대통령의 트위터와 이에 대한 북한의 답신이 만들어낸 이벤트였다. 그럼에도 불구하고 하노이 노딜 회담 이후 트럼프 대통령의 방한을 성사시켜 북미 정상회담이라는 무대를 만드는 데 한국정부의 보이지 않는 노력을 치하할만했다. 전략적 행보의 결과였다. 남북관계에 대한 북한의 불만은 여전하지만, 한국정부의 중재자론은 여전히 살아 있었음을 알 수 있다. 이 점에서 6.30회담은 중재자냐 당사자냐를 둘러싼 논란이 아니라 한국정부가 실질적으로 무엇을 해야 하는가를 보여준 극적 장면이었다.[2]

2) 2019년 하반기 전작잔권 전환과 남북관계 진전의 딜레마

그러나 정세는 급전직하했다. 김정은 위원장은 6.30 회담 당시 트럼프 대통령에게 8월 한미군사연습을 중단할 것을 강력히 요구했다. 2018년 한미군사연습을 중단한 결단이 2018년 하반기 정세를 이끈 추동력이었다는 전제 하에서 김정은 위원장은 2019년 하반기 4차 북미 정상회담을 위해서는 군사연습 문제를 해결하는 것이 중요하다는 점을 끊임없이 강조하였다고 전해진다.

그러나 당시 상황을 기록한 볼턴에 따르면 트럼프 대통령은 한미군사연습을 중단하기를 요구했으나, 볼턴 보조관의 끈질긴 설득으로 결국 군사연습을 강행하게 되었다는 것이다. 이에 김정은 위원장은 8월 5일 친서를 보내 트럼프 대통령에게 강력한 항의를 보냈다고 한다. 볼턴에 따르면 트럼프 대통령은 당시 상황에서 볼턴의 제안을 수용한 것을 후회한다고 했다는 것이다.

어쨌든 김정은 위원장의 8월 5일 친서는 남북관계를 단절하는 계기가 되었다. 김정은 위원장은 본 친서에서 우리 국방장관이 주적 표현을 사용한 것을 문제 삼았다. 그리고 한국 군대가 인민군에게 상대가 되지 않을 것이라는 점을 강조하였다. 이 시기 김정은 위원장이 연 이어 초대형 방사포 4종 시리즈를 공개하는 등 대남 공세를 강화한 것도 주지의 사실이다.

급기야 8월 16일 조평통은 성명을 통해 문 대통령을 직접 비난하기 시작했다. "삶은 소대가리도 앙천대소할 일" 운운하는 막말을 내뱉은 것이나, "태산명동 서일필"이라며 우리를 조롱한 것은 2020년 개성연락사무소 폭파를 암시하는 불만의 전조였다.

결국 이 시점은 한국의 딜레마를 너무나 잘 보여주고 있었다. 전작권 전환과 남북관계 진전이 상호 충돌하게 설계된 점을 알기까지 시간이 필요했던 것이다. 한국의 전작권 전환이 한미군사연습 즉 IOC, FOC, FMC 평가 절차가 필요하고 그 이후에도 또 다른 정세 평가 요인이 필요하게 설계되어 있다는 점을 감안하면 북한이 요구하는 쌍잠정suspension for suspension과 충돌은 불가피한 것이었다.

이후 북한은 매 군사연습 시기마다 한국의 양보를 요구하고 있지만, 우리정부의 입장에서 전작권 전환을 포기할 수는 없다. 심지어 전작권 전환에 더 많은 국방비 투자가 필요하다는 현실론으로 돌아가면 남북관계와 전작권 전환이 갖는 딜레마를 조기에 해결하지 못할 경우 쌍방이 입게 될 비용이 적지 않음을 알 수 있다. 한국의 자주국방이 남북관계 진전과 안보 딜레마를 형성한다는 것을 깨닫기까지 너무 많은 시간이 걸린 것이다.

3 신한반도체제론의 등장과 후퇴

문재인 정부의 평화통일 과제 추진상의 또 다른 특징은 2019년 이후 평화전략으로의 이동 그리고 안보개념의 변화가 두드러졌다는 점이다. 기존의 국정과제에 제시되지 않았던 신한반도체제라는 담론을 제시하며 평화통일전략의 방향을 확장해갔기 때문이다. 신한반도체제, 평화경제론, 국민을 위한 평화론, 생명공동체 등 한반도 차원의 공동체 논의를 적극적으로 강조한 것도 이때 즈음이었다.

신한반도체제는 2019년 3.1절 100주년 기념식을 통해 대통령이 던진 담론으로서 평화경제와 통일론을 결합한 한반도 단위의 공동체론을 공론화한 것이었다. 우리의 젊은 에너지로 미래 100년을 개척하자는 젊은 담론이었다. 그것은 두 개의 선순환론 즉 평화와 경제의 선순환을 만들고 남북관계와 국제질서의 선순환을 만들자는 것이었다. 문 대통령의 연설 "이제 새로운 100년은 과거와 질적으로 다른 100년이 될 것입니다.

신新한반도체제로 담대하게 전환해 통일을 준비해 나가겠습니다. 신한반도체제는 우리가 주도하는 100년의 질서입니다"는 많은 감동을 낳았다.

그리고 5월에 《프랑크푸르터 알게마이네 차이퉁》지에 대통령이 기고를 한다. 그 기고문에서 대통령은 자신이 이야기하는 신한반도체제는 평범한 사람들이 만드는 체제, 엘리트가 만드는 체제가 아니라 투명하고 민주적인 시민들이 나서는 미래체제라고 주장하였다. 그동안 한반도는 수동적인 냉전질서에 살았는데 이제 한반도를 능동적인 평화질서로 전환하고, 스스로 운명을 개척하는 평범한 사람들이 자기 운명의 주인이 되는 세상, 사람·평화·번영의 공동체를 만들자고 제안한 것이다. 그리고 오슬로 연설에서 대통령은 국민을 위한 평화라는 연설을 한다. 거기서 "우리의 평화는 일상을 바꾸는 적극적 평화입니다. 저는 이것을 국민을 위한 평화로 부르고 싶습니다"라면서 새로운 100년 질서에 대한 아이디어를 화두와 담론으로 던졌던 것이다.

그러나 그해 광복절 연설에서 대통령은 "우리의 역량을 더 이상 분단에 소모할 수 없습니다. 평화경제에 우리가 가진 모든 것을 쏟아부어 새로운 한반도의 문을 활짝 열겠습니다"라고 하여 신한반도'체제'라는 개념을 유보하기 시작했다. 신한반도'체제'를 만드는 데 오랜 시간이 필요하다는 등 다양한 비판이 제기되자 대통령은 어차피 우리가 만들어갈 100년 질서를 조급하게 강제할 것은 아니라는 판단을 한 듯하다. 이에 신한반도체제라는 표현 대신에 '새로운 한반도'라는 표현이 등장하였다. 그러나 여전히 평화와 경제의 선순환, 남북관계와 국제관계의 선순환이라는 두 개 선순환론의 외연에 비해 내포가 불분명하여 선순환 담론의 한계는 분명했고 결국 신한반도체제는 관변 이론으로만 간주되는 분위기였다. 오히려 맥락 없이 불쑥 제기된 과제로서 정부가 책임 있는 담론 형성을 이끌고 진행하지 못하였다는 비판이 비등하였다. 민주평통 등 일부 정부기구가 '새로운 한반도'라는 변형된 모토를 사용하고 있으나 담론으로서 신한반도체제의 한계는 분명하다.

최근에는 아프리카 돼지열병ASF, 코로나19 등의 상황을 고려하여 한반도 차원의 생명공동체론을 사용하고 있으나 생명공동체라는 정체성에 대한 또 다른 동의 메커니즘을 확보하기가 쉽지 않고 또한 방역 협력 등에서 북한의 호응을 얻어야 한다는 점을 감안하면 신한반도체제론이나 생명공동체론의 계보는 분명하지 못할 듯하다. 박근혜 정부의 통일대박론이나 문재인 정부의 신한반도체제는 다 같이 국정과제 중간에 제시된 담론으로서, 그 생명력에 대한 평가가 다양하다. 국가주도의 담론 방식이 외교안보통일 분야에 어떻게 명멸하는지를 평가할 수 있는 중요한 사례라고 할 수 있을 것이다.

III. 평화구상의 과제

1 K- 시리즈의 확산과 평화 및 생명공동체

2020년 5월 대통령 취임 3주년 연설에서 대통령이 '인간안보'라는 표현을 쓰기 시작했다. 전통적인 군사안보에서 재난, 질병, 환경 문제 등 안전을 위협하는 모든 요인에 대처하는 '인간안보'로 오늘날의 안보가 확장되었던 것이 배경이다. 대통령이 취임 3주년 연설에서 "인간안보라는 공동의 목표를 향해 나가도록 주도적 역할을 하겠습니다. 남과 북도 인간안보에 협력하여 하나의 생명공동체가 되고 평화공동체로 나아가길 희망합니다."라고 얘기하며 평화이슈와 평화 어젠다의 내용을 인간안보와 안전safety이라는 개념으로까지 확장시킨 것이다. 너무 큰 담론, 국가안보, 군사안보만 생각하는 안보개념에서 이제는 다양한 안보 개념이 '새로운 한반도의 중요한 어젠다'라는 얘기를 대통령이 던진 것이다. 코로나19의 대응 과정에서 K-방역 모델을 한국이 글로벌 차원에서 확장시켜 나가려고 할 때 단순히 안보가 아니라 안전, 재난방재 등 다양한 방향의 전략이 검토되어야 한다는 것은 주지의 사실이다.

향후 우리가 해야 할 일은 K-시리즈에 K-평화도 추가를 하자는 것이다. 미국 트럼프 대통령이 북한에 친서를 보낸 것에 대해 김여정 1부부장은 다음과 같은 요지의 답을 했다. 자신들은 아직도 미국이 부가한 제재속에서 신음하고 있고, 자신들은 이 순간도 그것을 버티고 헤어나기 위해서 투쟁하고 있다는 것이다. 이런 상황에서 K-평화가 되기는 어려울 것이다. 북한이 갖고 있는 여러 문제의식 중에 군사안보문제도 있고, 그 군사안보문제들을 우리가 회피하면서 '작은 교역'만 하고 인간안보 관련된 것만 하자고 해서 K-평화가 되는 건 아닐 것이다. 우리는 그걸 너무나 잘 알고 있기 때문에 그래서 비전통적 안보위협과 인간안보중심의 남북협력도 하지만 동시에 상위 정치협력high politics이라든지 군사안보라든지, 비핵화라든지 이런 모든 얘기들을 동시에 협상테이블에 놓고 얘기를 할 것이다. K-평화의 특징은 기술적·기능적 영역의 협력, 즉 하위정치 협력만 하자는 데서 탈피해야하는 데 있다. 하위 정치협력을 하다 보면 상위 정치협력이 저절로 된다는 기능주의로부터 탈피하자는 것이다. 문화교류 잘하고 경제교류 잘하면 군사안보문제 다 해결된다는 유럽모델이 한반도에 맞다는 고정관념에서 탈피해야 한다. K-방역을 통해 우리가 갖게 된 교훈은 유럽의 사례가 아시아의 모범이고, 미국의 사례가 아시아의 모범이라는 생각이 이제 완전히 바뀔 때가 되었다는 것이다. 통합과 통일뿐 아니라 심지어 평화모델에서도 유럽이 특수한 사례라는 생각을 할 때가 된 것이다. 이런 협력 방법을 탈피해서 상위정치high politics부터 시작하는 게 K-평화 모델이다. 상위정치 협력과 관련해서는 9.19 군사합의서가 바로 그 상위정치의 중요한 시발점이었다. 이 점에서 이

합의서를 잘 지키는 것이 얼마나 중요한가를 자각하는 것이 중요하다.

K-평화에 선제적 협력unilateral accommodation과 전략적 자제strategic re-straints가 중요하다. 쿱찬³은 상호주의reciprocal restraint는 상호주의적 자제보다도 선제적 협력과 전략적 자제를 강조했다. 우리는 그동안에 상호주의가 평화의 시작이라고 생각을 했지만, 상호주의만으로는 평화를 만들기 어렵다. 평화에서도 일방주의가 필요하다는 것이고 리스크 테이킹risk taking이 필요하다는 것이다. 힘센 쪽이 먼저 포용하면unilateral accom-modation하면 저쪽이 앙탈을 부리기도 하고 도망가기도 하고 때리기도 하겠지만, 한 번 더 참고 극복하면 새로운 시작이 열린다는 것이다. 쿱찬이 얘기한 첫 단계의 비결이 바로 그것이다.

〈표 3〉 쿱찬의 평화 단계

단계	활동	속성 평가	결과
I	일방적 협상	의도	희망
II	상호구속	동기	확신
III	사회통합	성격	신뢰
IV	단계적 서술	정체성	연대

결국 이 같은 일방주의에 따라 상대방의 의도에 대해 희망이 생기게 된다. 상호주의reciprocal restraint도 필요하지만 신뢰가 생기기 전에 낙관주의가 먼저 있어야 한다는 것이다. 바로 평화학에서 얘기한 기업가 정신이 그것이다. 나는 내 주권을 최대한 지키면서 너는 네 주권을 국제협력에 제약시켜라와 같은 접근법에 변화가 오기 시작한다면 그래서 국제레짐을 만들고 그 과정에 누구를 지원하겠다고 생각을 하지 말고 협력한다면 시혜적 접근법이 만드는 역효과를 넘을 수 있을 것이다.

2 한반도 및 지역 공동체의 병행론

한반도 평화체제는 '한반도 공동체'와 '동북아 혹은 동아시아 공동체'를 병행하는 전략으로 완성될 것이다.

한반도 공동체의 경우 그 정체성을 너무 높이고 통일 문제로 접근하기보다는 방역 협력, 환경 협력 그리고 인도주의적 협력을 주제로 하는 생명공동체 비전하의 한반도 공동체론이 되기를 선호한다.

한편 동북아 '지역 공동체'는 다자주의를 지향하는 안보공동체Security Community론에 근거해 동북아 국가들의 참여를 설득하는 형태로 되어야 한다. 동북아평화협력구상이나 동북아평화협력플랫폼 등의 계보를 잇는 지역협력전략new regionalism approach이 필요하다. 나아가 더욱 포괄적으로 동북아플러스책임공동체와 같은 지역 전략의 비전이 제시되어야 한다. 주권 국가 연합체가 안보공동체를 거쳐 평화공동체에 도달하는 현실적 프로세스는 분명하지 않지만 한반도의 평화가 한반도 차원의 협력만으로 완성되는 것이 아니라는 점에서 지역 평화나 역내 평화공동체 구상을 병행하는 것이 필요하다.

그렇게 될 때 한반도 차원의 생명공동체와 동북아 혹은 동아시아 차원의 평화공동체가 방역, 생명, 인도주의, 안전과 방재 등의 매개 개념을 통해 새로운 공동체의 단초를 형성해 갈 것이다. 그 결과가 바로 4강외교와 남북관계의 균형발전으로 나타날 것이다.

3 입-출구 방식의 평화 프로세스와 비핵화

한반도 비핵화론은 북한의 핵능력 증대를 감안한 현실주의에 입각한 모델이어야 한다. 비핵화 실현과 관련한 현실주의 전략이 이미 대두했기 때문이다. 빅터 차, 수미 테리, 마이클 그린 등 미국 싱크탱크의 한반도 전문가들이 북한의 핵탄두 보유량과 투발 능력을 협상 출발점으로 삼아야 한다고 지적하는 것은 충분히 고려할 만하다. 북한의 비핵화가 단기간 완성되는 과정이 아니라는 점을 전제로 현실에 기초한 협상을 시작해야 한다는 뜻이다. 북한의 선 행동을 요구한 비핵개방 3000이나 오바마의 전략적 인내와는 다른 방식의 비핵화론이 필요하다는 뜻이다.

결국 입구에서 동결을 시작하고 출구에서 비핵화의 성과를 보는 현실적 전환이 요구된다는 것이고 그것은 사실상 군비통제론이다. 동결 협상을 주로하는 미니 딜Mini-Deal이나 군비통제 프레임을 통한 "재래식 무기-전략무기(핵무기)-인권-제재"의 교환 배스킷을 제안한 빅터 차의 주장은 군비통제론의 전형이다.[4] 또한 수미 테리 등은 핵탄두 자체보다도 개발 시스템에 더 주안점을 두어야 한다"라고 하여 핵탄두 동결과 ICBM 제한을 목표로 한 동결 협상을 강조하였다.[5] 모두가 입장은 다르지만 입구-출구 방식의 비핵화 협상을 원하는 것이고 그 프로세스를 관통하는 방법론은 군비통제론이다.

이를 둘러싼 각론에서의 이견은 여전히 존재하지만, 입구(동결)-출구(완전한 비핵화)론의 근본에 동의하면 오히려 다양하고 창조적인 방안들이 마련될 수 있다. 북한의 선행동론을 강조하면서 아무것도 하지 못한 채 북한의 핵무기 수만 늘려주는 우를 범하지 말아야겠다.

〈주〉

1) 본 파트는 아래 필자의 글을 재수정한 것이다. 이정철, 〈판문점 선언과 길잡이〉, 민추본 통일단비 칼럼, 2018.5.1. http://unikorea.or.kr/newsletter/danbi.html?code=h2b_danbi&mode=view&uid =129.00&page=3&pnt=29&f=&q=&g=&c=&lm=03

2) 이 부분은 필자의 아래 글을 수정 작성하였다. 이정철 외, 《세계 정치·경제 변화와 한반도 평화 및 통일 전망》, (통일교육원, 2020)

3) C. Kupchan, *How Enemies Become Friends*』(Princeton Studies in International Hi story and Politics, 2010)

4) Victor Cha, "Engaging North Korea Anew-A Bold Political Strategy Should Accom pany Nuclear Negotiations," *Foreign Affairs*, November 17, 2020

5) Eric Brewer and Sue Mi Terry, "It Is Time for a Realistic Bargain With North Korea : Denuclearization Is Probably Out of Reach for Now - but It Might Be Possible to Reduce the Nuclear Threat," *Foreign Affairs*, March 25, 2021 ; 마이클 그린, 『중앙일보 칼럼』, 2021년 4월 9일

2장

한반도 비핵화와 한반도 평화체제

김성배

I. 문재인 정부 평화 프로세스의 유산

2차례의 북미 정상회담과 싱가포르 합의, 3차례의 남북 정상회담과 판문점 및 평양 공동선언(남북군사합의 포함), 그리고 남북미 판문점 회동은 한반도 분단 이후 가장 역사적인 이벤트였다. 아직 임기가 끝난 것은 아니지만 문재인 정부의 평화 프로세스가 남기게 될 가장 대표적인 유산이라고 할 것이다. 남북미 정상들 간의 합의가 여전히 유효한가에 대해서는 논란의 여지가 있지만 적어도 외형상으로는 과거에는 상상할 수도 없었던 굉장한 역사적 사건들이었다. 이러한 일들이 가능했다는 것만으로도 문재인 정부는 충분히 평가를 받을 수 있을 것이다. 70년간 적대관계였던 북미 정상의 만남이 얼마든지 가능하고, 심지어 남북미 정상이 한자리에 모이는 것도 불가능하지 않다는 것을 보여주었기 때문이다. 이러한 역사적 기록과 경험은 언제가 될지 모르지만 후일에도 이러한 일들을 도모할 수 있는 소중한 자산이 될 것이다.

그러나 비핵화와 한반도 평화정착의 실질적 진전이라는 기준에서 보면 다소 아쉬움이 남는 것도 사실이다. 북한의 '선의'로 핵실험과 ICBM

실험발사가 중단되고 풍계리 핵실험장이 폭파되기는 했지만 비핵화의 첫 단계이자 핵심적인 조치로 평가되는 영변 핵시설의 동결·폐기에는 진입하지도 못했다. 비핵화에 대한 상응조치로 간주되는 안보리 대북제재의 해제나 완화는 말할 것도 없고 남북경협의 꽃인 개성공단과 금강산 관광에 대한 제재면제도 아무런 진전이 없었다. 문재인 대통령의 UN 총회 기조연설을 계기로 종전선언의 불씨가 되살아나기는 했지만 임기 내에 결실을 맺을 수 있을지는 지켜봐야 하는 상황이다. 남북 군사적 신뢰구축의 이정표였던 9.19 남북군사합의의 미래도 불확실하다. 전반적으로 화려한 이벤트에 비해 비핵화와 평화정착의 실질적 진전이 있었다고 보기 어렵다.

　문재인 정부의 한반도 평화 프로세스는 아직 진행형이다. 당선자의 시간인 두 달여의 대통령직 인수 기간을 고려하면 매우 불과 몇 개월의 시간밖에 남아 있지 않지만 세상을 놀라게 만들 어떤 일도 일어날 수 있다. 그러나 설사 임기 내에 또 한 번의 남북 정상회담이 개최되거나 북미 간 비핵화 협상이 재개된다고 하더라도 한반도 정세에 획기적이고 실질적 진전을 기대하기는 쉽지 않을 것이다. 그런 의미에서 조금 이른 감이 있지만 문재인 정부가 추진해 온 한반도 평화 프로세스의 성과와 한계를 중간 점검해 볼 필요성은 있을 것이다.

Ⅱ. 톱다운 방식과 남북미 플랫폼의 재평가

전략의 설계라는 측면에서 문재인 정부의 한반도 평화 프로세스를 되돌아보는 것도 의미 있는 일이라고 생각된다. 문재인 정부는 남북미 정상을 중심축에 두고 톱다운TOP-DOWN 방식으로 한반도 정세를 관리하는 전례 없는 접근법을 취했기 때문이다. 트럼프 행정부가 물러나고 바이든 행정부가 들어선 지금이 톱다운 접근법과 남북미 플랫폼의 유용성을 되짚어 보기에 적절한 시점이기도 하다.

2018~2019년 사이 남북미 정상을 중심으로 전개된 한반도 정세의 역동적 전개는 사전에 정교하게 설계된 것처럼 보이지만 실제로는 예상치 못하거나 우연적 요소도 적지 않게 작용했다. 엄밀히 말하면 한반도 평화 프로세스의 시작은 2018년이 아니라 2017년 11월 29일 북한의 화성-15형 ICBM 실험발사에서부터였다. 북한은 2012년 김정은 위원장 집권 이후 거의 6년간 4차례의 핵실험과 수차례의 ICBM 실험발사를 이어가면서 핵능력 고도화에 모든 역량을 집중시켰다. 그리고 미 본토 대부분을 타격할 수 있는 화성-15형 실험발사에 성공한 이후 국가 핵무력 완성을 선언했다.[1] 이는 역설적으로 미국과의 협상에 나설 준비가 되었다는 의미로 해석되었다. 북한이 2018년 평창 올림픽을 앞두고 대미·대남 행보에 나설 징후가 있다는 정보 보고가 있었으며 이는 김정은 위원장의 2018년 신년사를 통해 실제로 확인되었다. 주지하듯이 2월 평창 동계올림픽을 계기로 김여정 특사단, 김영철 고위급 대표단의 방남이 있었으며 3월초 우리 특사단의 방북으로 이어지며 한반도의 봄이 시작되었다.

보기에 따라서는 2018년 한반도의 봄의 최초 설계자는 김정은 위원장이라고 할 수 있을지도 모른다. 집권 이후 핵능력 고도화에 몰입하다시피 하여 평창 올림픽을 목전에 앞두고 이를 극대화하였으며 2018년 초 파격적인 대남 접근을 통해 한반도 정세 대격변의 물꼬를 텄기 때문이다. 화성-15형 발사 이후에도 전문가들이 의문시한 북한 탄도미사일의 대기권 재진입 능력과 관련, 김정은 위원장은 굳이 그것을 과학적으로 입증할 필요가 없다는 언급을 한 것으로 알려진다.[2] 이미 그 시점에서 협상 쪽으로 마음을 먹었다는 의미이다. 그렇다고 문재인 정부의 역할을 과소평가하는 것은 공정하지 않을 것이다. 2017년 문재인 정부 출범 이후에도 지속된 북한의 전략적 도발에 인내심을 가지고 대응하면서 북한의 움직임을 예리하게 파악하고 전략적 기회를 놓치지 않고 이를 확대한 것은 오롯이 우리 외교안보 당국자들의 몫이었다.

남북 정상회담을 넘어서 최초의 북미 정상회담이라는 역사적 이벤트까지 가능하게 된 데에는 트럼프-김정은 두 지도자의 독특한 캐릭터와 특이한 캐미가 한몫했다는 것도 부인할 수 없다. 트럼프 대통령은 우리 특사단의 방북을 앞두고 놀랍게도 — 사실 이제 와서 보면 그리 놀랍지도 않지만 — 김정은 위원장을 만나고 싶다는 뜻을 전해줄 것을 요청한 것으로 알려졌다.[3] 이러한 트럼프 대통령의 메시지에 김정은 위원장이 남측 특사단 방북시(2018.3.5) 긍정적으로 반응했으며 이것이 다시 우리 특사단 방미시(2018.3.8) 트럼프 대통령에게 전해지면서 북미 정상회담이 성사되기에 이른다. 물론, 북미 정상 간의 의사 타진에 머무르지 않고 일정까지 구체화되는 과정에서 우리 정부의 역할은 결정적이었다.

북미 1차 정상회담은 성사 그 자체로도 충분히 의미 있는 것이었지만 북미 간 새로운 관계 형성, 한반도 평화체제 구축, 한반도의 완전한 비핵화, 미군 유해 송환 등 4개 항의 합의를 담은 싱가포르 공동성명을 채택했다. 김정은 위원장이 서명한 합의문에 완전한 비핵화 공약이 담겼다는 의미는 적지 않다. 문제는 그 다음부터였다. 북미 간 고위급 접촉이 이어졌지만 비핵화와 상응조치에 대한 논의는 답보 상태였으며, 그 상태로 2차 북미 정상회담이 개최된 것이다.

소위 하노이 노딜을 돌이켜보면 결렬이 예고되어 있었다고 해도 과언이 아니다. 2차 북미 정상회담은 1차 정상회담 때처럼 단지 선언적 합의에 그칠 수는 없는 노릇이고 뭔가 구체적 조치에 대한 합의가 필요했다. 그러나 1차 정상회담 이후 이어진 북미 간 고위급 접촉은 겉돌았으며, 2차 정상회담 직전에 판문점, 하노이에서 이어진 북미 실무협상에서도 아무런 진전이 없었다. 미국은 소위 '영변+α'에 집착하며 사실상 '빅딜'을 요구했고, 북한은 김정은 위원장이 '큰 선물을 가지고 올 것'이라는 말만 반복했다. 통상적으로 이런 상태에서는 정상회담이 정상적으로 개최되기 어려운 것이 보통이다. 그러나 트럼프 대통령이나 김정은 위원장은 예정대로 정상회담 개최를 강행했다.

돌이켜 보면 설마 북미 정상회담이 결렬되기야 하겠는가 하는 안일한 정세 인식이 있지 않았나 한다. 트럼프 대통령이 협상장에서 "걸어 나갈 수 있다walk out"는 언급을 평소에 자주 하기는 했지만 실무회담도 아닌 정상회담에서 결렬을 감수하기는 쉽지 않은 일이다. 그러나 트럼프 대통령은 정적에게 비난받을 수 있는 합의를 하기보다는 '멋있는' 결렬을 선택했다.[4] 아니 처음부터 한 번은 'walk out'을 하겠다는 생각이었는지도 모른다. 북한 김정은 위원장에 대해서 말하자면 그가 결렬의 리스크를 질 수 있다고는 더욱 상상하기 어려웠다. 남북관계의 오랜 경험으로부터 그리고 수령제라고 하는 북한의 체제 특성상, 최고지도자가 나서면 통큰 결단을 통한 획기적 진전이 나오게 되어 있다는 것이 정설처럼 되어 있었지만 결과는 전혀 달랐다. 김정은 위원장은 오로지 영변 핵시설 폐기 카드만 쥐고 있었으며 이것이 먹히지 않을 경우에 대비한 플랜 B, 말하자면 후퇴 복안fall back line을 가지고 있지 않았다.

결과적으로만 보면 2차 북미 정상회담은 무리하게 강행하는 것보다는 고위급 접촉이나 실무협상을 통해 좀 더 분위기가 성숙하기를 기다리는 것이 나았을지도 모른다. 무엇보다 김정은 위원장이 열차로 꼬박 사흘을 달려간 하노이에서의 결렬이 남긴 효과가 너무 컸다. 하노이 노딜은 김정은 위원장에게 엄청난 트라우마를 남겼으며 비단 북미관계의 악화뿐만 아니라 남북관계의 경색으로 이어지고 오늘날까지도 북한이 비핵화 협상에 주저하게 만드는 주된 배경으로 작용하고 있다.

북미 간 비핵화 협상의 교착이나 하노이 정상회담의 결렬과 관계없이 북미 정상 간의 친서 교환은 트럼프 행정부 후반부까지 꾸준히 이어졌다. 때로는 인편으로 때로는 전문으로, 때로는 판문점을 통해 때로는 워싱턴과 뉴욕에서 모두 32건의 친서 교환이 이루어진 것으로 파악된다.[5] 우드워드 기자의 저서를 통해 알려졌듯이 친서의 내용은 대부분 두 정상 간의 신뢰 유지를 위한 의례적인 것들이었다. 톱다운 방식이 상황을 관리하고 정치적 신뢰를 유지하는 데에는 효과적이지만 실질 진전을 보장하지는 못한다는 것을 보여주는 대목이다.

하노이 노딜의 주된 책임은 협상 당사자들인 북미 양측에 있지만 중재자 혹은 촉진자를 자임했던 우리의 협상팀이 조금 더 적극적 역할을 할 수는 없었을까 하는 아쉬움은 남는다. 우리가 중재안이나 조정안을 제시하는 것은 차치하고라도 북미 양측이 협상장에서 어떤 얘기를 주고받았는지에 대해서도 충분히 디브리핑받지는 못한 것으로 보인다. 북한이 제재완화를 요구하면서 스냅백 조치를 수용할 수 있다는 의사를 밝혔다는 것조차도 우리는 미국을 통해 듣지 못했고 김정은 위원장의 귀국 후 최선희 부상의 기자회견을 통해 확인한 것으로 전해진다.[6] 2018~2019년 시기에 남북미 플랫폼이 활발히 가동된 것처럼 보이지만 정상 레벨이 아닌 실무 레벨에서는 우리의 역할을 찾기 쉽지 않았으며 사실상 북미 양자에 의존적인 구조였다. 이는 남북미가 한자리에서 논의할 수 있기 전에는 벗어나기 쉽지 않은 한계로 보인다.

문재인 정부의 외교안보라인이 임기중 최소한의 목표로 내심 설정한 것은 비핵화 분야에서는 영변 핵시설의 폐기 과정 진입, 평화체제 구축 분야에서는 종전선언이었다고 본다. 남북미 최고지도자들 간의 정상회담도 어디까지나 그러한 목표를 달성하기 위한 경로이지 그 자체가 목표라고는 할 수 없을 것이다. 이는 충분히 달성 가능한 목표였으며 거의 손에 잡힐 듯했다. 그러나 하노이 노딜 이후 모든 것이 중단되어 버렸다.

특히 아쉬운 점은 남북관계가 비핵화 협상과 강하게 연동되다보니 북미협상이 결렬되자 남북관계도 발전 동력을 잃어버린 점이다. 이는 의도적으로 연계했다기보다는 결과적으로 그렇게 되어 버린 측면이 있다. 빅딜이건 스몰딜이건 북미 비핵화 협상이 어떤 수준에서든 타결될 것으로 보였기 때문에 남북관계는 그 이후 본격적으로 속도를 낼 수 있을 것으로 보고 무리하지 않았던 것이 아닌가 한다. 역설적으로 북미 비핵화 협상에 상당한 시간이 걸릴 것으로 보았다면 남북관계를 후순위로 두지 않고 뚝심 있게 밀어붙였을지도 모를 일이다.

Ⅲ. 바이든 행정부 출범 이후 한반도 평화프로세스의 향방

하노이 북미 정상회담 결렬 이후 비핵화 협상은 교착상태에 빠졌으며 특별한 진전 없이 바이든 행정부의 출범을 맞게 되었다. 2019년 6월 30일 판문점 회동의 결과로 그해 10월 5일 스톡홀름에서 북미 간 실무협상이 개최되었으나 큰 이변 없이 결렬되었다.[7] 전술했듯이 북미 정상 간의 친서 교환은 임기 말까지 꾸준히 이어졌으나 의례적인 수준이었다.

바이든 대통령은 대통령선거 기간부터 트럼프 행정부의 톱다운 방식을 비판하고 실무협상을 중시할 것이라고 예고했기 때문에 바이든 행정부의 출범으로 비핵화 협상이 상당히 지체될 것이라는 우려가 많았다. 그런데 바이든 행정부는 예상보다 신속하게 움직였다. 올해 4월 30일경에 베일을 벗은 바이든 행정부의 대북정책은 "사전 조율되고 실용적인calibrated and practical"접근법으로 소개되었는데 이는 사실상 단계적 접근법을 의미하는 것으로 해석되었다. 볼튼 전 국가안보보좌관의 '빅딜Big Deal 아니면 노딜 No Deal'식의 접근을 하지 않겠다는 분명한 설명이 있었다.[8] 싱가포르 합의를 존중하겠다는 의사 표명도 예상보다 빨리 나온 긍정적인 메시지였다. 바이든 행정부는 트럼프 행정부의 유산에 대해 극히 부정적이어서 트럼프 대통령이 서명한 싱가포르 합의 계승을 주저할 것이라는 전망이 많았기 때문이다. 5월 21일 개최된 한미 정상회담 공동성명은 한 단계 더 나아가 판문점선언까지 인용하여 기존의 남북미 간 합의들의 존중 의사를 천명했다. 바이든 대통령이 남북대화와 '협력cooperation'에 대한 지지를 표명한 것도 주목되는 대목이었다.[9]

바이든 행정부가 예상보다 신속하고 긍정적인 자세로 대북 관여 입장을 밝힌 것은 문재인 정부가 한반도 평화 프로세스를 재가동하기 위해 총력외교를 펼친 것이 영향을 주었다고 본다. 문재인 정부는 한미공동성명에 한중관계 측면에서 부담스럽고 논란의 여지가 있는 대만해협, 쿼드, 인권 관련 문구가 포함되는 것을 감수하고라도 한반도 평화 프로세스를 되살려 내려는 의지가 그만큼 강했다.

문재인 정부는 남북관계의 복원을 위해서 마지막 노력을 경주하고 있는 것으로 보인다. 남북관계 단절의 빌미가 되었던 대북전단 살포를 규제하는 법률을 제정했으며 다양한 한미협의를 통해 인도주의적 목적의 남북협력 사업에 대한 대북제재 면제를 추진하고 있는 것으로 보인다. 올해 4월 이후 2차례의 남북정상 친서교환도 이루어졌다. 이러한 움직임들이 지난 7월 27일 남북 통신연락선의 재개통으로 이어지기도 했으나 북한은 8월 한미연합훈련을 빌미로 8월 10일 다시 통신연락선을 단절시켰다. 장거리 순항미사일 발사(9.13)와 북한판 이스칸데르 미사일의 열차 발사(9.15)가 이어졌다.

꺼져가던 남북관계 복원의 불씨를 되살린 건 9월 21일 문재인 대통령의 UN총회 기조연설에서의 종전선언 제안이었다. 다음날 정의용 장관은 제재완화의 필요성을 공개적으로 거론했다. 정 장관은 CFR 초청 대담에서 "합의 위반 시 제재를 복원하는 스냅백이 유인책으로 활용될 수 있다" 고 언급했는데 우리나라 고위당국자로서는 처음으로 스냅백 방식의 제재완화 방안을 거론한 것이었다. 북한은 빠르게 반응했다. 9월 23일 리태성 외무상 부담이 종전선언이 시기상조이기는 하지만 상징적 의미는 있다는 담화를 발표한 데 이어 김여정 부부장의 연이틀 담화(9.24, 9.25)를 내어 종전선언 제안을 긍정적으로 평가하고 남북 정상회담 가능성까지 거론했다. 김여정 부부장은 이중기준 철회를 전제조건으로 요구했으나 사실은 북한의 통상적 군사훈련에 대해 "도발"이라는 표현을 쓰지 말라는 낮은 문턱을 제시했다. 북한은 9월 28일 화성-8형으로 명명한 극초음 미사일을 실험발사했으나 우리 정부의 반응 수위가 "유감"인 것을 확인하고 기다렸다는 듯이 10월 들어 남북 통신연락선을 복원했다.

향후 한반도 정세가 어떻게 전개될지, 문재인 정부의 한반도 평화 프로세스가 재가동될 수 있을지는 아직 불확실하다. 문재인 대통령은 적어도 차기 정부가 처음부터 다시 시작하지 않도록 디딤돌을 놓아주고 싶다는 심경을 자주 피력하고 있는 것으로 알려진다. 문재인 대통령 희망이 실현될 수 있을 것인지는 알 수 없지만, 단서라도 찾기 위해서는 문재인 정부 임기 말의 한반도 정세에 영향을 미칠 수 있는 요인과 변수들을 점검해 볼 필요가 있다.

먼저, 미국 요인은 큰 변수가 될 것 같지 않다. 바이든 행정부가 비교적 긍정적 대북 메시지를 내고는 있지만 북한을 움직이기에는 부족해 보인다. 북한은 자신들이 '선의로' 풍계리 핵실험장을 폭파하고 핵실험과 ICBM 실험발사를 유예하고 있는 것에 대한 계산이 덜 되었다는 입장이다. 미국이 인도적 또는 민생 목적이라는 취지를 달아서라도 제재완화 신호를 분명히 보내거나 국무장관 방북 수준의 성의를 보이지 않는 한 북한이 먼저 움직이지는 않을 것으로 보인다. 그러나 바이든 행정부는 비핵화 협상이 개시되기 전에 보상할 수는 없다는 입장이다. 최근 아프간 사태의 악화와 이로 인한 바이든 대통령 지지율 급락은 바이든 행정부의 입지를 더욱 좁히고 있는 양상이다.[10]

중국 요인은 현재로서는 북미 비핵화 협상을 촉진하기보다는 교란시키는 방향으로 작용하고 있다. 최근 대만문제의 부각, AUKUS 동맹 발족 등 미·중 전략경쟁의 심화를 고려할 때, 중국이 북미관계의 진전을 바랄 이유가 없으며 적어도 단기적으로는 전략적 완충지대로서 핵무장한 북한을 더욱 선호할 것이다. 과거에는 북한의 도발을 달래기 위한 '뇌물'성격으로 대북지원을 했다면 앞으로는 북한의 체제 유지를 위한 '장학금' 성격의 대북지원이 예상된다.[11] 미국이 대만문제로 중국을 압박하면서 북핵문제에 대한 미·중 간 협력을 기대한다면 지나치게 자기중심적 사고이다.

문재인 정부 임기말 한반도 평화 프로세스 재가동의 최대 변수로 작용할 요인은 북한, 그중에서도 김정은 위원장의 빅픽처BIG PICTURE일 것이다. 먼저 북한 내부의 구조적 요인이 북한의 대외행보를 좌우하는 결정적 요인으로 분석되지는 않는다. 소위 북한의 3중고인 대북제재, 코로나19, 재난·재해가 북한의 대외노선을 변경시킬 정도는 아닌 것으로 평가된다. 북한이 대북제재로 어려운 것은 사실이지만 북한체제의 생존에 영향을 줄 정도는 아니다. 식량수급은 항상 부족하지만 위기 시에는 비축미를 동원할 수 있으며 원유는 대북제재에도 불구하고 불법환적 등 각종 편법적 방식으로 조달되고 있다. 북한의 수출이 거의 대부분 차단된 상태라서 상식적으로는 이해가 안 되는 일이긴 하지만 외화보유고가 바닥났다는 징후를 찾기도 힘들다.[12] 코로나19 방역은 원시적이지만 나름 선방하고 있으며 대규모 확진자가 발생하지 않고 있는 것이 사실로 평가된다. 또한, 가뭄과 수해로 곤경을 겪고 있기는 하지만 재앙 수준의 재해

·재난이 발생하지 않는 한, 북한이 외부에 손을 벌리지는 않을 것으로 전망된다. 결국, 북한이 최근 다시 자력갱생에 몰입하는 것도 외부적 요인으로 자신의 운명을 결정하지 않겠다는 의지의 표현이다. 다만, 김정은 위원장의 소위 애민사상에 비추어 경제발전에 대한 의지는 매우 확고해 보이며 이를 위해서는 제재해제가 필수적 요건이기 때문에 기본적으로 비핵화 협상에 대한 동기는 분명히 존재한다.

북한 내부의 구조적 요인보다는 행위자 차원, 말하자면 최고지도자의 주관적 의지가 북한의 대외행보에 보다 큰 영향을 줄 것으로 보인다. 전술했듯이 2018년 '한반도의 봄' 전후 일련의 흐름은 김정은 위원장의 결정이 한반도 정세 전개의 결정적 요인이었음을 반증한다. 2019년 신년사에서 "새로운 길"가능성을 시사한 것이나 하노이 정상회담 결렬 이후 "연말 시한" 압박한 것도 모두 김정은 위원장의 직접 워딩에 따른 조치였을 가능성이 높다. 김정은 위원장을 다루는 우리 정보기관의 분석관들은 김정은 위원장의 뇌리 속에는 항상 일정표calender가 자리하고 것으로 추정하고 있다고 한다.

임기말 정부는 항상 외교안보정책 추진에서 딜레마에 처하곤 한다. 임기 내에 괄목할 만한 외교안보 업적을 도출하여 유산으로 남기고 싶은 것이 정권의 생리이지만 무리한 정책 추진에 따른 정치적 부담도 무시할 수 없다. 문재인 정부 임기 내에 또 한 번의 남북 정상회담이 개최되어 남북관계를 전면적으로 복원하고 이를 차기 정부에 넘겨줄 수 있다면 최선일 것이다. 4차 남북 정상회담이 개최되더라도 굳이 새로운 합의가 필요하지는 않으며 기존 판문점선언과 평양 공동선언의 유효성만 재확인할 수 있어도 충분할 것이다. 나아가 남북관계의 진전을 발판으로 삼아 북미 간 비핵화 협상이 재개된다면 문재인 정부의 평화 프로세스는 차기 정부에 온전히 계승될 수 있을 것이나 여건이 녹록치는 않아 보인다. 특히, 남북관계 진전 없이 한미연합훈련 시기를 맞는다면 한반도 정세는 다시 고비를 맞을 것이다. 한반도 정세의 중대 고비에서 문재인 정부는 어렵고 외로운 결정을 해야 할지 모른다.

Ⅳ. 결론에 대신하여

훗날 보다 많은 시간이 흐른 뒤에 역사가 평가하겠지만 문재인 정부의 한반도 평화 프로세스는 잊혀질 수 없는 커다란 유산과 함께 성찰의 과제를 던지게 될 것으로 보인다. 문재인 정부의 담대한 구상은 한반도를 살아가는 우리의 상상력의 지평을 넓혀주고 많은 영감을 불러일으키는 것이었지만 이와 동시에 몇가지 반성적 교훈도 주는 것 같다.

첫째, 비핵화의 진전과 평화정착을 보장하고 연속성을 부여하기 위해서는 정치적·상징적 이벤트 못지않게 어떤 수준에서든 구체적 합의를 창출하여 실질적으로 가동되게 만드는 것이 중요하다는 사실이다. 목전에 두었던 영변 핵시설의 동결·폐기 미진입은 가장 아쉬운 대목이다.

둘째, 남북관계의 발전을 북미 비핵화 협상에 연동시켜서는 우리가 주도적으로 정세를 이끌어나가는 것이 사실상 불가능하다는 것을 재확인하게 되었다. 북한의 핵무장이라는 전략적 현실 하에서, 언제가 될지 모르는 북한의 실질적 비핵화 조치 이전에는 남북관계의 획기적 발전이 불가능하다면 우리는 한반도 정세의 종속변수 신세를 면하기 어렵다. 적어도 북한의 핵능력 증대가 차단되는 조건 하에서는 확고한 입장을 가지고 남북경협에 대한 포괄적 제재 유예를 획득할 필요가 있다.[13]

셋째, 미·중 전략경쟁이라는 변수에 영향 받지 않으려면 북미 또는 남북미 협상틀에만 의존해서는 곤란하며 중국을 포함한 다자틀4자 또는 6자이 가동되는 것이 바람직하다. 미국과 중국이 함께 참여해야만 비핵화 조치이건 상응조치이건 구속력이 생기고 미중관계의 유동성에 상관없이 연속성이 확보될 것이기 때문이다. 또한, 과거 6자회담의 경험에 비추어 보면 다자틀 속에서 우리의 역할 공간이 오히려 증대되는 경향이 있었다. 남북미 3자가 한자리에 모이기는 용이하지 않지만 4자나 6자는 한 테이블에서 논의하는게 자연스럽다. 대북제재에 대한 각국의 입장을 감안하면 남북경협에 대한 포괄적 제재면제를 획득하기 위해서도 다자틀이 보다 유리할 수도 있다.

〈주〉

1) 조선민주주의공화국 정부 성명, 「새형의 대륙간 탄도로케트 시험발사 성공」 (조선중앙통신, 2017.11.29.)

2) 당시 특사단으로 김정은 위원장을 면담한 참석자들의 전언에 따르면 김정은 위원장은 먼저 'ICBM 재진입' 문제를 거론하면서 이렇게 언급한 것으로 알려진다.

3) 문재인 대통령과 트럼프 대통령은 2017년 3월 1일 오후 10시부터 30분간 전화통화를 갖고 대북특사 파견 등을 논의했다(2018.3.2, 《조선일보》). 보도는 되지 않았지만 당시 배석자들의 전언에 따르면 트럼프 대통령이 우리 특사단이 김정은 위원장을 만나면 자신이 그를 만나고 싶어한다는 말을 전해줄 것을 요청했다고 한다.

4) John Bolton, *The Room It Happened*(Simon & Schuster, 2020). 존 볼튼 전 국가안보 보좌관에 따르면 트럼프 대통령은 정상회담에 앞서 빅딜, 스몰딜, 결렬의 3가지 시나리오가 예상된다며 특히 결렬이라는 말을 반복해서 언급했다고 한다. 정상회담 장소에 가서도 트럼프가 신경을 곤두 세운 것은 코언 변호사의 청문회였으며 밤늦게까지 TV를 시청하는 바람에 다음날 정상회담 준비회의가 취소되기도 했다.

5) Bob Woodward 워싱턴 포스트 부편집장이 입수한 친서는 모두 27통으로 소개되었는데 그 이후에도 임기말까지 3통의 친서 교환 사실이 언론에 공개되었다. 여기에다 저자가 별도로 파악한 2건까지 합치면 모두 32통의 친서가 교환된 것으로 파악된다. Bob Woodward, *Rage*(Simon & Schuster, 2020) 등

6) "회담에서 우리가 현실적인 제안을 제시하자 트럼프 대통령은 합의문에 '제재를 해제했다가도 조선이 핵활동을 재개하는 경우 제재는 가역적이다'는 내용을 포함시킨다면 합의가 가능할 수도 있다는 신축성 있는 입장을 취하였지만 미 국무장관 폼페오나 백악관 국가안보보좌관 볼턴은 기존의 적대감과 불신의 감정으로 두 수뇌분들 사이의 건설적인 협상 노력에 장애를 조성하였으며 결국 이번 수뇌회담에서는 의미 있는 결과물이 나오지 못하였다." 최선희 외무성 부상 기자회견 전문(2019.3.15.) 《연합뉴스》(2019.3.25.)

7) 김명길 실무협상 북측 수석대표인 김명길 외무성 순회대사가 2019년 10월 5일 북한 대사관 앞에서 실무협상의 결렬을 알리는 성명을 발표했다. 그런데 미측 참석자들에 따르면 북측 대표단은 이미 결렬을 준비하고 나온 듯 미측 설명을 경청하고 나서 일방적으로 준비한 원고를 읽었다고 한다. 같이 사진도 촬영하는 등 회담의 분위기가 나쁘지 않았던 것을 고려하면 이미 결렬이 계획된 회담이었던 것이다. 북측으로서는 하노이의 굴욕을 되갚아줄 필요가 있었던 것으로 해석된다.

8) "Biden administration forges new path on North Korea crisis in wake of Trump and Obama failures," *The Washington Post*(2021.4.30.) https://www.washingtonpost.com/national-security/biden-administration-forges-new-path-on-north-korea-crisis-in-wake-of-trump-and-obama-failures/2021/04/30/c8bef4f2-a9a9-11eb-b166-174b63ea6007_story.html

9) 한·미 간 공동성명 사전조율 과정에서 미측은 남북 "협력"에 대한 지지라는 문구를 포함시키는 것에 대해 처음에는 반대했던 것으로 알려진다. 우리측은 협력이라는 문구를 통해

남북경협에 대한 지지로 해석될 수 있는 여지를 두려 했으며 미측도 이를 간파하고 끝까지 주저하다가 "대만해협의 평화와 안정" 등 미측이 원하는 문구를 포함하는 대신에 이를 수용했던 것이다.

10) 바이든 대통령은 취임 초기 대통령으로서는 비교적 낮은 지지율을 보이고 있었는데 마침 내 국정지지율에서 반대(47.5%)가 찬성(47.2%)을 앞서는 골든크로스가 8.30일부로 발생했다. https://projects.fivethirtyeight.com/biden-approval-rating/

11) 중국은 2019년 6월 북중정상회담에서 식량 60만톤과 상당량의 비료 지원을 약속하고 이를 이행한 것으로 알려졌다. 국회 정보위원회 간사인 국민의 하태경 의원이 국정원의 보고를 근거로 이런 사실을 VOA 취재진에게 밝혔다고 한다.
www.voakorea.com/korea/korea-economy/china-food-aid

12) 북한의 외환보유고가 급감하게 되면 북한의 시장 환율이 급상승하게 되나 북한은 최근 수년간 안정적 추세를 보여주고 있다. "북한시장 동향"《DAILY NK》

13) 유엔 안보리의 대북제재 결의안에는 "북한의 결의 준수 여부에 따라 제재 조치들을 강화 ·수정·중단 또는 해제할 준비가 되어 있음을 확인한다"고 되어 있다(안보리 결의안 2397호 28항 등). 또한, 북한 비핵화 등 결의상 목표를 위해 필요할 경우 제재위의 사안별 면제가 가능하다고 명시되어 있다(안보리 결의안 2397호 25항 등). 그러나 개성공단 등 대규모의 남북경협 사업들은 사안별 면제를 적용하기가 복잡하여 새로운 결의안 채택을 통해 나진-하산 항만 및 철도 사업의 경우처럼 포괄적 제재면제를 획득해야 할 것으로 보인다.

3장

한반도 군사합의의 규범적 가치와
평화체제 과제

김종대

I. 들어가며: 평화협정과 군비통제에 대한 두 가지 시각

국제정치에서 적대적인 당사자 간에 평화조약, 또는 평화협정, 또는 군비통제조약을 체결하는 국가 간의 안보협력에 대해서는 두 가지 시각이 존재한다. 첫 번째는 현실주의 관점으로 평화조약이나 평화협정은 실질적인 평화를 유지하는 데 큰 의미가 없다고 보는 시각이다. 이 시각에 따르면 무정부적인 국제정치에서 본질은 힘power이지 규칙rule이나 체제regime가 아니다. 평화를 달성하는 가장 안정적인 방법은 힘의 균형, 즉 세력균형Balance of power을 도모하는 것이어야지 서류에 불과한 평화협정에 기대하거나 의존해서는 안 된다.[1] 만일 평화협정이 필요하다면 세력균형을 강화하고 재확인하는 한도 내에서나 의미 있다. 이런 현실주의적 인식은 그간 많은 국제분쟁의 경험을 통해 강력한 설명력을 가진다. 1916년 6월의 베르사유 조약과 1938년 9월 30일 독일 뮌헨에서 영국, 프랑스, 독일, 이탈리아가 독일의 주데텐란트 관할을 인정하는 뮌헨 협정 체결에도 불구하고 6천만 명이 사망한 2차 세계대전이 발발했다.

1954년 제네바에서 평화협정을 체결하고도 베트남은 1964년 통킹만 사건을 계기로 전면전에 돌입하였으며 1973년에는 베트남 전쟁에 참가한 미국, 남베트남, 북베트남이 서명한 "베트남전쟁 종결 및 평화회복에 관한 파리협정"에도 불구하고 오히려 전쟁은 격화되어 1975년에 북베트남에 의한 무력통일이 완성된다. 이 외에도 현실주의자들은 1993년 9월 미국의 중재로 체결된 라빈 이스라엘 총리와 아라파트 PLO 의장의 "오슬로 평화협정", "중동 평화에 관한 3개국 정상의 캠프 데이비드 성명(2000. 7. 25.)"과 같이 평화협정이 체결되고 분쟁이 더 악화된 여러 사례를 거론한다.[2] 2000년 3월 29일에는 미국과 아프가니스탄 무장조직 탈레반이 18년 넘게 이어온 무력 충돌을 끝내는 평화 합의에 서명했지만, 그해 9월부터 사태는 더 악화되어 2021년 8월 30일에 미국은 탈레반에게 아프가니스탄을 내어주고 철군하기에 이른다. 미국과 이란 간에 체결된 "포괄적 공동행동 계획", 즉 이란 핵 협정(2015. 7. 14.)에도 불구하고 트럼프 전 대통령은 이란과 다시 적대관계로 돌아서 오히려 사태는 더 악화되었다. 분쟁의 경험에 입각한 현실주의적 분석은 평화협정이나 군비통제조약은 이상주의의 산물로서, 실질적 평화를 가져오지 못한다고 주장한다.

설령 평화협정이나 군비통제조약이 분쟁 상황을 안정시키는 데 기여했다 할지라도, 그것은 분쟁으로 막대한 희생을 치루고 난 이후에나 가능했다는 점도 지적된다. "이스라엘과 이집트 아랍공화국 간 평화조약(1979. 3. 26.)", "이스라엘-요르단 평화조약(1994. 10. 26.)", "유고슬라비아 및 세르비아공화국과 코소보 평화유지군 간의 군사협정(코소보 평화협정, 1999. 6. 9.)", "라이베리아 평화협정(2003. 8. 18.)", "수단 평화협정(2005. 9. 1.)" 등 이제껏 유의미한 평화체제도 막대한 희생으로 분쟁이 한계에 다다랐을 때에야 체결된 것이다. 이렇게 보면 평화협정이나 군비통제조약은 평화의 원인이라기보다는 세력균형의 결과라고 보는 것이 합리적이고, 여전히 국제정치의 근원은 힘power이라는 것이 현실주의 시각이다. 더 나아가 현실주의자들은 신뢰할 수 없는 적대국에 대해 평화협정이나 군비통제조약을 주장하는 유화정책policy of appeasement은 오히려 평화를 저해하는 위험한 정책이라며 비판하기도 한다.[3] 이것이 김대중·노무현 정부로부터 최근 문재인 정부에 이르기까지 면면히 이어져온 대북 화해협력과 군비통제 노력을 비판하는 주요한 논거다.

그러나 평화협정이나 군비통제조약은 그 자체로는 죄가 없다. 하나의 평화협정이나 군비통제조약이 체결되기까지는 그러한 합의가 현실적인 의미를 부여받을 수 있는 역사적 맥락과 조건을 탐색하여 지속적인 평화를 구현할 수 있는 강력한 규범으로 발전시킬 때 비로소 성공한다. 예컨대 "유럽 안보협력회의 최종의정서(헬싱키 협약, 1975. 8. 1.)"와 "독일문제의 최종 종결에 관한 조약(2+4협정)"은 냉전의 세계질서 속에서 우발적인 군사충돌을 방지하고, 다자간의 분쟁을 무력이 아닌 외교로 해결할 수 있는 공간을 마련함으로써 궁극적으로 냉전을 해체한 주요한 결정 인자로 작동하였다. 이와 함께 냉전시대 미국이 소련과 체결하였던 각종 군비통제조약, 예컨대 중거리핵무기금지협정INF나 요격미사일금지조약AMD, 핵무기제한협정SALT, 핵무기감축협정START은 냉전시대 인류가 절멸이라는 파국으로 가지 않고 전략적 안정을 이루는 초석이었다.[4] 또한 다자간에 체결된 핵무기확산금지조약NPT, 대량살상무기금지조약WBC 등은 평화적으로 냉전을 해체하고 냉전 이후에도 그 효력을 지속적으로 발휘하여 자유 항해와 자유무역, 핵전쟁 위협을 억제하는 세계질서를 구축하는 데도 일정한 기여를 하였다는 점이다. 비록 트럼프 전 대통령이 INF를 파기한다고 선언하였으나 여전히 규범으로서의 효력은 유지되고 있고, 대부분의 조약들은 오랜 기간 실효성 있는 운용을 통해 신뢰받는 국제 규범으로 유지되는, 소위 '규범의 효과Normative effect'가 지속되고 있음을 주목해야 한다.

특히 한반도의 경우를 보면, 1953년 체결된 "한반도 정전협정"은 그 무수한 도전과 시련 속에서도 지난 68년간 대규모 전쟁의 발발을 막은 실질적 안전판이었다. 대부분의 평화협정이 또 다른 분쟁으로 치달은 데 반해 남북한의 적대관계에도 불구하고 이렇게 오랫동안 분쟁을 억제해온 데는 한반도 정전협정이 그 자체로 탁월함을 내포하고 있기 때문이다. 군사정전위원회, 중립국감시위원 등 지금은 북한에 의해 "무실화"된 정전협정이지만, 일단 한반도 분단질서를 규정하는 공신력 있는 협정이 존재한다는 그 사실 만으로 합법성Legality과 적법성Legitimacy을 부여받는 데 기여한다. 이러한 합법적 규범이 장기간 축적되고 응고되면 그것은 정통성Authenticity으로 강화되는데, 국제정치에서는 정통성이 세력균형 못지않게 특히 중요한 규율이 된다. 1812년에 나폴레옹 전쟁이 종식되고 빈 체제가 출범하면서 오스트리아의 메테르니히 재상이 각국의 외교관들을 설득한 국제질서 규범이 바로 정통성이다.[5] 그 기초 위에 출범한 빈 체제는 유럽에서 100년의 평화를 만들었다. 정전협정이 한계를 노정했다 할지라도 비무장지대DMZ를 설정하고 중립수역을 유지함으로써 우발적 충돌을 방지하는 구체적이고 방법론적 규범으로서 남과 북에 의해 공히 준수되고 있다. 이것이 거의 70년 동안 대규모 분쟁의 재발을 방지하는 관리체제로서 유효성을 경험적으로 보여주었고, 그 기초 위에서 남과 북은 상호 존중과 안정의 토대를 구축했다.

다음으로 현실주의와 대조를 이루는 자유주의 시각에서는 군사적으로는 세력균형을 넘어 전략적 안정을 도모하고, 경제적으로는 상호의존과 교류협력을, 정치적으로는 관계개선을 통해 분쟁을 억제하는 다양한 협력체와 제도의 발전을 구상하게 된다. 분쟁은 필연적 숙명이 아니라 관리하는 방법과 체계에 의해 상당부분 제한된다는 것은 자유주의 사상의 핵심이다. 더 나아가 남북관계 역시 '규칙에 기반rule-based'하여 더 낳은 관계로 발전할 수 있다는 긍정적 사고는 정전체제를 평화체제로 전환시키는 핵심 에너지다. 평화정책은 힘에 의한 세력균형이 아니라 상대방을 적극적으로 변화시키는 체제적 관점은 일종의 관여정책engagement policy이라 할 수 있다. 이러한 관여정책이 군비통제 제도로 진화하는 과정으로서 남북 군사합의를 주목할 필요가 있다. 물론 자유주의적 관점에서의 대외 관여정책은 결국 침략전쟁으로 귀결되어 실패했다는 비판도 있다.[6] 그러나 미국의 자유주의적 관여는 선택사항이었지만 우리에게는 국가 존망을 좌우하는 필수적인 전략으로 미국의 경우와는 다르다.

2018년 9월 19일 평양에서 남북 정상 간에 합의된 "남북군사합의서"는 군사분계선 일대에 비행금지구역과 훈련금지구역을 설정하고 평화수역을 관리하는 일련의 군사행동을 제한하는 낮은 차원의 군비통제 협정이다. 정전협정 이후 구체적인 군비통제 규범을 설정한 유일한 합의라고 할 수 있는 군사합의서는 지난 3년간 무수한 남북관계서의 단절에도 불구하고 규범의 효과는 지금까지 지속되고 있다. 여기서 규범은 어떻게 관리하느냐에 따라 불가역적인 효과를 내포할 수 있고, 세력균형과 정통성의 기반이 제대로 갖추어진다면 그 효과는 더욱 배가될 수 있다. 그렇다면 평화협정이나 군비통제조약이 단순한 유화정책이라는 혐의를 벗고, 지속적인 평화를 달성하고 더 나아가 평화공존과 통일을 도모할 수 있는 더 새로운 제도로 진화할 수 있는 가능성을 일정 부분 확인하게 된다. 이것이 현실주의자들의 비판을 고려하면서도 우리가 남북한 간에 군비통제와 평화협정을 모색할 수 있는 새로운 경로를 더 적극적으로 모색해야 함을 일깨워 준다.

Ⅱ. 정전협정의 규범적 가치와 평화를 위한 노력

"한국 군사정전에 관한 협정"은 한반도에서의 전쟁 행위를 멈추게 한 휴전협정armistice을 말한다. 여기서 '정전'이라는 용어와 '휴전'이라는 용어 중 어느 것이 적절한지에 대한 논의는 생략한다. 총 63개 항으로 구성된 정전협정은 제1조 군사분계선과 비무장지대, 2조 정화停火 및 정전停戰의 구체적 조치에서 외국 군대의 진입을 비롯한 각종 군사행동을 제한하고 있다. 이어서 군사정전위원회와 중립국감독위원회라는 정전협정 관장하는 주체와 제도를 기술하고 있다. 그러나 1990년대에 북한은 정전협정을 "무실화"한다며 정전위와 감독위원회를 무력화하였고, 한반도 남단에도 미군이 주둔하고 한미연합훈련을 실시함으로써 이 역시 무력화되었다. 무엇보다도 이 협정 60조에서 "한국문제의 평화적 해결을 위하여 쌍방 군사령관은 쌍방의 관계 각국 정부에 정전협정이 조인되고 효력을 발생한 후 삼개월 내에 각기 대표를 파견하여 쌍방의 한 급 높은 정치회의를 소집하고 한국으로부터의 모든 외국군대의 철수 및 한국문제의 평화적 해결문제들을 협의할 것을 이에 건의한다"고 하여, 1954년의 제네바 회담에서 한반도 평화협정에 대해서 구체적 논의가 되어야 했지만, 미국 측의 협상 회피로 인해서 실질적으로 깊은 논의가 되지 못한 채 오늘날까지 정전체제를 이어오고 있다. 이렇게 보면 정전협정은 비무장지대와 군사분계선에 관한 사항을 제외하고는 거의 실현된 것이 없는 과도기적인 협정이다.

북한은 1990년대부터 정전협정의 마지막 보루라고 할 수 있는 비무장지대와 정전위를 무력화하려는 시도를 한다. 1991년 3월 군사정전위원회에 유엔사 측 수석대표에 한국군 황원탁 소장이 임명되자 북한은 한국은 정전협정 당사자가 아니라는 이유로 군사정전위원회 회담을 거부했다.[7] 곧바로 북한 정전체제 중립국감독위원회 국가대표단들도 철수할 것을 종용하여 1993년 4월 체코 대표단에 이어 1994년 12월 중국이 대표단, 1995년 2월 폴란드 대표단이 철수함으로써 사실상 중립국감독위원회는 해체되었다. 이어 남북 간에 긴장이 극도로 고조되던 1994년 4월에 북한은 정전협정의 실제 당사자인 미·북 사이에 평화협정 체결을 위한 협상을 제안하였고, 1994년 5월에 군사정전위원회의 북측 대표단을 철수시키고 새로운 협상기구로 '조선인민군 판문점대표부'를 개설했다고 일방적으로 발표했다. 1995년 5월에 판문점 중립국 감시위원단과 공동경비구역JSA 북한측 지역을 일방적으로 폐쇄하였다. 1996년 4월에는 판문점대표부 담화를 통해 비무장지대를 인정하지 않겠다고 선언했다. 이 때 북한은 "자위적 조치로서 군사분계선과 비무장지대의 유지관리 임무를 포기하고 판문점 공동경비구역과 비무장지대에 출입하는 북측 인원과 차량에 제정된 모든 식별표지를 착용하지 않을 것"이라고 발표했다. 2000년대에도 북한은 한미연합 군사훈련 등을 빌미로 정전협정 무력화를 계속 주장하였는데, 이는 기존의 정전협정 무력화에 대한 동어반복으로 단기적인 긴장을 고조하려는 의도로 보여진다, 2013년에 북한이 3차 핵실험을 단행하고 북한군 최고사령부 대변인은 국제사회의 제재와 한미연합군사훈련을 비판하면서 "정전협정 파기"를 선언하였다.

　이런 과정은 북한이 정전협정의 규범적 가치를 부정한 것처럼 보이지만 그 이면을 보면 다른 의도가 발견된다. 비록 비무장지대의 관리체계는 부실화되었다 할지라도 북한은 일관되게 정전협정을 북한과 미국 간의 평화협정으로 대체해야 한다는 대안적 규범과 관리체계를 요구하였다는 점에서 무정부성을 강화하겠다는 불안정 자체가 목적이라고 보기는 어렵다. 1996년에 판문점 공동경비구역에 박격포 진지를 설치하는 등 일련의 도발적 행동이 나타난 것은 사실이지만, 이것은 그해 한미연합훈련과 한국군 호국훈련에 대한 맞대응 성격이 강하고, 상황이 종료되자 즉각 철수하였다. 또한 비슷한 시기에 시중에는 잘 알려져 있지 않지만 일명 '3사단 사건' 이후 비무장지대에서 북한이 직접 병력과 화력을 동원하여 한국군에게 직접 무력을 행사하는 도발은 거의 사라졌다고 보아야 한다. 그러나 단 하나의 예외가 있다면 2015년 8월에 북한이 아군의 1사단 순찰 경로에 목함 지뢰를 매설하여 2명의 우리 군 부사관이 중상을 입은 사건이다. 이 사건에 대해 북한은 판문점에서 김관진-김양건 72시간 회담을 통해 유감을 표하고 사실상 사태는 종결되었다. 이후 군사분계선 일대에서 교전은 발생하지 않았지만 민간단체의 대북전단 살포 등으로 긴장이 고조되어 대북전단 풍선을 북한이 고사총으로 사격하고 한국군이 맞대응으로 경고사격을 하는 등 간헐적인 무력시위가 이어졌을 뿐이다. 이마저도 현 정부는 2000년에 '대북전단살포금지법'을 제정하여 정전협정의 규범적 가치는 지속되었다. 북한이 비무장지대에서 도발을 줄인 것이 우리 군의 압도적 무력증강으로 인해 불리함을 인식했기 때문인지, 아니면 무력도발의 무용성을 인식했기 때문인지는 논란의 여지가 있으나, 결국 비무장지대의 안정은 정전협정 "무실화"의 결과가 아니라 한반도 정전관리의 마지막 보루인 정전협정의 규범적 가치로 수렴된 결과라고 평가된다.

북한의 평화협정 체결 요구는 오히려 정전협정을 하나의 정치무기로 활용하는 일종의 정치-군사 게임으로 진행되었는데, 이 과정에서 남북한의 충돌은 정전협정에서 명확히 정의하지 않은 해상계선과 관련하여 주로 발생하였는데, 우리나라 서북해역의 5개의 섬(백령도, 연평도, 무도, 소청도, 대청도) 인근 수역이 바로 그러한 경우다. 1999년의 제1 연평해전, 2002년의 제2 연평해전, 2009년의 대청해전과 2010년의 천안함 사건과 연평도 포격사건이 바로 이에 해당된다. 이후 남북한 간의 주요 안보 사건을 통한 논쟁은 정전협정의 애매하고 부실한 측면에서 정치·군사적 논란으로 이어지게 되는데, 서북 해역에서의 북방한계선NLL 문제는 남북한 분쟁관리의 공백, 즉 무정부성Anarchy이 드러나는 정치적 급소였다.

여기서 북한의 의도를 유추하면, 정전협정이란 일종의 전쟁이 일어나지 않도록 관리하는 상태, 즉 '소극적 평화negative peace'를 구현하는 관리 규범이다.[8] 그러나 평화협정은 전쟁의 원인 자체, 즉 갈등이 해소되는 '적극적 평화Positive Peace'를 관리하는 규범이다.[9] 적극적 평화라는 선의의 목적이 있다고 해도 남북한 간에 불신이 있고, 비무장지대 일대에 남북한의 군대가 대규모로 밀집되어 있는 현실을 고려한다면 당장 평화협정을 체결하는 것이 곧바로 한반도에 안정과 평화공존을 보장할 수 있느냐에 대해서는 논란의 여지가 있다. 우선은 정전협정에서의 불안정하고 무정부적 요인을 해소하고 제거하는 것이 노태우·김대중·노무현 정부와 그 이후 이어진 남북 군비통제 협상, 또는 남북협력의 주된 의제가 된다. 이것은 정전협정의 부정이 아니라 정전협정의 진화적 해체, 창조적 파괴라는 맥락에서 바라볼 필요가 있다. 정전협정의 규범적 가치를 미래로 확장하면서 남북한이 군비통제에 도달하고, 상호 신뢰의 토대를 쌓아 올리면 그 결과로서 평화협정, 평화체제를 구축할 수 있게 되면 이것은 하나의 과정, 즉 일련의 서사narrative로 구성된다.

따라서 정전협정이냐, 평화협정이냐라는 양자택일의 문제가 아니라, 소극적 평화를 충실히 관리하면서 그 토대 위에 적극적 평화로 이행하는 일련의 과정을 축적함으로써 평화협정에 서서히 접근해 간다면 이전에 무수히 실패했던 세계의 평화협상 전례를 따르지 않을 수 있다. 즉 평화협정을 보여주기가 목적인 하나의 정치적 이벤트가 아니라, 과정으로 이해하는 관점이 중요하다. 이렇게 멀지만 가야 할 평화로 가는 길은 남북이 오랫동안 숱한 시행착오를 거치면서 걸어왔던 '축적의 과정'으로 점 철되어 있다.

1992년에 발효된 남북기본합의서(제11조)에 의하면 "남북불가침 경 계선과 구역은 1957년 7월 27일자 군사정전협정에 규정된 군사분계선 과 지금까지 쌍방이 관할하여 온 구역으로 한다"라고 규정하고 있고, 또 한 남북불가침 부속합의서(제10조)에 의하면 "남과 북의 해상 불가침 경 계선은 앞으로 계속 협의한다. 해상 불가침 구역은 해상 불가침 경계선 이 확정될 때까지 쌍방이 지금까지 관할하여 온 구역으로 한다."라고 규 정하고 있다. 이에 따라 논란의 여지는 있지만 북방한계선은 남북 상호 협의가 있기 전까지는 사실상의 해상경계선이라는 시각이 있다.[10]

김대중 정부 시절에는 제1, 제2 연평해전 발발이라는 악재로 인해 해 상경계선과 서해 평화를 구현하는 데는 큰 성과를 거두지 못하였으나, 2000년 6·15 공동선언에 따라 노무현 정부에서 체결된 남북해운합의서 (2004. 5. 28.)는 기존의 북방한계선 문제를 우회하여 북한이 서북해역 에서 자유로운 항행과 우발적 충돌을 방지하는 새로운 규범체계였다. 노 태우 대통령에서 김대중 대통령으로 이어지는 점진적·기능주의적 대북 접근은 서해에서 비무장 선박의 자유로운 항행과 우발적 충돌을 방지하 는 표식, 통신, 상호협력 체계를 규정함으로써 정전협정의 공백으로 인 한 무정부성을 성공적으로 해소할 수 있다. 이러한 노력을 토대로 노무 현 정부에 이르러서는 10·4 남북정상선언에서 한반도 평화체제, 정치· 군사, 경제협력, 사회문화교류 등 중장기적 과제 8개 항과 별도로 2개 항이 합의되었다. 여기서는 북방한계선NLL 공동어로수역 설정, 금강산면 회소에서 이산가족 영상편지 교환과 더 나아가 서해평화협력특별지대 설치, 남북경제협력사업의 대폭 확대, 개성공단 2단계 개발 착수, 남북조 선 협력단지 건설 계획 등이 남북협력의 미래 청사진으로 제시되었다.

그러나 남북 정상이 합의한 서해평화협력지대 설치 문제가 김장수-김일철 남북 국방장관회담 의제로 넘겨버리는 순간 다시 북방한계선NLL이라는 안보문제로 회귀되어 구체적 결실을 거두지 못하고 결렬된다. 여기서 정전체제는 또 다시 그 무정부성을 드러내고, 남과 북은 대안적 규범을 구축하는 데 한계를 드러낸다.

국제정치를 정치 현실political reality로 이해하느냐, 아니면 정치 규범political Norms으로 이해느냐는 여전히 숙제다. 우리에게는 현실과 규범 사이에 커다란 간극이 딜레마로 다가온다. 그러나 일단 현실을 중시하되 중장기적으로 바람직한 미래의 규범을 향해 나아가는 것이 합리적이다. 만일 미래를 상상할 줄 모르는 현실 중시라면 소극적 평화에 안주하는 안보국가security nation를 지향하는 것이며, 현실을 무시한 미래를 추종하는 것은 유화론자들의 실패를 답습하는 이상주의로 비판받을 것이다.[11] 가장 중요한 것은 '균형balance'일 것이다. 이데올로기에 경도되어 근본주의 주장을 추종하면 이는 결국 남남갈등으로 표방되는 소모적 이념 논쟁이 된다. 그러나 정치 현실과 규범을 분별하되, 이 둘을 변증법적으로 융합시키는 고도의 정치술은 균형 감각으로부터 나오는 덕목이다. 노무현 대통령 시기까지의 남북협력은 안보를 중시하면서 남북협력의 경로를 모색하되, 미래의 궁극적 가치인 평화협정이 그 목표라는 점을 선명하게 명기하였다. 이는 정전협정으로부터 이어져 온 규범체계의 성공한 요인을 강화하고 확장하되, 그 공백을 새로운 규범으로 채우려는 노력이 새로운 시대의 현실감각이었다. 이 점에서 노무현 대통령 시기까지는 부분적인 성과에 만족해야 했으나, 그것이 이후 다시 이어진 남북 협상의 거름이 되었다.

Ⅲ. 남북군사합의서와 종전의 기회

노쇠한 정전협정의 불안정성에 분노하거나 좌절하고, 또 개선하려는 열정이 분출되면 새로운 대안을 모색하게 되는데, 평화협정은 그 복잡다단한 과정으로 인해 막연한 불안감을 강요한다. 한꺼번에 정전협정에서 평화협정으로 건너뛰는 도약은 국제정치에서 격변upheaval으로 인식되기 때문에 국가가 감당하기 어려울 것이다. 이런 이유로 노무현 대통령이 2006년 10·4 공동선언을 북한 김정일 위원장과 합의하면서 "3자, 혹은 4자가 한반도에서 전쟁을 종결하는 문제에 대해 협의"하기로 한 것은 일종의 중간단계를 설정하여, 미래의 충격을 완화하고자 한 것이다.

중간단계로서 종전 선언은 일종의 정치선언이며, 상징적으로 한국전쟁을 종결하는 의미를 내포한다. 1992년의 남북기본합의서 이래 한반도에서 전쟁을 억제하고 분쟁을 관리하는 합법적인 체제와 규범의 설정은 오랜 숙원이었다. 평화체제는 남과 북이 각기 합법적인 정부로서 인정되는 법적·제도적 틀을 완성하지는 못한 상태라는 점, 아직까지는 남북통일이 민족적 덕목이자 가치로 인식되는 한 단기간에 달성하기 어려운 덕목임에 분명하다. 따라서 지금 시대의 가치는 일단 한반도에서 전쟁을 종결하고 상호 불가침을 합의함으로써 장차 평화체제로 나아가기 위한 정치·군사적 토대를 형성하는 데 집중해야 했다.

2018년 문재인 대통령과 김정은 위원장의 판문점선언은 "한반도의 항구적이며 공고한 평화체제 구축을 위하여 적극 협력해 나갈 것"을 천명하며, 연내 종전선언과 남북미 혹은 남북미중 회담을 추진하여, 65년간 이어져 왔던 휴전 중인 한국 전쟁을 완전히 종식하고 연내 종전선언과 함께 평화체제를 구축하기로 하였다. 또한 "어떤 형태의 무력도 사용하지 않는" 불가침을 재확인하고 군사적 긴장 해소와 신뢰의 실질적 구축을 위해 단계적 군축을 실현토록 하였다. 이 합의에 이어 그해 9월 19일에 남북 정상선언에 따른 "군사합의서"는 정전협정 이래 최초로 남북 군비통제를 구현하는 최초의 포괄적 합의였다.

크게 6개 조문으로 된 이 합의서에는 남과 북은 지상과 해상, 공중을 비롯한 모든 공간에서 군사적 긴장과 충돌의 근원으로 되는 상대방에 대한 일체의 적대행위 전면 중지(제1조), 남과 북은 비무장지대를 평화지대로 만들어 나가기 위한 실질적인 군사적 대책 강구(제2조), 남과 북은 서해 북방한계선 일대를 평화수역으로 만들어 우발적인 군사적 충돌을 방지하고 안전한 어로활동을 보장하기 위한 군사적 대책 강구(제3조), 남과 북은 교류협력 및 접촉 왕래 활성화에 필요한 군사적 보장대책 강구(제4조), 남과 북은 상호 군사적 신뢰구축을 위한 다양한 조치 강구(제5조)로 구성되었다. 여기서 제1조는 종전과 불가침의 가치를 담고 있는 바, 평화공존을 구현하기 위한 '단계적 군축'이라는 용어를 통해 구조적 군비통제Structural Arms Control를 표방하고, 제2조, 3조는 정전협정을 초월하여 평화상태로 나아가기 위한 운용적 군비통제Operational Arms Control를 주로 담고 있다. 이러한 합의를 계속 이행하고 발전시키기 위해 '남북군사공동위원회'를 제시하여 정전협정을 대체할 수 있는 규범적 틀도 구체화하였다.[12]

지상에서는 군사분계선으로부터 5킬로미터 안에서 포병 사격훈련 및 연대급 이상 야외기동훈련을 전면 중지하고 해상에서는 서해 남측 덕적도 이북으로부터 북측 초도 이남까지의 수역, 동해 남측 속초 이북으로부터 북측 통천 이남까지의 수역에서 포사격 및 해상 기동훈련을 중지하고 해안포와 함포의 포구 포신 덮개 설치 및 포문폐쇄 조치도 합의(1조 2항)되었다. 공중에서는 군사분계선 동서부 지역 상공에 설정된 비행금지구역 내에서 고정익항공기의 공대지유도무기사격 등 실탄사격을 동반한 전술훈련을 금지하기로 하였다. 또한 군사분계선 상공에서 고정익항공기는 군사분계선으로부터 동부지역은 40킬로미터, 서부지역은 20킬로미터를 적용하여 비행금지구역을 설정하며, 회전익항공기는 군사분계선으로부터 10킬로미터로, 무인기는 동부지역에서 15킬로미터, 서부지역에서 10킬로미터로, 기구는 25킬로미터로 비행금지구역을 적용(1조 3항)하기로 하였다.

무력충돌 방지를 위해 남북 간에 교전규칙을 합의한 것도 이례적이다. 합의서에서는 우발적인 무력충돌 상황이 발생하지 않도록 지상과 해상에서는 5단계(경고방송 → 2차 경고방송 → 경고사격 → 2차 경고사격 → 군사적 조치)로 공중에서는 4단계(경고교신 및 신호 → 차단비행 → 경고사격 → 군사적 조치) 절차를 적용(1조 4항)하기로 하였다. 남과 북은 비무장지대를 평화지대로 만들어 나가기 위해 비무장지대 안에 감시초소 GP를 전부 철수하기 위한 시범적 조치로 상호 1킬로미터 이내 근접해 있는 남북 감시초소들을 완전히 철수(2조 1항), 판문점 공동경비구역을 비무장화(2조 2항), 비무장지대 내에서 시범적 남북공동유해발굴을 진행(2조 3항)하기로 하였다.

판문점선언과 평양선언, 군사합의서라는 남북협력은 일관되게 불가침을 강조하였는데, 이것은 사실상의 불가침 합의라고 할 수 있고, 종전선언의 실질적 토대라고 할 수 있다. 이 성과는 그해 6월 12일의 트럼프-김정은 싱가포르 회담에서의 종전선언 합의와 맞물려 국제적으로도 그 규범의 정당성을 확장해 나갔다. 그러면 이 합의서는 이행되었는가? 구체적인 비행금지구역이나 훈련금지구역과 같은 전술적 차원의 군사조치는 이행되었고, 준수되고 있다. 그러나 불가침과 평화지대 조성이라는 전략적 차원에서의 군사조치는 이행되지 않았고 남북군사공동위원회도 운영되지 않았다. 이행되지 않았다면 사실상 사문화된 것인가? 그렇지 않다. 북한의 김여정 노동당 부부장은 2021년 3월에 한미연합훈련을 비난하면서 "남북군사합의서 파기와 같은 특단 대책도 예견", "3년 전 봄날은 돌아오기 어려울 것"이라며 합의서 폐기를 위협하였다. 2020년 6월에 개성의 남북 연락사무소를 폭파하면서 남북 합의서 폐기를 거론한 데이어 계속 이와 같은 위협을 가하는 김여정은 역설적으로 이 합의서가 아직은 유효하다는 점을 재확인해주고 있는 셈이다.

이는 정전협정 무실화를 위협하였으나 결국 정전협정으로 수렴되었던 이전의 과정을 연상시킨다. 역설적으로 군사적 합의는 끊임없이 이혼을 시도하려는 부부가 결혼 서약이라는 기존 합의를 재확인하고 있는 것과 같다. 이것이 바로 규범의 가치이자 효력이다. 이 점은 자유주의가 국제기구와 협정을 중시하는 것이 단순한 이상론이 아니라 하나의 과정으로서 현실주의의 경고를 상당부분 이해하고 있다는 점, 더 나아가 평화 사상이 갈등을 해결하기 위한 성공하는 규범으로서 다양한 단계를 고려하고 있다는 점으로 이해되어야 할 것이다.

Ⅳ. 평화체제와 평화공존의 새 질서

남과 북은 현재 불신과 단절의 시간을 보내고 있다. 판문점 합의와 군사합의서에서 표방한 불가침의 정신은 단절의 기간 중에도 커다란 전쟁위기나 군사적 긴장을 겪지 않도록 상당 부분 기여한 점이 평가되어야 한다. 그러나 지금의 '불안한 평화'는 단선적인 시각이 아니라 매우 입체적인 관점으로 조망되어야 한다. 그 특징은 다음과 같다.

첫째, 남북한의 군사적 긴장은 군사합의서를 통해 상당부분 관리되고 있다. 연결되었다가 끊기기를 반복하는 남북 군사직통전화는 대화의 단절과 공백이 한계상황에 다다랐을 때 대화의 끈을 이어주는 기제로 여전히 작동한다. 이를 통해 문재인 대통령이 2021년 10월에 유엔 총회 연설을 통해 제안한 종전선언에 대해 북한이 화답하는 수단으로 작동하고 있다. 여전히 군사합의서는 현실적 규범체계로서 생명력을 유지하는 대목이다.

둘째, 전술적 차원에서 군사적 안정은 도모하였으나 남북은 전략적 차원에서 군비경쟁을 심화하고 있다. 군사합의서로 접경지역이 안정되다 보니 역설적으로 남과 북은 재래식 군사적 대치에 소모해야 할 시간과 돈을 절감하여 전략적 차원에서는 더욱 격화된 군비경쟁에 집중하는 양상이다. 북한은 2021년 3월과 10월에 전술미사일, 극초음속미사일, 대공미사일을 차례로 선보였고, 남한은 같은 시기에 현무2 미사일, 수중발사미사일SLBM 등을 실험하며 북한의 도발적 조치에 대응하였다. 이 점은 매우 의미심장하다고 할 수 있는데, 이제까지 남과 북의 군사적 대치는 고도로 군사력이 밀집되어 있는 군사분계선이나 해상에서 일촉즉발의 양상으로 전개되었다면 앞으로는 군사분계선 후방에서 전략자산을 비축하는 경쟁으로 돌변하는 양상으로 전개된다. 이는 인도와 파키스탄이 재래식 군사력 충돌을 거듭하다가 2000년대에는 각기 핵보유국이 되면서 전략 경쟁으로 돌변한 것과 일견 유사한 점이 있다. 이것이 남과 북으로 하여금 종전선언과 평화협정이라는 미래의 규범에 대해 각기 어떤 전략을 구사하게 될지 주목된다.

셋째, 이 때문에 남과 북은 각기 전략자산을 배경으로 하면서 소모적인 재래식 군사적 대치로부터 탈출하고자하는 열망을 드러내는데, 그것이 종전선언으로 집약되고, 이후에는 전략자산에 의한 대량전쟁의 위협을 제거하기 위한 항구적인 평화공존 질서, 즉 대안적 규범체계로서 평화협정에 대한 논의도 동반하여 촉발하게 된다는 점이다. 핵과 미사일로 표방되는 한반도 군비경쟁은 전쟁을 억제하기 위한 새로운 규범체계에 대한 요구를 불러오고, 그것이 대량전쟁의 원천을 제거하는 군비통제 협상을 촉진하는 동력이 된다.

그렇다면 북한의 전략·전술 무기와 평화협정은 공존할 수 있는 것인가? 북한은 2021년 1월의 8차 당대회를 통해 핵 무력과 국방과학의 발전을 천명하고 있으며, 국방발전 5개년 계획에 따라 질량적으로나 질적으로 우수한 현대식 군사무기를 개발하는 데 박차를 가하고 있다. 그렇다면 비핵화와 평화협정은 더욱 요원한 것인가? 일각에서는 평화협정에 대한 기대는 접고 한국도 전술핵을 미국과 공유하거나 자체 핵 개발을 해서라도 핵 균형을 달성해야 한다고 주장하기도 한다. 과연 이러한 주장은 타당한가?

일단 북한의 핵과 현대식 무기의 위협에 대해 우리는 인정해야 한다. 이것은 과거 재래식 위협과는 다른 차원에서 분명한 위협이다. 그러나 핵 시대에는 전쟁에서 '승리'하는 것이 아니라 전쟁을 '억제deterrence'하는 정치·군사적 목표가 더욱 확고해야 한다. 핵 시대에는 적이 누구인가가 중요한 것이 아니라 전쟁 가능성 그 자체가 우리의 주적이다. 전쟁 가능성을 관리할 수 없으면 핵 시대에는 안보 자체가 불가능하다. 이것이 미국이 소련의 핵 위협에 군비를 증강하는 데만 몰입하지 않고, 안보의 이익을 상당 부분 포기하면서까지 소련과 군비통제 협상을 추진하게 된 이유이며, 그 덕분에 핵전쟁의 공포에서도 인류가 절멸하지 않고 생존한 비결이다. 만일 군비경쟁에만 몰두하였다면 냉전 초기에 소련과 예방전쟁을 주장하였던 주전론자들에게 미국은 주도권을 내어주었을 것이고, 결국 파국을 맞았을 것이다. 이 점에서 1963년에 "인류가 전쟁을 없애지 못하면 전쟁이 인류를 없앨 것"이라고 외치며 소련과 핵무기 폐기 협상에 임하겠다던 존 F 케네디 대통령의 경고를 귀담아 들어야 할 것이다.

바로 이 점에서 아직까지는 남북군사합의서가 평화로 나아가기 위한 전략적 자산임을 잊어서는 안 된다. 남북이 합의한 단계적 군축을 창조적으로 발전시키는 경로, 즉 우리는 북한 정권을 궤멸하는 '참수작전'이나 한미연합훈련을 포기할 용의가 있음을 북한에 분명히 밝히고, 북한은 종전선언의 토대 위에서 한반도에서 선제 핵사용을 포기하겠다는 부전不戰의 서약을 남한과 함께 맺어야 한다. 이러한 규범의 창출은 한국에 전술핵을 배치하는 것보다 훨씬 더 유익하고 저렴하며 안정적이다.

이를 위해 남북 군사공동위원회를 가동하여 남북한은 시급한 '미사일 협상'을 먼저 진행해야 한다. 우선 남과 북은 상호 보유한 미사일 종류와 수를 규제해야 한다. 이것이 어렵다면 당분간 개발을 중지하기로 합의할 필요가 있다. 물론 여기에는 미국의 북한에 대한 안전보장이 전제되어야 한다.

두 번째로 정전협정의 긍정적 요인을 대폭 확장하고, 군사합의서의 정신을 이어가기 위해 비무장지대의 무인화를 추진하고, 비행금지구역과 훈련금지구역을 지금보다 대폭 확장해야 한다. 이를 통해 운용적 군비통제를 활성화 한다. 더불어 남북이 서로를 감시할 수 있도록 충분한 정보 제공과 더불어 감시자산을 대폭 확장한다. 상업 인공위성과 군집위성 constellation Satellite으로 일컬어지는 현대식 센서sensor가 대폭 확장되면 상대방의 공격 조짐이 초기에 감지되어 공격자보다 방어자가 유리해 진다는 것이 최근의 연구다.[13] 이는 미중관계에서 주로 도출된 교훈이지만 한반도 전쟁 양상도 이와 유사하다. 따라서 북한이 핵을 증강하더라도 보복의 위협에 직면하게 되면 선제 핵사용은 더욱 어려워지기 때문에 우리가 전쟁을 억제하는 핵심 전략은 북한에 대한 감시체제의 완성이다. 이에 대해 북한도 선제 핵사용에 대한 부담이 커질 수밖에 없는 것은 남한에 배치될지 모르는 전술핵이 아니라 남한의 감시체계가 될 것이다. 적어도 성공적인 군비통제 협상을 위해서라도 남북한의 군사적 투명성을 제공하는 남북 군사교류에 특별한 관심이 필요하다.

세 번째는 앞에서 지적한 바와 관련되는 것이지만 남북 군사교류 차원에서 각종 훈련 참관, 훈련 계획 통보, 판문점에 남북 군사 공동상황실 운영, 군 인사교류, 남북 군인 체육교류도 제안해야 한다. 이는 군비통제가 평화협정으로 나아가기 위한 디테일을 축적하는 과정이다. 필요하다면 무기를 개발하는 남한의 국방과학연구소와 북한의 국방과학원 과학자들도 상호 교류할 수 있다.

네 번째로 가장 중요한 것은 핵 시대에 남북의 공동 위기관리다. 특히 중국의 서해공정에 대비한 공동 전략을 연구하거나, 기후 위기시대에 환경 재앙에 대한 남북의 공동 대처 등도 군비통제 영역에서 접근할 수 있다. 가장 중요한 것은 남북이 우발적 충돌을 방지하는 최고 지도자 간의 핫라인을 계속 유지하는 것이다.

이러한 담대한 조치를 구상하는 덕목은 상상력이다. 위기관리에 실패하는 것은 언제나 상상력의 결핍으로부터 초래되었다. 우리는 미래 평화공존으로 나아가기 위한 용기와 상상력을 만들어내야 하고, 이를 위해서는 한국의 전략 두뇌들이 결집해야 한다.

〈주〉

1) Kenneth N. Waltz, *Theory of International Politics* (California: Addison-Wesley Publishing Company, 1979)

2) 세계 평화협정의 주요 사례는 통일연구원, 한반도 평화체제 및 비핵화관련 자료집, 제4권, 해외 평화협정 사례를 참고하였음.

3) 배진영, "잘못된 신념이 나라를 망친다, 평화만을 추구하다 전쟁 불러들인 네빌 체임벌린",《월간조선》(2018. 6.)

4) 김종대, MD정책의 기원과 미국의 한반도 사드 배치 전략 - '만들어진 신' … 미사일 방어 체계,《월간중앙》201505호 (2015.04.17.)

5) Henry Alfred Kissinger, *A World Restored: Metternich, Castlereagh and the Problems of Peace*(《회복된 세계》, 박용민 역, 2014)

6) John Joseph Mearsheime, *The Great Delusion*(《미국 외교의 거대한 환상》, 이춘근 역, 2018) 참조

7) 통일부, 〈정전협정 무력화 조치〉, 통일포털

8) 정천구, 〈평화의 두 가지 개념에 관한 논쟁: 적극적 평화와 소극적 평화〉,《서석사회과학 논총》4권1호(2011. 6.), 조선대학교 사회과학연구원

9) 전상숙, 〈'평화'의 적극적 의미와 소극적 의미〉,《개념과 소통》제4호 (2009. 12)

10) 김호춘, 〈서해북방한계선(NLL)의 법적성격에 관한 연구〉,《융합보안 논문지》제13권 제5호 (2013. 10)

11) 이종선, 〈한반도 평화체제 구축의 문제점과 전망 : 북한의 평화협정 체결 주장의 비판적 검토를 중심으로〉,《21세기정치학회보》, pp. 65~82 (2000.6.)

12) "靑, '군사 분야 합의서'에 "북방한계선 지키고 등면적 원칙 고수",《파이낸셜뉴스》(2018. 9.19.)

13) Christian Brose, *The Kill Chaine*, pp. 97~117(hachette, 2020)

4장

평화경제, 어디까지 왔나?

양문수

I. 머리말

문재인 대통령은 2019년 3월 1일, 당시에 100주년을 맞은 3.1절 기념사를 통해 향후 100년간 우리가 주도하는 새로운 질서로서 '신한반도체제'를 제안했다. 그는 평화협력공동체와 경제협력공동체를 양대 축, 핵심목표로 설정하고, 이를 실현하기 위한 핵심 전략으로 '평화경제'를 제시했다. 즉 '평화경제'는 평화협력과 경제협력이 선순환구조를 형성해 성장·발전해 가는 것으로 상정되었다.

이때부터 평화경제론은 신한반도체제론과 함께 대북정책의 핵심 담론으로 부상했다. 다만 여러 가지 현실적 여건으로 인해 신한반도체제론은 공식무대에서 당분간 내려오게 되었고, 평화경제론이 신한반도체제론을 사실상 대체하면서 문재인 정부 중·후반기에 대표적인 대북정책 담론의 하나로 자리 잡았다.

이 글은 2019년 3월에 등장한 이후 3년 동안 평화경제론이 어떻게 전개되어 왔는지 정리하고 이를 간단히 평가하는 것을 목적으로 한다. 구체적으로는 평화경제론의 전개 및 평화경제 실현 노력을 담론 차원과 정책구상 차원으로 나누어 고찰하고자 한다. 한편 현 단계에서 정책구상 차원에서의 평화경제의 실현은 남북경협의 복원·활성화와 유사하다.

II. 담론 차원의 평화경제

1 평화경제론의 역사적 개관

평화경제론은 문재인 정부 시절에 처음으로 등장한 것이 아니다. 이미 노무현 정부 시절에 등장한 바 있다. 평화경제론은 엄밀히 따지면 경제 통합이론이라기보다는 남북관계에서 정치와 경제의 관계, 그리고 국제 환경을 포괄적으로 이론화하고자 한 시도이다. 이는 평화와 경제의 선순환을 강조하는 입장이다. 즉 경제를 통한 평화추구를 한 축으로 하고, 평화를 통한 경제협력의 발전을 다른 한 축으로 한다. 특히 북핵문제의 해결이 남북경제협력의 발전과 경제공동체 형성의 중요한 환경변수라는 점을 인정하지만, 동시에 경제협력의 지속과 발전이 북핵문제 해결과 안보현안을 해결하는 과정에서 긍정적으로 작용한다고 보고 있다.

김연철(2006)[1]에 따르면 시기적으로 보았을 때 교류협력의 확대가 평화정착에 도움을 줄 수 있다는 기능주의적 접근을 강조하는 초기 입장에서 평화정착과 경제협력의 보완적 관계를 강조하는 신 기능주의적 입장으로 인식의 변화가 있었다. 즉 평화문제의 진전 없이 남북경협이 지속 가능한 발전을 이룰 수 없다는 인식의 진전이 있었다.

달리 보면 평화경제론은 기능주의적 접근에 토대를 둔 경제평화론의 한계를 극복하고자 한 시도였다. 따라서 평화경제론은 경제를 통한 평화추구라는 경제평화론을 한 축으로 하면서도 동시에 평화를 통한 경제의 발전을 다른 한 축으로 하여 두 관계의 상호 선순환을 이론의 기본축으로 한다.

그리고 앞에서 밝혔듯이 이러한 평화경제론이 문재인 정부에 의해 2019년 다시 등장했다. 다만 한국정부는 평화경제론에 대해 구체적인 설명보다는 몇 가지 사례를 제시하는 선에서 그치고 있다.

정부가 평화경제론의 구체적이고 대표적인 사례로 상정한 것은 동아시아 철도공동체 구상이다. 문 대통령은 신한반도체제와 평화경제를 처음으로 제시한 제100주년 3·1절 기념사에서 한반도의 종단철도가 완성되면 '동아시아 철도공동체'의 실현을 앞당기게 될 것이며, 그것은 에너지공동체와 경제공동체로 발전하고, 미국을 포함한 다자 평화·안보체제를 굳건히 하게 될 것이라는 비전을 제시한 바 있다. 즉 한반도를 포함한 동아시아에서 특정 경제분야의 협력이 연관된 다른 경제분야 및 경제전반의 협력으로 확산되고, 이것이 평화증진을 가져올 것이라는 논리이다.

이러한 동아시아 철도구상은 정부가 평화경제의 대표적인 해외 사례로 생각하고 있는 유럽공동체를 염두에 둔 것이다. 실제로 문 대통령은 그해 5월 7일자《프랑크푸르터 알게마이네 차이퉁FAZ》지에 기고한 '평범함의 위대함'이라는 제목의 글에서 평범한 사람들이 세계질서를 바꿀 수 있다는 논리로 유럽석탄철강공동체가 유럽안보협력회의로 발전하는 과정을 설명하고 있다.

이후 유럽공동체의 발전과정은 우리 정부가 평화경제를 설명할 때 대표적인 벤치마킹 사례로 거론되곤 했다. 1, 2차 세계대전 당시 적대국이었던 프랑스와 독일이 중심이 되어 1951년 석탄, 철강을 공동 관리하기 위한 국제기구인 유럽석탄철강공동체European Coal and Steel Community, ECSC를 창설했다. 분쟁의 원인이 될 수 있는 전략물자를 공동 관리함으로써 '경제협력을 통한 평화 증진'을 추구하는 전략적 역발상을 선택한 것이다. "전쟁은 생각조차 할 수 없는 것일 뿐 아니라 실제로도 불가능한 것으로 만드는 것"이 목표였고, 결국 그 목표는 달성되었다. 유럽석탄철강공동체ECSC를 통한 협력의 경험을 토대로 유럽 국가들 간 협력수준을 점차 높여가면서 단계적으로 하나의 공동체Community를 구축해, 전쟁과 대립의 역사로 점철된 유럽을 결국 하나의 정치경제공동체로 통합한 것이다.

그럼 왜 평화경제론이 그 시점에서 다시 등장했을까. 그 배경으로는 다음과 같은 요인들을 지적할 수 있다.

첫째, 지난 70년간 한반도 문제에 대한 성찰이다. 전쟁을 경험하고 분단이 지속되며, 특히 남북한 대치·갈등이 지속되는 가운데 전쟁 위기가 일상화되는가 하면 안보 불안이 만성화되었다. 동북아의 냉전적 갈등구조에 북핵문제까지 추가되면서 한반도 문제는 갈수록 국제화되고, 이에 따라 한국의 주도성은 큰 제약을 받았다. 아울러 이러한 요인들은 한국의 성장 잠재력을 근본적으로 제약하게 되었다.

둘째, 한국경제의 돌파구로서의 남북경협, 남북경제공동체에 대한 인식 제고이다. 한국경제가 저성장 및 장기침체의 늪에 빠졌다는 우려가 갈수록 커지고, 한국경제의 위기를 타개할 새로운 대안이 뚜렷하게 보이지 않는다는 공감대도 확산되었다. 이에 따라 한국경제의 새로운 돌파구로서의 남북경협 및 남북경제공동체에 대한 기대감이 상승했다.

셋째, 김정은 시대 북한의 비핵화, 경제집중노선 및 개혁개방 확대 모색 움직임이다. 2018년, 북한은 비핵화 선언과 함께 북미 협상테이블에 나왔다. 또한 그해 북한은 핵-경제 병진 노선 종료와 함께 경제건설 총력집중 노선을 천명했는데 이는 김정은 시대 개막 이후 개혁개방 확대 모색 움직임과 맞물려 추진되었다.

2 평화경제론의 주요 내용과 쟁점

이런 배경 하에서 문재인 정부에 의해 다시 등장한 평화경제론은 2019년 3월 이후 정부, 국책연구기관, 일부 친정부 성향 전문가들에 의해 발전·구체화 노력이 전개되었다. 특히 이들은 평화경제론에 대해 담론 차원에서뿐만 아니라 정책구상 차원에서도 체계화시키기 위해 노력했다.

이정철(2020)은 평화경제론의 시작점으로 '국민을 위한 평화,' 즉 손에 잡히는 평화를 구체화하는 것을 강조했다. 그는 평화가 가져다주는 분명한 편익들을 확인할 때 평화 만들기가 경제행위로 작용하고, 국민들은 평화가 신성장동력이 된다는 논리를 지지할 것으로 보았다. 특히 평화는 단순히 두 개의 상이한 경제단위(예컨대 남북한경제)를 하나의 시장으로 만들기 위한 전제조건일 뿐 아니라 그 자체가 새로운 경제행위와 신성장동력이 될 수 있음을 국민들이 이해·지지하는 것이 중요하다고 주장했다. 그는 따라서 평화경제론을 단순히 경제통합론으로 해석해서는 곤란하다고 강조했다.

조한범 외(2020)는 현재 평화경제론의 과제가 끊어진 평화와 경제협력의 연결고리를 어떻게 회복하느냐에 있다고 하면서 이를 위해서는 우선 평화와 경제협력 가운데 무엇이 우선인가에 대한 인과관계의 딜레마를 풀어야 한다고 주장했다. 그는 현 정부의 평화경제론은 초기조건initial condition으로서의 평화를 재인식하고 강조하고 있다고 보았고, 본인 또한 동의했다. 따라서 초기에 주어진 평화의 크기가 작다면, 이로부터 얻어지는 교역의 이익은 작을 뿐 아니라 불안정하다는 점을 강조했다. 결국 그는 한반도에서 평화와 경제의 관계가 지속되기 위해서는 초기조건과 함께 다음의 세 가지가 중요하다고 보았다. 즉 △계약을 강제하는 제도화, △경제적 의존성이 상호대칭적일 것, △교역의 참가자들이 교역을 통해 미래이익을 기대할 수 있을 것 등이다.[2]

대부분의 전문가들이 인정하듯이 평화경제론은 경제 분야뿐 아니라 정치·외교·군사 분야도 포괄하는 개념이다. 국제관계이론과 경제이론의 토대 위에 한반도 및 남북관계, 나아가 동북아시아의 정치·외교·군사, 경제 분야를 아우르는 개념인 것이다.

정치·외교·군사 분야와 경제 분야의 상대적 독자성을 인정하는 토대 위에서 평화와 경제의 선순환 구조를 구축하는 것이 요체이다. 여기에서는 일정 수준의 평화 구축이 선결적 과제이다. 평화와 경제의 선순환 관계를 만들어 내는데 그 시작은 평화라는 의미이기도 하다. 실제로 남북관계에서 평화는 모든 문제의 시작이자 끝이라는 점에서 평화에 대한 강조는 불가피한 측면이 있다.[3]

그런데 일정 수준의 평화 구축을 위해서는 정치·외교·군사 분야에서의 노력과 경제 분야에서의 노력이 병행적으로 이루어져야 한다. 경제 분야에의 노력만으로는 곤란하다. 또한 경제 분야에서의 노력, 즉 남북한 경제협력은 남북한 상호 경제적 이익의 극대화, 각자의 경제력 잠재력의 충분한 발현을 통한 남북한 동반성장, 공동번영이라는 목표와 함께 한반도 및 동북아 평화 구축의 토대 마련이라는 목표도 부여받게 된다. 이는 조한범 외(2020)가 '흔들리지 않는 평화'를 만드는 것이 정치의 영역이라면, 주어진 초기조건 하에서 교역의 지속가능성을 어떻게 확보할 것인가 하는 것은 경제의 영역이라고 본 것과 다소 유사하다.

평화경제론은 기존의 남북경제공동체론과의 연계성 하에 평화의 중요성을 보다 강조하는 입장이다. 한반도 평화의 필요성·중요성은 이미 잘 알려진데다 누구나 공감하는 바이지만, 한반도의 경제적 번영을 위해서도 반드시 필요하다는 점을 강조하는 입장이다.

평화의 경제적 효과, 즉 한반도 평화가 한국경제에 미치는 긍정적 영향은 크게 보아 두 가지로 구분할 수 있다. 하나는 한반도 평화 그 자체가 한국경제에 미치는 긍정적 영향이고, 또 하나는 한반도 평화를 토대로 남북한 경제협력 활성화에 따라 한국경제에 미치는 긍정적 영향이다.

여기서 전자의 경우, 한반도 평화는 한반도 리스크 완화를 의미하고 이는 한국의 국가신용등급 상향 요인으로 작용한다. 이는 증권시장에서 이른바 '코리아 디스카운트'를 해소시켜 한국기업의 주가를 상승시키고, 이에 따라 주주 및 기업의 자산가치가 상승하고 소비·투자도 증대시키는 효과가 있다. 동시에 국제금융시장에서의 자금차입 이자 및 외채상환 이자 부담도 경감시키는 효과가 있다.

후자의 경우, 남북경협을 통해 북한은 남한에 대해 한편으로는 시장으로서, 또 한편으로는 생산기지로서 기여할 수 있다. 아울러 남북한 경제의 연계성 확대로 남한은 동북아 지역과의 경제협력 공간을 복원할 수 있다.

그럼 평화와 경제의 선순환을 어떻게 달성할 것인가. 특히 일정 수준의 평화를 어떻게 만들어 낼 것인가. 가장 먼저 떠오르는 것은 북한핵문제의 해결이다. 물론 이는 현실의 세계에서는 북미 간 핵협상의 향배에 달려 있다. 다만 문재인 정부의 '운전자론'에서도 나타나듯이 북한과 미국 사이에서 한국의 역할도 중요하다. 또한 북핵문제와는 별개로 남북한고유의 군사적 긴장 완화의 문제도 한반도 평화 만들기에서 중요한 요소이다.

여기서 그치지 않는다. 일각에서는 국내적으로 전쟁이 아니라 평화에 투자하는 자원배분 방식의 창출이 중요하며 이것 또한 핵심적인 과제의 하나라고 주장하기도 한다. 즉 국방비 축소가 복지비의 증가로 연결된다는 논리이다. 요컨대 국방비를 축소해서 그 재원을 투자로 돌리고 이것이 경제성장을 가져오고, 이것이 복지 증가로 이어진다는 사고방식이다. 물론 이런 주장에 대해서는 보다 중장기적인 관점에서 검토할 필요가 있다.

아울러 어떤 평화인가 하는 문제도 중요하다. 예컨대 소극적 평화냐 적극적 평화냐 하는 것이다. 전자는 전쟁이 없는 상태, 즉 직접적 또는 물리적 폭력이 존재하지 않는 상태를 지칭한다. 후자는 간접적 또는 비물리적 폭력(혹은 빈곤, 격차, 억압)으로서의 구조적 권력이 존재하지 않는 상태를 가리키는데 인간안보 개념과 유사하다.

따라서 평화경제론은 특히 구체성의 면에서 여전히 채워져야 할 부분이 적지 않음을 쉽게 알 수 있다. 평화와 경제의 선순환 구조에서 어떤 평화를 추구할 것인지, 또한 평화와 경제의 선순환이 하나의 목표이자 지향점이라면, 그 목표를 어떻게 달성할 것인지, 즉 방법how에 대한 논의는 아직 충분하게 이루어지고 있지 않다.

Ⅲ. 현실 정책구상 차원의 평화경제: 남북경협

남북한 정상은 지난 2018년, 11년 만에 개최한 두 차례의 정상회담을 통해 경제 분야를 비롯한 다양한 분야에서 합의를 도출했다. 판문점선언(4.27)을 통해서는 동해선과 경의선 철도와 도로를 연결하고 현대화하여 활용하기 위한 실천적 대책을 취해나가기로 합의했다. 또한 평양공동선언(9.19)을 통해서는 조건이 갖추어지는 대로 개성공단과 금강산관광사업을 우선 정상화하고, 서해경제공동특구 및 동해관광공동특구를 조성하는 문제를 협의키로 합의했다. 남북한 당국은 이처럼 남북 교류협력의 확대에 대한 의지를 표명하고 합의 사업들을 실행에 옮기려고 했다.

이런 움직임은 같은 해 초부터 북한의 비핵화 선언, 북미 정상회담 등으로 한반도 정세가 급격한 호전되어 나가던 흐름을 배경으로 한 것이었다. 이에 따라 한국 정부뿐 아니라 경제계에서는 남북경협의 재개뿐 아니라 남북경협의 활성화에 대한 기대감이 커져 갔다. 한국에 진보정권이 다시 등장한 효과가 나타나는 것처럼 보였다.

하지만 국제사회의 대북제재 이완에 대한 미국정부의 강한 우려가 작용해 남한정부는 교류협력을 제대로 수행하지 못했다. 경제분야의 교류협력은 말할 것도 없고, 심지어는 인도적 지원조차 제재의 벽에 막혀 있다. 이제 남북경협의 여건은 종전과는 비교할 수 없을 정도로 바뀌었다. 남북한당국의 의지만으로는 남북경협의 실행을 담보하기 어렵게 되었다.

물론 국제사회의 대북제재는 어제 오늘의 일이 아니다. 하지만 유엔의 대북제재는 2016년 1월 발생한 북한의 4차 핵실험을 기점으로 그 성격과 내용이 근본적으로 달라졌다. 종전에는 북한의 대량살상무기와 사치품만을 제재 대상으로 하는 스마트 제재의 성격이 강했으나 북한의 4차 핵실험 이후 북한경제 전반을 대상으로 하는 전방위적 제재로 변화했다. 현재 국제사회의 대북제재는 역사상 가장 강력한 대북제재임은 잘 알려진 사실이다.

하지만 대북제재 이완에 대한 미국정부의 강한 우려가 작용해 결국 남북한 당국은 교류협력을 제대로 수행하지 못했다. 경제 분야의 교류협력은 말할 것도 없고, 사회문화 분야의 교류협력, 심지어는 인도적 지원조차 제재의 벽에 막혀 있다. 따라서 개별 사안의 남북교류는 유엔 제재위원회의 면제조치를 받아야만 실행이 가능한 실정이다.

예컨대 철도와 도로 연결·현대화 사업만 해도 그렇다. 남북한 당국은 2018년 4.27 판문점선언 이후 그해 6월 남북철도협력 분과회의를 개최했고, 이어 같은 해 11월 말부터 12월 중순까지 경의선 개성~신의주 구간(6일간), 동해선 금강산~두만강 구간(10일간) 북한지역 현장조사를 실시했다. 이어 같은 해 12월 26일에 판문역에서 '경의선·동해선 철도와 도로 연결 및 현대화 착공식'을 개최했다.

하지만 이 사업은 그 이상은 진척되지 못했다. 다름 아니라 대북제재의 견고한 벽에 가로막혔기 때문이었다. 이 사업은 남북한 철도와 도로의 연결 및 현대화를 위한 남한의 방북 현장조사에 대해서만 유엔 대북제재위원회로부터 제재 면제를 받은 데 불과했다. 경의선·동해선 철도와 도로 연결·현대화 사업의 실질적인 진척을 위해서는 대북제재위원회로부터 추가적인 제재 면제를 받아야 하지만 이는 아직까지 실현되지 못하고 있다.[4]

나아가 2019년 2월, 하노이 북미 정상회담 결렬 직후 문 대통령은 개성, 금강산, 철도도로 연결 등 남북경협의 적극적 전개 의사를 밝혔다. 하지만 미국은 이에 우려를 표명했고, 특히 4월의 한미 정상회담에서 트럼프 대통령은 개성공단 및 금강산관광 사업 재개에 부정적인 반응을 보였다. 돌이켜 보면 하노이 회담 이전에도 대북 제재완화·해제에 대해 미국의 입장은 강경했지만 하노이 회담을 계기로 더욱 강경해졌다. 북한 스스로, 더욱이 김정은 위원장의 입을 통해서 제재의 효과를 입증해 주고, 시간은 미국의 편임을 확인시켜 준 것이나 마찬가지였다.

그러다가 2020년 초, 북한지역 개별관광 문제가 제재국면에서 추진 가능한 새로운 남북경협 방안으로 등장했다. 이는 그해 1월 문재인 대통령이 신년 기자회견에서 공식 언급하면서 수면 위로 떠올랐다. 그는 "이제는 북미 대화만 바라보지 않고 남북협력을 증진시키면서 북미 대화를 촉진해나갈 것"이라며 북한 개별관광을 대표적인 남북협력방안으로 꼽으면서 그 필요성을 강조했다. 아울러 그는 개별관광이 대북제재에 저촉되지 않기 때문에 충분히 추진 가능하다고 밝혔다. 그리고 일주일 뒤에 통일부가 북한 개별관광 추진을 공식화하면서 구체적인 방안을 내놓았다. 통일부는 북한 개별관광에 대해 "기존 협력사업체를 통한 단체관광 방식이 아닌 비영리단체 또는 제3국 여행사 등을 통해 개별적으로 북측의 초청 의사를 확인한 후 방북 승인을 받아 방북하는 것"이라고 정의했다.

그런데 당시에도 개별관광이 성사되기 위해서는 넘어야 할 산이 적지 않다는 점이 지적된 바 있다. 미국이 대북제재의 국제공조에 부정적 영향을 미칠 것을 우려하면서 한국의 행동에 직간접적으로 제동을 걸 가능성이었다. 또한 북한으로서도 이미 김정은 위원장의 지시에 의해 금강산의 남측 시설 철거를 여러 차례 요구한데다 개별관광은 단체관광과는 달리 대규모 현금수입 확보의 가능성이 없어 그다지 매력적이지 못하고, 따라서 우리 제안에 호응하지 않을 가능성이었다. 아울러 국내에서도 신변안전보장 문제 때문에 북한 개별관광을 꺼릴 사람이 적지 않을 가능성이었다.

보다 더 큰 현실적인 문제는 한국정부가 개별관광을 추진하기 시작한 시점이 바로 코로나19의 세계적 확산이 시작된 바로 그 시점과 겹쳤다는 점이다. 북한은 지난 2020년 1월 말부터 국경차단조치를 단행해 외국인 관광객 입국을 중단시켰다. 물론 한국정부의 개별관광 추진에 대해 북한은 공식적인 반응을 내놓지 않았다. 그러다가 지난 2021년 1월 제8차 당대회를 통해 그동안 남한이 제안했던 개별관광에 대해 방역 협력, 인도주의적 협력과 함께 '비본질적인 문제'라고 규정하고 공개적으로 거부 의사를 밝혔다. 따라서 북한 개별관광은 아직까지 성사되지 못한 상태이다. 한편 통일부는 최근 코로나19 상황이 완화되면 금강산 개별관광 재개부터 준비하겠다고 여러 차례 밝힌 바 있다.

이어 지난 2021년 7월에는 이른바 '작은 교역'이 또다른 대안으로 등장했다. 이는 주류·생수·가공식품 등과 같이 대북제재 대상 품목이 아닌 물품을 남북한간 물물교환 방식으로 교역하자는 아이디어이다. 이인영 통일부 장관은 장관 후보자 시절부터 국제사회의 대북제재 문제를 피하는 물물교환 방식의 '작은 교역' 구상을 밝혔고, 장관 취임 후 적극 추진했다. 북한에 직접 현금을 주는 것이 아니고, 술이나 물은 유엔이 지정한 북한 수출금지 물품도 아니므로 제재를 피할 수 있다는 게 이 장관의 논리였다.

이런 맥락에서 한국정부는 남측(남북경총통일농사협동조합)의 설탕

167톤과 북측(개성고려인삼무역회사)의 술 35종을 맞교환하는 사업을 추진했다. 그런데 지난 2021년 8월, 사업 파트너인 북한 개성고려인삼무역회사가 국제사회의 대북제재 리스트에 포함됐다는 언론 보도 이후 이 사업은 답보 상태에 빠졌다. 통일부는 이 사업이 백지화된 것은 아니라고 주장했지만 아직까지 성사되지 못했다. 이와 관련, 통일부는 코로나19 상황이 호전되면 북한과 '작은 교역'을 추진할 계획임을 밝힌 바 있다.

Ⅳ. 평화경제론의 평가 및 과제

■1 평화경제론의 평가

평화경제론 그 자체에 대해서는 적지 않은 전문가들이 긍정적으로 평가하고 있다. 평화와 경제의 선순환, 그리고 한반도에서 평화의 필요성과 중요성, 더욱이 한반도의 경제적 번영을 위해서도 평화가 결정적으로 중요하다는 것은 아무리 강조해도 지나치지 않다는 것 등에 대해 이견을 제시할 사람은 아무도 없을 것이다.

그럼에도 불구하고, 문재인 정부의 평화경제론은 2019년 3월에 등장한 직후부터 크고 작은 도전에 직면했다. 특히 정책구상으로서의 평화경제론에 대해 적지 않은 비판이 쏟아졌다. 특히 그해에는 남북의 군사적 대결이 더 큰 군사적 대결로 이어지는 한반도 안보딜레마가 부각되었다. 남한이 한미연합훈련을 재개하고 첨단무기 도입과 같은 군비증강으로 나서고, 북한은 잇따른 단거리 미사일 발사 실험을 단행했다. 남북한간 군사적 신뢰를 통한 평화 구축이라는 새로운 길을 구체화했다는 평가를 받았던 9·19 군사합의는 2018년 2월 하노이 북미 정상회담 결렬 이후 이행에 제동이 걸리면서 일종의 동결 상태에 돌입했다.

또한 하노이 노딜 이후 북미협상은 교착상태에 빠지면서 북핵문제는 전혀 진전되지 못했다. 남북대화는 끊어지고 남북관계는 경색국면으로 접어들었다. 결국 한반도 평화 프로세스는 중단되었다. 게다가 일본과의 관계는 오랜 기간 악화상태에서 벗어나지 못하는 등 주변국과의 관계는 오히려 악화되었다. 더욱이 미·중 갈등은 첨예화되면서 신 냉전의 가능성조차 거론되고 있는 실정이다.

요컨대 평화경제론이 등장한 이후의 한반도 정세 및 최근의 여건은 평화경제 구상의 실현과는 거꾸로 가고 있다. 그래서 평화경제 구상은 현재의 여건에 비추어 볼 때 비현실적이라는 비판을 많이 받았다.

어떻게 보면 이런 엇박자는 예고된 것이었는지도 모른다. 돌이켜 보면 한국정부가 2019년 3·1절 100주년 기념사에서 새로운 100년을 내다보며 신한반도체제 구상과 평화경제론을 발표한 것은 바로 직전의 하노이 북미회담의 성공을 전제로 한 것이었다고 한다. 한국정부는 그날 기념사 하루 전날인 2월 28일 개최되었던 하노이 회담이 성공적으로 마무리될 것으로 낙관하고 있었다. 그런데 하노이 회담이 예상과 달리 노딜로 끝나자 다음날 발표할 예정이었던 신한반도체제 구상의 주요 내용의 수정여부에 대해 청와대 내에서 고민과 토론이 이루어졌던 것으로 전해진다. 결국 100년을 내다보는 장기비전과 기조는 수정하지 않고 그대로 발표하되, 구체적인 정책적 제안은 삭제하는 것으로 되었다고 한다.[5]

이렇듯 정책구상으로서의 평화경제론이 현실적인 여건 때문에 적지 않은 비판을 받았다고 하면 담론으로서의 평화경제론도 적지 않은 아쉬움을 남겼다. 앞에서 보았듯이 평화경제론은 구체성의 차원으로 들어가면 내용과 논리의 면에서 상당한 아쉬움을 남기고 있으며, 따라서 이론으로서의 완결성에 적지 않은 과제가 남아 있다고 볼 수 있다. 평화경제론이 등장한 이후 몇몇 전문가들이 담론의 발전·확장에 노력을 기울였지만 뚜렷한 성과를 거두었는지 의문시된다. 사실 평화경제론은 전문가

집단 내부에서 그다지 활발히 논의되었다고 보기 어렵다. 국책연구기관, 일부 친정부 성향 전문가들에 의해서만 논의되었을 따름이다.

물론 현실적 여건이 워낙 어렵다는 점이 중요하게 작용했다. 사실 노무현 정부 시절의 평화경제론과 문재인 정부 시절의 평화경제론은 현실적 여건에서 엄청난 차이가 있다. 현재는 남북경협은 완전 중단되었고, 남북관계는 초경색 상태이다. 더욱이 사상 최대의 초강력 대북제재가 옥죄고 있는 실정이다. 지난 2018년에 남북한은 정상회담을 통해 남북교류협력에 대한 강력한 의지를 표명하고, 다양한 사업에 합의했지만 고강도 제재의 벽에 막혀 합의는 거의 이행되지 않고 있다. 그러면서 북한은 남한이 미국 눈치 보느라 약속을 이행하지 못하고 있다고 맹비난하고 있다. 이런 북한의 태도는 과도한 측면도 있지만 거꾸로 근거가 전혀 없는 것도 아니다.

한국정부는 2020년에 들어서야 한국정부의 적극적 역할 수행 가능성을 시사했다. 특히 북한에 대한 개별관광 허용 발표를 통해 그 첫 발을 내딛었다. 일각의 지적처럼 만시지탄의 감이 있다. 북한의 호응도 없었지만 때마침 코로나19라는 악재도 겹치면서 성사되지 못했다. 2019년 하노이 결렬 이후 남북관계가 악화되면서 남북관계가 더 이상 북미관계에 연동되어서는 곤란하며, 남북관계가 북미관계보다 최소한 발 발자국 또는 한 발자국 앞서가야 한다는 목소리가 커져가고, 따라서 남북관계의 자율성·독자성 확보가 우선적 추진 과제로 설정되어야 한다는 지적이 많아졌음에도 불구하고 정부 정책은 타이밍을 놓쳤다는 평가가 적지 않다.

2 평화경제론의 과제

평화경제 구상은 기존에 발표되었던 여러 비전과 구상들을 연계하여, 혹은 아우르는 식으로 장기적 관점에서 그랜드 디자인으로 제시된 것이다.

즉 우리가 원하는 미래상을 제시한 것이다. 달리 보면 담론 차원의 평화경제 구상은 보다 긴 호흡에서의 한반도 질서를 가리키기 때문에 남북관계의 현실, 동북아 지형, 최근의 한일관계 악화, 북핵문제 등 중단기 현안보다는 훨씬 호흡이 긴 장기적 비전이다. 결국 중장기적으로 추구해야 할 과제이며 현재로서는 방향성 수준의 논의이다. 따라서 구체성과 현실성의 측면에서 더 많은 고민과 논의를 통한 보완이 필요한 것은 너무도 당연하다. 한반도를 둘러싼 제반 여건의 변화에 대한 고찰, 우리의 비전 실현을 둘러싼 각종 제약요인, 극복방안 등에 대해 오랜 시간을 두고 고민해야 할 주제이다. 한편 정책구상 차원의 평화경제는 현안성 과제에 가깝다. 무엇보다도 남북 간 대화 국면 조성과 남북관계 개선을 위해서는 남북 간 상호 신뢰 회복이 가장 중요하다. 그리고 현재 남북 간 신뢰가 바닥 수준으로 떨어진 것은 남북정상 간 합의에 대한 남한의 미이행 때문이다. 따라서 우리 정부는 남북 간 합의 이행에 대한 확고한 의지를 공개적으로 여러 차례 표명하는 한편, 합의 이행을 위해 다각도로 노력하는 모습을 북한에게 보여주는 것이 중요하다.

우선 여건 조성 차원에서 제재 대상이 아닌 사업의 적극적 추진이 필요하다. 코로나19를 비롯해 결핵, 말라리아 등 각종 감염병과 아프리카 돼지열병의 남북 공동방역 등 보건·의료 분야의 협력을 적극 추진해야 한다. 아울러 인도적 지원을 통한 신뢰 회복 노력도 중요하다. 최근 이른바 3중고 등으로 북한의 어려운 식량 사정 등을 감안해, 취약 계층과 일반주민들의 생활 개선을 위해 식량을 중심으로 인도적 지원사업을 적극 추진할 필요가 있다. 남한의 직접적 지원을 북한이 부담스러워하면 국제기구, 국제사회를 통한 지원을 추진해야 한다. 북한의 코로나19 극복을 위한 남북한 보건·의료 협력은 인도적 지원을 통한 북한 주민들의 영양 상태 개선과 동시에 추진해야 효과를 거둘 수 있다.

이와 함께 기존 남북 간 경제 분야 합의사업 중 비록 소규모 사업이라
도 대북제재를 우회할 수 있는 사업을 발굴하고, 이를 실천하는 것이 중
요하다. 대표적인 것이 2020년부터 우리 정부가 추진했던 '개별관광' 및
'작은 교역'이다. 우리 정부도 밝히고 있듯이 코로나19의 추이를 보아가
며 적절한 시기에 본격 추진하는 방안을 검토해야 한다.

동시에 남북 간에 이미 합의했으나 제재대상으로 묶여 있는 개성공단,
철도와 도로 연결·현대화 등의 사업의 이행을 위해 유엔에 포괄적 상시
적 제재면제를 적극 추진해야 한다. 이를 위해 국제사회의 이해와 지지
획득하는 일이 무엇보다 중요하다. 남북경협의 유용성과 긍정적 기능에
대한 논리를 개발하고 풍부하게 할 필요가 있다. 즉 대북제재의 목적은
제재 자체와 주민 압박이 아니라 한반도의 긴장 완화와 평화의 조성, 비
핵화 유도인 만큼, 개성공단 사업재개와 남북한 철도와 도로의 연결·현
대화가 북한의 태도 변화와 한반도의 평화를 초래하고, 북미 대화가 북
핵문제 해결에 촉매제 역할을 할 수 있음을 설득할 필요가 있다. 아울러
북한으로부터 일정 수준의 호응과 행동 변화를 유도하기 위한 노력도 필요
하다.

물론 유엔의 제재면제 획득은 쉬운 일은 아니다. 하지만 반드시 가야
하는 길이다. 또한 남북관계의 복원, 나아가 핵문제 해결 및 한반도 평화
를 위해 매우 중요하고 또 필요한 일이다. 어차피 적지 않은 시간이 필요
하다. 그래서 남북경협 재개에 대한 한국정부 의지가 매우 중요하다. 의
지를 가지고, 작은 것부터 시작해 점차 확대해 나간다는 자세가 중요하
고 또 필요하다.

〈주〉

1) 김연철, 〈한반도 평화경제론: 평화와 경제협력의 선순환〉, 북한연구학회보, 제10권 1호 (2006)

2) 조한범 외, 《신한반도체제 추진 종합연구(Ⅰ): 신한반도 체제의 개념과 추진전략》, (경제인문사회연구회, 2020), pp. 87-99.

3) 최용환, 〈평화협력공동체 실현을 위한 실천과제〉, 2019년 통일연구원 학술회의, 《신한반도 체제의 비전과 전략》, (2019.5.24.), p. 89.

4) 해당사업은 남한 내부에서의 사업만 진척되었다. 한국정부는 올해 4월 남북교류협력추진협의회를 개최해 동해북부선 '강릉~제진' 구간 철도(110.9㎞)를 남북교류협력 사업으로 인정하고 사업을 추진하기로 확정했다. 이미 강릉~부산 구간은 연결된 상태라 강릉~제진 구간이 신설되고, 북한 내 구간이 정비되면 부산에서 출발해 북한, 중국, 러시아를 거쳐 영국 런던까지 철도로 닿을 수 있다. 이에 따라 '강릉~제진'은 예비타당성조사 면제 등의 절차를 거쳐 조기에 사업을 착공할 수 있는 여건이 마련됐다.

5) 이정철, 〈신한반도체제와 평화경제론〉, 《POCTECH·POSRI 코리아 리포트》, Vol. 05, (2020), pp. 12-13.

참고문헌

김연철, 〈한반도 평화경제론: 평화와 경제협력의 선순환〉, 북한연구학회보, 제10권 1호 (2006)

조한범 외, 《신한반도체제 추진 종합연구(Ⅰ): 신한반도 체제의 개념과 추진전략》, (경제인문사회연구회, 2020)

최용환, 〈평화협력공동체 실현을 위한 실천과제〉, 2019년 통일연구원 학술회의, 《신한반도체제의 비전과 전략》, (2019.5.24.)

이정철, 〈신한반도체제와 평화경제론〉, 《POCTECH·POSRI 코리아 리포트》, Vol. 05(2020)

5장

북한의 국가전략노선 전환과 제8차 당대회와 한반도 평화체제의 전망[1]

김상기

I. 들어가며

2019년 2월 말 하노이 북미 정상회담 결렬 이후 지속되어 온 한반도 평화 프로세스의 교착국면이 장기화되고 있다. 2021년 1월 출범한 바이든 행정부는 과거의 대북정책에 대한 재검토를 거쳐 새로운 대북정책 방향 제시와 더불어 대화를 제의했으며, 남한도 북한에 지속적으로 대화와 교류의 재개를 제안해왔지만, 아직까지 북한의 호응은 없다. 지난 7월 말 남북 간 통신연락선이 복원되면서 한반도 평화 프로세스 재가동에 대한 희망이 생기기도 했지만, 그 희망이 실현되지는 않았다. 북한은 8월 한미 연합훈련 실행에 대한 대미·대남 비난 담화를 발표하고 남북 통신선을 다시 차단하였다. 9월에는 북한이 6개월 만에 다시 순항미사일과 단거리 탄도미사일 실험발사를 단행하고, 남한도 잠수함발사탄도미사일SLBM 실험발사에 나서면서, 한반도는 평화의 증진보다는 오히려 군비경쟁이 가열되는 양상을 보였다. 한반도 평화 프로세스의 교착국면이 2년 7개월 넘게 지속되는 가운데, 향후 전망도 낙관하기 어려운 상황이다.

한반도 정세의 전망이 불확실성에 싸여 있는 가운데, 향후 한반도 비핵·평화체제 구축 가능성에 영향을 미칠 수 있는 중요한 한 가지 요인은 북한의 전략이라 할 수 있다. 북한이 취하는 국가전략노선은 대내외 정책 전반에 핵심적인 준거로 작용하며, 그 전략노선을 반영한 대남정책과 대미정책에 따라서 남북관계와 북미관계의 향방이 달라질 수 있다. 특히 2021년 1월 제8차 당대회는 현재 북한이 추구하는 전략노선과 대외정책의 내용을 확인할 수 있는 중요한 계기가 되었다. 이 글은 우선 지난 2018년을 전후로 한 북한의 국가전략노선 전환에 대해 고찰하고, 2021년 제8차 당대회 결과 및 북한 고위당국자들의 담화를 통해 확인되는 대남정책과 대미정책 방향에 대한 분석을 통해, 향후 한반도 평화체제 구축의 전망에 대한 함의를 제시하고자 한다.

II. 북한의 국가전략노선 전환: 군사 우선에서 경제 우선으로

2018년 이전까지 김정은 시대 북한의 국가전략은 '경제건설과 핵무력건설 병진노선(이하 경제·핵 병진노선)'으로 대표된다. 이 병진노선은 김정은 집권 2년 차인 2013년 3월 31일 조선노동당 중앙위원회 전원회의에서 공표되었고, 1960년대 이후 북한의 전통적 전략노선이라 할 수 있는 '경제·국방건설 병진노선'을 계승한 것이다. 국방력의 강화가 경제건설에 기여한다는 논리에 기초하여 사실상 국방력 강화를 우선시한다는 점에서, 김정은 시대의 경제·핵 병진노선은 과거의 경제·국방건설 병진노선과 비교하여 근본적 차이는 없다고 평가될 수 있다.[2]

근본적 차이는 없지만, 경제·핵 병진노선은 과거의 병진노선이 경제 부문의 약화를 초래했다는 평가를 일정 정도 반영한 것이라 할 수 있다. 즉, 경제·핵 병진노선은 기존 노선에서 경공업과 농업 부문에 필요한 자원마저 국방력 강화를 위해 중공업 부문으로 과도하게 배분되면서 결국 경제발전이 어려워졌다는 인식을 반영하며, 핵무력 건설을 통해 안보 우려를 해소하고 자원 배분의 효율성을 꾀하면서 경제건설을 동시에 추진하기 위한 전략이라 할 수 있다.[3] 이러한 의도는 2013년 3월 경제·핵 병진노선 발표 당시의 다음과 같은 전원회의 결정서 내용에서 분명하게 드러난다 ―"새로운 병진로선의 참다운 우월성은 국방비를 추가적으로 늘이지 않고도 전쟁억제력과 방위력의 효과를 결정적으로 높임으로써 경제건설과 인민생활향상에 힘을 집중할 수 있게 한다는 데 있다".[4]

그러나 북한의 이러한 전략노선, 즉 핵무력 강화와 경제발전이라는 두 마리 토끼를 다 잡겠다는 계획은 이미 성공을 거두기 어려운 문제를 내포하고 있었다. 핵무력 개발이 북한에 대한 국제사회의 제재를 야기하고, 제재는 북한의 대외경제관계 혹은 개방을 차단하면서 경제발전을 어렵게 하기 때문이다.

사실 김정은 집권 이후 북한은 상당한 수준의 경제개혁 조치를 추진하고 개방도 시도하였다. 특히 2014년부터 기업에 자율적 경영권을 부여하는 '사회주의 기업 책임 관리제'와 개별 농민의 생산실적에 따른 보상을 제공하는 '포전담당책임제'가 본격적으로 시행되면서, 경공업과 농업 부문의 생산 증대와 분배의 활성화를 촉진했다.[5] 이외에도 2015년에는 상업은행 설립이 공식화되는 등 금융제도 개혁을 추진했으며, 시장화 추세 확산과 더불어 2015년에는 온라인쇼핑몰도 등장하였다. 또한 개방 측면에서, 북한은 2016년 5월 8일 제7차 당대회 결정을 통해 대외경제관계 확대 및 발전 방침을 천명하고, 대외무역에서 신용 견지, 특정국가 또는 특정제품에 편중된 무역을 지양하는 무역의 다양화·다각화 도모, 합영·합작 추진으로 선진기술 도입, 경제개발구 발전에 유리한 투자 환경과 조건 보장 등의 다양한 정책 추진을 시도하였다.[6]

그러나 경제개혁 조치에 따른 생산성 증대와 분배 활성화의 성과에도 불구하고, 핵무력 개발과 병행적으로 추진한 개방정책은 이미 난관이 예고된 것이었다. 2016년과 2017년 사이 북한이 3차례의 핵실험과 대륙간탄도미사일을 포함한 각종 탄도미사일 실험발사를 반복함에 따라 유엔안보리는 6차례에 걸쳐 대북제재를 대폭 강화하였다. 그 결과로 북한의 대외경제관계는 크게 축소되었다. 중국을 제외하고는 사실상 북한과 유의미한 수준의 무역 관계를 맺는 국가가 거의 없을 정도가 되었다. 결국, 경제개혁 조치가 북한의 내부적 생존 능력 확보에 기여했지만, 핵·미사일 개발에 따른 제재로 인한 무역의 대폭 감소와 투자유치의 어려움이 북한의 경제발전에 큰 장애 요인으로 작용했다고 평가할 수 있다.

이러한 배경에서 2018년 4월 20일 조선로동당 중앙위원회 제7기 제3차 전원회의(이하 4.20 전원회의)는 새로운 전략노선으로 '사회주의 경제건설 총력 집중 노선(이하 경제건설 집중 노선)'을 채택하였다. 핵무력 강화를 우선시했던 병진노선의 승리를 선언하고, 경제발전을 우선시하는 노선으로의 전환을 천명한 것이다. 병진노선 승리 선언의 중요한 근거는 2017년 11월 29일 대륙간탄도미사일(화성 15호) 실험발사 직후 천명한 핵무력 완성 선언이었다. 핵무력을 완성하여 체제안전을 위한 핵심적 수단을 확보했으니 이제 경제건설에 집중하겠다는 것이 북한의 기본 입장이었다.[7]

이러한 입장은 4.20 전원회의에서 북한이 공개적으로 천명한 약속과 정책방향에서도 분명하게 나타난다. 이 회의 결정서를 통해 북한은 핵실험 및 대륙간탄도미사일 실험발사 중지와 북부 핵실험장 폐기를 선언하고, "나라의 인적·물적 자원을 총동원하여 강력한 사회주의 경제를 일떠세우고 인민생활을 획기적으로 높이기 위한 투쟁에 모든 힘을 집중할 것이다"라고 밝혔다.[8] 또한 "사회주의 경제건설을 위한 유리한 국제적 환경을 마련하며 조선반도와 세계의 평화와 안정을 수호하기 위하여 주변국들과 국제사회와의 긴밀한 연계와 대화를 적극화 해나갈 것"이라는 입장을 천명했다.[9] 여기서 경제건설에 유리한 국제환경 조성은 곧 대북제재 해제와 대외관계 정상화 필요성을 의미한다. 그 필요성은 곧 4.20 전원회의 이후 북한이 비핵화 협상에 나서게 된 핵심적 이유라 할 수 있다.

결국 핵무력 완성은 경제건설 집중 노선으로의 전환의 핵심적 근거이며, 경제발전은 제재해제를 포함한 대외관계 정상화를 필요로 하며, 대외관계 정상화는 비핵화 협상이 없이는 어려운 것이었다. 여기서 한 가지 가능한 질문은 그렇다면 북한은 왜 애초부터 경제발전보다 핵무력 개발을 우선시 했는가 하는 점이다. 그 이유는 북한이 자주권 수호와 직결된 체제안전의 확보를 경제적 발전보다 더욱 근본적 문제 혹은 선결과제로 인식하는 점과 관계된다. 이러한 인식은 강력한 제재에도 불구하고 북한이 제재에 굴복하여 핵무기를 먼저 포기할 가능성이 거의 없다는 점을 시사한다.

이와 같이 2018년 4.20 전원회의에서 결정된 경제건설 집중노선은 그동안의 핵무력 개발의 성과에 기초하여 앞으로는 국방력 강화보다 경제발전을 더욱 우선시하겠다는 것으로서, 1960년대 이후로 사실상 지속되어왔던 국방력 강화 우선의 병진노선을 넘어서는 새로운 전략노선이라 평가할 수 있다.[10] 또한, 이 새로운 전략노선은 북한이 비핵화 협상 성공을 통한 제재의 해제와 대외관계 정상화, 경제적 번영을 추구하지만, 그것이 여의치 않을 경우에는 핵무력을 유지한 채로 제재의 조건 속에서 가능한 수준의 경제발전을 도모할 것이라는 전망을 가능하게 한다. 경제발전을 우선시할 수 있는 중요한 토대가 핵무력 완성이라는 점에서, 경제건설 집중노선으로의 전환이 국방력의 중요성을 소홀히 인식하는 것은 아니라는 점도 분명하다.

Ⅲ. 북한의 제8차 당대회와 국가전략, 대미·대남 정책

2018년 4월 20일 북한이 경제건설 집중노선을 제시한 이후 채 1년이 못되어 한반도 정세는 대화·교류·협상 국면에서 경색·교착 국면으로 바뀌었다. 제재가 변함없이 유지됨에 따라 북한의 경제에 어려움이 지속되었지만, 전략노선은 바뀌지 않았다. 북한은 2019년 12월 말 개최된 당 중앙위원회 제7기 5차 전원회의에서 '자력갱생과 제재의 대결'이라는 정세 인식 속에서 자력갱생 정면돌파 전략을 강조했다. 또한, 정면돌파전의 기본전선은 경제전선임을 명확하게 밝히면서, "나라의 경제토대를 재정비하고 가능한 생산 잠재력을 총발동하여 경제발전과 인민생활에 필요한 수요를 충분히 보장하는 것"을 첫 번째 결정사항이자 당면과업으로 제시했다.[11]

경제건설 집중노선에 기초한 자력갱생 전략에 대한 강조는 2021년 1월 제8차 당대회에서도 지속되었다. 1월 5일부터 12일까지 진행된 제8차 당대회에서 북한은 별도의 새로운 전략노선을 제시하지 않았으며, 대신 이전부터 강조해온 '우리국가제일주의'와 '인민대중제일주의'를 각각 시대인식과 기본적 정치방식으로 제시하고, 실행전략으로는 '자력갱생'을 강조했다.[12] 특히, 김정은 위원장은 8차 당대회의 마지막 날 결론을 제시하면서 "사회주의 경제건설은 오늘 우리가 총력을 집중하여야 할 가장 중요한 혁명과업입니다"라고 밝히고, 기존의 경제건설 집중노선 유지 입장을 분명히 했다.[13]

북한은 제8차 당대회에서 2016년부터 추진해 온 경제발전 5개년 계획에 대해 "거의 모든 부문에서 엄청나게 미달"했다고 평가하고, 문제의 원인으로 제재와 같은 외부적 장애 요인뿐 아니라 내부적 결함 극복 필요성을 함께 강조하면서, 새로운 5개년 계획을 논의했다.[14] 특히 새로운

"국가경제발전 5개년 계획의 기본종자, 주제는 여전히 자력갱생, 자급자족"이라고 밝히면서, 외부적 요인 혹은 객관적 난관(제재, 자연재해, 코로나19 등)이 국가발전에 심각한 장애가 되지만, "결함의 원인을 객관이 아니라 주관에서 찾고 주체의 역할을 높여 모든 문제를 풀어나가는 원칙"으로부터 앞으로의 계획과 과업을 정해나갈 필요가 있다고 강조했다.[15]

북한의 자력갱생 전략은 최근에 새롭게 제시된 것은 아니다. 외부세력에 대한 의존을 경계하는 북한의 오래된 방침이며, 대북제재가 강화되면서 더욱 강조되어 왔다.[16] 특히 지난 2019년 12월 말 전원회의를 거쳐 2021년 1월 제8차 당대회에서 자력갱생이 하나의 실천전략이자 정치노선으로 규정된 것은 2019년 2월 하노이 회담 결렬 이후 핵협상 교착국면이 지속되고 있고, 향후 대외관계 개선을 낙관하기 어려운 상황을 반영한 것이라 할 수 있다. 즉, 미국과의 비핵화 협상을 통해 제재완화·해제와 대외관계 정상화, 그리고 경제발전을 추구했지만, 협상이 진척되지 않는 불확실한 상황에서 선택한 전략이 자력갱생이라 할 수 있다. 제재가 지속되는 상황에서, 내부적 자원에 의존해야 하는 자력갱생으로 경제발전의 한계는 뚜렷할 것이다. 그러나 경제발전을 위해, 적절한 상응조치가 없는 상황에서 혹은 상응조치에 대한 신뢰가 없는 상황에서, 체제안전의 핵심적 수단으로 인식하는 핵무력을 먼저 포기할 수는 없다는 것이 북한의 입장이다.

제8차 당대회에서 전략무기 개발 성과 및 계획이 비교적 구체적으로 제시되는 등 국방력 강화가 상대적으로 강조되었지만, 기존의 경제발전 중심 노선에서 이탈했다고 보기는 어렵다.[17] 국방력 강화의 강조는 우선 미국의 적대정책과의 장기전에 대비한 군사적 억지력 강화 목적과 더불어 향후 가능할 수 있는 북미협상에 대비하여 협상력을 강화할 의도를 함께 가진다고 볼 수 있다. 8차 당대회에서 북한은 핵무력 강화 계획과 더불어 외교를 배제하지 않았고 미국과의 협상 여지를 남겼다. 또한 국방력을 강조한 배경에는 경제발전 목표 미달로 인해 국방력 강화 성과를 상대적으로 강조할 국내정치적 필요성도 있었을 것이다. 2021년 1월 제8차 당대회에서의 국방력 강화 강조를 과거와 같은 병진노선으로의 회귀로 보기 어려우며, 북한은 여전히 2018년 '4.20 전원회의' 결정의 연장선에서 경제발전 우선의 전략노선을 유지하고 있다고 보는 것이 타당하다.

북한의 경제발전은 대외관계 개선과 제재해제를 필요로 한다. 따라서, 4.20 전원회의 이후 현재까지 지속되고 있는 북한의 경제우선 전략노선은 핵협상의 성공을 요구하며, 사실 대미관계 및 대남관계 개선정책과 친화성이 높다고 볼 수 있다. 그러나 제재의 완화 또는 해제를 위해 '자주권'을 훼손할 수는 없다는 것이 북한의 기본적 입장이다.[18] 2019년 12월 말 제7기 5차 전원회의에서 김정은 위원장은 "경제건설에 유리한 대외적환경이 절실히 필요한 것은 사실이지만 결코 화려한 변신을 바라며 지금껏 목숨처럼 지켜온 존엄을 팔 수는 없습니다"라고 밝혔다.[19] 이러한 입장이 대내적으로는 자력갱생을 통한 발전의 추구로 나타나고 있으며, 대미정책과 대남정책 방향에도 반영된다.

제8차 당대회를 통해 북한이 밝힌 대미관계에 대한 입장은 상당히 뚜렷하다. "새로운 조미관계 수립의 열쇠는 미국이 대조선 적대시정책을 철회하는 데 있다"는 것이다.[20] 즉, 향후 북미관계의 향방은 미국의 태도에 달려있다는 것이다. 북한이 대북적대정책 철회가 무엇인지에 대한 내용적 범위를 구체적으로 표명하지는 않았으나, 신뢰 조성과 관계 개선 의지를 반영한 어떤 조치들로 해석될 수 있으며, 대표적인 예는 한미연합훈련의 중단이라 할 수 있다.[21]

북미대화 재개 조건에 대한 북한의 이와 같은 입장이 새로운 것은 아니다. 북한은 지난 2019년 10월 북미 실무협상 결렬 이후 일관되게 북미

대화 재개의 전제 조건으로 미국의 대북적대정책 철회를 주장해왔다. 2020년 7월에는 김여정 부부장이 담화를 통해, "'비핵화조치' 대 '제재 해제'라는 지난 기간 조미협상의 기본주제가 이제는 '적대시 철회' 대 '조미협상 재개'의 틀로 고쳐져야 한다"는 입장을 밝힌 바 있다.[22] 즉, 북미 대화·협상 재개 여부는 미국이 대북적대 철회에 관한 어떤 조치들을 취하는 지에 달려 있다는 것이 북한의 일관된 입장이다.

이러한 입장에 기초하여 북한이 제8차 당대회에서 밝힌 대미정책 원칙이 '강대강, 선대선' 대응이다. 즉, 미국이 제재와 압박 중심의 강경책을 지속 추진한다면, 북한은 미국과 타협하지 않고 강경책으로 맞서겠지만, 만약 미국이 관계 개선 혹은 신뢰 조성과 관련한 조치를 취하면서 전향적으로 대화에 나선다면, 북한은 적극 호응할 것이며 북미협상의 재개가 가능하다는 것이다.[23]

2021년 3월 17일 바이든 행정부의 블링컨 국무장관과 오스틴 국방장관 방한을 앞두고 북한의 최선희 외무성 부상은 대미담화를 통해 바이든 정부의 대북접촉 시도를 공개함과 더불어 3월 한미연합훈련 실행을 비난하면서, 대화 재개를 위한 조건으로 미국의 대북적대정책 철회 필요성을 다시 강조했다.[24] 또한 5월 2일에는 외무성 대변인이 담화를 발표하고, 바이든 행정부의 북한인권에 대한 문제제기가 대북적대정책의 일환이며, 북한 체제에 대한 부인이자 내정간섭이라고 비난하였다. 8월 한미연합훈련에 대해서도 북한의 김여정 부부장은 담화를 통해 "이번 합동군사연습은 우리 국가를 힘으로 압살하려는 미국의 대조선 적대시정책의 가장 집중적인 표현이며 우리 인민의 안전을 위협하고 조선반도의 정세를 보다 위태롭게 만드는 결코 환영받을 수 없는, 반드시 대가를 치르게 될 자멸적인 행동"이라고 강하게 비난하고, "미국의 군사적 위협에 대처하기 위한 절대적인 억제력"을 강화하는 데 박차를 가할 것이라는 입장을 밝

했다.[25]

이와 같이 대미관계에 대한 북한의 기본 입장, 즉 적대정책 철회가 대화재개의 조건이라는 것과 강대강 선대선 대응 방침은 8차 당대회 이후 최근까지 일관되게 나타나고 있다. 대내외적으로 공식화한 입장을 특별한 이유 없이 쉽게 바꾸지 않는 북한의 그동안의 행동 패턴을 고려할 때, 북한의 이러한 대미정책 입장은 앞으로도 상당한 기간 지속될 것으로 보인다. 물론 북한이 미국과의 대화의 문을 닫은 것은 아니다. 경제발전을 우선시하는 북한의 전략노선은 지속되고 있으며, 경제발전을 위한 최선책은 미국과의 핵협상을 성공시키고 제재를 해제하는 것이다. 그러나 미국에 대한 불신이 큰 상황에서 상대적 약자인 북한은 미국이 먼저 대화재개를 위한 여건을 조성하라고 요구하면서, 한미연합훈련과 같은 대북적대정책이 대화·협력과 양립하기는 어렵다고 주장하는 상황이다.[26]

북한은 제8차 당대회에서 대남정책에 대해서도 매우 분명한 입장을 표명했다. 향후 남북관계 개선 여부는 남한의 태도에 달려있다는 입장을 밝히면서, 한미연합훈련 중단을 사실상 남북대화 재개의 필요조건으로 제시하고 남한의 첨단무기 도입 문제를 제기했다.[27] 북한은 남한이 그동안 제안해왔던 인도적 협력, 방역협력, 개별관광 등에 대해서는 비본질적인 문제라 평하였고, 근본적인 문제부터 풀어나가야 한다고 주장하면서, 남한이 자신들의 "요구에 화답하고 남북합의들을 이행하기 위하여 움직인다면" "얼마든지 가까운 시일 안에 남북관계가 다시 3년 전 봄날과 같이" 돌아갈 수 있다고 하였다.[28] 북한은 남한이 대화·협력을 제안하면서 다른 한편으로는 한미연합훈련과 군비증강에 나서는 것을 이중적 태도라고 비판하며, 남한이 남북합의 이행과 남북관계의 자주적 발전에 대한 진정한 의지가 없다고 인식한다.[29] 이러한 북한의 입장은 단지 최근의 일은 아니다. 북한은 2019년 이후 지속적으로 남한의 대미의존, 한미연합훈련, 군비증강 등을 비난하면서, 남한과 마주앉을 이유가 없다고 주장하고 남한의 입장 변화를 촉구해왔다.[30]

2021년 3월 한미연합훈련에 대한 북한의 반응은 두 달 전 8차 당대회에서 밝힌 대남정책 입장을 재확인한다. 김여정 부부장은 3월 15일 대남 담화를 통해 한미연합훈련 실행을 강하게 비난하면서, "전쟁연습과 대화, 적대와 협력은 절대로 량립될 수 없다"고 강조했고, "3년 전의 따뜻한 봄날은 다시 돌아오기가 쉽지 않을 것이다"라고 밝혔다.[31] 또한 이 담화에서 김여정은 남북 대화와 교류·협력 필요성이 상실된 상황이므로 조국평화통일위원회와 금강산 국제관광국을 폐지하는 문제를 검토중이며, 만약 남한이 "더더욱 도발적으로 나온다면" 남북군사분야합의서도 파기할 것이라고 강조하였다.[32] 3월 25일 북한의 단거리 탄도미사일 실험발사에 대한 남한의 비판에 대해서도 김여정은 3월 30일 담화를 통해 남한정부는 강력한 국방력을 위해 군비증강을 지속하면서 북한의 국방력 강화 노력을 비판하는 것은 모순이라고 비난하였다.[33]

남북 간 경색국면이 지속되던 과정에서, 7월 27일 남북 통신연락선이 복원되었다. 이는 남북 정상이 수차례 친서 교환을 통해 합의한 결과였다. 남북 당국은 공식 발표를 통해 통신선 복구가 상호신뢰 회복을 위한 양 정상의 약속을 반영하며, 향후 남북관계 개선과 발전의 계기가 되기를 바란다는 기대를 밝혔다. 그러나 그 기대는 채 2주일을 넘기지 못했다. 8월 한미연합훈련 실행에 대해 김여정 부부장은 8월 10일 담화를 통해 "남조선당국자들의 배신적인 처사에 강한 유감을 표한다"고 하였고, 복원되었던 남북 통신선은 다시 차단되었다.[34] 또한 8월 11일 김영철 당 중앙위원회 부장도 별도의 대남 담화를 내고 "북남관계 개선의 기회를 제 손으로 날려 보내고 우리의 선의에 적대행위로 대답한 대가에 대하여 똑바로 알게 해주어야 한다"는 입장을 밝혔다.[35]

이와 같이 북한은 지난 1월 제8차 당대회에서 제시한 대남관계에 대한 입장을 견지하면서, 한미연합훈련 중단을 남북관계 개선의 사실상 필요조건으로 인식하고 있다. 향후 북미관계가 미국의 태도에 따라 달라질 수 있다는 입장과 마찬가지로, 남한에 대해서도 관계개선 여부는 남한의 태도와 선택에 달려있다는 입장을 견지하고 있다.

여기서 한 가지 주목해야 할 것은 한미연합훈련 중단 여부가 남북관계와 북미관계의 향방에 동시에 매우 중요한 영향을 미칠 수 있다는 점이다. 한미연합훈련 중단은 그 자체로 북한이 명시적으로 밝힌 남북관계 개선의 전제조건이며, 또한 북한이 요구하는 미국의 대북적대정책 철회와 관련하여 가장 상징적이며 실질적인 조치이기 때문이다.

2017년 말 이후 남북미관계에서도 한미연합훈련 여부는 핵심적인 변수로 작용했다. 2018년 1월 남북대화로부터 시작되어 남북 정상의 판문점선언, 역사상 첫 북미 정상회담과 싱가포르공동선언이라는 성과를 낳은 한반도 평화 프로세스는 2017년 12월 19일 문재인 대통령의 한미연합훈련 연기 방침 발표가 없었다면, 불가능했을 것이다. 만약 2018년 2~3월 한미연합훈련이 진행되었다면, 북한의 평창 동계올림픽 참가를 상상하기는 어렵기 때문이다. 또한 2019년 8월 5일 김정은 위원장은 트럼프 대통령에게 친서를 보내어 협상을 하기로 해놓고 왜 한미연합훈련을 중단하지 않느냐며 강하게 비판을 제기한 바 있다. 이는 2019년 6월 30일 북미 정상의 판문점회동에서 한미연합훈련 중단과 수주 이내 양자 실무협상 개최를 약속했지만 그것이 지켜지지 않은데 대한 비판이었다. 결국 수주가 아닌 수개월 뒤인 10월 초 스톡홀름에서 북미 실무협상이 개최되었지만, 성과는 없었고, 그 뒤로 현재까지 핵협상은 더 이상 없었다. 이처럼 남북미관계의 고비 때마다 한미연합훈련은 한반도 정세의 방향을 가르는 핵심적인 변수가 되어왔다. 앞으로도 한미연합훈련 문제를 극복하지 못한다면, 남북관계와 북미관계 모두 교착국면에서 벗어나기 쉽지 않을 것으로 전망된다.

추가적으로, 북한의 전략환경에 영향을 미치는 요인으로 미중관계를 고려할 필요가 있다. 미중관계는 협력보다 경쟁이 더욱 심화되는 추세이며, 경쟁의 영역도 안보와 경제 중심에서 가치 차원까지 더욱 확대되고 있다. 특히 미국의 중국견제 정책은 동맹규합(미일동맹, 한미일 삼각협력 강화 등)과 군사적 억지 강화를 포함하며, 이러한 정책은 대북 압박·억지 정책과 구분되지 않으면서, 북한이 추구하는 미국의 대북적대정책 철회에 부정적인 환경으로 작용할 가능성이 있다. 예를 들어, 미국의 전략 자산이 한반도 혹은 한반도 주변으로 전개될 때, 대중국 견제가 목적이라 하더라도 북한은 자신에 대한 압박으로 인식할 수 있다. 다른 한편으로는 미국의 중국에 대한 견제와 압박은 중국이 북한과의 연대 및 협력을 강화하여 미국에 맞대응하려는 동기를 제고할 수 있다. 이때 중국은 미국이 대북제재 추가 강화를 시도할 경우에도 동의하지 않을 가능성이 높다.

특히 미·중 전략경쟁의 심화가 북·중 협력의 강화를 추동하면서 북한의 대남정책과 대미정책에 미칠 수 있는 영향에 주목할 필요가 있다.[36] 미·중 경쟁과 연동되는 북·중 협력의 강화는 북한의 실리 측면에서 남북관계 개선 동기의 상대적 약화로 이어질 가능성이 있으며, 북미관계에서 북한의 협상 레버리지의 상대적 강화 혹은 협상 동기의 상대적 약화를 유발할 가능성도 존재한다. 또한 다른 한편으로는 북·중 협력의 강화는 북한의 중국에 대한 경제적 의존 심화를 야기함으로 인해 북한에 부담으로 작용할 가능성도 있다. 향후 한반도 비핵·평화체제 구축을 위해, 미·중 전략경쟁의 심화와 북·중 협력의 강화 추세가 한반도 정세에 미칠 영향에 유의할 필요가 있다.

Ⅳ. 한반도 평화체제 전망에 대한 함의

2018년 4.20 전원회의 이후 현재까지 북한이 견지하고 있는 경제발전 우선의 전략노선은 비핵화 협상의 성공과 대외관계 정상화를 필요로 한다. 따라서 현재 북한의 전략노선은 과거 군사 우선 노선에 비해서 한반도 평화체제 구축을 위해 긍정적인 요인이라고 할 수 있다. 그러나, 2019년 2월 이후 핵협상은 교착국면에서 벗어나지 못하고 있다. 북한은 대화·협상의 문을 닫지는 않았지만, 미국과 남한의 태도 변화를 먼저 요구하고 있으며, 내부적으로는 자력갱생을 통한 발전을 도모하고 있다. 제재 국면 속에서 2020년 1월 이후 코로나19로 인한 국경봉쇄가 북한의 경제적 어려움을 더욱 가중시키는 가운데서도, 북한은 내부자원에 의존하는 자력갱생 전략을 견지하고 있다.

북한이 가게 될 길은 두 가지 선택지 중 하나가 될 가능성이 높다. 북한 입장에서 최선의 길이 비핵화 협상을 통해 제재 해제와 대외관계 정상화를 이루고 체제안전과 조속한 경제적 번영의 방향으로 가는 것이라면, 차선의 길은 핵무력을 유지하면서 체제안전을 도모하고, 북중협력 및 북러협력 강화를 통해, 조속한 경제적 번영은 어렵지만 점진적인 발전이 가능한 방향으로 가는 것으로 추정된다. 북미 간, 남북 간 불신과 인식의 격차 지속 그리고 미·중 간 전략적 경쟁의 영향까지 겹쳐지면서, 2021년 하반기 현재의 상황은 안타깝게도 최선보다 차선의 길에 상대적으로 좀 더 가까워진 것으로 보인다. 그러나 현재 북한이 취하고 있는 기본적 국가전략인 경제건설 집중노선은 비핵화 협상의 성공이 북한에게 최선의 길이라는 점을 시사하며, 이는 향후 핵협상의 재개와 진전이 여전히 가능하다는 것을 의미한다.

한반도 평화체제의 구축은 비핵화 협상의 진전과 불가분의 관계이며,

평화협정의 체결을 필요로 하는 과제이다. 그러나 우선은 현재 교착국면에 놓여 있는 한반도 평화 프로세스가 언제 다시 재가동될 수 있을지, 특히 남북대화와 북미대화가 언제 어떻게 재개될 수 있을지가 관건이다.

2021년 9월 현재 남북관계는 대화·교류가 중단된 경색국면에 놓여있고, 불확실성이 가중되고 있는 상황이다. 지난 8월 한미연합훈련에 강하게 반발하면서 북한은 국방력 강화에 박차를 가할 것이라는 입장을 밝혔고, 9월에는 남북한이 각각 탄도미사일 실험발사를 단행했으며, 상호 간 비판이 이어졌다. 긴장고조 방지와 신뢰의 회복이 절실하게 필요한 시점이지만, 오히려 한반도의 안보딜레마 문제에 대한 우려가 커지고 있는 상황이다. 향후 적어도 당분간 남북대화의 복원이 쉽지 않을 것으로 전망된다. 북한은 8차 당대회에서 공표한 대남정책 입장을 견지할 것으로 예상되며, 그와 관련한 남한의 입장이 바뀌기 전에는 대화에 나서지 않을 가능성이 높다.

북미관계도 교착국면이 지속되고 있는 가운데 양자 간 대화 재개의 기미는 보이지 않고 있다. 북한은 미국에 대해서도 8차 당대회에서 밝힌 입장, 즉 미국의 대북적대정책 철회가 대화 재개의 조건이라는 입장을 앞으로도 견지할 것으로 예상된다. 또한 대미 억지력 강화를 위한 전략무기 실험발사를 재추진할 가능성도 배제하기 어렵다. 미국이 대북 인도적 지원에 대해 긍정적 입장을 밝히고 있지만, 북한이 인식하는 근본적 문제에 대한 화답이 없이는 인도적 지원이 북한의 북미협상 재개 동기가 되기 어려울 것으로 전망된다. 더욱이 바이든 행정부가 국내적으로 코로나19 문제 해결이 시급하고 아프가니스탄 철군 문제로 대외정책에 관한 지지율도 하락한 상황에서, '난제'로 인식되는 북핵문제 해결을 위한 동력을 얼마나 끌어올릴 수 있을지 의문이다. 향후 단기적으로는 바이든 행정부가 북한에 대해 인도적 지원·협력을 넘어서는 전향적 입장·조치를 먼저 취할 만큼의 정치적 동력을 확보하기 쉽지 않아 보인다. 적어도 당분간 북미관계 개선을 낙관하기는 어려울 전망이다.

2021년 이내에 남북대화 또는 북미대화가 재개될 가능성은 매우 낮아 보이며, 2022년 한반도 평화 프로세스 재개를 준비해야 할 상황이다. 2022년에도 한미연합훈련은 남북대화와 북미대화 재개 여부에 핵심적 영향을 미치는 변수가 될 것이다. 한국과 미국은 북한의 핵실험 및 대륙간탄도미사일 실험발사 중단을 전제 조건으로, 대화를 진행하는 동안 한미연합훈련을 잠정 중단하는 방안을 적극적으로 검토할 필요가 있다. 이와 더불어 한국과 미국은 북한에 대한 조건 없는 인도적 지원과 협력을 적극적으로 추진할 필요가 있다. 인도적 지원·협력은 그 자체로 중요한 의미를 갖지만, 남북 간, 북미 간 신뢰회복에도 긍정적으로 기여할 것이다. 인도적 지원과 협력에 대해 북한은 비본질적인 문제라 평가하지만, 본질적 문제로 인식하는 한미연합훈련 잠정 중단 또는 연기 의사와 더불어 제안한다면, 북한이 대화에 호응할 가능성이 높을 것으로 보인다. 남북대화가 재개된다면, 우선적으로 추진할 필요가 있는 사안 중 하나는 남북군사공동위원회의 가동이다. 이를 통해 군사훈련과 군비증강 문제 등을 협의하면서 한반도 안보딜레마의 완화를 적극 도모할 필요가 있다.

또한 한국으로서는 남북합의의 적극적 이행을 통해 남북관계 발전의 자율적 공간을 확보하는 것이 중요한 과제일 것이다. 남북관계가 북핵문제에 종속될 때, 핵협상의 진전 없이는 남북관계의 발전도 어렵게 된다. 남북관계가 경색된 상태에서는 북핵문제 해결에 있어서 한국이 주도적인 역할을 발휘하기 어렵고, 북미 간 중재 역할에도 한계가 뚜렷할 것이다. 2018년 한반도 평화 프로세스가 남북관계 개선으로부터 시작되었다는 점을 상기할 필요가 있다. 제재에 저촉되지 않거나(예: 개별관광) 제재 면제 대상(예: 인도적 협력)인 사업들은 핵협상과 관계없이 추진해야 할 것이며, 또한 제재 대상인 경우에도 남북이 이미 합의한 주요 사업들 (예: 개성공단 재개)은 유엔안보리를 적극적으로 설득하여 제재 면제를 확보하고 추진해야 할 것이다. 남북관계 개선이 선행하는 남북관계 발전과 북핵문제 진전의 선순환을 도모해야 할 것이다.

〈주〉

1) 이 글의 일부는 다음을 참고하여 재정리 및 수정·보완한 것임. 김상기, 〈북한의 국가전략 노선 전환과 8차 당대회와 한반도 평화체제〉, (2021 DMZ 포럼 발표자료, 2021.5.21.); 김상기, 〈북한의 대남전략과 한반도 평화프로세스 복원 가능성〉, (2021 북한연구학회 춘계학술회의 발표자료, 2021.4.9.); 김상기, 〈바이든 행정부 출범 이후 북미관계: 전망과 과제〉, (통일연구원 Online Series CO 21-07, 2021.2.25.), pp. 1-8; 김상기, 〈2021년 북미관계 전망과 우리의 과제〉 (통일·외교·안보 연구기관 공동학술회의 발표자료, 2021.1.22.)

2) 김병로, 〈북한 신전략 노선의 형성배경과 전망적 구상〉, 《북한연구학회보》 제23권 2호 (2019), pp. 1-29.

3) 김동엽, 〈경제·핵무력 병진노선과 북한의 군사 분야 변화〉, 《현대북한연구》 제18권 2호 (2015), pp. 77-120.

4) 《로동신문》, "조선로동당 중앙위원회 2013년 3월 전원회의에 관한 보도" (2013년 4월 1일)

5) Kim Sang Ki and Choi Eun-ju, "The Fallacy of North Korean Collapse," *38North* (2021. 2.1.) 사회주의기업책임관리제는 2014년 5월 30일 김정은 위원장의 "현실발전의 요구에 맞게 우리식경제관리방법을 확립할 데 대하여"라는 담화를 통해 사실상 시작되었고, 우리식경제관리방법이 사회주의기업책임관리제로 이름이 바뀌었으며, 2019년 4월 개정 헌법에 기존의 "대안의 사업체계"와 "농업지도체계"를 대체하면서 명문화되었다. 이와 관련하여 다음 참조. 이종석, 최은주, 《제재 속의 북한경제: 밀어서 잠금해제》 (세종연구소, 2019)

6) 이종석·최은주, 《제재 속의 북한경제: 밀어서 잠금해제》 (세종연구소, 2019)

7) 이와 관련하여, 정영철은 "2013년에서부터 2017년까지 질주하던 북한의 핵 시험 및 미사일 발사 시험은 결국 (경제 발전을 위한) 안보 환경의 마련을 위한 것"으로 분석하면서, 핵·미사일 시험에 주력하는 상황에서도 김정은 위원장의 현지지도는 주로 경제분야를 향하였다는 점을 강조한다. 정영철, 〈북한의 '우리 국가제일주의': 국가의 재등장과 '체제 재건설'의 이데올로기〉, 《현대북한연구》 제23권 1호 (2020), pp. 8-38.

8) 《로동신문》 "조선로동당 중앙위원회 제7기 제3차 전원회의 진행, 조선로동당 위원장 김정은동지께서 병진로선의 위대한 승리를 긍지 높이 선언하시고 당의 새로운 전략적 로선을 제시하시였다" (2018년 4월 21일)

9) 위의 글.

10) 김병로, 〈북한 신전략 노선의 형성배경과 전망적 구상〉, 《북한연구학회보》 제23권 2호 (2019), pp. 1-29. 2018년 4.20 전원회의 결정은 중국 개혁·개방 노선의 시발점으로 인식되는 1978년 중국 공산당 제11기 3차 전원회의 결정에 비견되기도 한다. 그러나 중국의 경우처럼 개혁·개방의 결과로 이어질지는 아직 미지수이다. 안경모·강혜석, 〈김정은 정권의 대남전략(2018~2020): '세 가지 기둥'과 '정면돌파전'〉 《한국과 국제정치》 제3

6권 제4호 (2020), pp. 171-204.

11) 《로동신문》 "조선로동당 중앙위원회 제7기 제5차 전원회의에 관한 보도" (2020년 1월 1일)

12) 양문수, 〈북한 8차 당대회가 북한경제 및 농업에 미치는 영향〉, 《북한농업동향》 제22권 4호, pp. 3-17.

13) 《조선중앙통신》 "조선로동당 제8차대회에서 한 결론" (2021년 1월 13일)

14) 《로동신문》 "조선로동당 제8차대회에서 한 개회사" (2021년 1월 6일)

15) 《로동신문》 "우리식 사회주의 건설을 새 승리에로 인도하는 위대한 투쟁강령 조선로동당 제8차대회에서 하신 경애하는 김정은동지의 보고에 대하여" (2021년 1월 9일)

16) 양문수, 〈북한 8차 당대회가 북한경제 및 농업에 미치는 영향〉, 《북한농업동향》 제22권 4호, pp. 3-17.

17) 김상기, 〈북한의 대남전략과 한반도 평화프로세스 복원 가능성〉, 2021 북한연구학회 춘계 학술회의 발표자료 (2021.4.9.)

18) 정영철, 〈김정은 시대 북한의 전략적 선택: 21세기 부국강병의 길〉, 《한국과 국제정치》 제36권 4호 (2020), pp. 205-236.

19) 《로동신문》 "조선로동당 중앙위원회 제7기 제5차 전원회의에 관한 보도" (2020년 1월 1일)

20) 《로동신문》 "우리식 사회주의 건설을 새 승리에로 인도하는 위대한 투쟁강령 조선로동당 제8차대회에서 하신 경애하는 김정은동지의 보고에 대하여" (2021년 1월 9일)

21) 김상기, 〈바이든 행정부 출범 이후 북미관계: 전망과 과제〉, 통일연구원 Online Series CO 21-07, (2021.2.25.), pp. 1-8.

22) 《조선중앙통신》 "김여정 조선로동당 중앙위원회 부부장 담화" (2020년 7월 10일)

23) 김상기, 〈바이든 행정부 출범 이후 북미관계: 전망과 과제〉, 통일연구원 Online Series CO 21-07, (2021.2.25.), pp. 1-8.

24) 《조선중앙통신》 "조선민주주의인민공화국 최선희 외무성 제1부상 담화" (2021년 3월 17일)

25) 《조선중앙통신》 "김여정 조선로동당 중앙위원회 부부장 담화" (2021년 8월 10일)

26) 《조선중앙통신》 "김여정 조선로동당 중앙위원회 부부장 담화" (2021년 3월 15일)

27) 김상기, 〈북한의 대남전략과 한반도 평화프로세스 복원 가능성〉, 2021 북한연구학회 춘계 학술회의 발표 자료, (2021.4.9.)

28) 《로동신문》 "우리식 사회주의 건설을 새 승리에로 인도하는 위대한 투쟁강령 조선로동당 제8차대회에서 하신 경애하는 김정은동지의 보고에 대하여" (2021년 1월 9일)

29) 김상기, 〈북한의 대남전략과 한반도 평화프로세스 복원 가능성〉, 2021 북한연구학회 춘

계 학술회의 발표 자료, (2021.4.9.)

30) 예를 들어, 2020년 6월 17일 김여정 부부장의 대남 담화.

31) 《조선중앙통신》 "김여정 조선로동당 중앙위원회 부부장 담화" (2021년 3월 15일)

32) 위의 글.

33) 《조선중앙통신》 "조선로동당 중앙위원회 선전선동부 김여정부장 담화" (2021년 3월 30일)

34) 《조선중앙통신》 "김여정 조선로동당 중앙위원회 부부장 담화" (2021년 8월 10일)

35) 《조선중앙통신》 "김영철 조선로동당 중앙위원회 부장 담화" (2021년 8월 11일)

36) 김연철, 〈한반도의 새봄을 위해: 남북관계의 성찰과 해법〉, 《창작과 비평》, 봄호(통권 191호, 2021)

강대국 정치와 한반도 평화체제

6장

한반도 내 비핵화와 평화구축의 새로운 길:
미국 대북정책의 합리적 대안

조셉 윤

I. 북한 비핵화와 다양한 생각들

미국 정부 및 외부의 전문가들은 평양을 압박해 북한이 핵무기와 생존 중 하나를 선택하도록 만들려는 미국의 전통적인 대북 접근법이 실패했다는 결론을 내렸다. 전문가들은 북한의 비핵화를 위한 새로운 로드맵은 한반도의 상황을 고려하여 더 넓은 정책적 다양성의 차원에서 시작해야 하며 길게 이어질 협상을 유지하기 위해 실질적인 조치들을 포함해야 한다고 이야기하고 있다.

한 전문가는 한반도 평화구축을 북한 비핵화와 동등한 결론적 선상에 두고, 북한이 요구하는 미국의 "적대적인" 대북정책의 철회와 북한의 비핵화의 입구를 같은 기반에 놓아야 한다고 주장한다. 이러한 평행선상에서 비핵화는 북한 정권의 안전을 보장하고 한반도에 평화체계를 구축하기 위한 조치들과 함께 진행된다. 다른 전문가는 북한과의 협상에 무기통제 관련 요소들을 도입해야 한다고 주장한다. 예를 들어 추적관찰 및 신뢰구축 조치 등으로 시작한 로드맵은 무기 비축량 감소 및 대량살상무기의 영구적 폐기로 이어진다. 또 다른 하나는 정치적 정상화를 위해 먼저 신속히 움직이는 것인데, 예를 들어 미국과 북한 사이의 완전한 외교적 인정을 통하여 경제제재, 안전보장, 그리고 결국 핵무기 제거와 같은 다양한 분야의 양자 문제를 해결할 수 있는 길을 닦을 수 있다. 이 모든 생각의 공통된 점은 북한 문제에 미국의 개입이 필수적이라는 것이며, 미국의 불개입은 핵무기, 미사일 비축과 확산 위험의 증가, 동북아에서 전략적·지정학적인 균형을 불안정하게 할 위험이 있기 때문에 현명한 선택이 아니라는 것이다. 평화의 길로 가자는 이 모든 생각들에는 장점이 있지만 단점들도 존재한다.

Ⅱ. 바이든의 접근 방식: 시작, 그러나…

부통령으로서 8년, 미국 상원의원으로서 30년 이상을 보낸 바이든은 백악관의 전임 대통령들 대부분보다 훨씬 더 많은 정치적 경험을 가지고 미국 대통령으로 취임했다. 특히나 바이든은 기후변화, 군축협정, 핵확산 금지와 같은 이슈에 관심이 많고 상당한 전문적 지식을 가지고 있을 뿐만 아니라 외교정책에도 많은 경험을 가지고 있다. 바이든의 외교정책팀에 속한 구성원 중 국무장관인 블링컨과 국가안보보좌관인 설리반이 가장 핵심적인 두 인물이다. 바이든의 전폭적인 신임을 받고 있는 이 두 인물은 미국의 외교정책 성립에 있어 전통적인 개입주의 진영을 대표하고 있다. UN과 G-20과 같은 다자간 포럼을 통해 다양한 국가들을 소집하고 회의를 이끌어가는 미국의 역할에 익숙하며, 미국 외교정책의 중요한 교의로 민주주의, 인권, 법의 지배와 같은 가치 기반의 주도권을 지향한다. 북한을 상대해본 경험의 중요성으로 국무장관과 국가안보보좌관 업무를 맡게 되었다. 외교정책 보좌관들의 존재를 인정하지 않았던 트럼프와 달리 바이든은 철저히 이들의 충고와 정부 부처 간의 정책 제안들에 귀를 기울이고 있다.

그럼에도 불구하고 외교정책을 만드는 데 있어 미국 대통령의 개인적인 역할을 과소평가해서는 안 된다. 바이든은 외교에 대한 강한 믿음을 가지고 있다. 북한의 비핵화를 이루기 위해 외교에 의존하려는 뜻을 확실시하고 있지만 굉장히 복잡한 외교의 현실을 마주하게 되었다. 2019년 2월 트럼프와 김정은이 만난 하노이 정상회담이 혼란스럽게 성과 없이 마무리되고 미국은 이후 북한과의 본격적인 협상을 진행하지 않고 있다. 하노이 정상회담의 실패 후 북한은 남한이 남북 정상회담 약속을 배신했다고 비난했으며 이어 남북관계가 악화되었다. 북한은 2021년 1월 8차 당회에서 '핵 능력 완성'을 위한 군사 현대화 계획을 발표하는 한편, 외교적 진전이 막힘으로 인해 쌓여온 좌절감을 표출하였다.

또 다른 문제는 베이징과 워싱턴이 거친 언사와 적대적인 행위들을 주고받으며 미중관계가 악화되면서 발생했다. 양측 모두 보다 정상적인 관계를 회복하는 것에는 관심이 없어 보이고, 서로를 비난하고 탓하며 대중들의 맹목적인 국수주의의 갈증을 해소해주는 데 더 큰 관심을 가지는 듯하다. 두 초강대국 간의 싸움으로 미·중 간에 중요한 공통 의제였던 북한 이슈는 외면받게 되었다. 평양은 미국과 중국의 갈등으로 양국 사이가 크게 벌어지는 것에 상당히 만족하고 있으며, 이로 인해 단기적으로는 불가피하게 제재 압력이 줄어들고, 장기적으로는 핵과 미사일 무기 개발에 더 많은 숨통이 트이게 될 것이다.

바이든 행정부의 대북정책은 어려운 북한과의 협상 상황을 반영하여 어려움에 잘 대처할 수 있도록 합리적인 방식의 첫걸음을 내디뎠다. 지난 5월 마무리된 대북정책 검토에서 바이든 정부는 국무장관인 블링컨이 "잘 조율된" 접근이라 표현한 바와 같이 '외교'를 강조했다. 미국은 모든 것을 포함하는 포괄적인 합의를 모색하기보다는 오히려 적절한 상호적인 대응과 보상을 통해 북한의 핵과 미사일 발사 능력 감소의 실질적 진전을 모색하고 있음을 분명히 했다. 물론 새로운 방식은 아니다. 1994년 미국과 북한이 제네바에서 합의한 핵합의와 2005년 6자회담 모두 이른바 합의된 틀 안에서 이루어진 잘 조율된 접근방식의 사례이다. 이런 합의들은 단계적 또는 점진적 접근 방식으로도 알려져 있다. 실제로 모든 협상들은 대서특필 언사와 연설들에서 말하듯 "일괄타결" 또는 "포괄적 합의"일 가능성이 없기 때문에 잘 조율된 합의로 시작되었다. 일괄타결식의 완전한 비핵화 추진에 대한 트럼프의 자랑과 달리, 하노이 협상은 핵과 대륙간탄도미사일ICBM 불능화, 안전보장, 관계 정상화 등의 쟁점들은 남겨둔 채 영변의 핵시설 폐쇄의 대가로 얼마만큼의 제재완화가 이루어질지에 대한 협상이 핵심이었다.

바이든 정부의 접근법에서는 미·북 제네바 핵합의 및 6자회담과 비슷하게 합의의 추진과 협상과정에서 한국과 국제사회의 역할이 중요하다. 바이든 정부는 우선적으로 한국, 일본과 폭넓게 의견을 교환하고 있으며, 일본의 스가 총리와 대한민국의 문재인 대통령이 바이든 취임 후 첫 번째와 두 번째 외국 정상으로 백악관을 방문하였다. 또한 주목할 만한 것은 문재인 대통령이 최근 몇 년간에 이루어진 미·북 간 외교적 진전을 등한시하지 않을 것을 요청했고, 바이든 정부가 이를 수용해, 2018년 두 가지 중요한 정상회담인 남북 판문점 합의와 미·북 싱가포르 공동성명을 인정하고 이를 존중할 것을 공표하였다. 더불어 한국은 인도적 지원 외에도 한미연합 군사훈련의 범위를 줄이고 남북협력 프로젝트를 지속시켜야 할 필요성에 대해 워싱턴을 설득했다.

그러나 지금까지 바이든 행정부는 문재인 정부의 주요 요구사항인 북한에의 개입에 적극적인 모습을 보이지 않고 있다. 현재 바이든 행정부가 북한문제보다 코로나19 대응, 불안정한 경제문제 해결, 인종 간 갈등 해결과 정의 증진 등 국내 이슈에 최우선의 순위를 두고 있다는 데 누구도 이의를 제기할 사람은 아무도 없다. 바이든 행정부는 바이든과 심지어 블링컨의 지원 없이 실무진들을 통해 평양에 접근 시도를 하고 있으며, 그 결과 워싱턴 안팎의 일부 전문가들은 바이든의 대북정책을 "제2의 전략적 인내Strategic Patience II"라고 규정짓는다.

과거 오바마, 트럼프 정부에서 충분히 증명된 것과 같이 정부 출범 초기에 북한에 대한 무관심이 지속되면 북한의 도발 행위가 반복될 것이다. 현재 북한은 경제에 심각한 피해를 입힌 코로나19, 자연재해, UN의 대북제재로 인해 지난 2년간 GDP가 두 자릿수 감소하며 엄청난 경제적 어려움에 직면하고 있다. 비핵화 협상에 있어 미국의 조치에 불만을 언급한 김정은은 싱가포르 정상회담에서 장거리 미사일과 핵무기를 실험 발사하지 않도록 트럼프와 합의한 사항에 더 이상 구속받지 않는다고 말했다. 북한의 잠수함기반탄도미사일SLBM, 다핵탄두미사일MIRV과 대륙간 탄도미사일을 위한 고체 연료 기술의 발사 능력 실험 재개 여부는 그저 시간문제일 뿐이다.

III. 사고 전환의 필요성

북한의 행동을 조정하고, 한반도의 전략적 윤곽을 잡기 위해 북한의 문제에 개입하는 것이 매우 중요하다. CSIS의 자료에 따르면 외교 협상이 진행 중일 때 북한이 핵 또는 미사일 실험을 할 가능성이 훨씬 낮다. 또한 6자회담의 경험처럼 미·중 양국이 북한 문제를 중요한 협력 의제로 다룰 때, 이를 통해 종종 분쟁의 소지가 있는 양국 간 이슈를 해결함으로써 두 강대국 간의 관계를 안정시킬 수 있었다는 것을 알고 있다. 북한

문제에 개입함으로써 얻을 수 있는 이러한 "안정적" 혜택은 상당하며, 이를 간과해서는 안 된다.

　궁극적으로 미국의 진정한 포용 목적은 북한을 비핵화시키는 것이다. 어떻게 될까? 협상을 활성화시킬 수 있는 하나의 방법은 비핵화 방안과 대등하게 평화를 교섭 대상으로 두는 것이다. 즉, 모든 당사자들의 궁극적인 목표는 한반도의 평화와 안정이며, 평화와 비핵화는 동시에 협상되어야 한다는 점을 인정해야 한다. 미국이 미북관계를 "적대"에서 "평화"로 바꾸고 싶어 하는 북한의 기본적인 요구를 충족시켜주겠다고 약속한 적이 있기 때문에, 이는 미국 정책의 중요한 변화가 될 것이다. 이러한 협상 틀에서 미국은 비핵화에 대한 양보를 요구하고 다른 한편으로는 북한은 정치 및 경제 관계의 정상화를 통한 이익도 요구할 것이다. 또한 이러한 체제가 성공하려면 북한과 미국 외 특히, 대한민국과 중국, 일본, 러시아의 참여가 중요할 것이다.

　평화와 비핵화를 함께 협상하기 위해선 양측의 관심사를 반영하는 양보를 상호적이고 균형적이며, 동시에 교환하는 것이 요구된다. 미국은 항상 북한으로부터 원하는 모든 비핵화 및 인권 조치들을 쉽게 나열하고 있다. 그러나 균형적 접근법이란 북한의 자주권을 인정하는 것, 공식적으로 한반도 내 종전을 선언하는 것, 그리고 평화 조약에 서명해 양국 간의 관계를 정상화할 수 있는 통로를 구축해내는 것이라고 할 수 있다. 인도적 지원 제공, 북한 내외로의 여행 금지 종료, 테러 지원 국가 리스트에서 북한 삭제, 각 국가의 수도에 연락 사무소를 개설해 사람들 사이의 교류 늘리기와 같은 초기 신뢰 구축이 긴장을 완화하고 평화와 비핵화 협상의 계기를 제공하는 데 도움이 될 것이다.

　적어도 미국인에게는 불편한 얘기겠지만, 최근 외교 상황에서 얻은 교훈은 바로 미국이 혼자서 북한을 비핵화할 수는 없다는 사실이었다. 성공적인 결과를 얻기 위해선, 미국이 가진 것보다 더 큰 채찍과 더 큰 당근이 필요할 것이다. 북한의 유력한 동맹국이자 안보를 보증해주는 중국이 가장 큰 영향력을 가지고 있기 때문에, 중국이 협상에서 헌신적인 파트너가 되어주어야만 한다. 물론 북한과의 핵 회담에 중국을 참여시키는 것은 필연적으로 복잡하고도 도전적인 문제들, 특히 중국의 전략적인 이익들과 관련한 문제들을 불러일으킬 것이며, 미국은 이에 잘 동조하지 않을 것이다. 그러나 북한 체제의 안정과 현상 유지를 위해 노력하는 것만큼은 아니어도, 북한의 비핵화 문제는 중국에게도 언제나 중요한 목표였다. 또 다른 필수적 참여국은 직접적인 이해 당사자인 남한으로, 북한비핵화에 따른 대부분의 경제적 비용을 부담할 가능성이 높다. 중국과한국 외에도, 다른 국가들이나 협력할 가능성이 있는 나라들이 있을 수있다. 일본과 러시아는 어떤 단계에서는 반드시 참여해야 하며, 미국은 UN, 특히 안전보장이사회의 5개 상임이사국들의 역할도 고려해볼 수 있다.

북한은 미국의 정책 입안자들에게 항상 가장 어려운 과제였다. "쉬운" 규정들을 시도해왔지만, 소용없었다. 완화는커녕 불신의 격차는 위협과도발 때마다 더 커지기만 했다. 미국은 북한 정부에 관심을 계속 기울일수밖에 없다. 바이든 정부는 그만의 "잘 조율된" 접근 방식으로 합리적인출발을 했다. 이제 그는 더 나아가 북한과 평화와 비핵화를 모두 논의하고, 중국 및 한국과의 진지한 협의를 통해 협상에서 승리함으로써 "원칙적인 외교"가 무엇을 의미하는지 보여줘야만 한다. 그렇지 않으면 북한이 또 다른 미사일 실험발사를 통해 주도권을 잡아서 우리를 다시 도발의 굴레에 올려놓을 것이며, 이전보다 훨씬 더 굴레에서 벗어나기가 어려워질 것이다.

7장

북핵문제 해결 방안과 출로:
중국의 시각에서

위샤오화

최근 한반도 비핵화 문제는 역사적 굴곡을 반복하며, 해결 없는 정체 상태에 처해 있다. 이러한 우여곡절이 반복되는 원인에는 균형을 상실한 지역 안보구조와 같은 구조적 요인 외에, 대국 간의 게임이 가시화된 현실적 배경이 있다. 여러 가지 요소 중 중국의 한반도 및 비핵화 문제에 관한 정책은 상대적으로 가장 안정적이며, 중국은 한반도 비핵화와 지역의 장기적인 안정을 위해 건설적인 역할을 지속할 것이다.

I. 최근 4년간의 북핵문제 기본 경위

한반도 정세는 북핵문제를 둘러싸고 다년간 주기적인 긴장과 완화를 반복해 왔다. 2017년, 북한이 핵과 미사일 개발을 가속화함에 따라 한반도 비핵화를 둘러싼 충돌이 정점에 달했다. 이에 따라, 당시의 한반도 정세도 통제할 수 없을 정도로 리스크가 큰 시기였다고 할 수 있다.

2018년 3월 25일, 김정은 당시 북한 국무위원장은 중국을 방문해 한반도 비핵화 의사를 재표명하였다.[1] 같은 해 4월 21일에는 북한노동당 제7기 제3차 중앙전원회의에서 핵실험과 ICBM 발사 실험의 중지를 선포하였다.

그 후, 2018년 4월 27일과 6월 12일에 진행된 남북 정상회담과 북미 정상회담에서 남북 정상은 「판문점 공동선언」을 발표해 '완전한 핵폐기를 통한 한반도 비핵화 공동 목표'를 확인하였다.[2] 두 정상은 북미 정상회담 싱가포르 공동성명에서도 '북한은 한반도 완전한 비핵화 실현을 위해 노력할 것'을 강조하였다.[3]

2018년 5월 24일, 북한은 함경북도 길주군 풍계리 핵실험장에 있는 갱도와 부속 시설을 폭파하고 핵실험장 정식 폐기를 선포하였다. 이와 동시에 군사적 긴장 완화와 상호 신뢰 증진 조치도 기초적이지만 성과를 거두었다. 평창 동계올림픽 기간 동안 한·미 양국은 키리졸브, 독수리 연합훈련을 연기하였으며 짧은 시일 내에 훈련시간을 단축하고 규모를 축소하기로 하였다. 트럼프·김정은 회담 기간에는 을지프리덤가디언 연합군사훈련을 잠시 중단하기도 했다.

가장 준엄한 형세였던 2017년의 한반도 정세 및 핵문제는 2018년에 소강 국면에 접어들었다. 이는 관련국들, 특히 북한과 미국이 기존의 정책을 고수하기가 어렵게 되어 주동 혹은 수동적으로 대화의 길을 모색한 결과였다. 하지만 관련국들의 이러한 노력과 달리 협상은 그리 순조롭게 진행되지는 못했다.

2019년 2월, 제2차 북미 정상회담이 성과 없이 끝나고, 대화의 병목현상이 재현되었다. 북한은 노동당 제8차 당대회에서 핵, 미사일 능력과 전반적 국방력 제고를 선포하였으며 이에 대해 많은 여론이 "한반도 정세가 원점으로 돌아갔다"고 평가하였다. 트럼프 이후 바이든 미국 대통령이 대북정책 기조에 대해 오바마 시기의 전략적 인내도, 트럼프 시기의 빅딜도 아니라고 강조하였지만, 북핵문제에 대해서는 "미국과 세계안보에 대한 엄중한 위협"이라고 역설한 바 있다. 나아가 "동맹국과 협력을 통하여", 외교와 강경 억제를 통한 해결을 선포하기도 했다. 이러한 정책 기조와 기본 논리는 여전히 미국 및 동맹국의 안보와 처리방식에 기인한 것으로, 특이한 점은 대화 의지와 강경 위협의 병진이라고 할 수 있다. 일례로 지난 9월 11일과 12일 북한이 순항미사일을 실험발사한 후에, 미 펜타곤이 "인국과 국제사회에 대한 위협"이라고 비난한 적도 있다.[4] 동시에 성김 미 대북정책특별대표는 "미국은 북한과 상호 신뢰 구축에 관한 효과적인 조치를 공동으로 모색할 수 있으며," "북한에 대한 인도주의적 원조를 제공할 준비가 되어 있다"고 강조하였다.[5]

이에 북한도 두 가지 준비를 모두 하고 있다. 하나는 "각종 위협에 대한 대응 능력"의 강화다. 이는 2021년 여러 번 진행한 "신형 전술미사일"과 "장거리순항미사일" 등을 포함한 8차 당대회에서 제기한 목표다. 다른 하나는 북미대화 가능성의 문을 시종 열고 있는 것이다. 그러나 종합적으로 볼 때 한반도 비핵화문제는 새로운 정체 상태에 빠져 있다고 할 수 있다.

II. 당전 형세의 특이점과 변화 원인

먼저, 중·미 간의 전략적 경쟁이 한반도문제의 복잡성을 가중시켰다고 할 수 있다.

한반도 비핵화는 한때 중미의 중요한 협력 하이라이트였지만, 핵문제 해결이 계속 어렵게 되고 중·미 간의 경쟁도 심각해짐에 따라 양국 간 문제 해결 방식의 차이가 점점 커지게 되었다. 이러한 차이는 양국의 협력에 지장을 주고 비핵화 진척에 직접적인 영향을 미쳤을 뿐 아니라, 심지어는 지역 내 국가관계를 복잡하게 하고 분열시키는 요인이 되었다.

중미관계는 트럼프 집권기에 급격히 악화되었다. 급격히 악화된 주요 원인은 미국이 중국을 주요 전략적 경쟁자로 인식하고,[6] 트럼프의 미국 우선주의 및 경제 우선정책으로 인해 동맹외교를 포함한 전반적 외교가 극도의 혼란 상태에 빠졌기 때문이었다. 이는 한반도 및 북핵문제 해결에 부정적 영향을 초래하였다.

바이든은 집권 이후 트럼프 시기의 대중국 억제전략을 변경하지 않았으며, 동맹국을 동원해 중국에 대한 억제력을 강화하는 동시에 이전보다 많은 영역에서 중국에 대한 압력을 강화하고 있다. 비록 두 차례의 고위급 회담[7]과 두 차례의 정상 간 통화[8]를 통하여 한반도 비핵화문제를 포함해 협력의 필요성을 강조한 바가 있지만, 중·미 간 소통과 협상이 원활하지 못한 배경에서 한반도문제에 관한 소통은 미국과 한·일 양국 간의 밀접한 소통에 비해 큰 차이를 보이고 있다. 게다가 미국은 한·일 양국에 "협조 일치"를 강조하고 있으며, 북한에 대한 한·미·일 3자 협력을 강화하고 있는데,[9] 대중국 압박문제에 있어서는 한·일 양국이 서로 다른 온도차를 보여주고 있다. 이러한 배경들로 인해, 북핵문제를 해결하는 데 있어 관련국들의 협조가 그 어느 때보다 더 복잡하게 되었다.

만일 미국이 계속 중국을 전략적 경쟁 적수로 간주하고 동맹국들을 대중국 포위망 구축 수단으로 이용한다면, 이는 공동안보를 핵심으로 하는 중국의 한반도문제 해결방식과는 큰 차이를 보이는 것이다. 현 상황이 지속되면 비핵화문제는 미국이 중국을 견제함에 따라 중국과 역내 기타 국가들과의 기존 관계를 파괴할 수 있고, 중·미의 전략적 경쟁으로 인해 한반도문제에 대한 부정적 영향이 보다 커지게 될 것이다.

둘째, 북·미 간의 상호 불신은 날로 뚜렷해지고 깊어졌다.

북핵문제가 장기간 해결되지 못한 가장 중요한 원인은 북·미 간 뿌리 깊은 상호 불신이다. 비록 트럼프 집권기간에 사상 최초로 북미 정상회담을 개최하고 "신형 북미관계 건립"을 공동성명에 기입하였지만, 서로에 대한 기본적인 적대적 판단은 변하지 않았다. 이는 북·미 양국의 정책 조정에 상기 전술한 준엄한 형세 압력뿐만 아니라, 일정한 정도의 상대국에 대한 오판도 작용한 결과였다. 트럼프는 연속적이면서 날로 가중되는 대북경제제재가 효과를 거두었다고 인식하였다. 이에 북한은 트럼프의 반제도주의 경향과 독선적 성격을 이용 가능하다고 판단했고, 톱다운 방식을 통하여 대미관계를 개선하고자 하였다. 그러나 하노이 정상회담에서 쌍방은 사전에 준비된 「하노이 성명」에 서명하지 않았고, 이는 서로를 크게 실망시켰다. 결과적으로, 서로는 상대방의 요구 최저선에 대해 충분하게 이해하게 되었다. 이후 비록 지속적인 접촉을 포기하지는 않았지만, 트럼프 정권 후기에 들어 다시는 협상 동력을 얻지 못하였다.

현재 바이든 정부는 북미 대화의 유연성이나 실용성을 내세우고 있으며, 북한도 미국과의 대화의 문을 완전히 닫고 있지는 않다. 그러나 쌍방의 정책 기조나 협상 전제에는 실질적인 변화가 일어나지 않고 있다. 특히 미국이 북한의 요구를 크게 고려하고 있지 않은 것처럼 보이며, 이것이 바로 북미대화가 전진하지 못하는 주요 원인이라고 할 수 있다. 지난 4년간 우여곡절의 모습을 보인 비핵화 협상은 북미협상의 상호 신뢰도와 여론을 이전보다 크게 하락시키는 결과를 초래하였다.

셋째, 남북관계의 취약성으로 인해 대화 동력이 상실되었다.

2018년에 남북은 세 차례 정상회담을 개최하였으며, 한반도 전반적 정세나 비핵화 협상에 적극적인 영향을 미쳤다. 「평양 공동선언」에서는 "근본적으로 적대관계를 해소한다"고 선언함으로써[10] 남북관계에 있어서 중대한 돌파를 실현하기도 하였다. 그러나 북미협상이 파탄에 이르자 남북관계 역시 급속하게 냉각되었다. 이는 남북 지역이 아직 냉전구도를 완전히 벗어나지 못하였고, 남북 간의 구조적 모순으로 인해 양측이 "민족 자결"을 행사하는 것이 여전히 극히 제한되어 있음을 보여주었다.

한편으로, 미국이 추구하는 동아시아지역에 대한 전략적 이익은 남북이 지나치게 접근함으로써 미국의 주도적 영향을 약화시키는 것을 허용하지 않기 때문에, 남북대화를 필연적으로 제한하게 되었다. 또한, 한국의 대북정책은 한국 내 당파 및 여야 간의 주요 쟁점이다. 그래서 어느 정당이든 집권자든 국내정치에 많은 제약을 받아왔고, 상대적 약세인 북한에 비해서 더 수동적인 면모를 보여왔다. 북한도 자체의 전략목표 실현을 위한 돌파구로서 미국을 조준하였으며, 필요시에는 한국의 대미 소통 및 협조 역할을 이용하였지만, 자체의 안보 고려로 인해 한국과 함께 하는 "민족공조"에 대해 크게 기대하지도, 신뢰하지도 않았다. 특히 최근 2년 동안 한국정부가 해온 탄도미사일 사거리 연장이나 SLBM 기술 분야 추진 등은 북한에게 자극으로 받아들여졌기 때문에, 북한이 문재인 정부의 남북관계 개선에 협조적이지 않은 모습을 보이는 것은 결코 의외가 아니다.

마지막으로, 코로나 사태의 부정적 영향을 통제하기 어려운 상황이 지속될 것이다.

기타 요인과 달리 코로나 사태의 영향은 돌발적인 것으로 상당한 불확실성을 가지고 있다. 북한에게 가해진 충격이 상당히 심각하며, 북한뿐만 아니라 지역 정세에 대한 영향도 일정 기간 지속적으로 나타날 것으로 보인다. 먼저, 북한의 곤란한 상태는 노동당 8차 대회 및 그 후의 일련의 회의에서 나타난 정책 경향에서도 알 수가 있다. 또한, 북한이 외부와의 교류를 회복하는 것이 어느 일방의 주관적 의지에 의해 좌우되는 것이 아니기 때문에, 대북 경제 및 인도적 지원이 계속 저애받고 있다. 게다가 지역 문제의 정치적 해결에 필요한 실무접촉도 상당히 어렵게 되었다. 이를테면 북한이 정세 관망 혹은 안정적 차원에서의 하나의 선택으로 미국이 제안하는 비핵화문제에 관한 실무접촉을 할 수 있지만, 코로나 사태 및 그로 인해 초래된 어려움이 매우 큰 것으로 보여 난항이 예상된다. 세계적 차원의 코로나 추세를 볼 때 사태의 장기화 가능성이 큰바, 코로나와 연관된 요인이 북한이 직면하고 있는 어려움 중에서 가장 앞자리를 차지할 수가 있다.

Ⅲ. 중국의 문제 해결 기조와 방식 선택

중국의 한반도 정책은 비핵화문제를 포함해 입장과 원칙이 장기적으로 일관적이다. 바로 한반도의 평화와 안정을 수호하고, 한반도 비핵화 목표를 실현하며 대화와 협상을 통해 문제를 해결하는 것이다. 중국의 한반도문제 해결을 위한 기조는 근본적으로 공동안보이다. 2018년 한반도 정세가 급속하게 완화된 이유도, 한반도 정세와 연관된 각 측이 절대안보 목표에 입각한 정책을 계속 유지할 수가 없어 중국이 제시한 정책에 어쩔 수 없이 접근했기 때문이었다. 이후 깊이 있는 진척이 이루어지 못한 까닭은 각 측이 최초의 난국을 타개한 후에도 여전히 기존의 사고방식에 얽매어 상대방의 안보 요구를 전혀 고려하지 않았기 때문이다. 미국은 일방적이고 강한 입장에서 절대적 안보와 제로섬 사유를 포기하지 않았고, 힘에 의해 상대방을 협박하여 굴복시키고자 하였다. 이에 북한은 힘난한 생존환경과 대응할 수 있는 여유가 적었으므로 충분한 협상 카드와 위협에 대한 억제력을 확보하기 위해 일방적이고 불가역적으로 자체의 핵 및 미사일 능력을 포기할 수가 없었다.

물론 이러한 단계적 반복이 실패만을 뜻하는 것은 아니다. 문제 해결 과정에서 각 측은 경험으로 얻은 교훈을 충분히 받아들여야 할 것이다. 이를테면, 정상회담은 난국 돌파에 있어 강한 추동력이 있지만, 복잡다단한 여러 모순을 일시에 해결할 수는 없다. 한편으로 실무회담 역시 비핵화 및 구체적인 목표에 대한 차이를 체계적으로 정리할 수는 있지만, 각 측의 합리적 수요도 고려해야 한다. 이에 더해 각 측은 대화의 추세를 유지하기 위해 대화 분위기에 부합되지 않는 군사적 행동과 기타 자극적 행위를 자제할 의무가 있다.

중국은 장기적으로 한반도 정세를 완화시키고 정치적으로 문제해결을 추동할 수 있는 주요한 역량을 가졌다. 중국의 한반도 비핵화문제에 대한 입장은 중국의 이익에 부합될 뿐만 아니라 역내 국가의 근본적 이익과 장기적 이익에도 부합된다. 중국은 이러한 기본 원칙을 견지하는 동시에 형세의 변화에 따라 구체적인 해결방안을 제시하고 실천을 도모해 왔다. 다년간 중국의 해결방안은 반복적인 굴곡 과정에서 일정한 진척과 성과를 거둔 바 있다.

이를테면, 중국은 제2차 북핵 위기 발생 시기에 2003년 4월 23일부터 25일까지 중·북·미 3자회담을 성사시켰으며,[11] 같은 해 8월에는 베이징에서 6자회담을 개최하였다.[12] 2005년 제4차 6자회담에서는 9.19 공동성명 발표를 주도함으로써 비핵화 로드맵을 최초로 형성하였으며, 이 원칙을 통하여 "단계적 동시행동"의 해결방식을 확정하였다. 이는 각 측이 한반도문제를 정치적으로 해결하는 중대한 성과이자 중요한 이정표가 된 바 있다. 9.19 공동성명에서 확립된 목표 및 동시행동, 대등한 해결 원칙은 각 측의 합리적 요구를 반영한 중요한 원칙적 이념이다. 해당 성명에는 동북아지역의 장구한 평화와 안정을 도모하고 관련된 측이 한반도 평화체제를 구축한다는 의사도 반영되어 있다.

한반도 정세가 가장 위태로운 2017년에도 중국은 "쌍궤병행雙軌並行", "쌍잠정雙暫停"건의를 제시했다.[13] 이후에도 중국은 중단된 비핵화 협상을 추진하기 위하여 "단계적 동시행동, 상대방 안보 관심에 대한 상호 배려" 등의 원칙을 명확하게 강조하였다. 하노이 회담 결렬로 인하여 한반도 대화추세가 중단된 후, 일부 언론들은 이러한 상황을 '북한의 사기'로 해석하고 비핵화 전망에 대해 비관적으로 평가하였다. 심지어 관련국들은 북한의 핵보유를 인정하고 기타 국가들도 핵을 보유해야 한다는 주장 등 다양한 논의들이 나왔다. 이러한 배경하에서 중국은 평화적 입장을 시종 견지하고 북미, 남북 간의 지속적인 대화와 관계개선을 더욱 명확하게 지지하였다. 나아가 중국은 러시아와 연합하여 "대북제재결의에 있어서의 가역 조항"을 제기함으로써[14] 북한의 안보에 실질적 관심을 끌어와, 대화에 끊임없이 동력을 가져다주었다.

2021년에 들어와서 다시 대화의 기회를 갖게 되었다 중국 왕이王毅 외교부장은 세계평화포럼 기조연설에서 "한반도문제에 있어서 가장 중요한 것은 평등한 대화와 평화적 해결의 방향을 견지하는 것이다. 한반도 문제가 30년 동안 수차례의 곡절과 반복을 거쳤지만 중국은 대화와 협상, 평화적 해결이 근본적 원칙임을 견지하고, 단계적 동시행동은 필수적 방책으로써 한반도 비핵화와 평화체제 구축을 병행 추진하는 것이 정확한 해결 경로"라고 강조한 바 있다.[15] 이는 현재의 형세에 부합되는 가장 합리적인 경로이며, 중국은 이니셔티브로서의 일관된 중국의 입장과 이념을 구현하였을 뿐만 아니라 새로운 형세하에서 각 측이 비핵화 문제를 위한 현실적인 협력을 하는 데 새로운 사고를 제공하였다.

중국의 한반도문제와 비핵화에 대한 입장과 정책은 안정성과 포용성을 가지고 있다. 먼저, 기본적인 기조가 일관되고 명확한바, 공동안보로서의 정치적 해결을 주장하고 있다. 게다가 이러한 기본적 원칙은 각 측

이익의 최대 공약수를 반영한 것이며, 북미, 남북 등 당사자들 사이의 협상과 대화를 적극 지지하고 있다. 이와 동시에 형세 발전에 근거한 해결 방향과 방안을 수차례 제시해 왔다.

최근 남북의 SLBM과 순항미사일 실험발사 후, 중국 외교부 대변인은 "각 측이 대국적인 견지에서 정세 악화와 격상을 피하고 한반도문제가 정치적 해결 궤도에서 이탈하지 않도록 노력해야 한다"고 지적했다. 또한, "각 관련 측이 쌍궤병행 사고와 단계적 동시행동 원칙에 근거하여 정치적 해결을 위한 효과적인 방법을 모색하기를 희망한다"고도 하였다. 나아가 "6자회담은 비핵화를 추진하고 한반도 평화와 안정을 수호하는 효과적인 메커니즘이며, 각 측 관계개선을 위한 중요한 플랫폼으로 6자회담이 수립한 목표와 원칙은 지금도 지도적 의의를 가지고 있다"고 강조하였다.[16] 즉, 6자회담은 한반도 비핵화 실현을 위한 현실적 출구라고 할 수 있다. 만일 각 측이 같은 방향으로 노력해 6자회담 틀 내의 각종 대화와 협상으로부터 시작하여 회담을 재개한다면, 실질적인 성과를 거둘 수 있으리라 기대된다.

〈주〉

1) 《New daily》, "중국" "시진핑 주석·김정은, 28일 4시간 동안 정상회담"" (2018.3.28.)

2) 《한국일보》, "남북정상회담, 두 정상 판문점선언 발표" (2018.4.27.)

3) 《그린포스트코리아》, "[북미정상회담] 공동합의문에 '완전한 비핵화' '체제 안전 보장' (전문)" (2018.6.12.)

4) U.S. Department of Defense: Pentagon Press Secretary John F. Kirby Holds a Press Briefing (2021.9.13.)

5) 《서울신문》, "왕이 한국 온 날… 성 김 "비핵화 상관없이 대북 인도지원"" (2021.9.14.)

6) http://www.mod.gov.cn/topnews/2018-01/20/content_4802845.htm,国防部：国防部发言人任国强就美公布《2018美国国防战略报告》答记者问 (2018.1.20.)

7) https://www.fmprc.gov.cn/web/zyxw/t1862771.shtml, 外交部：杨洁篪、王毅同布林肯、沙利文举行中美高层战略对话, 2021.3.20. https://www.fmprc.gov.cn/web/wjbzhd/t1895177.shtml 外交部：王毅会见美国常务副国务卿舍曼 (2021.7.26.)

8) https://www.fmprc.gov.cn/web/zyxw/t1853679.shtml, 外交部：习近平同美国总统拜登通电话 (2021.2.11); https://www.fmprc.gov.cn/web/zyxw/t1906016.shtml, 外交部：习近平同美国总统拜登通电话 (2021.9.10.)

9) 《뉴시스》, "한미일 북핵수석 협의… 北신형 미사일 대응 논의", (2021.9.14.)

10) 통일부: 9월 평양공동선언 (2018.9.19.)

11) 朝核问题地区合作进程研究》, 时事出版社 (孙茹 Sun Ru, 161)

12) 《朝核问题地区合作进程研究》, 时事出版社 (孙茹 Sun Ru, 163)

13) http://www.xinhuanet.com//2017-04/29/c_1120893451.htm新华网：王毅在朝鲜半岛和问题安理会部长级公开会上的发言(全文) (2017.4.29.)

14) https://www.guancha.cn/internation/2019_12_17_528660.shtml, 观察者网：中俄向联合国安理会提议解除部分对朝鲜制裁 (2019.12.17.)

15) https://www.fmprc.gov.cn/web/wjbzhd/t1889498.shtml, 外交部：王毅谈半岛核问题：美方应正视并节距朝方的合理关切 (2021.7.3.)

16) https://www.fmprc.gov.cn/web/fyrbt_673021/jzhsl_673025/t1907872.shtml, 新华社：2021年9月17日外交部发言人赵立坚主持例行记者会 (2021.9.17.)

8장

비핵화와 한국의 평화전략:
러시아의 관점과 정책

게오르기 톨로라야

Ⅰ. 들어가며

2019년 하노이 북미 정상회담 이후 2년 반 동안 한반도는 교착 상태에 빠져 있었으나, 이러한 상황은 더 이상 직접적인 위협으로 여겨지거나 주요 위기를 방해하는 것으로 인식되지는 않고 있었다.

북한은 도발을 거의 멈췄고, 코로나19로 인해 자국을 전면 봉쇄하며 "국내로 관심을 돌리고 대외 교류를 중단"했다. 이는 북한이 더 이상 군사 보안 문제들을 최우선으로 여기지 않고, 경제와 민생에 더욱 집중하겠다는 신호로 보인다. 이러한 변화는 북한이 2017년 말~2018년 초 이미 '국가 핵전력'을 만들었다고 얘기하면서, 대외 안보를 보장할 수 있는 만큼 미사일과 핵 잠재력을 충분히 확보했다고 공개적으로 발언한 이후부터 이어진 것으로 보인다.

문재인 정부는 가급적으로 북한을 자극하지 않기 위해 주의하고 있으며, 2018년처럼 북한과의 대화를 재개하고 협력하기 위해 노력하고 있다. 최근 남북이 서로 서한을 교환하고 소통을 진행한 것을 볼 때, 남한은 조심스러운 낙관론을 펼치고 있다고도 할 수 있다.

따라서 2018년 이후 2021년 말까지의 한반도 상황은, 2019년에 비록 일보 후퇴한 모습을 보였지만, 다시금 평소와 같이 그저 고질적 세계 정치문제의 일부로 여겨졌고 국제적으로 극심하게 우려할 만한 대상이 되지는 않았다. 수사를 많이 붙였지만, 현 시국은 2016~2017년도에 자행된 북한의 무력 과시와 본격적인 분쟁의 위험과 비교하면 반가운 변화였다. 그래서 이러한 변화는 국제사회에 어느 정도 일반적인 일로 받아들여지고 있었다. 이는 우리가 한반도 상황의 '뉴노멀'에 도달한 것으로, 여기서 뉴노멀이란 '평화도 전쟁도 아닌' 실제 현실 또는 대립 속의 안정이라고 말할 수 있을 것이다.

흥미롭게도 작금의 교착 상태가 모두에게 어느 정도 적절해 보인다. 북한이 새로운 도발을 중단할 경우, 미국은 그전처럼 힘을 뺄 필요가 없어진다. 이론적으로도 북한 역시 미국으로부터의 압박과 제재들이 완화되어 만족할 수 있고, 대한민국은 "조금씩 단계적으로나마" 포용전략을 취할 수 있게 된다. 중국과 러시아의 입장에서는 인접 국가의 긴장이 완화되고, 상대적으로 해당 지역 내 주한 미군의 주둔이 줄어들어 좋을 것이다. 일부 냉소적인 평론가들은 현재 상황이 한반도 내에서 일어날 수 있는 최악의 상황들 중에서 그나마 최선의 선택이라고 생각하기도 한다.

이러한 상황 속에서 평화 구축과 비핵화 방향으로 동시에 나아갈 수 있는 가능성이 있을 것인지, 대량살상무기 확산 문제에 대한 해결책을 포함해 앞으로 한반도 합의는 어떤 방향으로 나아가게 될 것인지 알아보려고 한다.

II. 비핵화 전망

수년간 미국의 대북정책 모토는 CVID, 즉 '완전하고, 입증 가능하며 되돌릴 수 없는 북한의 핵폐기 정책'이었다. 바이든 정부가 발표한 대북정책의 개념은 미국 공화당과 민주당 행정부 모두 강력한 뉘앙스로 다뤄왔던 이전의 장기적 접근법과는 달랐다. 바이든 정부의 정책 개념은 수개월에 걸친 검토의 결과로 형성된 것으로, 한반도의 완전한 비핵화를 내세우고 있지만 비핵화를 위한 구체적 내용들은 밝히지 않고 있다. 또한 비핵화를 위한 시기적인 제한을 걸어두지도 않았다. 이는 암묵적으로 '완전하고, 입증 가능하며 되돌릴 수 없는 북한의 핵폐기CVID'가 후순위로 여겨진다는 것을 시사한다. 사실 아무도 단기간에 비핵화가 이뤄질 것이라고는 생각하지 않기 때문이다.

러시아는 직접적으로 공식 발언을 자제하고는 있으나, 실제로는 러시아에선 이와 같은 접근법이 현실적이라고 여겨지고 있다. 일부 국제 전문가들의 의견에 동의하는 불리초프와 같은 러시아의 전문가들 사이에서는 북한이 어느 정도 스스로를 파키스탄과 같은 핵무기 보유국이라고 확고히 여긴다는 사실을 인정하는 이들이 많아지고 있다. 통일연구원(2021)이 실시한 여론 조사에 따르면, 응답자들의 90.7퍼센트가 한반도에서 비핵화는 현실적으로 일어날 수 없는 결과라고 생각한다.[1] 중국은 이러한 상황에 대해 공식적으로 어떠한 언급도 하지 않고 있지만, 암묵적으로 전문가들 사이에서는 한반도의 안보상황에 중대한 변화가 없을 경우, 북한의 핵무장화를 돌이킬 수 없다는 생각이 통용되고 있는 것으로 보인다.

이와 동시에 러시아는 중국이나 다른 국가들과 마찬가지로 북한을 핵무기 보유국이라 인정하는 것을 강력히 반대하고 있다. 러시아는 핵확산과 근시일 내 핵무기가 등장하는 것을 매우 심각한 문제로 여기고 있다. 그러나 러시아는 이 문제에 대한 군사적인 해결책은 없다고 본다. 러시아는 당국의 국가안보와 직결된 이러한 문제를 해결하기 위해서는, 한반도 핵문제가 다자간에 모든 당사자들의 합당한 이익을 고려해 정치·외교적 방법으로 해결돼야 한다고 본다.

그러나 핵보유국 지위를 높이려는 북한 나름의 논리를 뒤집기가 쉽지는 않다. 북한의 견해에 따르면, 북한은 자국이 적절한 법적 절차를 통해 핵확산금지조약NPT을 탈퇴한 것으로 간주하고 있다. 즉, "해당 조약의 내용과 관련된 예외적인 상황들이 자국의 최고 이익을 위태롭게 했다고 판단한 경우," 조약의 각 당사자에게 그러한 권리를 정하는 조약 제10조에 따라, 핵확산금지조약에서 탈퇴했다고 말하고 있는 것이다. 북한은 해당 조항을 적용한 이유로, 핵보유 국가에게서 핵무기 등을 포함한 모든 대북 무력 사용에 대해 북한이 위협을 받고 있기 때문이라고 설명한다. 북한은 북한이 법적으로 여전히 미국과 전쟁 상태에 있으며, 수년 동안 미국이 정전협정을 평화협정으로 바꾸거나 심지어 일종의 종전 선언을 채택하자고 했던 북한의 요청을 제대로 고려한 점이 없다는 것을 분명히 밝히며 이를 지적하고 있다. 게다가 '평화 이니셔티브'를 위한 한국의 노력도 사실상 미국에 의해 저지된 바 있다. 그래서 정상외교를 시도한 지금까지, 북한이 1993년 핵확산금지조약NPT 탈퇴 절차를 시작한 이후의 정치적 상황은 달라지지 않았다고 말할 수 있다.

그러나 '비핵화' 개념이 처음으로 공식화된 1990년대 이래로, 북한의 핵계획을 둘러싼 상황은 상당히 달라졌다. 당시에 북한은 핵무기를 보유하고 있지 않았다. 그리하여 외교적 인정과 경수로 설립 및 연료 지원과 같은 경제원조의 대가로 핵계획의 철회 대신 동결을 허용하며, 1994년 제네바 합의의 '미·북한 핵동결 협약'을 비교적 쉽게 체결할 수 있었다.

그러나 과거와는 달리 지난 수십 년 동안 북한은 핵무기와 대륙간미사일, 그리고 이외 다른 운송수단들을 보유한 강대국으로 부상하였다. 그 결과로 북한의 입장에서는 핵개발 계획을 포기하는 '비용'이 이전과 비교할 수 없을 정도로 높아지게 된 것이다. 그리고 이러한 비용에 대한 대가는 경제적인 것이 아닌 군사적이고 정치적인 대가라고 할 수 있다.

그러나 북한은 이 '비용'에 대한 논의가 본격적으로 진행될 기미가 전혀 보이지 않는다고 느끼고 있다. 북한은 지금까지 적대국들이 행해온 비핵화에 대한 호소가 어떠한 정치적·경제적 뒷받침도 없이 이뤄져왔다고 본다. '비핵화'라는 개념 자체도 정의된 바가 전혀 없다.

북한은 인접한 국가 전체를 대상으로 하는 비핵화 해법을 원하는 반면, 미국은 오직 북한만이 핵과 미사일 활동을 거의 전부 또는 아예 완전히 종료하는 것을 해법으로 제시하고 있다. 그럼에도 이렇게 상충되는 문제에 대해 깊게 논의했던 전문가들이 아무도 없다. 그래서 해당 문제가 본격적으로 논의될 경우, 분명 엄청난 인식의 차이가 나타날 것이다. 2007년 2월, 6자회담 과정에서 비핵화 1단계에 대한 구체적인 조치들 중 일부만 합의되었을 뿐², 단 한 번도 실제로 이행된 적이 없기 때문이다.

오늘날 비핵화 가능성에 대한 인식은, 핵문제를 군사적으로 해결해서는 안 된다는 확고한 이해에 기초해야 한다. 2017년 긴장상태가 고조되면서 한 가지 분명한 결과를 얻을 수 있었다. 즉, (군사적 해결책의 동반과 같은 과거의) 비핵화 시도를 계속하는 대가는 엄청나게 높을 것이란 사실이다. 해당 시도는 특정 지역이나 세계 경제에 대한 피해는 물론이고, 전 세계적 규모는 아니더라도 수십만 명의 사상자를 내는 대규모 지역 간 군사적 충돌로 이어질 것이기 때문이다. 북한은 미국의 집중 공격 위험이 일촉즉발의 상태임에도 어떠한 공포도 보이고 있지 않으며, '격분'으로 가득 찬 위협에 '똑같이' 반응해오고 있다. 결국 이는 미국이 선제공격을 위해 무력을 함부로 동원할 수 없다는 사실, 즉, 무력 동원 시 '배보다 배꼽이 더 크게 될 것'이라는 사실을 명백하게 확인시켜주었다. 실제로 미국은 북한이 미국 또는 미 동맹국들에 대한 직접적인 공격 외의 어떠한 작은 도발이라도 하는 것을 고대하고 있었다. 현재로서는, 오직 이런 상황의 전환만이 북한에 대한 미국의 (모든 의미에 있어서의) 값비싼 군사적 선택의 타당함을 보여줄 수 있을 것이다.

북한은 이러한 진전을 사실상 미국과의 '전략적 동등성'을 달성한 증거로 여기고 있다. 2018년 6월에 진행된 첫 번째 북미 정상회담에서는 미국과 북한의 새로운 관계 수립과 한반도 내 지속적이고 굳건한 평화체제 구축이라는 두 안건이 언급됐다. 미국은 '북한의 안전을 보장할 것을 약속'했으며, 북한은 '한반도 내 완전한 비핵화를 확고히 약속'했음을 재차 확인했다. 이를 어떻게 해석할 수 있을까?

비핵화가 가능한 과정은 1990년대에 그랬던 것처럼 앞서 언급한 미래지향적 활동들뿐만 아니라 단계적인 절차 전부를 포함해야 할 것이다. 근시일 내에 이에 합의하기란 쉽지 않아 보이지만 말이다. 상상도 할 수 없을 만큼 다양한 충돌 지점의 목록에는 이미 존재하는 핵무기 및 핵물질 처분 문제, 광업·핵농축·연구 개발 등의 핵 관련 산업 및 연구의 미래, 핵 검증(이는 북한 안보의 근간을 흔들 수도 있는 일이다), 민간 핵계획과 에너지 산업, 핵에너지의 평화적 이용, 관련 지식의 해외 이전 예방 문제 등이 들어가 있다.

북한이 호의적으로 나온다 해도 이러한 조치의 과정, 양상, 한계에 대해 모두 동의하는 데는 수년이 걸릴지도 모른다. 이처럼 복잡하게 얽히는 과정에는 기존의 핵물질 및 핵탄두 저장 및 분해, 핵분열 물질의 보관 및 국외로의 반출, 수백 개에 달하는 관련 대상들의 폐쇄 및 해체, 설비 및 재고 반출, (북한 내 핵 전문가들과 수천 개의 미사일 관련 문제를 포함한) 관련 기술들에 대한 접근 제한, 검증 및 검사 메커니즘 등이 포함되어야 한다. 이 과정들은 수년이 소요될 것이며, 수백만 달러의 비용이 들게 될 것이고, 엄청난 투자를 받아야 할 것이다.

결국 일시에 가능한 '그랜드 바겐(2009년에 이명박 대통령이 제시한 일괄 타결안)'은 상상할 수 없는 것으로 보인다. 애초에 분명한 것은 북한이 실감할 수 있는 이득과 안보 합의를 얻기도 전에 이처럼 지난한 과정이 끝날 때까지 기다리라고 하는 것은 지극히 순진한 제안이라는 사실이다. 북한은 이러한 과정에서 겪게 될 갈등을 적대국들의 악의나 편법을 보여주는 증거라 여길 것이다. 또한 단순히 '규범에 기반한 질서'를 어기는 '범행'을 저질렀기 때문에 '해야만 한다'는 논리는 전혀 받아들이려고도 하지 않을 것이다. 북한은, 자신들의 의지를 마음먹은 대로 행사할 수 있는 강대국들에게 핵무기에 대한 독점권을 제공하게 될 수밖에 없는 이러한 명령이 부당하다고 여긴다. 이처럼 서로의 의견이 분열되는 상황에서는 어떠한 대화도 실패할 수밖에 없는 운명에 처하게 될 것이다.

게다가 2018~2019년에 북한 지도부가 널리 공표한 '비핵화 약속들'은 사실상 조건부이며, 미국과 다른 서양 관측통들이 이를 의도적으로 잘못 해석한 것이다. 이러한 약속들은 핵확산방지조약 제6조의 이행이라는 맥락 속에서 이해돼야 하며, 이는 '엄격하고 효과적인 국제 관리 하에 일반적이고 완전한 군비축소에 대한 조약과 마찬가지로, 머지않아 핵군비 경쟁을 종식시키기에 효과적인 조치들과 핵군축에 대한 협상을 해야 하는" 당사자들의 의무를 말하고 있다.

다시 말해 북한은 비핵화 조건으로서 전 세계 또는 적어도 지역적 규모에서라도 핵위협이 제거되어야 함을 분명하게 주장하고 있다. 이는 북한이 스스로 핵무기를 제거하게 하려면 다른 나라들, 특히 적대국들의 대량살상무기가 먼저 제거되어야만 한다는 이야기다. 그러나 이는 실현

가능성이 희박한 일이다. 북한은 전략상의 이유를 들어 최근 이러한 이야기에 대해 공개적인 언급을 삼가고 있는 상황이다. 그 때문에 당사국들은 ''비핵화'를 협의하고 공개성명을 채택할 때에도 그들이 의미하는 바를 모호하게 두고 있다. 전략적 목표가 실제로 무엇을 의미하는지 공유하는 데에는 아마 오랜 시간이 걸릴 것이다.

결론적으로, 북한의 비핵화는 가까운 장래에는 불가능할 것이며, 대화가 가능한 현실적인 의제로 여겨질 수 없다는 것을 확인할 수 있다.

Ⅲ. 평화 및 화해의 조건

2018년 당시, 중단된 외교 절차를 진전시킬 수 있는 가능성이 보였던 새로운 '평화체제'에 대해 알아보자.

미국의 정책 담당자들은 (여론 조사에 따라 75퍼센트 이상의) 미국 국민 대부분이 북한과의 핵협정을 통해 한국의 핵문제를 평화적으로 해결해야 한다는 데 찬성한다는 점을 고려해야 한다. 한반도의 평화를 호소하는 온라인 캠페인은 거의 8만 표를 받았다. 2019년 미국 의회는 한국전쟁을 공식적으로 종식할 것을 촉구하는 한미동맹 결의안(H.Res.152)도 채택했다. 2021년 4월에는 30개 이상의 시민사회 단체에 가입한 일부 국회의원들(14명의 미국 정책 담당자들)이 바이든 행정부가 북미관계 진전을 위한 안전하고 지속적인 대책들을 고려할 것을 촉구하는 서한을 보내기도 했다.

문재인 대통령은 2017년 이래로 평화 우선과 전쟁에 대한 확고한 반대 그리고 북한 내 '핵 반대'와 '북한 정권 교체 추진 의도 없음'의 3가지 원칙 아래 한반도 평화계획에 착수한 바 있다. 또한 4가지 전략을 발표하기도 했다. 예를 들면, (1)평화 유지(무력 억제 및 미국과의 동맹을 통한 전쟁 예방), (2)평화 창설(남북 간 군사적 긴장 해소 및 상호간 신뢰, 종전 선언과 이해관계자들 간 평화협정을 통한 지속적인 평화체제로의 전환), (3)평화 구축(소위 '평화경제'라 불리는 경제교류와 협력을 통한 평화 조성), (4)능동 외교(남북 간, 북미 간 대화 추진 및 중국, 일본, 러시아와 긴밀한 협의와 협력 도모)이다(문정인).

북한은 '올바른 미래'를 어떻게 보고 있는가? 미국의 지지를 호소하는 김정은의 원래 의도는 무엇이었는가? 물론 어떤 추측도 제대로 확인할 수는 없지만, 필자는 김정은의 비전이 '고르바초프 신드롬'으로 알려진 대다수의 보수 엘리트들의 의견과 우려, 특이점들에 완전히 부합하지는 않을 것이라 생각한다.

필자는 싱가포르에서 진행된 회담 이후, 김정은이 '베트남 모델'이라 부를 수 있는 타협안을 토대로 미국과의 화해 협상을 희망했을 것으로 추측하고 있다. 김정은에게 돌파구가 되기를 바라던 제2차 북미 정상회담이 베트남에서 열린 것은 단순 우연의 일치가 아니다. 공식적으로 사회주의를 채택하고 있는 베트남은 과거 미국과 혈투를 벌였으며, 미국은 치욕적인 패배를 경험한 적이 있다. 쓰라린 과거에도 불구하고 베트남은 현재 미국의 중요한 파트너로 간주되고 있으며, 미국은 중국을 견제하는 데 베트남과의 관계를 유용하게 인식하고 있을 것이다.

김정은의 계획에는 동일 선상에서 북한과 미국의 관계를 회복하는 것이 포함되었을지도 모른다. 이는 북한이 중국과 거리를 두는 대가로 무엇보다 '적대정책의 폐기'를 보장받고자 한다는 것을 의미한다. 역사적으로나 정치적으로나 중국에 대한 의존성은 언제나 지속돼 왔기에, 북한 지도자들이 어쩔 수 없이 이에 신중하게 행동하게 된다는 사실은 모두 알고 있는 비밀이다.

필자의 생각에, 북한의 꿈은 중국과 미국 사이의 균형을 찾아 이를 발판삼아 서로 갈등관계에 있는 양국으로부터 정치적·경제적 이익을 뽑아내려는 것이라고 할 수 있다. 이는 첫째, 중국으로부터는 중국과의 경제협력으로부터 얻어지는 이익과 민감한 주변 지역을 안정적으로 유지하려는 중국의 군사·정치적 관심으로부터의 이익을 모두 얻기 위해서다. 둘째, 미국으로부터는 중국의 세력권에 완전히 진입하지 않는 대가로 미국의 지원을 요청하는 등 중국의 팽창주의를 견제하려는 미국의 이해관계를 이용하기 위함이다. 김정은의 조부인 김일성은 소련과 중국이 충돌하는 동안 비슷한 모델을 성공적으로 적용하면서 확실히 이러한 기술을 익힌 바 있다.

그러나 김정은은 두 가지 요인들을 과소평가했다. 첫째, 수 세대에 걸쳐 "공산 전체주의"의 전형으로 취급됐던 북한 독재정권에 대한 미국 정치권의 뿌리 깊은 적대적 인식을 봐야 했다. 북한 정권은 미국적 이상 사회의 핵심과 모순되는 대상이다. 둘째, 전 지구적으로 영향을 미칠 수 있는 핵확산 문제에 대한 세계적인 우려는 전략적이고 지정학적인 비전의 부족으로 북한에 의해 과소평가되었다. 미국은 핵 억지력에 대해서 세계 균형에서 우위를 점하고 있는 자국의 위치를 훼손하지 않기 위해서라도 북한과 같은 새로운 '핵보유국들'의 등장을 차단시키는 것을 최우선 과제로 삼고 있다. 게다가 중국과 러시아 모두 북한에게 조건부로 우호적일 뿐이며, 미국과 비슷한 입장을 취하고 있다.

그러한 점에서 하노이 회담은 매우 고됐지만 상징적이었다고 할 수 있다.[3] 회담은 양측의 전략적 비전이 서로 양립할 수 없음을 보여준다. 하노이에서 김정은은 실제로 핵무기 프로그램의 상당한 부분의 (아마도 반 이상의) 동결을 의미하는 영변 주요 핵단지 폐쇄부터 단계적으로 시작하겠다고 제안했다. 예를 들면, 플루토늄 생산 전면 폐기와 같은 방식을 제안한 것이다. 김정은은 사실상 부분적인 제재완화를 요구했을 뿐이며,

종전선언이 체결될 것으로 추측했다. 트럼프로부터 환대와 낙관적인 반응이 나올 것이라고 기대했던 것이다. 그러나 뜻밖에도 존 볼턴을 필두로 보수적인 미국 기득권층이 이 협상을 파기시켜버렸다.

하노이 회담의 결과, 김정은은 비핵화의 길에서 많은 양보를 한다 해도, 합리적인 규모의 비슷한 양보와 결과를 가져올 수는 없을 것 같다는 확신을 얻었다. 오히려 정권의 안보나 국가적 지위가 국제적으로 심각하게 훼손될 것이라고 생각하게 됐다. 그리하여 김정은은 내부 통치를 강화하고, 협상 대신 자발적인 고립을 택하게 되었다.

이런 논리로 볼 때, '코로나를 감안한 미래 선택'이라는 공식은 북한에게 더 이상 고려할 만한 의제가 아니다. 북한의 적대국들이 북한에게 어떠한 '당근'이라도 주지 않고서는 해당 문제가 진지하게 고려될 수 없을 것이다. 특히 이런 '당근'이 매우 작다거나, 협상국들에게 제재완화와 같은 의제도 주저하게 되는 '큰 문제'로 받아들여져 협상의 어려움을 겪게 된다면, 이는 더더욱 그럴 것이다.

필자는 한국의 영향력 있는 정치학자인 문정인의 다음 언급에 동의한다.

> 북한은 미국이 한국과의 연합군사훈련을 중단하고, 한반도에 전략무기를 전진 배치하지 않으며, 종전 선언문을 채택하고, 한반도의 평화를 다시 구축해 한반도 정세와 북한과의 관계를 정상화하는 등 생존과 관련한 요구들을 이야기하고 있다. 북한이 '국민의 발전권'을 거론하면서 제재완화를 요구할 때, 바이든 행정부는 해당 문제에 대해 정확한 입장을 밝힌 적이 없다. 얻을 게 없다는 것이 분명해지면 북한은 미국과의 실무회담에 나서지 않을 것이고, 이는 관련자들에 대한 질책으로 이어질 것이다.

Ⅳ. 앞으로 나아갈 방향은?

그렇다면 외교절차를 어떻게 부활시킬 수 있을까?

우선, 북한이 어떻게 합리적으로 판단을 내릴지 진지하게 고민해볼 필요가 있다. 물론 체제안보가 최우선의 과제로 남아 있으나, 현 상황에서 북한 정권은 외부로부터의 공격 가능성보다 내부 문제들을 위협으로 보고 있다. 위협이란 이를테면, 이데올로기를 해칠 수도 있는 외래 정보의 유포나 김정은의 권력 기반을 잠식할 수 있는 경제문제들과 같은 것이다.

김정은의 장래 비전에 도달하기 위해서는, 북한이 1990년대 이후의 그 어느 때보다도 숨 쉴 공간이 필요한 상황이란 것을 기억해야 한다. 2018년 외교공세 이후로 북한의 상황은 크게 악화되었다. 스스로 고립을 자초한 결과, 북한은 수십 년 만에 처음으로 정권의 근간이 흔들릴 수도 있는 심각한 위기에 처해 있다. 김정은이 2018년에 현재의 상황을 미리 예측할 수는 없었을 것이지만, 객관적으로 볼 때 제재완화와 경제 발전 가능성을 얻고자 하는 북한의 관심이 그 어느 때보다 높은 것이 작금의 현실이다. 그러나 그렇다고 하여 서구가 북한의 이 암울한 상황을 통해 그들로부터 추가적인 양보를 얻어낼 수 있다고 착각해서는 안 된다. 북한은 패배한 것처럼 비쳐지는 상황에 매우 민감하기 때문이다. 그러나 이러한 우려에도 불구하고, '여분의 패'나 평화 과정은 아마 재개될 것이다.

북한이 이번 사태를 이용해 한미군사훈련을 좌절시키려 시도했음에도 불구하고[4], 2021년 봄 남북 정상 간 친서교환과 이후 남북 간 통신선의 복원으로 남북관계에 대한 낙관론이 대두되었다.

그럼에도 불구하고, 미국은 '비핵화' 및 '안보 구축'과 관련된 완전히 새로운 전략을 채택해야만 한다. 이전 시기와 달리 북한의 대량살상무기 WMD 문제를 해결할 수 있는 유일한 방법은 군비를 통제하고 제한하는 것이다. 이런 군비 통제 및 제한 방식의 일반적 사례로는 역사상 유일하게 미국과 소련 사이에 있었던 SALT 프로세스에서 찾아볼 수 있다. 이 프로세스의 목표는 모든 관련 당사국들에 대한 위협을 줄이는 것이어야 한다.

이는 미국의 일부 전문가들에게 낯설지 않은 얘기다. 예를 들어 마르쿠스 가로스카스는 미국의 대북정책이 거짓으로 판명된 두 가지 사상에 근거를 두고 있다고 지적했다. 첫째, 미국이 핵무기를 포기하도록 북한을 설득할 수 있는 충분한 영향력을 가지고 있다는 것과 둘째, 중국이 핵무기 포기라는 해당 목표를 달성하기 위해 협력할 것이라는 것이다. 프랭크 옴은 "미국은 15년 동안 단기간에, 물질적으로 핵 위협 감소를 줄이는 대신, 완전하고 검증 가능하며 불가역적인 비핵화의 흰 고래를 쫓아왔다"고 지적했다.

따라서 일부 영향력 있는 전문가들은 냉전 기간 동안 미국과 소련이 맺은 무기통제 협정을 반영할 것을 공개적으로 요구하고 있다. 빅터 차 교수는 "북한이 핵무기 개발을 중단하고 부주의한 사용과 확산, 유출 가능성을 최소화하기 위해 당사국들이 북한 무기 계획의 가장 위험한 요소들을 제한하고 억제하는 방법을 모색할 것"이라고 말했다.

북한이 비핵화 협상 세부 원칙 자체는 논의하지 않겠다고 입장을 분명히 한 만큼, 단계는 기존의 핵 잠재력에 상한선을 두고 핵과 장거리 미사일 계획의 추가 진전을 막는 것이다.

새롭게 제안하는 옵션은 투 트랙 과정이다.

첫째, 핵무기 통제 협상에는 북한을 제외하고 오직 공인된 핵보유국만이 참여해야 한다. 유엔 안전보장이사회의 5개 상임이사국 외 국가들에게 핵무기 및 관련 지식의 이전을 금하는 핵확산금지조약NPT 제1조에 따라, 핵무기 제조 및 통제에 관한 민감한 기술 정보가 오가는 협상이 핵보유국이 아닌 나라에 공개되지 않도록 유의해야 한다. 절차상 그러한 회담들은 6자회담 형식의 수정된 워킹 그룹에서 열릴 수 있을 것이다.

이러한 군비 통제와 핵무기 제한·감축의 과정은 'CRID(조건부의 상호호혜적이며 점진적인 비핵화)의 개념에 기반을 둔다(중국 연구자 신창이 이 용어를 도입함[5]).

둘째, 양자 회담과 병행하여 안보 및 위협 감소 문제에 대한 6자회담을 진행한다. 상대국들이 모두 '비핵화'라는 용어에 대한 공통된 정의를 내릴 수 있는 시점은 아직 오지 않은 것 같다. 따라서 앞으로의 가능성을 구축하면서, (비공식 학자들을 제외하고) 어느 쪽도 비핵화라는 용어에 대한 '해독'을 시도하기보다는 단순히 이 단어를 모토로 삼고 진행하는 것이 현명할 것이다.

북한이 무역을 재개해 경제위기를 극복한 후, 다시 도발을 통해 미국의 북한에 대한 '지분을 높이며', 자국의 중요성을 높이려 할 위험은 아직 남아 있다. 북한의 핵 잠재력으로 인해 군사적 해결책이 나오기 어렵다는 사실을 감안할 때, 미국은 공존을 위한 방식을 찾아야만 할 것이라는 기대도 있다. 그러나 이러한 계획들은 중국의 거센 반발에 부딪힐 것이 분명하다. 여전히 군사적 도발로 되돌아가려는 유혹이 적지 않지만, 김정은은 현재 상황에 만족하고 있는 듯 보이며, 이러한 상황은 중국과 러시아 모두의 이익에 부합한다고 볼 수 있다.

북한이 압박에도 굴복하지 않을 것임이 증명되었고, 중국은 내부적인 위기가 닥치더라도 북한의 안정을 유지하기 위해 최선을 다할 것이다. 하지만 북한은 그 어느 때보다 교착 상태를 타개하는 데 관심이 많아 보인다.

이런 분위기가 장기간 유지되기는 어려울 수 있다. 그러므로 희망적인 사고가 아닌 현실에 입각해 단계를 진전시킬 협상전략을 잘 짜야 할 때다. 미래로 나아가기를 원한다면, 다자주의에 입각해서 합의의 패러다임을 바꿔야 한다[6]. 이란의 포괄적 공동행동계획과 같은 사례를 주목해야 하는데, 이 사례는 미국(또는 다른 당사국)이 협정에서 탈퇴하더라도 다른 국가들이 참여함으로써 기존의 협정을 존속시키고 사태가 파국으로 치닫는 것을 방지할 수 있다는 사실을 보여주고 있다.

이러한 접근법의 좋은 예가 몇 년 전 러시아와 중국에 의해 제안된 바 있다. 2017년 7월 4일 러시아·중국 로드맵에 '3단계 계획'을 위한 이중 동결 및 조치 도입에 다음과 같은 내용이 포함되었다.

- 중단을 위한 중단: 한미군사훈련 중단에 대한 대가로 북한의 핵 및 미사일 실험 유예
- 북·미·한·일 양국 간 상호문서에 서명하여 일반적으로 인정되는 관계 원칙 규정
- 비핵화, 제재, 군사적 위협, 신뢰구축과 같은 문제들을 해결하기 위한 동북아 안보체제를 구축하는 6자회담 개최[7]

러시아와 중국은 2019년 한반도문제의 포괄적 해결을 위한 '행동계획'을 추진했는데, 이 계획에는 관련국들이 군대뿐 아니라 정치·경제·인도적 차원에서 진전을 이루기 위해 함께 또는 개별적으로 취해야 할 모든 조치들이 열거되어 있다. 한국의 '평화 이니셔티브' 역시 이러한 계획의 중요한 부분이 되어야 한다.

이렇게 다자간 협상 과정에는 많은 이점이 있다. 그러나 단 하나, 북한의 실질적인 핵보유국 지위를 암묵적으로 인정하게 된다는 심각한 단점도 존재한다. 그러나 이러한 문제는 군사적 해결이 아니고서야 다른 종류의 상황에서도 얼마든지 일어날 수 있는 것이다. 북한은 이러한 지위를 유지하기 위해 어느 누구의 인정도 필요로 하지 않으며, 대화가 없을

때에 오히려 북한은 스스로의 힘을 더 자유롭게 강화시키고 있다. 이제는 이러한 점진적 악화 상황을 멈출 때이다. 포용과 평화의 정책을 가진 한국이 이를 멈추는 과정에서 핵심적인 역할을 해야만 한다.

〈주〉

1) 통일연구원이 연간 설문조사에서 1,003명의 한국인에게 여러 가지 남북문제에 대한 견해를 물은 결과 응답자의 90.7%가 비핵화가 한국인에게 현실적인 결과라고 생각하지 않는다고 답했다.

2) 2007년 2월 13일 공동성명은 다음을 규정하고 있다.
   - 북한은 재처리 시설을 포함한 영변 핵시설을 폐쇄하고 봉인한 뒤 IAEA 인력을 초청해 필요한 모든 감시와 검증을 할 예정이다.
   - 그 대가로 나머지 5개 6자회담 참가국들은 60일 이내에 중유 5만 톤의 초기 단계에서 북한에 긴급 에너지 지원을 할 예정이다.
   - 당사국들은 적절한 별도 포럼에서 한반도의 항구적 평화체제를 협상할 것이다.
   - 6자회담 참가국들은 한반도 비핵화, 북-미 관계 정상화, 북-일 관계 정상화, 경제 및 에너지 협력, 동북아 평화·안보 메커니즘 등 5개 워킹그룹을 설치하는 데 합의했다.

3) 2019년 4월 블라디보스토크 정상회담에서 김 위원장은 블라디미르 푸틴 러시아 대통령에게 제재 해제가 주요 목표가 아니라 신뢰구축을 수반해야 하지만 조건이 되어서는 안 된다는 점을 분명히 했다. 북한은 그 순간부터 "우리는 1990년대 상황이 훨씬 더 나빴다"며 제재완화 얘기를 삼갔다. 확실히 제재완화는 환영할 것이지만, 북한 주민들은 교환으로 일부 상호 양보할 의무감을 느끼지 않는다.

4) 북한 지도자의 여동생인 김여정은 다음과 같이 말했다. "저는 이 것(군사훈련)이 상호 신뢰 회복을 위한 조치를 바라는 남북 최고지도자의 의지를 심각하게 훼손하고, 나아가 북남관계 앞길을 흐리게 하는 바람직하지 않은 전주곡이라고 봅니다."

5) 신창(新强) - 푸단대 미국학센터 부소장. 그는 2018년 11월 28일 대한민국 서울에서 세종연구소와 제주평화연구소가 주최한 '동북아 평화와 번영의 길' 컨퍼런스에서 CRID 개념을 소개했다.

6) 푸틴은 2019년 4월 김정은을 만난 뒤 "지금 당장 이 (6자회담) 형식을 재개할 필요는 없지만, 만약 우리가 어느 한 당사국으로부터, 이 경우, 북한의 안전 보장을 개발해야 하는 상황에 이르게 된다면, 우리는 국제적 보증 없이는 할 수 없다고 깊이 확신한다."고 강조했다.

7) 위의 푸틴 언급

참고문헌

Yonhap News Agency. "14 U.S. lawmakers endorse bill on declaration of official end to Korean War", July 31, 2021. URL: https://en.yna.co.kr/view/AEN20210731000200325

KEI, "2021 Report on American Attitudes towards the U.S.-ROK Alliance and North

Korea Policy". URL: https://keia.org/wp-content/uploads/2021/05/KEI-Repo
rt-051921.pdf?utm_source=AM+Nukes+Roundup&utm_campaign=271158974
1-EMAIL_CAMPAIGN_2019_09_03_03_17_COPY_01&utm_medium=email&utm
_term=0_547ee518ec-2711589741-391876849

VoaNews, "As Biden Mulls North Korea, Some Urge Arms Control Approach", Februa
ry 17, 2021. URL: https://www.voanews.com/east-asia-pacific/biden-mulls-
north-korea-some-urge-arms-control-approach

Chung-in Moon, "Moon Jae-in's Stalled Odyssey to Peace in Korea", The Diplomat,
July 28, 2021. URL: https://thediplomat.com/2021/07/moon-jae-ins-stalled-
odyssey-to-peace-in-korea/

KCNA, "DPRK Report on the Third Plenary Meeting of the Seventh Central Committe
e" ,April 21, 2018. URL: https://www.ncnk.org/resources/publications/dprk_r
eport_third_plenary_meeting_of_seventh_central_committee_of_wpk.pdf

Georgy Bulychev, "Korean problem in triangle US – China – Russia", RIAC, July 27,
2021. URL: https://russiancouncil.ru/analytics-and-comments/analytics/kore
yskaya-problema-v-treugolnike-ssha-kitay-rossiya/?sphrase_id=83810193

US Congress, H.Res.152 – Calling for a formal end of the Korean war, February 29,
2019. URL: https://www.congress.gov/bill/116th-congress/house-resolution
/152?q=%7B%22search%22%3A%5B%22veteran%22%5D%7D

Joint statement by the Ministry of Foreign Affairs of the Russian Federation and the
Ministry of Foreign Affairs of the People's Republic of China on the problems
of the Korean Peninsula, Russian Federation, Ministry of Foreign Affairs, July
4, 2017. URL: https://www.mid.ru/ru/maps/cn//asset_publisher/WhKWb5DV
BqKA/content/id/2807662

Joseph Yun, Frank Aum. "A practical approach to North Korea for the next US presid
ent" Bulletin of the Atomic Scientists. October 2, 2020. URL: https://thebulleti
n.org/2020/10/a-practical-approach-to-north-korea-for-the-next-us-pres
ident/

AP, "Kim's sister warns S. Korea-US drills will rekindle tensions". August 1, 2021.
URL: https://apnews.com/article/health-coronavirus-pandemic-22fe3cbfe16
6e3765a486d8c7a558a61

Chung-in Moon. "Why Pyongyang won't pursue dialogue with US", Hankyoreh. July
12, 2021. URL: https://english.hani.co.kr/arti/english_edition/english_editoria
ls/1003187.html

Treaty on the Non-Proliferation of Nuclear Weapons, International Atomic Energy
Agency, March 5, 1970. URL: https://web.archive.org/web/20070807060917/

http://www.iaea.org/Publications/Documents/Infcircs/Others/infcirc140.pdf.

Victor Cha, "Engaging North Korea Anew", Foreign Affairs, November 17, 2020. URL: https://www.foreignaffairs.com/articles/north-korea/2020-11-17/engaging-north-korea-anew

9장

싱가포르로부터의 재출발,
억지와 외교의 조화는 가능한가: 일본의 시각

오코노기 마사오

I. 머리말

트럼프 정권의 교체에도 불구하고 대중 관여 정책은 그대로 바이든 정권
에 계승되었다. 즉각 미·중 냉전이 시작되는 것은 아니지만, 시진핑 정
권하의 강권적인 중국이 경제력과 기술력을 현저히 향상시켜 그것을 군
사력으로 전화시키고 있기 때문에 지정학적인 색채를 띤 미·중 간의 체
제경쟁은 격화되지 않을 수 없을 것이다. 중국 지도부는 신장 위구르자
치구와 홍콩, 대만 문제에 대해 전혀 양보하지 않고 있다. 한편, 러시아가
우크라이나의 크림반도를 병합한 이후에도 미국 대통령선거에 대한 러
시아의 공작 활동과 미 정부기관에 대한 사이버 공격 등으로 인해 미러
관계는 악화된 상태 그대로이다. 당분간 일본도 한국도 '대국간 경쟁의
시대'를 각오하고 이에 주의 깊게 대응하지 않으면 안 된다.

미·중, 미·러 대립의 확대가 한반도에 미치는 영향은 단순하지 않다.
대국간 정치 레벨에서 이러한 대립은 확실히 일미동맹 및 한미동맹의 강
화와 북·중·러의 블럭화를 촉진한다. 핵무기와 운반수단의 개발을 진행

하는 지역의 행위자, 즉 북한이 유엔 안전보장이사회의 제재완화와 북미 관계 정상화를 추구하고 바이든 정권과의 비핵화 교섭에 호응할지는 미지수다. 한편, 신장위구르자치구, 홍콩, 대만 문제와는 달리 북한문제에서는 미·중의 이해가 전면적으로 충돌하지 않는다. 부시 정권 시대의 6자회담에서 나타난 것 같이 과거에는 다국간 협력의 예도 존재한다. 더욱이 한국의 문재인 정권은 '한반도 평화 프로세스'의 진전을 추구하여 다시 북·미 중개외교를 전개할 것이다.

Ⅱ. 바이든 정부의 출범: 세계전략 속에서의 대북정책

미국 대통령 선거에서 바이든 민주당 후보가 당선된 후 미국의 한반도정책, 특히 대북정책의 변화를 예고하지 않을 수 없었다. 그러나 당연히 그 변화의 방향성과 정도에 대해서는 보다 광범위한 바이든 정권의 세계전략 속에서 이해하지 않으면 안 될 것이다. 이런 의미에서 첫째, 2021년 2월 4일 국무부에서의 첫 외교연설에서 바이든 대통령이 "미국과 경쟁하려는 중국의 야심의 증대"와 "민주주의에 손해를 가해 파괴하려는 러시아의 결의"에 정면으로 대항할 의사를 명확히 하고 중국을 "가장 방심할 수 없는 경쟁 상대"라고 정의한 것이 주목된다.

둘째, 바이든 대통령은 팬데믹, 기후변동, 더 나아가 핵확산 등의 "가속화하는 글로벌한 도전"에도 정면으로 대항할 결의를 표명했다. 여기서 지적된 '핵확산'의 위협이라는 것은 물론 이란과 북한으로부터의 도전이다. 3월 3일 바이든 대통령이 공표한 '국가안전보장전략의 잠정지침 Interim National Security Strategic Guidance'에서도 "이란과 북한 같은 지역주체가 변함없이 게임의 형태를 바꾸는 능력과 기술을 추구하여 미국의 동맹국과 파트너를 위협하고 지역적인 안정에 도전하고 있다"고 명확하게 경고했다. 북한의 핵무기와 탄도미사일 개발에 대해 전략적인 우려를 표명한 것이다.

이에 더하여 그러한 위협에 대항하기 위해서 바이든 대통령이 "세계 속에서 동맹과 파트너십을 다시 활성화하고 현대화한다"는 결의를 명확히 한 것도 중요하다. '잠정지침'은 특히 북대서양조약기구NATO 및 오스트레일리아·일본·한국과의 동맹을 들어 "미국의 가장 위대한 전략적 자산"이라고 불렀다. 다만, 북한에 의한 핵확산에 대해서 '잠정지침'은 일한 양국과 함께 협력하여 외교적 노력을 강화한다고 지적할 뿐이었다. 바이든 정권의 대북정책은 여전히 재검토 과정에 있었던 것이다.

사실 블링컨 국무장관은 정식으로 취임하기 전부터 북한의 비핵화가 '곤란한 문제'라는 것을 인식하고 있었고, 가장 효과적인 방법을 탐색하기 위해서 대통령의 지시를 받아 안보담당팀이 미국 대북정책의 전면적인 재검토에 들어갔다는 것을 숨기지 않았다. '북한을 핵보유국으로 인정해야 하는가'라는 기자의 질문에 대해서도 직접적으로 대답하지 않고 외교적인 보장incentives과 추가 제재라는 두 가지의 다른 가능성을 지적할 뿐이었다. 3월 12일 성김 동아시아태평양담당 국무부 차관보 대리의 설명을 기다릴 것도 없이, 미국 정부가 대북정책의 방향성을 결정하기 위해서는 일한 양국과의 각료 레벨의 협의, 즉 3월 중순 블링컨 국무장관과 오스틴 국방장관의 도쿄와 서울 방문(3월 16~18일)이 필요했던 것이다.

블링컨과 오스틴은 도쿄에서 모테기 외무대신, 기시 방위대신과 일미 '2+2'회의를 개최했고, 서울에서는 정의용 외교부장관, 서욱 국방부장관과 한미 '2+2'회의를 개최했다. 게다가 서울에서 돌아가는 길에 블링컨 장관은 앵커리지에서 설리번 국가안보보좌관과 합류하여 중국의 양제츠 공산당 정치국원 및 왕이 외상과 회담했다. 외교와 안전보장을 담당하는 미·중 4인의 고관은 북한문제도 논의했지만 그 내용은 공표되지 않았다. 그러나 흥미롭게도 블링컨은 회담 종료 후 성명에서 북한문제를 신장, 홍콩, 대만 등 미·중의 이해가 기본적으로 대립하는 문제와 구별하여 이란, 아프가니스탄, 기후변동 문제와 함께 미·중의 이해가 교차하는intersect 문제로 분류했다.

이러한 중요한 회담 후에 4월 2일 설리번은 기타무라 시게루 국가안전보장국장과 서훈 국가안보실장을 애너폴리스의 해군사관학교에서 맞이하여 다시 일·미·한의 대북정책을 논의했다. 세 명의 고관은 북한의 핵무기와 탄도미사일 계획에 대한 우려를 공유하고 유엔 안전보장이사회의 대북한 결의의 완전한 이행을 요구했다. 또한 한국인 이산가족의 상봉과 일본인 납치문제의 신속한 해결의 중요성에 대해서도 합의했다. 더 나아가 일·미·한뿐만 아니라 일·한의 안보협력의 중요성에 대해서도 재확인했다. 그러한 협의 후에 3국간 조정의 진전을 시사하듯이 바이든 대통령 자신은 3월 25일 대통령 취임 후 처음으로 열린 기자회견에서 "(북한의) 최종적인 비핵화를 조건으로 하는", "어떤 형태의 외교를 준비하고 있다"고 밝혔다. 이것이 북한 비핵화 문제의 외교적 해결에 관한 바이든 대통령의 최초의 관여였다.

4월 16일 워싱턴에서 열린 바이든·스가 회담에서는 그때까지 진전된 일·미 정책협의의 핵심이 정상 레벨에서 포괄적으로 확인되었다. 가장 중요한 부분은 미·일이 한편으로는 (1)북한의 완전한 비핵화를 위한 미·일의 관여를 재확인하고, (2)북한에 대해 유엔 안전보장이사회 결의하의 의무를 따를 것을 요구하고, 더 나아가 (3)국제사회에 대해 유엔 안전보장이사회 결의의 완전한 이행을 요구하면서, 다른 한편으로는 (4)지역의 평화와 안정을 유지하기 위해서 억지를 강화할 의도를 갖고 있다고 공동성명을 발표한 부분이다. 게다가 4월 28일 미 의회 양원합동회의에서의 연설에서도 바이든 대통령은 이란과 북한의 핵개발이 미국과 세계의 안전에 대한 심각한 위협이 되고 있다고 지적하고, 이에 대해 동맹국과 긴밀하게 연계하여 "단호한 억지와 외교를 통해" 대처한다고 말했다. 바이든 대통령과 스가 수상은 억지와 외교 양쪽을 추구하는 것에 합의했던 것이다.

한편, 젠 사키 백악관 대변인은 4월 30일 기자회견에서 외부의 전문가와 과거 정권의 전임자와 긴밀한 협의를 거쳐 대북정책의 철저한 재검토를 마침내 종료했다고 밝혔다. 그 전모는 공표되지 않았지만, 사키는 새로운 정책의 목표가 "한반도의 완전한 비핵화" 그대로라고 언급했다. 더 나아가 그랜드 바겐에 초점을 맞추지도, 전략적 인내에 의존하지도 않는다고 주장하고 그 정책을 "정교하고 실용적인 접근a calibrated, practical approach"이라고 표현했다. 워싱턴포스트가 취재한 복수의 고위당국자는 그것을 "완전한 비핵화에 이르는 단계적 합의"라든가 "주의 깊게 조정된 외교적 접근"이라고 불렀다. 게다가 그중 한 사람은 "우리들의 접근은 싱가포르 합의와 기타 지금까지의 합의 위에 구축될 것이다"라고 솔직하게 말했다.[1]

5월 21일 워싱턴에서 열린 한미 정상회담에서는 그러한 방침이 최종적으로 확인되었다. 이 회의에서 문재인 대통령은 북한과의 외교를 모색하는 "정교하고 실용적인 접근"을 환영했다. 또한 두 대통령은 2018년 판문점선언과 싱가포르 공동성명을 언급하며 그것들이 "한반도의 완전한 비핵화의 실현과 항구적인 평화정착을 이루는 데 필수적"이라는 것을 확인했다. 더 나아가 바이든은 남북 간의 대화, 관여 그리고 협력에 대한 지원을 표명했다. 그것들은 모두 한국정부가 갈망했던 것들이다. 또한 두 정상은 북한의 인권상황을 개선하기 위해 협력할 것을 약속하면서, 인도적 지원 제공과 이산가족 상봉 촉진을 지원한다는 것도 잊지 않았다. 바이든이 성김 국무부 차관보대리를 북한담당 특별대표에 임명하는 깜짝 발표를 한 것은 문 대통령을 기쁘게 하기 위한 연출이었다.

그러나 대북정책에 관한 한국의 요구를 최대한 수용한 대가로 미국정부는 한국을 미국의 세계전략 속으로 끌어들였다. 대중전략과 관련하여 한·미 쌍방은 "대만해협에서의 평화와 안정 유지의 중요성"을 강조하고 "자유롭고 개방적인 인도-태평양 지역 유지", "남중국해 및 여타 지역에서 평화와 안정, 합법적이고 방해받지 않는 상업 및 항행·상공비행의 자유를 포함한 국제법 존중", "한·미·일 3국 협력의 근본적인 중요성" 등도 언급했다. 다만 홍콩, 신장위구르자치구 그리고 중국에 대한 직접적인 언급은 회피했다. 게다가 한국을 구속하고 있던 한미 미사일 지침도 철폐되었다.

중국과 러시아에 대한 불신감과 동맹 강화의 관점에서 볼 때, 당분간 바이든 정권은 북한의 비핵화 문제를 위해서 다국간 협의의 틀을 도입할 가능성은 없을 것이다. 그것보다도 대북정책이 미국의 세계전략의 일부로 검토되고 있는 것에 주목해야 할 것이다. 나아가 새로운 정책이 일·한 당국자와의 충분한 사전협의에 기초해 구축되어 최고지도자 간에 합의되었다. 북한이 비핵화 교섭에 응하지 않는 경우를 포함하여 이후 새로운 정책의 기본적인 부분, 즉 억지와 외교의 균형이 동요하는 일은 없을 것 같다. 더욱이 사키가 3월 29일 명확히 한 것 같이 바이든 대통령은 김정은 위원장과의 정상회담을 상정하고 있지 않다.

이러한 미국의 대북정책을 가장 솔직하게 전달한 것이 5월 23일 블링컨 국무장관의 ABC방송 발언이다. 블링컨은 바이든 대통령이 "한반도의 전면적인 비핵화를 달성하기 위해서 주의 깊고 정교한 접근을 통해 외교적으로 북한에 관여할 것을 결의"했기 때문에 "지금 우리들은 북한이 정말로 관여하는 것을 바라고 있는지 지켜보고 있다", "공은 그들의 코트에 있다. …… 문제는 북한이 그것에 대답하는가이다"라고 지적했다. 미국의 정책 방향을 사전에 명시하여 북한의 반응에 일희일비하지 않고 인내심을 갖고 억지와 외교의 접점을 찾는다는 전략적 관여의 방침이다.

Ⅲ. 김정은 정권의 '병진'노선: 군사력과 외교력의 배합

김정일 사후 1년 반이 지나지 않았던 2013년 3월 김정은 당시 조선노동당 제1비서가 '경제건설과 핵무력 건설의 병진노선'을 채택했을 때, 4년 후 로켓 개발의 획기적인 전진을 상상한 사람은 거의 없었다. 그러나 북한은 2017년 3월 대형 로켓 엔진 개발에 성공했고, 5월 이후 중거리 및 대륙간 탄도미사일 실험발사를 연달아 시행했다. 11월에는 마침내 미국 동부 연안에 도달 가능한 '화성15호'를 발사하였고 김정은은 '국가 핵무력의 완성'을 선언했다.

김정은이 '병진노선'을 신봉하고 고집하는 것은 군사력의 이의성二義性, 즉 핵무력의 완성이 억지력뿐만 아니라 커다란 외교력의 획득을 의미하는 것에 대해 예민한 인식이 존재하기 때문이다. 이는 김정일의 유훈遺訓이기도 했을 것이다. 올 1월 조선노동당 제8차 당대회 보고에서도 김정은은 "강력한 국가방위력은 결코 외교를 배제하는 것이 아니라 옳은 방향으로 추동하며 그 성과를 담보하는 위력한 수단이 된다"고 주장했다. 다시 말하면, 새롭게 조선노동당 총비서에 취임한 김정은은 군사력과 외교력의 교묘한 조합을 통해 미국을 압도하려는 것이다.

다만, 2019년 2월 하노이에서 개최된 북미 정상회담은 예상외의 실패로 끝났다. 북한측에서 보면, 트럼프 대통령이 극적인 연출을 할 수 있는 성과를 기대하여 영변 핵시설의 폐기와 경제제재의 대폭적인 완화를 교환하는 '단계적 비핵화'에 만족하지 않았기 때문이다. 정상회담 후의 기자회견에서 최선희 외무성 제1부상은 북한측이 영변에 존재하는 "거대한 농축 우라늄 공장까지 폐기한다"고 제안했지만 미국 측은 "전혀 반응하지 않았다"고 설명했다.

김정은에게 있어서 하노이 회담의 실패는 충격적이었다. 트럼프가 주장하는 일괄타결에 응한다면 경제제재 해제는 가능하지만, 북한의 안전이 보장되지 않는다. 북한에게 있어 단계적인 비핵화와 평화체제의 구축, 즉 북·미 간의 '단계적인 동시행동'이 필수적이었다. 그것은 한 번의 빅딜이 아니라 스몰딜의 축적을 의미했다. 이 점에서 김정은 위원장의 구상은 오히려 문재인 대통령의 '한반도 평화 프로세스'에 대응한 것이었다. 한편, 트럼프 대통령에게 있어 그것은 극적 효과를 결여한 것일 뿐만 아니라 북한에 '속임'과 '도중하차'의 여지를 주는 위험한 길이었다.

여하튼 하노이 회담 후에도 김정은은 '병진노선'을 포기하지 않았다. 오히려 하노이 회담을 총괄한 2019년 12월의 당중앙위원회 총회에서 "조·미 간의 교착상태는 피할 수 없는 장기성을 띠게 되었다"는 인식을 나타냈고 북·미 대결이 "자력갱생과 제재와의 대결로 압축되었다"는 것을 강조했다. 요컨대 장기전을 각오하면서 자력갱생을 통해 경제제재의 압력을 파탄시키는 '정면돌파전'을 호소한 것이다. 물론 이것이 북한 주민에게는 커다란 부담을 안기게 되었다.

또한, 군사력과 외교력을 교묘히 배합한다는 대미 전략도 단순한 레토릭이 아니었다. 2021년 1월 개최된 제8차 당대회 보고에서 김정은은 전략미사일의 다탄두화와 원자력 잠수함 등에 의한 선제 및 보복 공격력의 고도화, 전술핵무기의 개발을 요구하면서 다른 한편으로, "새로운 조미 관계 수립의 열쇠는 미국이 대조선 적대시정책을 철회하는 것에 있다"고 했고, "이후에도 강대강, 선대선의 원칙하에서 미국을 상대할 것이다"라고 강조했다. 북한 핵 억지력을 더욱 강화하는 자세를 보여주면서 미국과의 교섭에 기대를 걸었던 것이다.

다만, 북한에게 있어서 '병진노선'의 추진에 따른 경제적 부담은 견디기 어려울 정도로 크다. 새롭게 시작된 국가경제발전 5개년 계획의 기본도 '정비전략', '보강전략'으로 정의되었다. 종래의 유엔 안전보장이사회 결의에 기초한 경제제재에 더해 2020년 초부터 신형 코로나바이러스 방역대책 및 그에 따른 중국 국경봉쇄, 같은 해 여름 태풍에 의한 수해 등이 겹쳤기 때문이다. 마체고라 북한 주재 러시아 대사는 2021년 2월 초 인테르팍스 통신의 질문에 "평양에서는 생활필수품을 손에 넣기 어렵고 많은 기업이 문을 닫고 있다"고 말했다. 평양에 주재하는 외교관과 그 가족이 생활상의 곤란에 직면하여 국외로 탈출했고 많은 대표부가 폐쇄되었다는 보도도 있다.[2]

그럼에도 불구하고 아마 미국정부 내에서 대북한정책의 재검토가 강경론으로 기울어지는 것을 우려했던 북한은, 올해 봄 이후에도 반론과 도발을 계속했다. 블링컨 국무장관과 오스틴 국방장관이 서울에 도착한 2021년 3월 17일, 북한의 최선희 외무성 제1부상은 "미국의 대조선 적대시정책이 철회되지 않는 이상 어떠한 조미 접촉도 대화도 있을 수 없다"는 담화를 발표했다. 또한 바이든 대통령의 첫 기자회견이 예정되어 있던 3월 25일, 북한은 '신형전술유도탄' 2발을 동해안에서 실험발사했다. 전술핵무기 운반수단의 개발이 진전되고 있다는 것을 보여주고 싶었을 것이다. 게다가 바이든 대통령이 미사일 실험발사가 유엔 안전보장이사회 결의의 위반이라고 지적하자, 미사일 개발을 지도해 온 이병철 당 정치국 상무위원이 즉각적으로 반론하여 "미국의 군사적 위협을 미국 본토에서 제압할 수 있는 당당한 자위적 권리를 가져야 한다"고 강조했다.

전술핵무기와 확실한 운반수단의 개발은 북한에게 통상전력에서 우위에 있는 한국군과 주한미군에 대한 불가결한 억지력이다. 4월 28일 바이든 대통령의 의회 연설에 대해 북한 외무성의 미국담당국장이 짧게 반론하며 바이든이 주장하는 "외교"는 "허울 좋은 간판"이며 "억지"는 "핵으로 위협하는 수단"에 불과하다고 비난했다. 그 후에도 6월 23일 이선권 외상의 "우리는 아까운 시간을 잃는 미국과의 무의미한 그 어떤 접촉과 가능성에 대해 생각하지 않고 있다"는 담화에서 나타났듯이 북한 당국은 미국정부와의 접촉에 응하지 않는 '불응답' 정책을 유지하고 자신들의 주장만을 전개하고 있다. 바이든 정부의 새로운 정책을 관찰하면서 북한 측 또한 자신들의 대미정책을 재검토하고 있었을 것이다.

그런 의미에서 흥미로운 것은 2021년 8월 10일부터 시작된 한미연합 군사훈련에 대한 북한의 특이한 반응이다. 북한 당국은 7월 27일에 1년 이상 단절되어 있던 남북 간의 통신연락선을 재가동시킨 후, 8월 1일 김여정 당중앙위원회 부부장의 담화 발표를 통해 군사훈련의 중지를 요구했다. 김여정은 훈련이 시작된 8월 10일에도 담화를 발표하여 "미국이 남조선에 전개한 침략 무력과 전쟁 장비들부터 철거해야 한다"고 요구하고 "우리들에게 가해진 외부의 위협을 강력하게 견제할 수 있는 힘을 비축하는 것이 우리에게 있어서 사활적인 요구가 되고 있다"고 주장했다. 같은 날 통신연락선이 다시 단절된 것은 말할 것도 없다.

김여정이 단지 한미연합 군사훈련을 비난했다는 것만이 아니라 주한 미군의 철수를 요구하고 그 위협의 존재가 북한의 억지력 강화를 정당화한다고 주장한 것은 주목할 만하다. 왜냐하면 침략 무력과 전쟁 장비를 "강력히 견제할 수 있는 힘"으로서의 전술핵무기 개발이 정당화되기 때문이다. 미군의 한국 주둔과 북한의 핵 전술무기 보유를 연결하는 새로운 '억지의 논리'가 준비되고 있는지도 모른다.

Ⅳ. 문재인 정부의 중개외교: 남북대화의 의의

하노이에서의 북미 정상회담의 실패에 김정은 위원장만큼 실망한 사람이 있다면, 그는 바로 한국의 문재인 대통령일 것이다. 하노이 정상회담의 개최는 북·미 간 정상외교의 결실이었을 뿐만 아니라 그것을 중개한 문재인 외교의 커다란 성과이기도 했기 때문이다. 또한 문 대통령은 하노이 회담의 성공이 비핵화에 더해 한반도에서의 평화체제 구축을 가능하게 할 것이라고 확신하고 있었다. 그런 의미에서 문 대통령 또한 북·미의 하노이 정상회담에 모든 것을 걸고 있었다. 따라서 미국에 바이든 정권이 탄생했어도 문재인 정권의 대북정책의 목표는 변경되지 않았다고 할 수 있다.

사실 대북정책의 지속은 문 대통령 자신에 의해 공공연하게 드러났다. 바이든 정권 출범 후인 2021년 1월 18일 신년 기자회견에서 문재인은 "(북·미)대화는 트럼프 정부에서 이루었던 성과를 계승해서 발전시켜 나가는 것이어야 한다고 봅니다. 싱가포르선언에서 다시 시작해서 …… 보다 구체적인 방안을 이루는 그런 대화 협상을 해나간다면 (바이든 정부가)조금 더 속도있게 북·미 대화와 남북대화를 해나갈 수 있을 것이라고 생각합니다", "한국정부의 한반도 (평화) 프로세스를 미국 바이든 새 정부의 안보라인이 이해할 수 있도록 …… 미국의 외교문제에서 후순위로 밀리지 않고 우선순위가 되도록 하는 그런 노력을 기울이고 있다"고 솔직하게 말했다.

되돌아보면, 한국의 중개외교는 2018년 3월 5일 문재인 대통령의 특사로 정의용 국가안보실장과 서훈 국가정보원장이 평양을 방문한 것에서 시작되었다. 두 특사는 김정은 위원장으로부터 북미 정상회담의 중개를 의뢰받아 3월 8일 워싱턴에서 트럼프 대통령에게 세 가지 메시지를 전달했다. 그 세 가지 메시지는 (1)군사적인 위협이 해소되어 북한체제의 안전이 보장된다면 핵을 보유할 이유가 없다, (2)비핵화 협의 및 북미 관계정상화를 향해 미국과 허심탄회하게 대화할 용의가 있다, (3)대화가 지속되는 동안 추가적인 핵실험이나 탄도미사일 발사 등 전략적 도발을 재개하지 않는다는 것이었다.

이러한 김정은의 서약은 현재도 명확히 파기되지 않았고 그 중요성은 오히려 높아졌다. 왜냐하면 만일 바이든 정부가 "완전한 비핵화에 이르는 단계적 합의"를 요구하고 있다고 한다면, 브루어와 테리가 지적한 것처럼 "그 최초의 노력은 미국의 안전에 가장 큰 위협이 되고, 게다가 북한이 아직 충분히 습득하고 있지 않은, 단념할지도 모르는 능력을 제한하는 것에 초점을 맞춘다"고 생각되기 때문이다.[3] 전술한 것과 같이 제8차 당대회 보고에서 김정은은 다탄두미사일, SLBM, 전술핵미사일 등의 개발을 선언했다. 그러나 북한은 아직 ICBM 핵탄두의 재돌입 실험을 마치지 않았다. 혹은 그것을 의도적으로 억제하고 있다. 다시 말하면 김정은 서약의 제3항목, 즉 추가 핵실험과 탄도미사일 발사의 '두 가지 중지'는 북·미 비핵화 교섭의 전제조건으로서 중요한 의미를 갖고 있다고 할 수 있다.

다만, 2018년 봄과는 달리 현재 미국도 북한도 한국의 중재를 필요로 하지 않는다. 중재가 오히려 쌍방의 외교를 복잡하게 한다고 판단하고 있을 것이다. 더욱이 북한은 미국과의 직접교섭이 외교적으로 대남 우위를 보여준다고 생각하고 있을 것이다. 아마도 그러한 관점에서 김정은은 제8차 당대회 보고에서 남북관계가 "판문점선언 발표 이전 시기로 되돌아갔다"고 지적하고 한국에 "북남선언을 착실하게 이행하지 않으면 안 된다"고 요구했을 것이다. 스스로는 전술핵무기의 개발을 명령하면서 한국으로의 첨단 군사장비의 도입과 한미연합 군사훈련의 중지를 강하게 요구한 것이다. 따라서 북·미 간에 비핵화 교섭이 시작되어 제1단계 합의에 도달할 때까지 남북관계는 개선될 것 같지 않다. 그러나 이러한 일반론과는 별개로 내년 5월 문재인 대통령의 임기 만료까지 예정된 행사, 즉 2022년 2월 베이징 동계올림픽과 3월 한국 대통령선거가 특별한 외교적 의미를 가질지도 모른다. 2018년 평창 동계올림픽과 같이 한국이 중개하는 올림픽 외교가 북·미 비핵화 교섭을 개시시키고 그것이 한국 대통령선거에서 진보세력의 승리를 보증하는 매혹적인 시나리오가 이루어질지도 모르기 때문이다. 이는 중국에게도 커다란 외교적 득점이 될 것이다.

그런데 문재인 정권의 대북정책, 즉 바이든 정권을 설득하여 비핵화 교섭을 재개시키는 정책은 한국의 대일정책에도 영향을 미쳤다. 평창 올림픽의 성공에서 유추하여 지난 7월 도쿄올림픽을 남북대화 재개를 위한 기회로 삼으려 했다. 일·한 정부 간에는 문재인 대통령의 도쿄올림픽 개회식 참가를 둘러싸고 외교적인 교섭이 전개되었다. 한국 측은 의례적으로 일한 정상회담을 개최하는 것만이 아니라 구체적인 성과, 즉 한국에 대한 일본의 수출관리 규제강화 조치의 철회를 요구한 것 같다.

그러나 솔직하게 말해 수출관리 규제강화는 한국 내의 징용공 소송에 대한 대항조치이다. 일본 측에게 그것은 일한기본조약과 청구권협정의 해석, 즉 일한관계 전반의 법적 기반과 관련된 분쟁의 일부와 다름없다. 일괄타결의 전망 없이 수출관리 규제강화만을 철회할 수 있는 것이 아니다. 더욱이 이미 올림픽 개최와 팬데믹 대책이라는 두 마리의 토끼를 쫓고 있던 일본정부에는 일한 정상회담에서의 외교적인 성과라는 세 마리째의 토끼를 쫓을 의사도 여유도 없었다.

마지막으로 문재인 정권의 북·미 중개외교는 정체된 일본과 북한의 관계에 어떤 영향을 미칠 것인가. 작년 9월 수상에 취임한 스가 요시히데 총리의 첫 국회 연설에서 볼 수 있는 바와 같이, 일본정부의 가장 중요한 과제는 '모든 납치 피해자의 조속한 귀국 실현'이다. 이것을 전제한다면 대북정책은 일본의 '일·북 평양선언에 따라 납치, 핵, 미사일이라는 여러 현안을 포괄적으로 해결하고 불행한 과거를 청산하여 국교정상화를 지향'하는 것이다. 여러 현안의 포괄적 해결이 국교정상화 교섭과 강하게 연결되어 있다. 그러나 일본은 현재 북한의 미사일 발사와 핵실험에 대한 일련의 유엔 안전보장이사회 결의에 따른 제재에 더해, 북한 선박의 입항 금지, 모든 품목의 수출입 금지 등 독자적인 조치를 취하고 있다.

단, 이는 반드시 고정적인 접근법이 아니다. 특히 북미 싱가포르 정상회담 이후 아베 수상은 "조건을 붙이지 않고 김정은 위원장과 직접 마주한다는 결의"를 표명하였고, 이를 스가 수상이 계승했다. 다시 말하면 일본정부는 트럼프·김정은 간에 핵무기와 탄도미사일에 관한 합의가 성립될 가능성을 배제하지 않고 그러한 상황에도 대응하려고 했던 것이다. 일본 외교의 상황대응형 특징을 나타내는 것이라 할 수 있다. 따라서 가령 북·일 간에 비핵화 교섭이 재개되어 일본이 받아들일 수 있는 형태로 타결된다면, 그것은 교착상태에 있는 북일관계에도 커다란 영향을 미칠 것이다.

게다가 2002년 9월 고이즈미 수상과 김정일 위원장이 서명한 북일 평양선언은 국교정상화의 조기 실현을 의도한 것이었다. 평양선언은 무상자금협력, 저금리 장기차관 공여, 국제기관을 통한 인도적 지원, 국제협력은행에 의한 융자나 신용공여 등 국교정상화 후에 일본으로부터 제공될 경제협력에 대해 명시하고 있다. 그것은 분명 청구권의 상호포기를 토대로 한 일한모델의 경제협력이며 북한의 경제계획에 맞춰 신속하게 제공될 것이었다. 한반도 평화체제가 북한의 경제발전을 필요로 한다면 일본이 할 수 있는 역할은 결코 작지 않다.

V. 맺음말

한반도의 완전한 비핵화를 실현하고 영속적이고 안정적인 평화체제를 구축하는 두 과정이 합쳐진 것을 '한반도 평화 프로세스'라고 부른다면, 이는 한 세대에 걸친 협력 속에서 인내심 있는 노력을 필요로 할 것이다. 왜냐하면 그것은 70년에 걸친 '분단의 세계'를 '공존의 세계'로 변환시키는 어려운 과정이기 때문이다. 그 과정, 즉 억지력과 외교를 조화시키는 작업은 단순한 억지나 분단보다도 훨씬 위험한 것일지도 모른다.

비핵화 교섭이 재개될 경우 미국과 북한은 (1)북한의 핵무기와 탄도미사일의 개발과 배치 계획을 즉시 중단하는 것에서 시작하여 (2)핵실험장과 미사일 실험발사 시설, 플루토늄 재처리와 우라늄 농축을 위한 시설, 미사일 제조 시설 등의 폐기를 진행하고 더 나아가 (3)이미 배치된 핵무기와 탄도미사일의 폐기에 착수하게 된다. 이것이 단계적인 접근이다. 그러나 북한이 (1)과 (2)를 조기에 개시하는 것은 가능하지만, (3)은 쉽게 착수하지 않을 것이다. 혹은 거기에서 작업을 중지해 버릴지도 모른다. 왜냐하면 그것들은 모두 통상전력에서 열세에 놓여 있는 북한이 억지력을 유지하기 위해 필요한 무기이기 때문이다.

그동안 남북관계도 평탄하지는 않을 것이다. 첫째, 비핵과 교섭의 제1단계가 실시되어도 한국 국민은 북한의 핵 위협에서 벗어날 수 있는 것이 아니다. 따라서 그것이 제거될 때까지 남북협력과 억지력의 유지를 병행하지 않으면 안 된다. 둘째, 북한이 강하게 요구하는 주한미군 철수는 어느 단계에서 실현할 것인가. 주한미군이 주둔하는 한 북한은 전술핵무기를 포기하지 않을 것이다. 셋째, 한국은 북한경제의 개혁개방, 수출산업의 육성, 민생안정 등에 협력하지 않으면 안 되지만 북한 지도부는 본능적으로 한국에 대한 경제적 의존과 문화개방을 경계할 것이다. 북한의 체제개혁까지의 도정은 멀고 결코 평탄하지 않을 것이다.

〈주〉

1) *The Washington Post* (May 1, 2021.)

2) 《일본경제신문》 (2021년 2월 13일, 4월 3일)

3) Eric Brewer and Sue Mi Terry, "It is Time for a Realistic Bargain with North Korea", *Foreign Affairs* (March 25, 2021)

제 3 부

DMZ 접경지역의 평화와 번영,
활성화 평가 및 대안모색

10장

문재인 정부의 DMZ 국제평화지대 구상:
회고와 전망

천해성

I. DMZ '국제평화지대' 구상의 내용과 의미

■1 DMZ 국제평화지대 구상의 내용

문재인 대통령은 제74차 유엔총회 연설(2019.9.24.)을 통해 한반도 문제 해결을 위해 첫째 전쟁불용, 둘째 상호간 안전보장, 셋째 공동번영의 원칙을 천명하고 이를 바탕으로 유엔과 모든 회원국들에게 "한반도의 허리를 가로지르는 비무장지대DMZ를 국제평화지대로 만들자"고 제안하였다.[1] 문 대통령은 비무장지대는 동서로 250킬로미터, 남북으로 4킬로미터의 거대한 녹색지대이며 70년 군사적 대결이 낳은 공간이지만, 역설적으로 인간의 발길이 닿지 않은 자연 생태계의 보고로 변모했고 공동경비구역 JSA, 감시초소GP, 철책선 등 분단의 비극과 평화의 염원이 함께 깃들어 있는 역사공간이 되었다고 강조하였다.

이러한 비무장지대를 '국제평화지대'로 만들기 위해 구체적으로 다음과 같은 사업의 추진을 제시하였다. 먼저, 남북 간에 평화가 구축되면 남북이 공동으로 유네스코 세계유산 등재를 추진하고, 둘째 판문점과 개성을 잇는 지역을 평화협력지구로 지정하여 남과 북, 국제사회가 함께 한반도 번영을 설계할 수 있는 공간으로 만들고, 셋째 비무장지대 안에 남과 북에 주재중인 유엔기구와 평화, 생태, 문화기구 등이 자리 잡아 평화연구, 군비통제, 신뢰구축 활동의 중심지가 되게 하고, 마지막으로 국제사회와 협력하여 투명성과 안정성을 보장하면서 비무장지대 내 약 38만발의 대인지뢰를 함께 제거할 것을 제안하였다.

문 대통령은 '국제평화지대' 구축을 통해 북한의 안전을 제도적이고 현실적으로 보장하게 될 것이며, 동시에 한국도 항구적인 평화를 얻게 될 것이라고 언급하였다. 김정은 위원장과 이미 비무장지대의 평화적 이용에 합의하고 철도·도로 연결과 현대화 착공식도 개최하였으며 이를 통해 한반도는 대륙과 해양을 아우르며 평화와 번영을 선도하는 교량국가로 발전할 것이라고 강조하였다. 이어 문 대통령은 제19기 민주평화통일자문회의 출범식(2019.9.30.)에서 "비무장지대를 '국제평화지대'로 만드는 일은 북한의 행동에 화답하는 행동으로 신뢰를 쌓는 일이며 비무장지대 내의 활동에 국제사회가 참여함으로써 남과 북 상호간의 안전을 보장"할 것이며, "비무장지대 인근 접경지역은 국제적 경제특구를 만들어 본격적인 '평화경제'의 시대를 열어"나가 한반도 평화경제 시대를 열어나갈 것임을 밝혔다.

먼저, 유네스코 세계유산 남북 공동등재를 위해서는 비무장지대의 환경, 생태, 문화, 역사유적 등에 대한 종합적인 실태 조사를 통해 다양한 기초자료를 확보하여 비무장지대가 세계유산으로 등재할 만한 가치가 있다는 것을 국제사회에 널리 알려야 한다. 이를 위해 자연 및 문화유산에 대한 구체적인 조사활동을 통일부, 문화부, 산림청 등 유관부처가 경기도, 강원도 등 접경지역 지방정부와 함께 진행하고 있다.[2] 아울러 연구기관, 민간단체들과 협력하여 학술행사, 국제포럼 등을 통해 비무장지대의 다양한 가치를 재발견하고 세계유산 공동등재에 대한 국내외의 이해와 공감을 확보하는 것이 필요하다. 유네스코도 세계유산 남북 공동등재 추진에 대해 '원대한 구상'이라며 환영한다는 입장을 밝힌 바 있다.[3] 세계유산 공동등재라는 목표도 의미가 있지만, 그보다 더 중요한 것은 공동등재를 추진하는 과정이다. 공동등재를 준비하는 과정에서 남·북 간에는 다양한 소통과 협력이 이루어질 것이다. 남북이 비무장지대를 함께 조사하고 분석하는 과정에서 평화적 이용과 활용·보존에 대한 공감대가 형성될 수 있을 것이다. 이러한 남북 간 협력과 함께 국제사회와도 다양한 분야에서 긴밀한 협력이 이루어질 것이다. 세계유산 공동등재는 단순한 이벤트가 아니며, 남북 간 협력과 긴장완화를 통해 한반도 평화정착에 기여하고, 국제사회와의 협력에 도움이 되는 실질적인 사업이다.

판문점-개성 평화협력지구도 남북관계 발전과 공동번영을 위해 매우 의미 있는 사업이다. 판문점은 정전협정이 체결된 장소이며 정상회담 등 각종 남북회담이 열린 장소라는 점에서 남북 분단과 대결, 대화와 협력을 상징하는 장소이다. 현대사에서 커다란 의미가 있는 판문점과 남북 경제협력의 상징인 개성공단, 고려의 도읍이었던 역사적 도시 개성을 잇는 판문점-개성 지역을 새로운 평화협력지구로 만들고 그 과정에 국제사회가 참여하고 국제기구들이 함께 한다면 그 의미는 매우 클 것이다. 물론 현재와 같은 남북관계 교착상황에서 이를 위한 협의가 조기에 진전되기를 기대하기는 어렵다. 하지만 향후 북미 대화와 함께 남북대화가 재개되는 상황이 되면, 남북 모두에게 실질적인 도움이 되는 방향으로 추진될 수 있도록 노력해야 한다.

유엔 및 국제기구 유치는 다른 사업과 마찬가지로 한반도 비핵화 및 평화정착 과정에서 추진할 수 있다. 국제기구 유치를 위해서는 북한과 유엔의 동의와 협력이 필수적이므로 유엔 및 국제기구들 중에서 실질적 효과가 있고 비무장지대라는 상징적 장소에 입주한다는 측면 등을 고려하여 남북관계 발전, 한반도 평화정착 및 동북아 평화·안정에 기여할 수 있도록 구체적인 국제기구들의 수요 등을 파악하고 체계적으로 준비할 필요가 있다.

지뢰제거는 「9·19 군사합의」에 따라 추진된 공동경비구역JSA 및 화살머리고지 지뢰제거 경험을 바탕으로 비무장지대 전역의 지뢰 제거를 추진하되, 투명성과 안정성을 보장하기 위해 국제사회를 참여시키는 데 대해 북한의 동의와 협력이 필요하다. 비무장지대 전역에서 지뢰 제거를 추진한다는 것은 그만큼 군사적 긴장완화와 신뢰구축이 진전된 상황을 상정하는 것이기 때문에 여타 군사적 신뢰구축 초치들과 함께 추진해야 한다. 우리측은 남북공동유해발굴을 위한 준비차원에서 2019년에 철원 화살머리고지에서 지뢰제거 및 유해발굴을 진행하였고, 2020년에도 동 사업을 진행하여 유해 330점, 유품 17,598점 등을 발굴하였다.

이러한 사업들을 체계적으로 추진하기 위해 정부 차원에서는 통일부가 주관이 되어 관계부처와 DMZ이용 종합계획을 수립중이며 여기에는 '국제평화지대' 구상도 포함되어 있다.[4] 아울러, 국제사회와의 긴밀한 협력이 중요하므로 한·미 간 협력과 함께 다자간 협력을 통해 국제평화지대 구상 실현을 위한 토대를 만들기 위해 노력하고 있다.[5] 최근 구테흐스 유엔 사무총장도 '국제평화지대' 구상이 "한반도 평화를 위해 남북이 상호 이익에 집중할 수 있는 반가운 기회"가 될 것이며 "매우 고무적 발상"이라고 평가하면서 유엔도 지지할 준비가 되어 있다고 언급하였다.[6]

비무장지대DMZ는 「군사정전협정」(1953.7.27.)[7]에 의해 현재와 같이 설정되었다 당초 완충지대를 설정하여 적대행위를 막기 위해 설정된 비무장지대는 어떠한 적대행위도 금지한다는 정전협정 규정[8]에도 불구하고 협정 체결 이후 크고 작은 군사적 충돌과 위반행위들이 군사분계선과 비

무장지대를 넘나들면서 발생하였다.[9]

비무장지대는 기본적으로 우리의 영토이며, 헌법 제3조에 따라 우리 주권이 행사되는 지역이다. 하지만 비무장지대는「군사정전협정」에 의해 설정된 지역으로, 정전협정에서는 군사정전위원회에 비무장지대에 대한 권한을 부여하고 있다.[10] 1990년대 정전체제를 무실화하기 위한 북한의 조치들로 인해 현재 군사정전위원회와 중립국 감독위원회 등 정전협정 관련 기구들의 활동은 제대로 가동되지 못하고 있다.[11] 우리는 정전협정 체결의 당사자는 아니지만 실질적인 전쟁의 당사자로서 정전협정을 이행해 왔으며「남북기본합의서」에서 정전협정 준수에 합의한 점 등을 고려할 때 비무장지대에 대한 정전협정 규정은 여전히 규범력을 가지고 있다.[12] 정전협정 이후 비무장지대DMZ에 대한 최초의 남북 합의는「남북기본합의서」(1991. 12.13.)이다.[13] 이후 남과 북은 철도·도로 연결공사 과정에서 비무장지대를 통과하는 남북협력사업 추진을 위해 비무장지대에 남북 관리구역을 설정하기로 합의하였다. 비무장지대 전반에 대한 유엔사의 관할권Jurisdiction을 존중하면서 '남북관리구역'에 대한 관리권Administration을 구분, 설정하였다.[14] 이에 따라 유엔사가 비무장지대 전체에 대한 책임과 관할권은 그대로 보유하면서 일부 구역을 개방하여 남북한이 공동으로 관리권을 행사하도록 하였으며, 향후 군사분계선과 비무장지대를 넘나드는 다양한 협력사업 추진이 가능하도록 제도적 장치를 만들었다.[15]

2 DMZ '국제평화지대' 제안의 특징과 의미

비무장지대는 한반도에 군사적 긴장과 대결이 계속되고 있고, 언제든 우발적 충돌이 일어날 수 있다는 위기 상황을 상징해 왔다. 아울러 북한의 정전체제 무실화 조치로 인해 제도적으로 불안정한 상황에 놓여 있기도 하다. 한편, 북핵문제 지속과 함께 최근 미·중 갈등과 맞물려 한반도 비핵화와 평화정착에 대한 요구는 더욱 커져가고 있다. 이러한 상황에서 비무장지대를 '실질적인 평화지대'로 만들고, 나아가 '국제평화지대'로 만들기 위한 구상과 제안에는 다음과 같은 특징이 있다.

첫째는 무엇보다 남북 정상이 직접 합의한 사항이라는 점이다. '비무장지대의 실질적 평화지대화'는 지난 2018년 남북 정상이 「판문점선언」을 통해 '군사적 긴장완화와 적대행위 전면중지' 조치의 하나로 합의한 사안이다. 또한 평양 정상회담에서 합의한 「9·19군사합의」를 통해 구체적 실천조치에 합의하고 전 세계가 지켜보는 가운데 GP를 철거, 파괴하고 일부 지역에서 남북이 함께 지뢰를 제거하고 도로를 연결하였다. 아쉽게도 현재 추가적인 이행이 중단되어 있지만, 남북의 정상이 정상회담을 통해 합의한 사안이기 때문에 향후 합의이행 차원에서 반드시 실천해야 하는 사업이라고 할 수 있다

둘째로 'DMZ 국제평화지대' 구상은 역대 우리 정부가 추진해 왔던 비무장지대의 평화적 이용과 관련된 각종 제안·조치·정책들을 계승하고 있다.[16] 역대 우리 정부는 보수·진보를 막론하고 비무장지대를 평화적으로 이용하기 위한 다양한 정책을 구상하고 추진해왔다. 우발적 충돌을 방지하면서 군사적 긴장을 완화하고 비무장지대가 가지고 있는 자연·생태적 가치에 주목하면서 이를 보전하기 위한 다양한 정책을 개발하고 실천해 왔다. 문재인 정부 들어 처음으로 남북 정상이 비무장지대의 평화지대화에 합의한 만큼 역대 정부가 추진해왔던 DMZ정책을 최대한 반영한다는 입장에서 이를 실천하는 것이 필요하다.

셋째로 '국제평화지대' 구상은 한반도 평화 프로세스를 추진하는 데 실질적인 도움이 된다. 문 대통령이 "북한이 진정성을 가지고 비핵화를 실천해 나간다면 국제사회도 이에 상응하는 모습"을 보여주어야 하며, 국제평화지대가 "북한의 안전을 제도적이고 현실적으로 보장"하게 될 것

이라 강조한 것도 이러한 맥락이다. 국제평화지대의 여러 사업들은 비핵화 상응조치 차원에서 의미가 있으며, 국제사회 협력을 통해 한반도 비핵화와 평화정착에도 기여할 것이다. 비무장지대 지뢰제거가 국제 협력을 통해 추진되고, 판문점-개성 일대가 평화협력지대로 발전하여 국제사회와 함께 본격적인 경협이 추진되는 공간이 되고, 비무장지대에서 국제기구, 단체들이 활동한다면 북한은 미국 등 국제사회로부터 확고한 체제안전을 실질적으로 보장받게 될 것이고, 이는 한반도의 완전한 비핵화에도 기여하게 될 것이다.

또한, 문재인 대통령이 북미대화, 남북관계 모두 교착된 상황에서 DMZ 국제평화지대 설치를 제안한 것은 다음과 같은 목적과 의미가 있다. 먼저 소강상태인 비핵화 협상을 촉진하여 한반도 평화 프로세스가 다시 가동될 수 있는 계기를 마련하기 위한 것이다. 북미는 당시 하노이 회담 결렬 이후 북한의 비핵화조치와 상응조치들에 대한 협의를 진행하고 있는 상황이었다. DMZ 국제평화지대는 북한이 중요하게 생각하는 군사적 긴장완화, 신뢰구축과 직결된다는 차원에서 한반도 평화 프로세스를 추동하는 의미 있는 대안이 될 수 있다. 북한이 영변 핵시설 폐기 등 비핵화 조치를 취하면, 한·미도 북한이 원하는 체제안전보장 관련 상응조치를 취하는 모습을 보여주어야 북한도 안심하고 비핵화 조치를 할 수 있을 것이며 나아가 추가적인 비핵화 조치도 유도할 수 있다는 점을 감안한 것이다.

둘째, DMZ '국제평화지대' 추진은 군사·안보적 측면과 함께 경제협력을 활성화하여 전반적인 남북관계 개선에 기여할 수 있다. 국제평화지대 추진 과정을 통해 판문점-개성 평화협력특구가 설치되면 개성공단 재개를 넘어서는 다양한 경제협력이 이루어 질 수 있고, 각종 국제기구 입주와 함께 협력의 범위가 보건의료, 환경, 생태, 산림 등의 분야로 확대될 수 있다. 아울러 중단된 경의선, 동해선 철도 연결 및 현대화 사업도 재개될 수 있을 것이며, 우리가 단독으로 추진하다가 중단된 경원선 복원사업도 남북 간 연결 사업으로 새로이 추진될 수 있을 것이다.

셋째, 남북관계 개선과 한반도 평화 프로세스에 대한 국제사회의 지원과 협력을 체계적으로 확보할 수 있고 그 외연이 확대될 수 있다. 유네스코 세계유산 공동등재, 국제기구 유치 등의 다양한 사업들이 국제사회의 참여와 지원을 통해 추진되면, 사업추진의 성과를 실질적으로 보장 받을 수 있고, 남북관계 변화에 따른 사업추진의 불확실성을 줄일 수 있는 효과도 있다. 현실적으로 각종 협력사업 추진이 유엔 대북제재로 인해 제약을 받고 있는 상황에서 국제사회가 참여하는 국제평화지대를 추진하는 것이 한반도 평화 프로세스의 실천력도 높이고 외연을 확장하는 계기가 될 수 있다.

마지막으로 DMZ 국제평화지대를 우리가 주도하여 추진함으로써 한반도문제 해결의 당사자로서 입지를 분명히 할 수 있으며, 접경지역 발전으로 이어져 한반도 평화정착의 효과를 국민들이 체감할 수 있게 된다. 북미대화 교착에 따라 남북관계 경색이 지속되는 상황에서 한반도문제 해결의 당사자인 우리가 보다 적극적인 자세를 가지고 국제평화지대를 추진하는 것이 필요하다. 이러한 과정을 통해 남북 간 군사적 긴장완화, 신뢰구축 조치와 함께 현재의 정전체제를 평화체제로 전환하는 문제도 자연스럽게 우리가 추진할 수 있는 계기가 마련될 수 있다. 아울러 내부적으로는 비무장지대의 자연·생태를 보존하면서 인접해 있는 접경지역의 균형적 발전에도 기여할 수 있을 것이며, 이를 통해 한반도 평화정착과 남북관계 발전의 실질적 효과를 우리 국민들이 누릴 수 있을 것이다.

Ⅱ. DMZ 평화적 이용에 대한 역대 정부의 입장

1 노태우 정부 이전 DMZ 평화적 이용

「군사정전협정」에 따라 비무장지대가 설치된 이후 60년대 말까지는 비무장지대의 군사적 측면에만 관심을 기울였을 뿐 이 지역의 자연·생태적 가치나 평화적 이용에 대한 관심은 거의 없었다. 1970년대 초 세계적인 데탕트 흐름과 함께 처음으로 남북대화가 개최되었고, 본격적으로 대북정책이 추진되었으며 이에 따라 비무장지대의 평화적 이용에 대한 검토가 시작되었다. 1971년 열린 제371차 군사정전위원회 본회의(6.12)에서 유엔군측 수석대표 로저스Feliz Rogers 공군 소장이 '비무장지대의 평화적 이용'에 대한 제안을 하였다. 당시 제안은 DMZ를 그 취지에 맞게 비무장화할 것을 강조하는 것이었지만 대결의 공간이었던 비무장지대의 평화적 이용을 처음으로 강조하는 계기가 되었다.[17] 아울러 김용식 외무부장관은 비무장지대의 비무장화에 대한 유엔사의 제안을 지지하면서 이를 수락할 것을 북한측에 촉구(1972. 2.12)하였다.[18] 그러나 당시 이러한 제안들은 모두 정치적 제안의 성격이 강했고 북한도 별다른 반응을 보이지 않아서 실질적 진전으로 이어지지는 못하였다.

전두환 정부 시절 손재식 국토통일원장관은 경의선 도로연결, 설악산과 금강산 자유관광 등 "20개 시범실천사업"을 북한측에 제안(1982. 2.1.)하면서 DMZ 내 공동경기장 조성, 비무장지대 내의 동식물 자연생태계 공동학술조사, 남북한 군사적 긴장완화를 위한 비무장지대 내 군사시설 완전 철거 등 비무장지대의 비무장화 및 평화적 이용과 관련된 협력사업 추진을 제의하였다. 이러한 비무장지대의 비무장화 및 평화적 이용과 관련된 제안은 첨예하게 대립하던 남북관계 상황과 북한의 거부, 묵살 등으로 인해 실질적인 성과로 이어지지는 못하였다.

2 노태우 정부의 DMZ '평화시' 건설 구상

비무장지대의 평화적 이용문제를 본격적으로 제기한 것은 노태우 정부라고 할 수 있다. 노 대통령은 취임 이후 탈냉전의 정세변화에 따른 새로운 남북관계 발전을 본격 추진하기 시작하였다. 「7.7선언」을 통해 북한을 적대대상이 아닌 민족공동체의 일원으로 인식하고 상호 화해와 협력을 바탕으로 공동번영을 추구해 나갈 '선의의 동반자'로 간주하겠다는 입장을 밝혔다.[19] 이후 노 대통령은 유엔총회(1988.10.18.)에서 '한반도에 화해와 통일을 여는 길'이라는 주제의 연설을 통해 "북한이 당장 문을 열고 개방을 실시하는 데 어떠한 어려움이 있다면 휴전선의 비무장지대DMZ 안에 '평화시'를 건설할 수"있으며 "이 '평화시'안에서 30년 이상 헤어졌던 남북의 이산가족들이 자유롭게 만나며, 민족문화관, 학술교류센터, 상품교역장 등을 설치하여 폭넓은 교환·교류·교역을 실시"할 수 있다고 제안하였다.[20] 비무장지대를 본격적으로 남북 간 평화의 장으로 전환시키고 다양한 협력을 추진하자는 내용이었다. 같은 연설에서 군사적 긴장완화와 신뢰구축을 위한 조치들과 평화체제 구축을 위한 구상을 함께 밝힘으로써 '평화시' 건설 제안의 실효성을 높였다. DMZ '평화시' 건설 구상은 대통령이 유엔총회에서 제안했다는 점에서 매우 적극적인 조치로 평가할 수 있으며 이후 정부의 DMZ 관련 구상에도 영향을 미쳤다. 북한은 당시 '평화시' 건설 구상에 대해서는 별다른 반응을 보이지 않았다. 하지만 이후 남북고위급회담에서 비무장지대의 평화적 이용에 대한 협의가 진행되었으며, 「기본합의서」를 통해 남북이 비무장지대의 평화적 이용에 대해 처음으로 합의한 것은 남북관계 역사에서 커다란 의미가 있다고 할 수 있다.[21]

3 김영삼 정부의 DMZ '자연공원화' 제안

김영삼 대통령은 1994년 광복절 경축사를 통해 '민족발전공동계획'을 제안하면서 'DMZ 자연공원화'를 북한에 제의하였다 그동안 비무장지대의 평화적 이용문제가 주로 군사적 비무장화, 교류 추진 등에 초점이 맞추어져 있던 것과 달리 자연환경과 생태보전을 강조하는 관점에서 비무장지대 활용방안을 제시했다.[22] 이는 비무장지대가 가지고 있는 생태 및 자연 환경적 가치에 주목하고 이를 적극 반영하였다는 측면에서 의미가 있다. 안보적 관점에서 군사적 긴장완화와 함께 환경보존 및 자연·생태적 관점을 모두 강조한 제안으로 이후 정부에서 DMZ 정책을 수립하는 데 영향을 미쳤다고 볼 수 있다. 실제로 이후 비무장지대와 관련된 제안들은 모두 자연·생태적 관점을 계속해서 강조하고 있는 것을 확인할 수 있다.

4 김대중 정부의 경의선·동해선 철도·도로 연결

김대중 정부는 2000년 7월에 열린 제1차 남북장관급회담에서 경의선 철도연결에 합의하고, 이어 열린 국방장관회담에서 "비무장지대 내 인원, 차량 등의 통행을 허가하고 안전을 보장하기로 하고 철도·도로 주변의 남북 관할지역 설정은 정전협정에 기초하여 처리"하기로 합의하였다.[23] 이후 남과 북, 유엔사 간 합의에 따라 철도·도로 연결공사가 진행되고 사람과 물자가 오갈 수 있게 되었다. 김대중 정부에서는 분단 이후 처음으로 철도·도로 연결, 개성공단 건설, 금강산 관광 등의 남북협력사업을 추진하고, 이를 위해 군사분계선과 비무장지대를 넘나드는 남북의 공사인력과 주민, 차량 및 장비 등의 원활하고 안전한 통행을 보장하기 위하여 남북 '관리구역'을 설정하는 등 비무장지대의 평화적 이용을 제도화하고, 실제 협력사업으로 실천한 것을 평가할 필요가 있다.

5 노무현 정부의 DMZ '평화생태공원' 제안

여러 정부를 거치면서 구체화된 DMZ 평화적 이용 관련 구상은 노무현 정부에서 처음으로 남북 정상회담에서 협의되었다. 노 대통령은 2007년 10월 평양에서 열린 남북 정상회담에서 비무장지대에 설치된 중무기와 소초GP를 철수하고 '평화생태공원' 조성 등 비무장지대를 평화적으로 이용하자고 제안하였다. 김정일 국방위원장이 아직은 시기상조라고 거부하면서 10.4 남북정상선언에 포함되지는 못하였지만,[24] 군사적 긴장완화 및 신뢰구축 등 평화정착 노력과 함께 '평화생태공원' 등 비무장지대의 평화적 이용과 관련된 구체적 제안을 정상 간 협의한 것 자체가 의미가 있다. 특히 노 대통령은 남북 간 협력을 통한 한반도 생태공동체 보존을 실현할 수 있는 구체적인 공간으로 비무장지대를 인식하였고, 이를 통해 한반도 생태평화와 남북관계 발전의 선순환을 추구하였다.[25]

6 이명박 정부의 '나들섬 구상'과 DMZ 생태공원 추진

이명박 대통령은 비무장지대에 속한 한강 하구의 하중도河中島를 보강하여 개성공단이 아닌 새로운 남북경협지구를 조성한다는 '나들섬 구상'을 대선 공약[26]으로 발표하였다. 경기도 강화군 교동도 한강 하구 퇴적지 일대에 여의도 10배 면적의 나들섬을 건설하겠다는 공약을 제시하고 당선 이후 100대 국정과제에도 포함시켜 지속적인 추진의지를 보였다. 하지만 북한의 무시, 한강 하구 인공섬 건설에 따른 홍수 등 재해 가능성, 자연 환경 파괴 등의 논란으로 실현 가능성이 희박하다는 문제 제기도 지속되었다.[27] 결과적으로 구체적인 사업 추진으로 이어지지 못하였고 북한과도 제대로 된 협의 없이 구상에 그친 측면이 있다. 그러나 이명박 정부 시절 'DMZ의 평화적 이용'이 국정과제로 제시되면서 각 부처에서는 DMZ와 인접지역에 대한 다양한 정책구상을 검토하였다. 행정안전부는

"접경지역 발전종합계획"(2011), 환경부는 "DMZ 생태평화공원 조성 기본계획'(2009), 통일부는 "DMZ 평화적 이용 구상"(2010) 등을 각각 수립하였다. 지방정부 차원에서도 비무장지대와 인접지역에 대한 정책 구상과 사업을 구체화하기 시작하였다. 경기도는 2008년에 "DMZ 일원 평화생태공원 조성 및 생태관광 개발계획"을 마련하였고, 강원도는 평화생명동산, 평화문화광장을 조성하는 등 DMZ 인접지역 거점 조성에 주력하였다.[28] 전반적인 남북관계 경색으로 북한과 구체적 협의가 진행된 것은 없지만 여러 부처와 지방정부에서 비무장지대의 평화적 이용에 관심을 가지고 평화·생태적 관점에서 계획을 수립한 것은 의미가 있다고 할 수 있다.

7 박근혜 정부의 DMZ '세계평화공원' 제안

박근혜 대통령은 취임 이후 첫 미국 방문시 상·하원 합동연설(2013. 5.9.)에서 'DMZ 세계평화공원' 설립을 제안하였다. 다음해 드레스덴 선언(2014.3.28.)에서 DMZ 평화공원 조성을 다시 강조하였고, 유엔총회 연설(2014.9.25.)에서도 '세계생태·평화공원' 설립을 다시 제안하였다. 박근혜 정부는 이전 정부에서 추진해왔던 DMZ 평화적 이용에 관한 구상을 종합하여 이를 구체화하기 위해 노력하였고 실제 사업으로 추진하기 위한 노력도 병행하였다. 이에 따라 2014년 통일부 예산으로 'DMZ 세계평화공원 조성사업비 302억 원이 남북협력기금으로 편성되었다.' 세계평화공원 구상은 북한의 핵실험 및 미사일 발사 등으로 인한 남북관계 경색으로 가시적 성과는 없었지만 국제사회와의 참여와 협력을 강조하면서 공감대를 형성하려고 노력했던 점은 DMZ 정책과 관련하여 평가할 수 있는 부분이다.[29]

8 문재인 정부의 DMZ '국제평화지대화' 추진

문재인 대통령은 2018년 판문점 평화의 집에서 열린 김정은 위원장과의 남북 정상회담(4.27) 「판문점선언」에서 "비무장지대를 실질적인 평화지대"로 만들어 나가기로 합의하였다.[30] 이러한 합의에 따라 「남북장성급군사회담」, 「남북군사실무회담」 등을 개최하여 군사분야 합의이행을 위한 협의를 진행하였다. 그 결과 「9월 평양공동선언」 부속합의서 형식으로 「판문점선언 이행을 위한 군사분야합의서」(2019.9.19.)를 체결하였다.[31] 「9.19 군사합의」 이후 남북관계 경색에도 불구하고 현재까지 별다른 군사적 긴장조성 없이 한반도 상황이 안정적으로 유지되고 있으며, 비무장지대 감시초소(GP) 중 11개 철수, 파주·철원·고성 GP 인근 'DMZ 평화의 길' 구간 개방, 판문점 공동경비구역 비무장화 등이 실현되었다. 'DMZ 국제평화지대' 구상은 기본적으로 「판문점선언」과 「9·19 군사합의」에서 김정은 위원장과 합의한 'DMZ의 실질적 평화지대화'에서 출발한 것이다. 남북 정상이 합의한 비무장지대의 평화지대화를 토대로, 국제사회의 참여와 협력을 통해 DMZ를 항구적인 평화와 협력 공간으로 발전시켜 나가기 위한 구상이다.

Ⅲ. DMZ 국제평화지대 과제와 전망

1 추진 과제

정부는 그동안 남북관계 경색 등 어려운 여건 속에서도 DMZ 국제평화지대 구상을 실천하기 위한 노력을 지속하였다. 국제평화지대 구상을 지속 추진하고, 실현하기 위해서는 다음과 같은 과제들을 준비해야 한다. 먼저, '국제평화지대' 구상을 실현하기 위해 가장 중요한 것은 역시 북한의 태도이다. 물론 김정은 위원장이 정상회담을 통해 '평화지대' 구축에

합의했기 때문에 기본적인 토대는 마련되었다고 할 수 있다. 하지만 '국제평화지대' 제안에 대한 남북 간 구체적 협의는 아직 진행되지 못했기 때문에 북한이 자신들의 안전보장에 도움이 되고 여러 측면에서 실질적으로 이익이 된다는 점에 공감하고 각종 사업의 추진에 적극 협력해 나오도록 설득·유도할 필요가 있다.

다음, 국내적으로 비무장지대 인접 접경지역 지방정부의 적극적인 참여와 협력이 필요하다. 접경지역은 분단과 군사적 대치상황으로 그동안 많은 제약을 받았고, 중첩적인 규제 때문에 개발과 발전에 대한 요구가 크다. 따라서 주민들의 의견을 적극 수렴하면서 개발과 보존의 균형적 추진이 가능할 수 있도록 지역별 특성에 맞춘 추진계획을 수립하는 것이 필요하다. 아울러 정부 내 협업도 강화해야 한다. 통일부가 중심이 되어 추진체계를 정비할 필요가 있다.[32] 이를 위해 통일부도 담당 조직을 신설하는 등 준비를 하고 있다. 유관부처, 지방정부, 전문가, 연구기관 등의 다양한 의견을 수렴하고 조정하여 대북협의와 국제사회 협력을 위한 준비를 체계적으로 해야 한다.

마지막으로 비무장지대 관련 사업 추진을 원만하게 위해서는 유엔사와의 긴밀한 협력이 필요하다. 또한 국제평화지대라는 방향에 맞도록 미국뿐만 아니라 유엔 등 국제사회의 적극적 참여가 필요하다. 이러한 과정을 통해 DMZ '국제평화지대'가 한반도 평화정착의 출발점이 될 수 있도록 국제사회의 협력을 이끌어내야 한다.

이러한 방향으로 추진하면 비무장지대를 체계적으로 보존·개발·이용할 수 있게 될 것이다. 이를 통해 분단과 전쟁의 상징으로 인식되어 있는 비무장지대의 이미지를 한국의 상징적 장소, 새로운 랜드마크로 발전시켜 나갈 수 있을 것이다.

② 향후 전망

현재의 한반도 상황 고려시, DMZ 국제평화지대를 조기에 실현하는 것은 현실적으로 어려움이 있다. 우선 비핵화 협상에 돌파구가 마련되어야 하고, 남북관계 개선을 위한 가시적 조치들도 필요하다. 또한 현재와 같이 북미관계, 북핵문제에 남북관계가 사실상 연계되어 있는 상황 역시 바람직하지 않기 때문에 서로 선순환할 수 있도록 새로운 접근이 필요하다. 한반도 평화 프로세스가 진전되어야 국제평화지대 구상의 본격적인 실천이 가능하다는 측면에서 우선 비무장지대 우리측 지역 실태조사, 'DMZ 평화의 길' 탐방, JSA 견학 확대 등 가능한 사업부터 추진하는 것이 필요하다. 현재는 코로나19 등의 영향으로 적극적 추진이 어렵지만, 지속적 추진을 통해 국민들이 평화를 일상에서 체감하고 북한에 대해서도 일관된 추진에 대한 메시지를 지속할 필요가 있다. 이를 통해 접경지역 지방정부 등과 협력하여 한반도 동서를 횡단하는 '한국의 산티아고 길' 조성 사업으로 연결시켜 나갈 수도 있다.[33]

아울러, DMZ 국제평화지대를 보다 체계적으로, 지속가능하게 추진하도록 이를 제도화·법제화하는 것도 필요하다. 그동안 비무장지대에 대해서는 「자연환경보전법」, 「군사기지 및 군사시설 보호법」 등 비무장지대 관련 일부 내용만을 규율하는 법률은 있었지만, 비무장지대 전반을 관리하는 기본적 성격의 법률은 없는 상황이다. 따라서 비무장지대를 체계적으로 보전하고 비무장지대의 평화적 이용, 나아가 국제평화지대 추진을 제도적으로 뒷받침할 수 있는 법률 제정 등도 적극 검토할 필요가 있다.[34] 역대 정부에서 추진해 왔던 비무장지대의 평화적 이용에 대한 정책을 종합적으로 반영하여 이를 법률로서 체계적으로 지원하는 것이 필요하다.

한편, 문재인 대통령은 '오슬로 포럼' 연설(2019.6.12.)을 통해 독일이 「동서독 기본조약」에 따라 설치한 '접경위원회'를 통해 접경지역에서

화재, 홍수, 전염병, 병충해, 수자원오염문제 등에 신속하게 대처했다는 점을 지적하면서[35] 남북이 하나의 '생명공동체'로서 이러한 선례가 한반도에도 적용되기를 바란다고 강조하였다.[36] 비무장지대 및 접경지역의 평화적 이용을 위한 남북 상설기구로서 '남북 접경위원회'를 설치하여 임진강, 한강하류 공동 관리, 감염병 및 산림병충해, 자연재해 공동 대응 등을 추진하여 남북 접경지역 및 비무장지대의 평화적 관리·이용에도 기여할 수 있다. 이를 통해 DMZ의 국제평화지대 구상 실현에도 도움이 될 수 있을 것이다.

〈주〉

1) 대통령 비서실, "제74차 유엔총회 연설"《문재인대통령 연설문집 (제3권 상)》, p356 (20 19.9.24.)

2) 《연합뉴스》, "한반도 비무장지대 실태조사 시작"(2020.5.26.), https://www.yna.co.kr /view/PYH 20200526105300060?input=1196m; 《연합뉴스》, "문화재청, 비무장지대 문화·자연유산 올해 첫 실태조사 착수", (2021.2.23.) https:/ ww.yna.co.kr/view/AKR 20210223050500005?input=1195m.

3) 《연합뉴스》, "유네스코 사무총장, 'DMZ 세계유산 남북 공동등재 추진지지'", (2019.9.2 6.) https:// www.yna.co.kr/view/AKR20190926082700504?input=1195m.

4) 《연합뉴스》, "정부 'DMZ이용 종합계획' 수립중… 국제평화지대화 구상도 포함", (2019. 9.25.) https:// www.yna.co.kr/view/AKR20190925082000504?input=1195m

5) 《이데일리》, "강경화 외교, 뮌헨회의서 다자주의 기반 'DMZ 국제평화지대화' 소개", (20 20.2.15.) https://www.edaily.co.kr/news/read?newsId=01380886625670848&m ediaCodeNo=257&OutLnkChk=Y.

6) 《연합뉴스》, "유엔사무총장 "문 대통령 'DMZ 국제평화지대화', 고무적 발상"", (2021.8.3 1.), https:// www.yna.co.kr/view/AKR20210831067400504?input=1195m

7) 「군사정전협정」은 "국제연합군 총사령관을 일방으로 하고 조선인민군 최고사령관 및 중국 인민지원군 사령관을 다른 일방으로 하는 한국 군사정전에 관한 협정"으로 서언과 전문 5조 63항, 부록 11조 26항으로 이루어져 있으며, 1조 군사분계선과 비무장지대(DMZ), 2조 정화(停火) 및 정전의 구체적 조치 등을 규정하고 있다.

8) "쌍방은 모두 비무장지대내에서 또는 비무장지대로부터 비무장지대에 향하여 어떠한 적 대행위도 감행하지 못한다", (「군사정전협정」 제1조 군사분계선과 비무장지대, 제6항)

9) DMZ 연대별 정전협정 위반현황은 1950년대 80건, 1960년대 364건, 1970년대 134건, 1980년대 47건, 1990년대 51건에 이르고 있다. 이정훈, 구자룡, 조진형, 〈한국인과 외국 인이 본 DMZ의 이미지와 가치〉, 경기연구원 이슈&진단 No385. (2019.9.11.), p. 3

10) "군사정전위원회의 특정한 허가 없이는 어떤 군인이나 민간인이나 군사분계선을 통과 함을 허가하지 않는다", (「정전협정」 제1조 7항), "비무장지대내의 군사분계선 이남의 부 분에 있어서의 민사행정 및 구제사업은 국제연합군총사령관이 책임진다. 비무장지대내의 군사분계선 이북의 부분에 있어서의 민사행정 및 구제사업은 조선인민군 최고사령관과 중국인민지원군사령관이 공동으로 책임진다", (「정전협정」 제1조 10항)

11) 북한은 현재의 정전체제를 새로운 평화체제로 전환할 것을 주장하면서 1991년 3월 군정 위 유엔측 수석대표로 황원탁 소장을 임명하자 군정위에 불참하기 시작하였으며, 군정위 중국 대표단(1994년 12월) 중감위 체코(1993년 4월), 폴란드(1995년 2월)를 각각 철수 시켰다. 1994년 5월 군사정전위에서 북측 대표단을 철수시키고 새로운 협상기구로 「조선 인민군 판문점 대표부」 설치를 일방적으로 통보하였다. 현재는 북측의)조선인민군 판문점 대표부'와 유엔사와의 장성급회담 등을 통해 정전체제를 유지하고 있는 상황이다.

12) 이효원, 〈한반도의 통일과 DMZ의 효율적 관리를 위한 법제도화〉, 통일전략 제12권 제1호, pp. 49-51, (2012)

13) 「남북기본합의서」 제5조에서 "남과 북은 현 정전상태를 남북 사이의 공고한 평화상태로 전환시키기 위하여 공동으로 노력하며, 이러한 평화상태가 이룩될 때까지 현 군사정전협정을 준수"하기로 하고 제12조에서는 "남과 북은 남북군사동동위원회에서 비무장지대의 평화적 이용문제 등을 협의 ·추진"한다고 규정되었다.

14) 남과 북, 유엔사 협의를 통해 「비무장지대 일부구역 개방에 대한 국제연합군과 조선인민군간 합의서」(2000.11.17.)에서 "서울-신의주간 철도와 문산-개성간 도로가 통과하는 군사분계선과 비무장지대 일부구역을 개방하여 그 구역을 남과 북의 관리구역"(1조)으로 하기로 합의하였다.

15) 이효원, 〈DMZ 세계평화공원 조성을 위한 법적 과제〉, 《통일법의 이해》 pp. 335-336 (박영사, 2014)

16) 김강녕, 〈DMZ 국제평화지대화의 필요성과 과제〉, 접경지역 통일연구. 제3권 제2호, p. 23 (2019년 겨울 통권 제6호)

17) 김강녕, 〈역대정부의 DMZ 평화적 이용정책의 전개와 향후과제〉, 접경지역 통일연구, 제4권, 제2호 pp. 45-46 (2020년 겨울 통권 제8호)

18) 위 논문. p. 46

19) 통일부 통일교육원, 《남북관계 지식사전》 (2011) pp. 696-699

20) 김강녕, 〈역대정부의 DMZ 평화적 이용정책의 전개와 향후과제〉, 접경지역 통일연구, 제4권, 제2호 p. 48 (2020년 겨울 통권 제8호)

21) 남북기본합의서(1991.12.13.) 제12조에서 "남북군사공동위에서는 대규모 부대이동과 군사연습의 통보 및 통제문제, 비무장지대의 평화적 이용문제...대량살상무기와 공격능력의 제거를 비롯한 단계적 군축 실현문제, 검증문제 등 군사적 신뢰조성과 군축을 실현하기 위한 문제를 협의,추진"하기로 합의하였다.

22) 홍현익, 〈DMZ 국제평화지대 구상 실현 방안〉, 세종정책브리프, p. 11 (세종연구소, 2020.4.13.)

23) 최용환, 〈DMZ 및 접경지역 남북협력의 쟁점과 과제〉, INSS 전략보고, p. 7 (국가안보전략연구원, June 2020)

24) 홍현익, 〈DMZ 국제평화지대 구상 실현 방안〉, 세종정책브리프, p. 13 (세종연구소, 2020.4.13.)

25) 김민혁, "비무장지대를 평화의 공간으로 만들어가기 위한 역대 정부의 DMZ 정책들", 《유니콘이 간다》 (통일부 공식블로그, 2020.2.3.), https://blog.naver.com/PostView.naver?blogId=gounikorea &logNo=221794345321&categoryNo=84&parentCategoryNo=84&from=thumbnailList

26) 《세계일보》, "이명박 나들섬 건설 공약, 홍준표 군복무 20개월로" (2007.6.19.), "한강

하구 퇴적지 일대 비무장지대에 약 900만평(여의도 10배 면적) 규모로 남북경제협력단지를 조성하는 것을 골자로 한다. 나고 드는 섬이라는 의미의 나들섬 구상은 남한의 기술·자본과 북한의 노동력을 결합할 수 있는 중소기업을 유치해 북한의 개방을 지원하겠다는 것이다." https://www.segye.com/ newsView/20070618000422.

27) 장용훈, "李당선인 나들섬 구상은 비현실적", 《연합뉴스》, (2008.2.1.), https://news.naver.com /main/read.naver?mode=LSD&mid=sec&sid1=102&oid=001&aid=0001946812.

28) 김강녕, 〈역대정부의 DMZ 평화적 이용정책의 전개와 향후과제〉, 접경지역 통일연구, 제4권, 제2호 p. 53 (2020년 겨울 통권 제8호)

29) 위 논문. p. 55

30) 「한반도의 평화와 번영, 통일을 위한 판문점선언」(2018.4.27.), 제2조 ①항, "당면하여 5월 1일부터 군사분계선 일대에서 확성기 방송과 전단살포를 비롯한 모든 적대행위들을 중지하고 그 수단을 철폐하며, 앞으로 비무장지대를 실질적인 평화지대로 만들어 나가기로 하였다"

31) 비무장지대를 평화지대로 만들어 나가기 위한 실질적인 군사적 대책을 강구하기로" 합의 (2조)하고, 비무장지대 감시초소를 전부 철수하되, 시범적 조치로 1km 이내 근접 감시초소 철수(2조①항), 판문점 공동경비구역 비무장화(2조 ②항), 비무장지대 시범적 남북공동유해발굴 진행(2조 ③항), 비무장지대 역사유적 공동조사 및 발굴 군사적 보장대책 협의(2조 ④항) 등에 합의하였다.

32) 《통일뉴스》, "통일부, 남북접경협력과 등 신설한 '교류협력실' 확대개편" (2020.1.7.) "이번 조직개편에서 주목되는 내용은 '남북접경협력과' 신설이다. 문재인 대통령이 제시한 비무장지대의 국제평화지대화 등 비무장지대를 평화적으로 이용하기 위한 협력사업을 추진하기 위한 것" http://www.tongil news.com/news/articleView.html?idxno=130952.

33) 《서울신문》, "문 대통령 "DMZ, '산티아고 길'처럼 평화의 길 되길 기대" (2019.10.24.), https://www.seoul.co.kr/news/newsView.php?id=20191023500183

34) 《경기일보》, "전해철, '비무장지대의 보전 등 관한 법률안' 대표발의" (2020.10.20.), http://www. kyeonggi.com/news/articleView.html?idxno=2323640.

35) 《연합뉴스》, "文대통령 '남북접경위원회' 사실상 제안… "동서독 선례 남북에"" (2019.6.12.), https: //www.yna.co.kr/view/AKR20190612171800001.

36) 강민조, 〈동서독접경위원회 사례를 통해 본 남북 접경지역의 협력과제〉, 국토이슈리포트 제7호, pp. 2-4, (국토연구원, 2019.6.24.). 서독은 1971년 낙후된 서독 접경지역 발전을 위해 '접경지역지원법'을 제정하여 각종 지원정책을 추진하였으며, 이어 1972년 체결된 동서독 기본조약을 토대로 동서독의 관계 연방부처와 서독의 접경 4개주 대표로 구성된 '접경위원회'를 설치(1973년)하여, 접경지역 거주 동서독 주민들에게 상호 이익이 되도록 엘베강 등 공유하천 공동관리, 환경보호 및 산림훼손 방지, 자연재해 방지 등의 사업을 추진하였다.

11장

정전체제의 평화적 전환과 DMZ 평화지대화

서보혁

Ⅰ. 비무장지대의 설치와 중무장지대화

1 정전체제의 중추, 비무장지대

비무장지대Demilitarized Zone: DMZ는 말 그대로 분쟁 당사자들이 합의에 의해 완전한 분쟁 종식을 위해(그리고 그에 앞서) 특정 범위에서 물리적 충돌을 금지한 구역을 말한다. 비무장이므로 병력, 화기가 일체 들어가서는 안 되는 곳이다. 물론 예외는 있다. 비무장 감시와 재난 대처를 위해. 이 장에서는 한국전쟁 직후 정전협정에서 합의된 비무장지대가 비무장이 아닌 문제를 안고 있음을 확인하고 그 대안으로 나온 평화지대화 구상을 검토한 뒤 그 실현을 위해 해결할 주요 과제를 제시하고자 한다.

한국전쟁은 동아시아 냉전을 폭력적인 방식으로 확립한 결정적인 계기가 되었다. 한민족에게는 해방 후 통일독립국가를 수립할 기회를 상실하고 분단·정전체제를 형성해 대립을 지속하는 분수령이 되었다. 한국전쟁이 승자가 없이 중단된 상태에서 평화협정을 맺지 못하고 정치·군사적인 대치를 이어갔다. 그 법적 조치가 1953년 7월 27일, 세 분쟁 군

최고지도자들 간에 체결된 정전협정이었다. 이 협정에서 비무장지대 설치가 규정되었는데, 비무장지대는 정전체제가 분쟁 재발로 붕괴되지 않고 지탱하도록 해주는 물리적 공간이다.

정전협정 제1조는 군사분계선과 비무장지대 설치에 대해 자세히 담고 있다. "한 개의 군사분계선을 확정하고 쌍방이 이 선으로부터 각기 2킬로미터씩 후퇴함으로써 적대 군대 간에 한 개의 비무장지대를 설정한다"(제1항)고 했는데, "이를 완충 지대로 함으로써 적대행위의 재발을 초래할 수 있는 사건의 발생을 방지"(제1항)하는 것을 목적으로 삼고 있다. 이어 "쌍방은 모두 비무장 내에서 또는 비무장지대로부터 또는 비무장지대로 향하여 어떠한 적대행위도 강행하지 못한다"(제6항)고 밝히고, "비무장지대 내의 어떠한 군인이나 민간인이거나 그가 들어가려고 요구하는 지역의 사령관의 특정한 허가 없이는 어느 일방의 군사통제하에 있는 지역에도 들어감을 허가하지 않는다"(제8항)고 밝히고 있다. 그에 따라 "민사행정 및 구제사업의 집행에 관계되는 인원과 군사정전위원회의 특정한 허가를 얻고 들어가는 인원을 제외하고는 어떠한 군인이나 민간인이거나 비무장지대에 들어감을 허가하지 않는다"(제9항) 비무장지대 내의 군사분계선 이남의 민사행정 및 구제사업은 국제연합군사령관이, 이북은 조선인민군 최고사령관과 중국인민지원군사령원이 각각 책임진다. 민사 행정 및 구제 사업을 집행하기 위하여 비무장지대에 들어갈 인원수는 쌍방 사령관이 결정하지만 어느 일방의 총수는 1,000명을 초과하지 못한다.(제10항)고 하고 있는데, 이는 비무장지대의 운용에 관한 지침이다.

정전협정 제2조에는 비무장지대 내 군사력 및 위험물 철거 규정, 그리고 그 후 운용방침을 밝히고 있다. "협정이 효력을 발생한 후 72시간 내에 일체의 군사력, 보급 및 장비를 비무장지대로부터 철거"[제13항(ㄱ)], "72시간의 기간이 끝난 후 45일 내에 모든 이러한 위험물(의) …

제거", "군사정전위원회가 특히 요청하였으며 또 적대 쌍방사령관들이 동의한 경찰의 성질을 가진 부대 및 본 협정 제10항과 제11항에서 허가한 인원 이외에는 쌍방의 어떠한 인원이라든지 비무장지대에 들어가는 것을 허가하지 않는다"는 규정이 그에 해당한다. 정전협정에 따르면 비무장지대는 한강 하구[1]와 함께 군사정전위원회의 감독을 받는다. 군정위는 공동감시소조를 파견하여 협정 위반사건을 조사할 권한을 갖고(제2조 제27항), 전쟁포로 송환위원회는 필요시 판문점 외에도 전쟁포로 인도 및 인수지점을 비무장지대 내에 증설할 수 있다(제3조 제55항).

② 충돌의 중심지대로 변질된 비무장지대

그러나 정전협정 쌍방은 이런 비무장지대 합의를 서서히, 그러나 뚜렷하게 위반해갔다. 정전협정 당사자들[2]은 남북한의 군사적 충돌을 금지하고 협정 이행을 감시하는 기구를 만들어 운영했다. 그러나 남북의 정전협정 위반은 비일비재했고 군사충돌은 지속되었는데 그 장소 대부분이 DMZ와 인근 지역이었다. 이를 인내심을 갖고 추적한 연구에 따르면, 북한군과 유엔사가 함께 작성한 「월간 정협 위반통계」에서는 쌍방의 정전협정 위반사례에 대해 북측 위반 425,271건(유엔사측 작성), 남측 위반 835,563건(북한군 작성)으로 각각 보고되었다. 이렇게 남과 북의 군사충돌 사례에 대한 통계에 큰 차이가 나는 것은 우선 북한측의 정치선전적 의도에서 비롯된 것이다. 그 가운데서 DMZ와 그 인근에서 벌어진 군사충돌을 북한측 자료를 통해 보자. 1945년 11월부터 2014년까지 DMZ 군사충돌 사례를 데이터베이스DB로 정리한 결과, 《로동신문》에 나타난 DMZ 지역 주요 정전협정 위반 건수는 육상 1,423건, 해상 425건, 공중 661건, 계 2,509건이다. 이를 주요 위반 유형으로 재구성해보면 육상의 총포격 768건, 비행기 월경 610건, 군경비함 월선 316건, 침투교전 시

군인 사망 179건, 군인 생포 또는 부상 148건, 무장 습격 99건, 군사분계선 침투 81건, 쌍방 교전 68, 어선 및 군함 나포·침몰 48건, 해상의 총포격 30건 등의 순으로 나타났다. 충돌이 이토록 다양하고 지속적으로 일어난 것이다.[3]

냉전 해체기에 들어 북한측에서 정전체제를 무력화하는 움직임을 전개해나갔다. 1991년 군사정전위원회 유엔사측 수석대표에 한국군 장성이 임명되었는데 북한은 이를 부정하고 미국과의 협의를 추구하였다. 그 연장선상에서 북한은 군정위를 부정하는 대신 북한군 판문점대표부를 설치하고 북한측 중립국감독위원회를 철수시키는 등 일련의 행동에 나섰다. 특히, 1996년 4월 4일에는 조선인민군 판문점대표부 담화를 통해 북한은 "정전협정에 의한 군사분계선과 비무장지대의 유지 및 관리와 관련한 임무를 포기하고, 판문점 공동경비구역JSA과 비무장지대DMZ를 출입하는 인원과 차량의 식별표지를 하지 않겠다"며 사실상 'DMZ 불인정'을 선언했다. 이후 1996년 4월 5일부터 7일 사이에는 무장병력 총 470여 명을 판문점 지역에 투입하여 무력시위를 했다. 그 후 2013년 3월 북한은 정전체제 백지화를 선언하기에 이른다.[4]

그러나 북한의 정전체제 무력화 시위는 남한 혹은 미국과 대화 분위기일 때는 약화되는 모순된 현상을 보인다. 예를 들어 2000년 6.15 공동선언에 남북 정상이 양측의 통일방안에 공통점을 갖고 통일을 준비하자고 한 점은 기존 남북 대치상태, 즉 정전체제를 인정하는 전제 하에서 가능한 합의였다. 나아가 2000년 김정일 위원장의 특사로 조명록 국방위원회 제1부위원장이 미국을 방문해 발표한 공동성명(10.12)에서 긴장상태 완화, 정전협정의 평화보장체계로의 전환, 종전선언 방안 등을 협의했는데, 이 역시 정전체제를 인정하는 전제 하에서 성립하는 구상이다. 그럼에도 불구하고 정전체제가 계속해서 약화되어 온 사실을 부정할 수 없다. 정전체제를 유지해온 기구와 법적 규정이 크게 붕괴되었고, 특히 비무장지대가 중무장지대로 변질된 것이 대표적인 현상이다. 그 결과 북한은 안보문제에 있어서 남한을 배제한 채 미국과 협상하려는 소위 '통미봉남' 전술이 두드러졌다. 위약해진 정전체제는 단지 물리력으로 지탱되는 한계를 보이고 있다. 정전체제를 복원보다 그것을 평화적으로 전환시켜 한반도를 항구적 평화체제로 만들자는 구상이 부상하는 이유가 여기에 있다.

II. 평화지대화 구상과 의의

1 평화지대화 구상의 변천

DMZ의 평화지대화 구상이 문재인 정부 들어 최초로 등장한 것은 아니다. 전두환은 1982년 11월 '민족화합민주통일방안'을 북한에 제안하면서 20개 시범실천사업 가운데 비무장지대 군사시설 철거, 경기장 설치 및 학술조사 등 3개항을 포함시켰다. 그러나 전두환 정권의 이런 제안은 일방적이었고 북한의 어떤 반응도 이끌어내지 못하였다. 이어 냉전 해체기 진행된 남북고위급회담 결과 채택된 남북기본합의서(1991.12.13.)에서 최초로 남북 당국 간에 관련 논의가 있었다. 기본합의서 제2장 제12조에는 다양한 군비통제 방안들이 제시되어 있는데 그중 하나로 "비무장지대의 평화적 이용문제"에 관한 협의 추진이 포함되었다.[5] 냉전이 해체되는 과정에서 진행된 일련의 고위급회담에서 남북이 합의한 불가침 합의는 남북의 기존 입장을 절충한 것으로서, 북핵 위기가 발생하지 않았다면 본격적인 군비통제 협상에 나설 가능성이 있었다. 남북은 위 기본합의서 채택시 화해, 불가침, 교류협력에 관한 3개의 부속합의서도 채택하였고, 특히 군비통제를 추진하기 위한 남북 군사공동위원회 설치에도 합의하였다. 그러나 당시 비무장지대의 평화적 이용 등 구체적인 군비통제 방안은 논의하지 못하고 북핵 위기로 빠져들었다.

DMZ의 평화지대화에 관한 공식 제안은 기본합의서 채택 이전인 노태우 정부에 의해 만들어져 북한에 제안되었다. 88 서울올림픽으로 국제적 이미지가 개선된 상태에서 노태우 대통령은 유엔 총회 참석차 뉴욕을 방문하였다. 노 대통령은 1988년 10월 18일 '한반도에 화해와 통일을 여는 길'이라는 제목의 연설에 나섰다. 그는 35년간 지속된 한반도의 대결 구도를 종식시킬 방안으로 '비무장지대 평화시 건설'을 북한에 제안했다. 노 대통령은 "이 '평화시' 안에서 30년 이상 헤어졌던 남북의 이산가족들이 자유로이 만나며, 민족문화관·학술교류센터·상품교역장 등을 설치하여 폭넓은 교환·교류·교역을 실시할 수 있을 것"이라고 밝혔다. 그리고 그는 비무장지대 평화시 구상과 함께 무력사용 금지, 군비축소, 휴전협정의 항구적 평화체제로의 대체 등도 제안했다.[6] 노 대통령의 이 제안은 남북대화가 진행되는 분위기에서 이루어져 기대를 불러일으켰으나 곧바로 북한의 호응을 얻지 못하였다.

비무장지대의 평화적 이용에 관한 구상은 기본합의서를 거친 후, 박근혜 정부 들어 '비무장지대DMZ 세계평화공원' 안으로 일어났다. 그러나 박 대통령의 구상은 당시 경색된 남북관계를 감안할 때 처음부터 현실성이 낮았다. 노태우 대통령의 평화시 구상과 남북기본합의서 상의 비무장지대의 평화적 이용문제 협의는 남북대화 분위기에서 이루어졌는데도 노 대통령의 구상은 호응을 얻지 못했다. 그런데 이명박 정부에 이어 박근혜 정부도 대북 압박을 지속하고 있었던 터에 DMZ 세계평화공원에 대한 북한의 반응은 마이동풍馬耳東風 격이었다. 박근혜 대통령은 이 구상을 2013년 5월 8일 미국 의회 합동연설에서 언급해 북한에 공식 제안한 것도 아니었다. 그 이후에도 이 구상은 북한과 어떤 협의도 없이 정부의 일방적인 접경지역 개발 청사진으로 제시될 뿐이었다.

2000년대 들어 북핵문제는 9.11테러로 인한 미국의 반테러전쟁으로 다자회담에서 다뤄졌다. 2005년 6자회담 9.19 공동성명에서 비핵화-평화체제 병행 추진 합의가 있었지만, 그것은 주요 당사국인 남북미 3자 사이의 관계를 능가할 수는 없었다. 2008년 말 6자회담의 중단은 북미 간 비핵협상의 결렬의 반영에 불과하였다. 여기서 하나 덧붙일 것은 북미 협상채널이 한반도 비핵화-평화체제의 병행 추진을 위한 중요한 축이라고 하더라도, 그것이 남북 채널이 없이 지속가능성을 갖기는 힘들다는 사실이다. 2018년 김정은 정권이 평창 동계올림픽 참가 결정을 하며 남북관계 개선과 북미대화, 그리고 북미 비핵화 협상과 남북 간 포괄적 신뢰구축 협상을 병행 추진한 사실이 이를 말해준다. 2018년 4.27 판문점선언에서 남북 정상이 DMZ 평화지대화에 합의한 것은 그와 같은 한반도 문제 협상의 틀에서 이해가능하다.

판문점선언에서 남북 정상은 항구적이고 공고한 평화체제 구축과 함께 "완전한 비핵화를 통해 핵 없는 한반도를 실현한다"고 합의하였다. 그리고 이 공약은 이어 북미 정상 간 최초 합의인 '싱가포르 공동성명'(2018. 6.12.)에서 재확인되었다. "트럼프 대통령은 북한에 대한 안전보장을 약속하였고, 김정은 국무위원장은 한반도의 완전한 비핵화에 대한 그의 확고한 의지를 재확인했다." 그리고 "북한은 2018년 4월 27일 판문점선언을 재확인하고 한반도 비핵화를 위해 노력한다"는 조항까지 넣어 남북미 3자 사이에 평화 프로세스를 공식화하였다. 판문점선언과 싱가포르선언은 다시 평양 공동선언(2018.9.19)으로 이어졌다. 그 결과 DMZ 평화지대화 구상이 가시권에 들어설 수 있었다. 그런 일련의 과정에서 남북미는 평화체제를 추진하는 방안으로 북한의 핵·미사일 실험장 및 핵시설 폐기, 종전선언, 평화협정, 연락대표부 등을 거론하고 일부 초보 조치를 보이기

〈그림 1〉 9월 평양 공동선언 군사분야 합의서 주요 내용

도 하였다. 그에 덧붙여 한국전쟁 이후 최초로 남북 군 최고지도자 간에 '판문점선언 군사분야 이행 합의서'(이하 군사합의서)를 발표한 것은 남북 간 재래식 전력에 대한 군비통제의 가능성을 보여주었다(〈그림 1〉 참조).

판문점선언 제2조에서 "남과 북은 지상과 해상, 공중을 비롯한 모든 공간에서 군사적 긴장과 충돌의 근원으로 되는 상대방에 대한 일체의 적대행위를 전면 중지하기로" 하고, "앞으로 비무장지대를 실질적인 평화

지대로 만들어 나가기로 하였다." 이어 평양 공동선언에서 "남과 북은 비무장지대를 비롯한 대치지역에서의 군사적 적대관계 종식을 한반도 전 지역에서의 실질적인 전쟁위험 제거와 근본적인 적대관계 해소로 이어 나가기로 하였다." DMZ 평화지대화가 기정사실화 되고 구체적인 이행을 내다보았다. 평양 공동선언과 함께 채택된 군사합의서가 그것이다. 군사합의서 제2조는 "비무장지대를 평화지대로 만들어 나가기 위한 실질적인 군사적 대책을 강구하기로" 하고 그 방안으로 비무장지대 내 ① 감시초소GP의 전부 철수를 위한 일부 감시초소 시범 철수, ② 판문점 공동경비구역의 비무장화, ③ 시범적 남북공동유해발굴 진행, ④ 역사유적 공동조사 및 발굴과 관련한 군사적 보장대책 협의 등을 담았다.

2 문재인 정부의 국제평화지대 구상과 그 의의

2018년 일련의 남북회담에서 두 정상과 군 최고지도자들 간에 DMZ 평화지대화에 합의하였다. 그리고 남북 군당국 간 협의를 거쳐 일부 실행이 그해 연말까지 진행되었다. 그러나 2019년 2월 말 하노이에서 열린 2차 북미 정상회담이 성과 없이 종료된 것이 남북 합의, 특히 DMZ 평화지대화의 이행에도 악영향을 미쳤다. 북한의 단계적 비핵화와 미국의 일괄적 접근이 접점을 찾지 못하고 끝난 것이다. 거기에 미국 주도의 강력한 대북제재가 유엔과 워싱턴, 그리고 서울을 비롯한 동맹국들이 동참하는 가운데 물샐 틈 없이 전개되어갔다. 한국은 대북제재의 예외 혹은 면제 규정을 확대해 신뢰를 유지하면서 남북 합의 이행에 나서려고 하였다. 그러나 미국과 유엔 안전보장이사회 1718위원회(세칭 대북제재위원회)는 꿈쩍도 하지 않았다. 하노이 북미 정상회담 이후 김정은은 공개 석상에서 문재인 정부를 비난하기 시작하며 합의 이행에 먹구름을 드리웠다. 이미 남북 간 모든 대화와 교류는 물론 DMZ 평화지대화 이행도 멎은 상태였다. 문 대통령의 유엔 총회 연설은 그런 배경에서 주목을 받았다. 국제사회의 지지와 협조로 한반도 평화 프로세스를 재개하고자 했던 것이다.

2019년 9월 25일, 제74차 유엔 총회 본회의장에서 문재인 대통령은 기조연설을 통해 DMZ 국제평화지대화 구상을 발표했다. 문 대통령은 "판문점·개성을 잇는 지역을 평화협력지구로 지정해 남북·국제사회가 함께 한반도 번영을 설계할 수 있는 공간으로 바꿔내고, DMZ에 남북에 주재 중인 유엔기구와 평화·생태·문화와 관련한 기구 등이 자리 잡아 평화연구·평화유지PKO·군비통제·신뢰구축 활동의 중심지가 된다면 명실공히 국제적인 평화지대가 될 수 있을 것"이라고 강조했다. 거기에 남북 공동으로 DMZ 자산을 유네스코 공동유산으로 등재하는 것도 제안하였다. 그런 제안을 실행하려면 지뢰 제거가 우선인데 이를 위해 '유엔지뢰행동조직' 등 국제사회와의 협력으로 지뢰 제거의 투명성과 안정성을 보장할 수 있다고 말했다. 문 대통령은 DMZ 평화지대화 제안의 바탕에는 전쟁 불용, 상호 안전보장, 공동번영이라는 한반도 문제 해결의 3대 원칙이 있다고 설명했다. 전쟁불용의 원칙과 관련해 문 대통령은 "한국은 전쟁이 끝나지 않은 정전 상태로, 한반도에서 두 번 다시 전쟁 비극이 있어선 안 된다"며 "이를 위해 우리는 인류 역사상 가장 긴 정전을 끝내고 완전한 종전을 이뤄야 한다"고 제시했다. 또 상호 안전보장 원칙에 대해서 문 대통령은 "한국은 북한의 안전을 보장할 것이며, 북한도 한국의 안전을 보장하길 원한다"며 "서로의 안전이 보장될 때 한반도 비핵화와 평화체제를 빠르게 구축할 수 있다"고 말했다. 특히 "적어도 대화를 진행하는 동안 모든 적대행위를 중단해야 한다"며 "국제사회도 한반도의 안보 우려를 해소하기 위해 함께 노력해주길 희망한다"고 강조했다. 공동번영 원칙과 관련해 문 대통령은 "단지 분쟁이 없는 게 아니라 서로 포용성을 강화하고 의존도를 높이고 공동번영을 위해 협력하는 게 진정한 평화"라며 "남북이 함께하는 평화경제는 한반도 평화를 공고히 하고 동아시아와 세계 경제 발전에 이바지할 것"이라고 강조했다.[7]

문재인 정부는 그 후에도 계기가 있을 때마다 DMZ 국제평화지대화를 남북 접경지역의 평화와 함께 증진하겠다고 밝혔다. 그리고 비무장지대 문화·산림·환경 협력, 판문점-개성 평화협력지구 구상 구체화, 비무장지대 유네스코 세계유산 등재 추진 등을 모색하면서, 우선 남측지역 실태조사 등 추진 가능한 사업부터 실시해 나가겠다고 밝혀왔다.[8] 그러나 북한의 긍정적인 반응은 나오지 않았다.

문재인 정부의 DMZ 국제평화지대화 구상은 북한의 본격적인 호응이 아직 없지만, 남북 정상이 합의한 공동선언 상의 DMZ 평화지대화 방안의 연장선상이라는 점에서 향후 이행의 기회를 안고 있다. 이 점이 과거 노태우, 박근혜 정부의 관련 구상과 가장 큰 차이이다. 또 다른 차이는 이 구상이 정상회담을 비롯해 당시 남북, 북미 간 정치·군사적 신뢰구축이 진행되는 상황에서 나온 것이라는 점도 주목할 만하다. 이는 문 대통령의 제안이 호응을 얻지 못한 것이 하노이 북미 정상회담 결렬 이후 분위기와 맞물려 있다는 사실과 동전의 양면을 이룬다. 그 핵심에 북미 핵협상의 답보도 있지만, 대북제재 상황에 막혀 남한이 북한과의 합의 이행에 소극적인 점도 부인할 수 없는 이유이다.

그럼에도 문재인 정부의 DMZ 국제평화지대화 방안은 다음과 같은 복합적인 의의가 있으니 그것은 한반도에 '양질의 평화'[9]를 구현할 발판이라는 점으로 요약할 수 있다. 이를 구체적으로 살펴보자.

첫째, DMZ 국제평화지대화 방안은 한반도에 더 이상의 전쟁을 막고 남북관계를 공존공영의 길로 안내하고 궁극적으로 평화체제를 구축하는 방향성을 뚜렷이 하고 있다. 2018년 일련의 남북 정상회담 결과 도출한

두 합의에서 이 점을 분명히 밝히고 있다. 다른 긴장완화 및 신뢰구축 조치들과 함께 DMZ 국제평화지대화 방안은 전쟁에서 평화, 대립에서 협력을 안정적으로 추진할 기회의 창을 크게 열어놓은 것이다. 달리 말하면 DMZ 국제평화지대화 구상은 정전체제의 정상화를 기하는 동시에 그 평화적 전환을 예비하는 이중적인 의의가 있는 거사이다.

둘째, DMZ 국제평화지대화 방안은 남북의 두 정상이 합의한 바에 근거를 두고 있고 남북이 시범 조치를 실행할 경험이 있기 때문에 협력가능성이 높다. 2018년 평양 공동선언 및 군사합의서 채택 이후 남북한 군당국은 이미 시행하고 있던 상호 비방 및 긴장조성 행위 금지 공약의 지속은 물론 DMZ 내 GP 시범철거, 공동경비구역의 비무장화, 한강공동수역 답사, 이를 위한 도로 개설 및 지뢰 제거를 한 바 있다. 그러므로 문 대통령의 제안처럼 국제사회의 지지와 동참이 있을 경우, 남북의 기존 협력이 다시 속도를 내어 실질적인 평화지대를 만들어갈 길은 열려있는 것이다. 즉 DMZ 국제평화지대화 방안은 남북협력과 국제협력을 조화시켜 그 본연의 목표를 달성할 가능성이 높은 거대 국제평화 프로젝트이다.

셋째, DMZ 국제평화지대화 방안은 국가안보에서 출발해 인간안보, 반전평화에서 양질의 평화를 지향하는 복합안보 프로젝트이다. 물리적 충돌을 방지하고 군사적 신뢰를 조성하는 합의들은 그 자체가 국가안보의 주요 방안들이지만, 이 구상은 대결과 불신의 접경지역 주민들에게 안전과 존엄을 보장하는 일이기도 하다. 나아가 이 구상은 한반도의 모든 거주민들에게 안전와 존엄을 안정적으로 제공하는 일이 될 것이다.[10] 그런 복합안보 프로젝트로서 의의를 갖는 DMZ 국제평화지대화안은 보편타당성을 획득할 수 있고, 그 최종 결과만이 아니라 출발과 진행과정에서 민R의 참여를 보장하는 의의가 크다.

Ⅲ. DMZ 평화지대화 실행을 위한 정치·군사적 과제

1 DMZ 평화지대화 이행 현황

문재인 대통령이 취임한 2017년, 북한과 미국 간의 대결로 국민들은 가슴을 졸여야 했고 정부가 제시한 '평화로운 한반도 구상'은 시작부터 좌초 위기를 맞았다. 그때를 생각하면 2018년 한반도 정세는 급격한 변화였다. 2018년은 한반도 평화와 통일 역사에 획기적인 해로 기록될 만하다. 남북은 두 차례의 정상회담과 남북공동연락사무소 개소, 그리고 일련의 교류협력 프로그램을 통해 당국 간 관계개선은 물론 남북한 주민들의 통일의식은 높아지고 적대의식은 줄어들었다. 2018년 한국인들의 통일 지지도는 2007년(63.8퍼센트) 이후 가장 높은 59.8퍼센트였는데 이는 그 이전 해보다 5.9퍼센트 상승한 것이다. 한편, 통일을 반대하는 의견은 16.1퍼센트로 이전 해에 비해 5.3퍼센트 감소했다. 남한국민들의 북한에 대한 의식도 협력·지원대상이란 반응은 2017년 54.9퍼센트에서 2018년 71.0퍼센트로 증가한 반면, 적대·경계대상이란 반응은 38.8 퍼센트에서 24.4퍼센트로 감소했다.[11] 앞으로 남북은 정상회담에서의 합의를 바탕으로 농업, 교통, 보건, 체육, 종교 등의 분야에서의 교류협력과 이산가족 상봉 등 인도적 협력으로 상호 신뢰를 높여나갈 것이었다. 물론 그런 전망은 평화 프로세스에 종속되어 있다.

2018년 남북관계 개선 과정에서 나타난 특징 중 하나는 정치적 신뢰구축이 군사적 신뢰구축으로 이어졌다는 점이다. 지난 시기 남북관계가 개선되었을 때는 경제적, 사회문화적 측면에서 신뢰가 높아졌지만 군사적 신뢰구축은 보기 어려웠다. 가장 민감한 군사영역은 뒤로 미루는 자세가 작용한 탓이기도 하거니와 북핵문제의 엄중함도 제약 요소로 작용했다. 그에 비해 이 경우는 북한 최고지도자에 의한 "완전한 비핵화" 공약과 관련 시범조치, 그리고 최초의 북미 정상회담 개최 등과 같은 상황이 호조건으로 작용했다. 한국은 전쟁 재발 방지와 남북협력의 보장, 그리고 비핵화 견인 등을 배경으로 군사적 신뢰구축에 적극적인 자세를 보였다. 북한 역시 남북 간 군사적 신뢰구축이 긴장완화를 가져오고 그것이 '경제건설 총매진 노선'에 유용하다고 판단했을 것이다. 9월 19일 문 대통령과 김 위원장이 평양공동선언을 발표하였다. 그 직후 문 대통령이 평양 5.1경기장에 모인 15만여 명의 평양 시민들에게 "오늘 김정은 위원장과 나는 한반도에서 전쟁의 공포와 무력충돌의 위험을 완전히 제거하기 위한 조치들을 구체적으로 합의했습니다"라고 말한 것은 정치적 신뢰와 군사적 신뢰의 시너지를 극적으로 보여주었다.

2018년 일련의 남북 정상회담에서 두 정상은 남북관계 발전, 비핵화 및 항구적 평화정착에 합의하였다. 특히, 평양공동선언의 부속합의서로 남북의 군 최고책임자들이 군사합의서에 서명한 것은 특기할 만하다. 평양공동선언은 군사적 신뢰구축 및 일부 운용적 군비통제의 이행과 군사공동위원회의 가동에도 합의하였다. 위 군사합의서는 적대행위 중지, 평화지대화, 평화수역화, 남북교류협력의 군사적 보장, 군사적 신뢰구축 노력 확대 등을 담고 있다. 2018년 벽두부터 남북은 상호 비방 중단 및 선전수단 철거를 시작으로 통신선 복구, 판문점 공동경비구역JSA 비무장화, 지상·해상·공중에서의 적대행위 중단, 비무장지대DMZ 내 시범적 공동유해발굴과 그를 위한 지뢰 제거 및 남북 연결도로 개설, 한강하구 공동수로 공동조사, DMZ 내 11개 GP 시범 철수[12] 및 현장검증 등 많은 분야에서 성과를 거두었다. 위 군사합의 사항들은 대체로 순탄한 이행을 보였고, 특히 적대행위 중지와 평화지대화 수립에 관해 남북은 적극적인 태도로 협력했다. 다만, 평화수역 및 시범 공동어로구역은 군사공동위원회에서 협의해 확정하기로 남겨진 상태였다. 이 문제는 해상경계선이 없는 가운데 추진할 성질이어서 군사합의서 내용 중 가장 민감한 부분이다. 이상과 같은 남북한 군사적 신뢰구축과 운용적 군비통제를 전개하는 과정에서 남북한 군사 당국간 회담은 물론 한미, 남·북·유엔사령부 간에도 협의가 진행되어 정전체제의 정상화에 협력하였다.

그러나 2019년 2월 27~28일 하노이 북미 정상회담의 결렬로 상황은 크게 변한다. 남북 간 군사적 신뢰구축 노력도 중단되어 버렸다. 남북 군사합의서 상의 5개 분야 중 적대행위 전면 중지만 완료되었고 나머지 4개 분야는 부분 실행되거나,[13] 실행이 되지 않은 분야도 있다.[14] 또한 지금까지 남북 간 군사적 신뢰구축은 구조적 군비통제는 물론 운용적 군비통제 측면에서 만족스럽지 못하다. 군사정보 교환이나 훈련 통보 혹은 참관은 이루어지지 않고 있다. 이를 관장할 남북군사공동위원회를 재설치하기로 했으나 운용되지 않고 있다. 이렇게 된 데에는 군사적 신뢰구축에 관한 남북한의 의지와 상호 협상 준비가 높지 않은 점이 영향을 미쳤다. 더욱이 북미 비핵화 협상 중단이 미치는 영향이 더 컸다. 하노이 북미 정상회담에서 보듯이 비핵화 협상이 기대한 만큼 진전을 이루지 못할 경우 남북 간 군비통제 논의는 큰 제약을 받을 것이다.

2 DMZ 평화지대화 실현을 위한 과제

하노이 북미 정상회담이 성과 없이 끝난 이후 평화 프로세스는 정체되어 있다. 그와 동시에(혹은 그로 인해) 남북 간 군사적 신뢰구축도 진전을 보이지 못하고 있다. 2019년 들어 남한정부는 3월 6일 한국전쟁 전사자 유해 공동발굴단을 80~100명 규모로 구성했다고 북측에 전달했지만 북한은 반응을 내놓지 않았다. 현재 한반도 정세는 2년 7개월여 전의 하노이 북미 정상회담 결렬의 여파를 받고 있는 셈이다. DMZ 평화지대화를 중심으로 한 군사적 신뢰구축 사업 역시 중단되었다. 향후 남북 간의 지속가능한 군사협력을 위해 주요 과제를 검토해보자.

첫째는 남북 간 협의 사항으로서 군비통제의 범위와 속도이다. 논자에 따라 군비통제의 개념과 방법은 다를 수 있지만 운용적 군비통제와 구조적 군비통제로 설정해볼 수 있다. 운용적 군비통제는 군사력 자체는 다루지 않고 그 군사력 운용의 상호 투명성을 증진해 긴장완화와 신뢰를 추구하는 방법을 말하는데 비해, 구조적 군비통제는 군사력 감축 및 관련 조치를 말한다. 구조적 통제가 더 높은 수준이다. 군비통제의 구체적인 방안 선택은 분쟁당사자들 간 신뢰의 수준과 평화체제 수립의 의지에 의존하는데, 이런 점을 반영해 남북은 "군사적 신뢰조성과 군축(남북기본합의서)", "단계적으로 군축을 실현해나가기로 하였다"(판문점선언)고 언급한 바 있다.

2018년 한반도 평화 프로세스에서 남북 정상 간 수차례 회담은 물론 합의에 군축과 비핵화를 담은 것은 과거에 없었던 경우로서 비핵화-평화체제-남북관계 발전-군비통제를 하나로 담은 최초의 합의였다. 물론 남북 간 군비통제 논의가 없었던 것은 아니다. 그러나 그것은 한국전쟁 이후 40년 가까이 지나서였다. 1990년대 초중반 들어 남북은 남북고위급회담 8회와 군사분과위원회 14회 등 총 22차례의 회의 및 접촉에서 군비통제를 논의하였다. 그 가운데 남북기본합의서와 불가침 부속합의서 채택은 의미가 컸다. 그러나 대부분의 합의는 초보적·원칙적이었고, 이행은 이루어지지 못했다. 남북 군사회담이 본격화 된 것은 2000년 6.15 공동선언 이후였다. 6.15 공동선언 이행 차원에서 2000년 제1차 남북 정상회담과 남북국방장관회담을 계기로 철도 및 도로 연결사업 지원을 위한 일련의 군사실무회담이 이어졌다. 그 이후 노무현 정부가 들어선 2004년부터 남북장성급회담이 열리면서 긴장완화와 신뢰구축을 위한 논의가 이루어졌다. 노무현 정부 들어 남북은 교류협력을 보장하는 차원에서 군사협력이 유엔사령부의 협조 하에 추진하였다. 결국 6.15 공동선언 이후 노무현 정부 말까지 남북은 국방장관급 회담 2회, 장성급회담 8회, 군사실무회담 39회를 포함해 총 49차례 군사회담이 개최되었다. 이후 남북군사회담은 이명박 정부 들어 3회, 박근혜 정부 들어 1회만이 개최되었고, 문재인 정부 들어서 분단 이후 처음으로 남북 군최고지도자들이 서명한 군사합의서가 채택되었다.[15]

9.19 군사합의서 채택 이후 남북은 군사적 신뢰구축을 중심으로 일부 운용적 군비통제를 추진하였지만 답보상태에 머물러 있다. 물론 남북 정상은 판문점선언에서 "쌍방은 군사적 긴장 해소 및 신뢰구축에 따라 단계적 군축을 실현해 나가기로 한다"고 합의한 바 있다. 2018년 이후 보여준 남북 간 군사적 신뢰구축 조치는 초보적이지만 긴장완화에 기여하고 화해협력을 촉진해왔다. 그리고 그것이 정치적 신뢰구축과 함께 진행된 것은 고무적이다. 그럼에도 남북 간 군사적 신뢰구축 조치가 구조적 군비통제로 나아가는 데 있어 북미 비핵화 협상이 제약으로 작용하고 있다. DMZ 평화지대화를 포함해 남북 정상들이 합의한 긴장완화 및 군사적 신뢰구축방안 대부분이 실행 중단되었다. 그런 가운데 남북이 2018년 벽두부터 개시한 상호 비방 및 긴장조성 행위 중단이 지금까지 지켜지고 있는 것은 다행이다. 물론 그 한계는 명확하다. 한국이 북미 사이에 비핵협상의 촉진자 역할을 추구하는 이유가 여기에 있다. 동시에 한국은 북한에 일관된 평화 메시지를 발신하고 남측 구역부터 가능한 평화지대화 사업을 추진해나갈 필요가 있다. 거기에는 비무장지대에서의 군사훈련 재조정을 비롯해 지뢰 제거, 한강하구 민간선박 이용, 산림·보건사업, 접경지역 역사유산 발굴, 접경지역 주민의 삶의 질 개선, 평화의 순례길 관광사업 등이다. 남한의 그런 선제적인 평화지대화 이행 노력이 북한의 신뢰와 접경 지역사회의 지지를 함께 확대시켜 줄 것이다.

둘째, 미국이 관여된 국제적 사안으로서 DMZ 평화지대화 실행 과정에서 남-북-유엔사의 협력이다. 남북 군당국의 DMZ 평화지대화 합의는 정전체제의 정상화를 의미하고, 그 과정에서 쌓을 상호 신뢰와 협력을 기반으로 정전체제의 평화체제로의 전환을 기약할 수 있다. 남북 간 군사합의에도 불구하고 DMZ의 평화지대화나 DMZ를 통과하는 남북 교류협력에 관해 유엔사의 협조 없이는 실행이 불가능하다. 2019년 들어 한국정부와 유엔사령부 사이에 유엔사의 관할권을 둘러싸고 공개 논쟁이 일기도 했다. 즉 유엔사가 DMZ의 모든 문제를 관할하느냐, 아니면 군사적 문제만 다루느냐를 놓고 논란이 일기도 했다. 2019년 10월 21일, 김연철 통일부 장관은 국회 국정감사에서 "그동안 DMZ 출입 문제, MDL (군사분계선) 통과 문제에 관련해 (정부와 유엔사 간) 의견 차이가 있었다"고 말하고, "의견 차이를 해소하기 위해서 나름대로 긴밀하게 협의를 하고 있다"고 밝혔다. 그런 논란이 일자 한국정부는 유엔군사측과 고위급 및 실무급 채널을 가동해 비군사적 목적의 DMZ 출입과 관련한 유엔사의 허가 권한 보완 문제를 협의해온 것으로 알려졌다.[16]

DMZ의 평화적 이용과 그 관할에 관한 논의는 남북관계의 발전에 따라 자연스레 일어났다. 2000년 6·15 남북 정상회담은 남북교류협력의 근본적인 틀을 제공하였으며, 2007년 남북 정상회담시에는 서해북방한계선과 비무장지대의 평화적 이용 방안에 대하여 심도 있게 의견을 교환하였다. 김대중 정부때부터 금강산 육로관광, 육·항로를 이용한 남측 민간인의 북한 방문의 경우 공동 협력한 경험이 있다. 비무장지대와 관련하여 노무현 대통령은 중화기 우선 철수, 점진적으로 GP 철수 등 많은 평화적 이용 방안에 대하여 이야기하였다. 그러나 10·4선언에서는 서해평화특별지대만 명기되고 비무장지대의 평화적 이용 방안에 대해서는 합의하지 못하였다. 남북 정상회담시 이와 같은 비무장지대의 평화적 이용에 대한 인식은 이후 남북한이 협력해나갈 발판이 되었다. 이를 바탕으로 경의선과 동해선의 도로와 철도 연결사업 등을 통하여 남북 양측이 비무장지대의 일부를 평화적 목적으로 활용 가능할 수 있게 되었다. 또한 이 부문에 대한 관리문제도 새로운 단계로 접어들게 되었다. 군사분계선을 가로질러 남측의 도라산역에서 북한 개성공단까지 38선 이후 최초 남북을 잇는 4차선 도로이다. 이 길은 유엔사가 아닌 남북이 자주적으로 관리하는 유일한 통로이다. 유엔사는 2003년에 군사정전위원회가 직접 관할하는 판문점을 제외하고 도라산역에서 개성공단 통로와 금강산 가는 동해선 출입관리를 한국측에 위임했다. 하지만 유엔사는 관리권만 이양했지 관할권은 계속 보유하고 있다고 주장하고 있다. 이 문제는 2007년 남북 정상회담 추진 당시 미국과 논란이 됐다고 전해지고 있으며, 결국 노 대통령도 형식상 유엔사의 허가를 얻고 걸어서 군사분계선을 넘었다. 현재도 남에서 개성공단을 오가는 기업체 차량은 형식적으로나마 유엔사 허가를 얻게 되어 있다. 이와 같이 실질적인 비무장지대의 평화적 이용에 대한 발전에도 불구하고 지속적인 발전을 하지 못한 점은 남북한이 비무장지대를 바라보는 인식을 달리하였기 때문이다. 남측은 경제적인 측면에 방점을 두고 있었으나 북측은 군사적인 측면에서 방점을 두고 있기 때문이다.[17]

정전협정 제6~10조에는 군인은 물론 민간인의 군사분계선 통과와 비무장지대 출입은 군정위와 유엔사의 허락이 있어야 한다고 명시하고 있다. 한미 군당국의 관련 자료에는 유엔사 규정 551-4(한국정전협정 준수 요약)에 ① 정전협정 주요 위반 행위: 군사분계선이나 상대방통제지역에 대한 침투행위 관련 9개항, ② 정전협정 위반행위 보고 관련 9개항, ③ 군정위의 즉각적인 주의가 요구되는 주요 위반행위는 군정위 비서처에 즉각 보고 등 2개항과 같이 세부 사항을 담고 있다.[18] 이와 같이 유엔사는 DMZ 남측 지역에서 정전체제의 평화적 관리에 관한 일체의 권한을 행사하고 있다.

그럼에도 정전협정의 목적과 지향[19]을 고려할 때 평화 증진에 기여할 민간교류나 당국간 접촉에 협조할 필요성이 있다. DMZ 남측 구역의 경우 한국정부와 유엔사의 협의와 그 위에서 한·미 간 정치적 협의로 이 문제를 결정할 수밖에 없다. 다만, 대북제재국면 하에서 DMZ 안에서의 민간활동이나 그를 통과하는 사람 및 물자 이동 규제가 더 강화되어왔다. 이 점이 남북 간 신뢰에 부정적인 영향을 미쳤고 한·미 간에 협의 대상이 되어왔다. 결국 정전협정의 궁극적 목적과 한·미 동맹관계를 감안해 평화에 기여하는 민간교류와 DMZ 평화지대화 사업은 남·북·미가 협력해 시행할 사안이다. 문제는 이를 추진할 동력이 한국에서 지속하느냐가 관건이다. 초당적인 평화정책이 절실한 이유가 여기에 있다.

한반도 평화 프로세스를 닦아갈 당사자들 간의 대화는 그 자체로 불신과 긴장을 완화하고 공동의 평화 비전을 형성하는 데 긴요하다. 미국으로서는 한반도 평화문제에 있어 현지 당사자들(남북한)의 책임을 높여주는 대신 자국의 부담을 줄이는 효과가 있을 것이다. 한국으로서는 한·미 동맹관계를 유지하면서 남북관계를 발전시켜 정전체제의 평화적 전환을 안정적으로 전개해나갈 수 있다. 북한은 핵 포기와 체제안정을 교환하면서 경제발전을 추구할 여건을 개선할 수 있다. 이상과 같은 한반도 평화 프로세스는 한반도 내 긴장 요소를 제거하고 신뢰를 축적하는 협력을 필수요건으로 한다. 그 핵심 프로젝트가 DMZ 평화지대화이고, 이것이 남북 경제협력과 병행한다면 한반도는 평화경제peace economy가 구현되는 21세기 성공 사례가 될 것이다. 이 길에 북한 정권도 호응해 나와야 하고 이를 위해 한·미·중 간에도 북한을 이끌어낼 조율된 방안을 강구해 나가야 할 것이다.

〈주〉

1) 정전협정 제1조 제5항은 한강하구의 통제와 민간선박의 항행을 다루고 있지만, 상호 적대와 대치로 민간선박의 항행은 이루어지지 않고 있다.

2) 정전/평화협정 당사자는 법적 당사자와 실질적 당사자로 구분할 수 있다. 한국전쟁 정전협정의 법적 당사자(서명자)는 국제연합군사령관 미 육군 대장 마크 W. 클라크, 조선인민군총사령관 김일성, 중국인민군지원군사령관 펭덕회이다. 한국은 법적 당사자는 아니지만 국제연합군에 속해 전쟁에 참여했으므로 실질적 당사자에 해당한다.

3) 김용현·이창희, "중무장지대가 된 완충지대: DMZ 군사충돌 사례", 동국대 북한학연구소 DMZ평화센터·강원대 통일강원연구원 공동학술회의 자료집, 《광복 70년·분단 70년: DMZ에서 새로운 평화를 모색하다》 pp. 39, 55-57, (2015년 5월 29일); 서보혁, "접경과 평화: DMZ에서 상상하는 양질의 평화", 《DMZ 평화와 접경 협력》, pp. 18-19 (대진대학교 DMZ연구원, 2021)에서 재인용.

4) 김병로, "3장. 군사적 도발과 위협," 김병로·서보혁 편, 《분단폭력: 한반도 군사화에 관한 평화학적 성찰》 p. 132. (아카넷, 2016)

5) 이 외에도 남북기본합의서 제2장 제12조에는 남북군사공동위원회가 대규모 부대이동과 군사연습의 통보 및 통제문제, 군인사교류 및 정보교환 문제, 대량살상무기와 공격능력의 제거를 비롯한 단계적 군축실현 문제, 검증문제 등 군사적 신뢰조성과 군축을 실현하기 위한 문제를 협의 추진한다고 언급하고 있다.

6) 《오마이뉴스》 (2019년 9월 25일).

7) 《연합뉴스》 (2019년 9월 25일).

8) 통일부, 〈2021년 통일부 업무보고〉, 통일부 보도자료(2021년 1월 21일)

9) 피터 왈렌스틴(Peter Wallensteen) 교수가 제안한 양질의 평화 개념은 분쟁 종식 후 안전과 존엄이 예측가능하게 보장되는 상태와 그 실현 노력을 말한다. Peter Wallensteen, *Quality Peace: Peacebuilding, Victory, & World Order* (New York: Oxford University Press, 2015)

10) 서보혁, "접경과 평화: DMZ에서 상상하는 양질의 평화", 《DMZ 평화와 접경 협력》, pp. 24-29 (대진대학교 DMZ연구원, 2021)

11) 한국갤럽이 2007년부터 매년 전국 성인 1,200명을 유효표본으로 1:1 면접조사에 의한 여론조사 결과. 표본오차는 ±2.8% (95% 신뢰수준). 자세한 내용은 서울대 통일평화연구원 통일의식조사 결과를 참조할 것. https://ipus.snu.ac.kr/blog/archives/research_cat/unification_perception-survey (검색일: 2021년 4월 16일)

12) 철수에는 화기·장비·병력이 망라되었다. 11개 GP 중 하나는 기억을 위해 보존하기로 하였다.

13) 비무장지대의 평화지대화를 위한 군사적 대책, 교류협력 관련 군사적 보장, 군사적 신뢰구축을 위한 다양한 조치.

14) 서해 북방한계선 일대 평화수역 조성 및 안전한 어로활동 보장.

15) 김동엽, 〈판문점 선언 이후 남북 군사적 상태 평가와 향후 과제〉, 국방부·국방연구원 주최 제3차 국방정책포럼 발표문 (2019. 4. 30).

16) 《연합뉴스》 (2021년 10월 22일).

17) 김용현·이창희, "중무장지대가 된 완충지대: DMZ 군사충돌 사례", 동국대 북한학연구소 DMZ평화센터·강원대 통일강원연구원 공동학술회의 자료집, 《광복 70년·분단 70년: DMZ에서 새로운 평화를 모색하다》 pp. 28-29, (2015년 5월 29일)

18) 합동참모본부, 《군사정전위원회편람 8집》, pp. 85~91, (합참 합동작전본부·유엔사 군정위연락단, 2010), 김용현·이창희, 위의 글, p. 40에서 재인용.

19) 정전협정 서문에서는 "한국에서의 적대행위와 일체 무력 행위의 완전한 정지를 보장하는 정전을 확립할 목적"을 밝히고 있다. 그리고 협정 제2조 제13항에는 협정의 목적과 관련해 "군사정전의 확고성을 보장함으로써 쌍방의 최고위 정치회담을 진행하여 평화적 해결을 달성하는 것을 이롭게" 한다고 언급하고 있다.

12장

DMZ 접경지역 개발과 남북 경제공동체 형성

민경태

Ⅰ. 접경지역은 경제협력의 무대

국경은 두 국가가 만나는 경계선이자 교류와 협력의 공간이다. 북한은 북쪽 국경의 대부분을 중국과 접하고 남쪽으로는 한국과 접하고 있다. 접경지역은 국가 간 교역이 직접적으로 발생하는 곳이기 때문에 이 지역의 변화 동향을 살펴보면 앞으로의 발전 가능성을 가늠해 볼 수 있다. 즉, 북·중 접경지역의 개발 현황을 통해서 북·중 경제협력의 발전 가능성을 예상할 수 있다면, 남북 접경지역의 개발 현황은 남북 경제협력의 준비 수준을 보여주는 척도가 된다.

DMZ 접경지역은 미래의 남북 경제가 연결될 공간이다. 생명체에 비유한다면 남북한의 단절된 혈관과 신경망을 다시 잇는 봉합수술이 펼쳐질 매우 중요한 접점이다. 단절된 현재 상태를 기준으로 우리 내부에서 순환하는 인프라 체계를 계속 발전시킬 것인가, 아니면 남북이 연결된 미래를 계획하고 이를 바탕으로 접경지역을 개발할 것인가, 그에 따라서 DMZ 접경지역의 개발 방향이 전혀 달라질 수 있다.

북·중 접경지역에는 국경을 통과하는 지점이 20여 개에 달하는데, 철도·도로·교량 등 교통망 연결뿐만 아니라 에너지 시설 구축, 무역거점 및 경제특구 개발, 산업협력단지 조성 등 다양한 분야에서 북·중 경제협력을 위한 개발이 꾸준히 진행되어 왔다. 이에 비하면 남북 접경지역의 상황은 대조적이다. DMZ 접경지역은 서울과 평양을 연결하는 경의선 축을 비롯해 미래 한반도 경제공동체의 무대로 성장할 수 있는 가능성과 잠재력이 있는 중요한 공간이지만 아직 제대로 된 청사진을 갖고 있지 못하다.

중국은 북한과의 본격적인 교류를 준비하면서 접경지역의 인프라 구축 계획을 수립하고 이를 실행에 옮기고 있지만, 남북 접경지역은 아직 주요 교통망 연결 계획도 확정하지 못한 상태이다. 우리의 접경지역은 남북이 연결된 미래구상을 바탕으로 개발이 진행되기보다는, 섬 아닌 섬과 같이 단절된 현재의 상황을 바탕으로 추진되고 있다. 하루 빨리 접경지역의 남북 연결 인프라 구축 계획을 구상하고 남북 협의를 통해 확정지을 필요가 있다. 이를 바탕으로 우선 남측만이라도 접경지역 개발을 진행하면서 남북 경제공동체를 준비해야 한다.

Ⅱ. 북·중 및 남북 접경지역 현황

1 북·중 접경지역의 개발 현황

1) 북·중 접경지역의 주요거점

중국은 북·중 접경지역 국경 통과지점의 시설을 개선하고 인프라를 지속적으로 구축해 왔다. 2016년 중국 국무원은 단둥, 지안, 린장, 허룽, 룽징, 투먼, 훈춘 등 북·중 접경지역 7개 도시를 국경지방 발전을 위한 개발·개방 중점지구로 선정했다.[1] 북한도 황금평·위화도, 신의주, 압록강, 청수, 위원, 만포, 혜산, 무봉, 무산, 온성섬, 경원, 라선 등 북·중 접경지역에서만 12개의 경제개발구를 선정했다.[2]

〈그림 1〉 북·중 접경지역의 주요 거점 위치

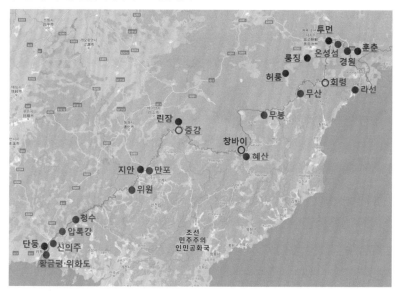

출처: 필자 작성 (중국 국무원이 발표한 개발 · 개방 중점지구 및 북한의 경제개발구 위치 참조)

이와 같은 북·중 접경지역의 중요 거점들을 서로 연결하는 철도·도로 교통망과 에너지 시설, 무역 및 산업협력을 위한 시설 등이 꾸준히 건설되어 왔다.

주요 거점들이 서로 어떻게 연계되는지 알기 위해서는 북·중 간 지리적 대응 관계를 파악할 필요가 있다. 중국측의 7개 개발·개방 중점지구에 창바이 조선족 자치현을 추가하고, 북한측의 12개 경제개발구에 중강과 회령을 추가하여 북·중 주요 거점의 연결 네트워크를 표시하면 〈그림 1〉 및 〈표 1〉과 같다.

〈표 1〉 북·중 접경지역의 주요 거점 연결 네트워크

중국측 개발·개방 중점지구		북한측 주요 거점·경제개발구	
랴오닝성 단둥시	단둥	황금평·위화도	평안북도
		신의주	
		압록강	
		청수	
지린성 통화시	지안	위원	자강도
		만포	
지린성 바이산시	린장	(중강)	양강도
	(창바이)	혜산	
지린성 옌볜조선족자치주	허룽	무봉	함경북도
		무산	
	룽징	(회령)	
	투먼	온성섬	
	훈춘	경원	
		라선	나선특별시

출처: 필자 작성 (중국 국무원이 발표한 개발·개방 중점지구 및 북한의 경제개발구 위치 참조)

2) 북·중 및 남북 접경지역 인프라 현황

북·중 접경지역에서는 특히 2010년 이후 북한과 중국 간 정상적인 경제 협력과 교류가 늘어나면서 보다 적극적으로 접경지역 도시의 개발계획을 세우고 주요 거점을 연결하는 철도·도로 인프라 건설을 진행해 왔다. 북·중 간 정치적 관계, 대북 유엔 제재, 코로나19로 인한 국경 봉쇄 등으로 인해 차질이 생겨서 교류가 중단되는 경우도 있지만, 상황이 바뀌면 언제라도 본격적인 무역을 재개할 수 있도록 준비가 되어 있다.

이에 비해 남·북 접경지역의 인프라 구축 현황은 매우 뒤떨어져 있는 상태다. 대북경제제재로 인한 문제가 크지만 당장 경제제재가 풀린다고 해도 철도·도로 및 에너지망 등 기본적인 인프라 구축이 미비하기 때문에 본격적인 남북 경협을 추진하는 데 제약이 있다. 따라서 하루빨리 남북을 연계하는 인프라 구축 계획을 수립하고 우선 남한 지역만이라도 남

북한의 혈관과 신경망을 잇는 '봉합수술' 준비 작업을 시작할 필요가 있다.[3]

〈표 2〉 북·중 및 남·북 접경지역 인프라 현황 비교

	북중 접경지역	남북 접경지역
철도	3개의 철도교 통과지점 가동 중	기존에 3개 통과지점이 있었으나 경의선 구간만 연결, 미가동 상태
도로	11개의 인도교 통과지점 가동 중	2개 통과지점이 있으나 미가동 상태
에너지	수력발전소 4-5개 가동 중, 원유수송관, 전력송전탑 연결 가동 중	개성공단을 위한 전력망이 연결되어 있으나 공급 단절 상태
무역거점	여러 거점에서 호시무역구 준비	물류·시장 인프라 관련 준비 미흡
산업단지	접경지역에서 다양한 산업협력 진행, 경제제재로 인해 소강 상태	개성공단 폐쇄 상태, 일방적 평화통일특구 구상 검토

2 남·북 접경지역의 현황과 개발 방향

1) DMZ 지역의 환경 실태

'DMZDemilitarized Zone(비무장지대)'는 군사분계선MDL을 중심으로 남북 방향 각각 2킬로미터 거리 내에 위치한 공간으로서, 남방한계선SLL과 북 방한계선NLL 사이에 있는 폭 4킬로미터 영역을 의미한다. DMZ 배후 접 경지역은 MDL로부터 남쪽으로 10킬로미터 떨어진 민간인통제선CCL까 지 영역인 '민통선 이북지역', 그리고 민통선이남 25킬로미터까지의 영 역인 '접경지역'으로 구성되어 있다. DMZ 일원에서 생태적 가치가 높은 곳은 주로 민통선 이북지역에 위치해 있다. 민통선 이남의 접경지역은 지리적 환경에 따라서 생태적으로 잘 보존된 지역도 있지만, 이미 어느 정도 개발이 진행된 지역도 함께 존재한다.

남북 접경지역 개발에 대해서 생태론자들은 DMZ에 잘 보존된 자연환 경을 파괴할 수 있는 개발에 대해 매우 부정적인 반면, 개발론자들은 그

동안 상대적으로 소외되었던 접경지역의 개발이 필요하다고 주장하고 있다. 양쪽 진영은 서로 타협이 어려워 보이지만 DMZ 접경지역의 실상을 잘 살펴보면 대부분의 경우 서로 대립할 필요가 없다는 것을 알게 된다.

〈그림 2〉 DMZ 접경지역의 공간구성과 생태공원 대상지역

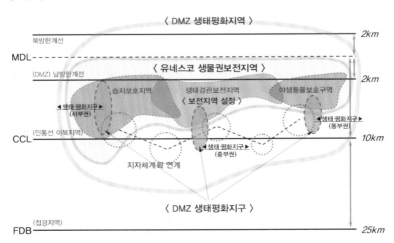

출처: 환경부, 《DMZ 생태평화공원 조성을 위한 기본계획 수립 연구》(2009.12), p. 136.

DMZ 접경지역은 획일적인 공간이 아니다. 동부 산악지대는 울창한 산림과 함께 생태적 가치가 높은 지역이 있다. 그러나 DMZ 내부 공간은 대부분의 경우 남북한 군대가 경계를 위해 수목을 제거한 상태로 유지되기 때문에 기대하는 것만큼 생태적 가치가 높지 않은 곳도 많다. 또한 서부지역의 임진강과 한강 하구에는 DMZ 공간 없이 남북 공동이용 수역으로 구성되어 있다. 따라서 DMZ 접경지역 전체를 대상으로 단일한 정책적 방향을 추구할 것이 아니라 지역별 특성을 감안하여 개발 또는 보존 여부를 검토할 필요가 있다.

또한 DMZ 주변에 대량으로 매설된 지뢰도 큰 변수다. 이를 안전하게 제거하기 전에는 DMZ 접경지역의 개발이 거의 불가능한데, 막대한 지뢰 제거 비용을 감안한다면 대규모 개발은 경제성이 높지 않다. 따라서 DMZ 내부 공간에 산업단지나 신도시를 계획하기 보다는 배후 접경지역을 중심으로 개발하는 것이 타당하다. 불가피하게 교통망이 통과하거나 특별한 용도로 지정된 시설이 들어서야 하는 일부 지역을 제외하면 DMZ 내부 공간은 대부분의 경우 당장 개발의 필요성과 효용가치가 크지 않기 때문이다.

2) 배후 접경지역의 상황

민통선 이북지역과 접경지역을 포함한 배후 접경지역은 DMZ 부분을 제외하더라도 폭이 약 33킬로미터에 이르는 매우 광대한 영역이다. 이 지역은 군사시설과 규제의 영향을 받아 그동안 거주 및 개발에 제한을 받았기 때문에 인구밀도가 매우 낮고 낙후되어 있다. 경기도, 강원도, 인천시 등에 위치한 접경지역은 상대적으로 개발에서 소외되어 왔으며 토지 이용 규제와 지역개발 투자가 부족했다. 이로 인해 주민들의 삶의 질이 저하되고 지역사회 전반이 낙후되어 타 지역 대비 발전의 요구가 매우 높은 상황이다. 무분별한 개발도 문제지만 다른 한편으로는 주민생활 환경개선과 지역경제 활성화를 위해 체계적인 접경지역 발전계획을 수립할 필요가 있다.

접경지역의 생태계 보존을 주장하는 입장에서는 무분별한 택지개발을 통한 도시화, 생태계를 단절하는 건설 행위, 자연환경을 파괴하는 대규모 관광지 조성 등을 우려하고 있다. 하지만 접경지역의 특성상 대규모 개발이 진행될 수 있는 지역은 사실상 매우 제한적이다. 배후 도시가 존재하고 교통망이 통과하게 될 지역을 중심으로 개발 가능성이 높다고 본다면, 서울과 평양을 연결하는 경의선 축을 중심으로 서쪽 지역이 유망하다고 볼 수 있다.

경의선 축의 서쪽에는 DMZ가 일부 존재하지만 대부분 한강 하구와 서해안 지역이므로 DMZ 생태계 보전과 크게 상충되지 않는다. DMZ 국제평화지대와 같이 특별한 목적으로 개발을 추진하는 지역이나 주요 교통망이 통과하고 이미 도시가 형성된 지역을 제외한다면 대부분의 배후 접경지역은 생태공원으로 지정해 보존할 수 있다. 생태공원 구역을 지정해 난개발을 방지하기 위해서라도, 남북을 연결하는 주요 교통망 계획을 조기에 수립한 후 개발이 가능한 대상지역과 구분해 둘 필요가 있다.

3) 남북 접경지역의 개발 방향

남북 접경지역의 개발은 생태적 가치와 경제성 측면을 모두 고려할 필요가 있다. DMZ 접경지역 개발을 위한 주요 방향을 정리하면 다음과 같다.

(1) DMZ 내부 공간은 제한적인 개발이 필요하다

배후 도시가 존재하지 않는 곳에서 DMZ 내부 공간을 대규모로 개발하는 것은 바람직하지 않다. 경의선·경원선 등 교통망이 직접 통과하는 지점이나 '개성-판문점 평화협력지구'와 같이 특별한 용도로 지정된 구역만을 대상으로 지뢰를 제거하고 제한적으로 개발해야 한다.

(2) 배후 접경지역은 교통·물류 거점 중심으로 개발한다

광대한 접경지역을 전면적으로 개발하기 보다는 남북한을 연결하는 주요 교통망과 도시를 중심으로 진행할 필요가 있다. 노동력 공급이 쉽지 않은 지역에 제조업 위주의 대규모 경제특구 개발은 지양하고 지역 특성을 반영한 산업을 발굴해서 육성해야 한다.

(3) 지리·환경적 특성을 반영해 개발 방향을 설정한다

DMZ 접경지역은 서부와 중동부 지역의 지리적·환경적 차이가 매우 크다. 이와 같은 특성을 반영해서 서부 접경지역은 교통·물류·무역 중

심 산업을 육성하고, 중동부 접경지역은 생태·관광·휴양 중심 산업을 육성하는 것이 바람직하다.

Ⅲ. 서부 접경지역 개발: 교통·물류·무역 중심

서부 접경지역을 교통·물류·무역의 중심으로 개발하기 위해서는 DMZ 접경지역을 통과하는 도로와 철도를 연결하는 것이 가장 먼저 선행되어야 한다. 여기에서는 우선 서울과 평양을 연결하는 다중교통망 구축 및 남북연결 거점 육성을 제안하고, 경의선 축에서 핵심적인 개발이 이뤄질 DMZ 국제평화지대의 개발 방향에 대해서 살펴보고자 한다.

■1 다중교통망 구축과 남북연결 거점 육성

서울과 평양을 연결하는 경의선축은 한반도 전체 인구의 반 이상이 거주하는 핵심지역으로서, 미래에는 서울·경기·인천 등 남한 수도권 도시와 평양·남포·해주·개성 등 북한 거점도시들이 긴밀하게 연계되어 광역경제권으로 발전할 가능성이 높다. 또한 북한을 통과하는 철도망은 단순히 남북한을 연결하는 것이 아니라, 유라시아 대륙과 인도-태평양 해양의 경제권을 이어주는 접점으로서 한반도의 지리경제학적 경쟁력을 되살려주는 역할을 하게 될 것이다. 따라서 서울과 평양을 연결하는 경의선 축을 중심으로 여객과 물류의 급속한 확대가 예상된다.

북·중 접경지역에서는 II절에서 살펴본 바와 같이 이미 여러 개의 북·중 협력 거점들이 지정되고 이들을 연결하는 인프라 구축이 꾸준히 진행되어 왔다. 그러나 남·북 접경지역에서는 협력 거점에 대한 개발 계획은 물론 남북 연결 교통망 계획도 제대로 수립되지 못하고 있는 상황이다. 남북 교류가 활발하게 진행될 경우 네트워크 부하 증가를 수용하기 위해서는 남북 수도권을 연결하는 다중 교통망을 구축함과 동시에 남북을 연결하는 주요거점을 미리 지정해 물류·무역의 중심으로 육성할 필요가 있다. 경기 북부에서는 파주·고양을 북한의 개성·개풍에 대응하는 거점으로 육성하고, 경기 남부에서는 김포·강화를 북한의 개풍·연안에 대응하는 거점으로 육성할 것을 제안한다.

〈표 3〉 서울-평양 연결 다중교통망 및 남북연결 거점 제안

	① 서울강북·경기북부 – 평양 연결	② 서울강남·경기남부 – 평양 연결
교통축	강북-고양-파주-개성-사리원-평양	강남-김포-강화-해주-남포-평양
철도 노선	기존 경의선 현대화 또는 GTX-A 연장	KTX 新경의선 신설 또는 GTX-D 연장
남북 연결 거점 육성	파주(南) – 개성(北) 고양(南) – 개풍(北)	김포(南) – 개풍(北) 강화(南) – 연안(北)

서울과 평양을 잇는 기존 교통망은 파주-개성을 지나는 경의선 철도와 1번국도 등 서울과 경기 북부를 지나 북서쪽으로 향하는 축이다. 이미 현재 물동량만으로도 서울역을 통과하는 열차를 늘리기 어려운 상황에서 남북을 연결하는 열차는 별도 노선 구축이 필요하다. 아울러 최종 목적지가 서울·경기 남부인 물동량까지 서울 북부지역을 통과하는 것은 비효율적이므로 한강 이남으로 바로 연결되는 제2의 물류·교통축을 구축할 필요가 있다.[4]

서울·경기북부를 출발해 개성·사리원을 거쳐 평양으로 연결되는 철도는 기존 경의선 노선을 현대화하거나 수도권광역급행철도 GTX-A 노선을 연장하는 방안이 있다. 여기에 추가해서 서울·경기남부를 출발해 해주·남포를 거쳐 평양으로 연결되는 KTX 新경의선 신설 또는 GTX-D 노선 연장을 생각해 볼 수 있다.[5] 만약 해주와 경기 남부를 직접 잇는 노

<그림 3> 서울-평양 연결 다중 철도망 및 남북연결 거점 위치

선이 생기면 평양에서 해주를 통해 서울 도심을 거치지 않고 인천국제공항까지 바로 연결되는 교통망도 추가로 구축할 수 있다. 이미 동북아의 허브 공항으로 기능하는 인천국제공항을 남북이 함께 활용하는 것이다.

2 DMZ 국제평화지대 개발 방향

경의선이 지나는 개성과 파주는 DMZ 접경지역 중에서도 가장 핵심적인 남북협력의 공간으로 성장할 수 있는 잠재력이 있다. DMZ 국제평화지대로 적합한 곳은 개성-판문점-파주를 잇는 잘록한 호리병 형태의 지역이다. 개성과 파주는 경의선 철도와 도로가 모두 거쳐 가는 길목인데, 두 개의 거점을 벨트 형태로 연결해 국제평화지대를 구성하는 것이다. 개성과 파주 사이에 있는 판문점 일대는 DMZ 내부에 위치해 있으므로 대규모로 확장하기보다는 제한적으로 일부 영역만 지뢰를 제거하고 활용하는 것이 바람직하다.

이렇게 형성된 '개성-판문점-파주 국제평화지대'는 남북한의 평화경제를 실현하는 테스트베드로 육성해 볼 수 있다. 제조업을 중심으로 생산시설을 구축했던 기존의 남북협력 모델에 집착하지 않고 교육·지식·컨벤션·공연·전시 등 새로운 미래 산업을 육성할 필요가 있다. 4차 산업혁명이 도래하고 중국에서부터 스마트팩토리가 확산되고 있는 상황에서 북한의 임금 경쟁력에 의존하는 남북 경협방식에는 한계가 있기 때문이다. 장기적으로 지속가능한 남북 경제협력을 위해 미래 신산업 분야의 협력 모델을 함께 발전시켜 나갈 필요가 있다.

따라서 개성공업지구의 2단계는 다양한 미래지향적 산업을 포함하는 것이 바람직하다. DMZ 국제평화지대에 북한 인재를 양성하는 남북협력 교육센터를 설립해 교육 분야에서 남북이 교류하는 공간으로 만들고, 북한이 관심 있는 경영·의료·ICT 분야 교육기관이나 관광사업 인력 육성을 위한 관광·호텔·서비스 관련 대학 설립을 생각해 볼 수 있다.[6]

국제기구를 유치하여 평화협력의 거점으로 육성하는 한편, 한류에 관심이 많은 외국의 청소년을 대상으로 K-pop·영화·한국어·한국문화를 가르치는 국제학교를 설립하여 글로벌 교육중심 도시로 육성하는 것도 유망하다. 북한 관련 문제나 동북아 공동체를 위한 다양한 국제기구에서 일할 글로벌 인재를 양성하는 교육기관을 만들 수도 있다. DMZ 국제평화지대를 글로벌 지식 네트워크의 허브로 발전시켜 국제회의를 유치하고 판문점, 생태공원, 개성 한옥마을 등과 연계해 다양한 관광 프로그램도 개발할 수 있을 것이다.

Ⅳ. 중동부 접경지역 개발: 생태·관광·휴양 중심

중동부 접경지역을 생태·관광·휴양의 중심으로 개발하는데 있어서는 남북한의 생태와 환경적 요인을 고려한 산업협력 방안을 구상하는 것이 필요하다. 여기에서는 북한지역 고지대 환경에 남한의 자본·기술을 접목한 농·생명 협력, 생태·관광을 융합한 복합적 휴양산업 등을 우선 제안하며, 특히 원산을 중심으로 'K-의료'에 특화된 휴양지 개발 가능성을 살펴보고자 한다.

■1 생태와 환경을 고려한 산업협력

중동부 접경지역은 자연환경이 잘 보존된 산악 또는 해안지대로 구성되어 있으므로 서부 접경지역과는 전혀 다른 접근이 필요하다. 대규모 산업단지를 개발하기 보다는 생태적 특성을 파괴하지 않고 육성할 수 있는 친환경 산업에 집중해야 한다. 따라서 경원선·동해선 철도와 항만 네트워크 거점을 중심으로 개발 대상지역을 제한적으로 설정할 필요가 있다. 즉, 남북을 잇는 교통망을 따라 철도 역세권 또는 항만 지역을 개발하되, 그 이외의 지역은 무분별한 개발을 억제하는 것이 필요하다.

북한은 중동부 고지대의 특성에 맞춰 경원선이 지나는 '세포' 지역에는 광활한 초원을 바탕으로 대규모 목축업을 육성하고, '고산' 지역에는 과실수 재배를 위한 농원을 개발하였다. 북한 지역의 환경조건에 우리의 자본과 첨단기술을 접목하여 농생명 분야 남북협력을 추진하는 것이 필요하다. 중동부 접경지역에 친환경 생태농원을 만들고 고부가가치 작물을 재배하는 남북협력을 추진하는 것이다. 북한 고지대에 자생하는 약초와 허브에 대해 남북이 함께 연구하는 농·생명 분야 연구소를 설립하고, 우리 민족의 전통식품과 한약재를 상품화하는 의료·식·약품 협업도 생

각해 볼 수 있다.[7]

아름다운 동해안과 산악지대의 경관을 활용해 리조트를 개발하고 관광분야 협력을 추진하는 것도 유망하다. 북한의 원산 갈마해안관광지구, 마식령 스키장, 양덕 온천, 금강산 관광지구 등과 우리의 설악산, 오대산, 속초, 양양, 강릉 등을 서로 연계하는 관광 프로그램을 구상하는 것이다. 동해안의 남북한 항구 도시를 연계하는 국제 크루즈 관광이나 해양생태 관광도 생각해 볼 수 있다.

유럽 지중해 휴양지가 다양한 산업과 접목되어 발전된 것을 벤치마킹할 필요가 있다. 아름다운 해변과 산악지대의 경관을 배경으로 리조트를 개발하고, 건강·미용·의료·스파·체육·요양·명상 등을 접목해 생태와 관광을 융합한 복합적인 휴양산업을 육성하는 것이다. 남북의 강원도가 보유하고 있는 각자의 경쟁력을 융합해 시너지를 창출한다면 중동부 접경지역을 세계적인 생태·관광·휴양의 중심지로 만들 수 있다.

2 원산을 국제적 의료·휴양 관광지로

북한은 경제제재의 영향을 받지 않는 관광 사업을 통해 경제난을 극복하기 위해 그동안 여러 곳에서 대규모 관광단지를 개발해왔다. 그중 대표적인 원산갈마해안관광지구는 당초 2019년 4월이었던 완공 목표를 두 차례나 수정하면서 지연시켰지만 아직 개장하지 못하고 있는 상황이다. 경제제재로 인해 물자조달이 원활하기 않은데다가 코로나19 상황까지 겹쳐서 차질이 생긴 것으로 보인다. 만약 지금 북한 입장이라면 의료 시스템이 미비한 상태에서 대규모 해외 관광객을 받아들이는 것도 두려울 것이다.

이런 상황에서 남북 경협을 원활하게 추진하는 것이 어렵다면 우선 북한의 의료시스템을 개선하는 데 남북이 협력할 필요가 있다. 우리의 선진화된 의료기술과 헬스산업 노하우를 접목해 보건·의료 분야와 관광사업을 연계하여 남북 경협을 추진하는 방안을 구상해 보는 것이다. 한국의 호텔·리조트·컨벤션 사업 경험을 벤치마킹해서 원산을 국제적인 의료·휴양 관광지로 개발하고 대규모 해외관광객을 유치하는데 남북이 협력할 수 있을 것이다. 북한 입장에서는 투자 재원을 분담하고 리스크를 줄이는 방안이 될 수 있다.

한반도의 허리에 자리 잡은 원산은 지리적으로 매력적인 곳이다. 서울과 평양으로부터 최단거리에 있는 동해안 항구도시로서, 일본과 연계가 용이하며 국제 크루즈선박의 경유지로 개발할 수도 있다. 명사십리와 송도원의 아름다운 해변을 비롯해 인근에 관광명소가 많다. 태백산맥 동쪽이라 겨울철 미세먼지의 영향도 적어서 휴양 및 요양시설의 위치로는 최적이다. 갈마해안관광지구에 남북협력 의료센터를 만들어 수준 높은 'K-의료' 서비스를 받으려는 세계 각국의 관광객들을 유치할 수 있을 것이다. 통천에 있는 감탕 온천에 리조트를 조성하는 등 다양한 치료시설을 구축해 관광지를 다니면서 명상·힐링·요가·미용·헬스 등 의료·휴양 서비스를 체험하도록 하는 것이다. 노년층을 위해 아름다운 해변의 실버타운에서 노후를 보내는 요양 프로그램도 구상해 볼 수 있다.[8]

원산 관광단지 개발을 위한 국제투자 유치를 추진한다면 정부의 재정을 투입하지 않고서도 민간 투자만으로도 주요 인프라 건설에 필요한 재원을 충분히 마련할 수 있을 것이다. 원산 경제특구에 특별법을 적용하고 해외 또는 한국인 투자를 허용해 주거·리조트 단지를 분양하는 것도 생각해 볼 수 있다.[9] 이를 위해선 보건·의료 및 관광 시설에 대한 포괄적·상시적 제재면제 조치를 추진할 필요가 있다. 미국 입장에서는 인도적 차원에서 대북제재를 완화한다는 명분을 얻을 수 있다.

Ⅴ. 경제공동체 형성을 위한 접경지역 개발

접경지역은 남북 경제협력이 추진되는 핵심적 공간으로서, 접경지역의 인프라 개발은 남북 경제공동체 형성을 위해 필수적인 준비 과정이다. 남북을 잇는 철도·도로 등 교통망을 연결해서 물류와 시장의 네트워크를 구축하는 단계가 선행되어야 한다. 여기에는 상당한 비용과 시간이 필요하기 때문에 지금부터라도 계획안을 마련하고 단계적으로 준비할 필요가 있다. 북한에 대한 경제제재 문제가 완전히 해결되기 전이라도 한국이 독자적으로 준비할 수 있는 분야가 있으며 해야 할 일들이 많다. 이러한 준비가 미흡하다면 정작 경제제재가 풀린다고 해도 상당한 시간을 낭비하게 될 수 있다.

북·중 접경지역에서 벌어지고 있는 인프라 개발 현황과 비교하면 남북 접경지역의 수준을 확인해 볼 수 있다. 중국은 이미 2015년에 북·중 접경지역 인근까지 고속철도를 개통하였을 뿐만 아니라 본격적인 북·중 무역재개에 대비해 도로와 교량을 연결하고 여러 무역거점의 통관시설을 개선하거나 신설했다. 남·북 접경지역은 이에 비해서 준비가 매우 미흡한 상황이다. 하루빨리 남북 공동으로 접경지역을 통과하는 미래 한반도의 교통망 계획을 확정할 필요가 있다. 이를 바탕으로 우선 남측 지역만이라도 접경지역 인프라 개발을 추진한다면 경제제재 해제 이후 추진하게 될 공사 기간을 상당히 단축할 수 있을 것이다.

접경지역의 인프라 구축을 통해 남북 경제공동체 형성을 추진하는 과정을 단계별로 정리하면 다음과 같다. 이와 같은 발전 단계를 염두에 두고 DMZ 접경지역의 개발 계획을 수립할 필요가 있다.

첫째, 철도·도로·전력망 연결 등 인프라 구축 단계이다. 가장 우선적으로 추진되어야 할 것은 남북을 연결하는 혈관 역할을 하게 될 교통망과 에너지망을 구축하는 것이다. 이를 위해선 막대한 물자와 장비가 투입되어야하기 때문에 대북경제제재완화가 필수적이다. 하지만 실제로 착공하기 전까지 남북이 함께 계획안을 협의하고 노선설계를 진행하는 등 준비해야 할 일들이 많으므로 지금 당장이라도 착수할 필요가 있다.

둘째, 물류·시장 네트워크 등 남북 교역을 위한 시스템 구축 단계이다. 첫 단계에서 구축된 인프라를 바탕으로 물류망을 연결하고 시장을 형성해가는 과정을 진행하는 것이다. 여기에는 접경지역 주요거점에 물류단지를 조성하는 등 물리적 시설 구축도 필요하지만, 남북한의 물자를 교류할 수 있는 '하나의 시장' 시스템을 조성하는 과정도 포함된다. 특히 남북 수도권을 연결하는 서부 접경지역에는 콜드체인을 비롯해 다양한 물류·시장 네트워크 구축이 필요하다.

셋째, 남북 산업협력 체계의 재조정 및 분업구조 형성 단계이다. 교통망을 바탕으로 물류·시장 네트워크가 본격적으로 가동되면 남북한의 산업을 긴밀하게 연결하는 것이 가능해진다. 상호 차별화된 경쟁력을 바탕으로 산업분야 구조조정 과정이 자연스럽게 진행되면서 새로운 남북한 분업구조가 형성될 수 있다. 남북 경제공동체 발전 과정에서 북한이 글로벌 경제시스템에 효과적으로 연결될 수 있도록 접경지역에 남북 산업협력 클러스터를 구축할 필요가 있다.

〈주〉

1) 이종석, 《북한-중국 국경》, (세종연구소 2017), p. 166.

2) 《조선민주주의인민공화국 주요 경제지대들》, (외국문출판사 2018).

3) 《경기일보》, 민경태, "DMZ를 넘어 미래 한반도를 준비하자"(2021년 6월 28일)

4) 민경태, 《서울 평양 스마트시티》, (미래의창, 2018), pp. 166-168.

5) 민경태, 〈남북한 공공인프라 연결을 통한 '한반도 뉴딜'〉, 《열린정책》, 2021년 통권 제9호, p. 122.

6) 민경태, 〈4차 산업혁명 시대의 북한 개발 패러다임〉, 《국토》, 2020년 7월호 (제465호), p. 19.

7) 《농민신문》, 민경태, "남북 접경지역의 농업협력 방향은"(2020년 12월 11일)

8) 민경태, 〈의료·교통·IT 인프라 구축으로 남북이 함께하는 '한반도뉴딜'〉, 《남북 교류협력 새로운 길을 찾다》(PNA월드, 2021), pp. 157-158.

9) 《경기일보》, 민경태, "원산을 국제적인 의료·휴양 관광지로 만들자"(2020년 4월 27일)

13장

DMZ 생태공원과 접경지역 연계방안

유재심

Ⅰ. 시작하는 말

남북은 2018년 9월 'DMZ의 평화지대화'에 합의하고 'DMZ 비무장화'를 위한 조치들을 우선 실행하였다. 판문점 공동경비구역JSA의 비무장화, 경계초소GP의 폐쇄, 철원 화살머리고지 공동 유해발굴이 대표적이다. 이후 2019년 12월 발표된 제5차 「국토종합계획(2020-2040)」[1]에는 DMZ 일원에 관여하려는 이해당사자들의 장기계획이 반영되었다.

우선, 남북 교류·협력 확대와 동아시아 국가들과 교류와 글로벌 경쟁력을 갖춘 국토 조성을 위해 남북 간에 도로·철도 등 인프라를 연결하고 둘째, DMZ를 국제평화지대로 조성하여 세계적 명소화를 추진하는 전략에 따라 'DMZ 세계생태평화공원' 조성과 유엔국제기구를 유치하며, 셋째, 백두대간 보호지역과 DMZ 일원 생태축을 연결·복원하는 'DMZ 생태공원' 추진, 넷째, 「접경지역지원특별법」에 의한 '접경지역지원종합계획'을 토대로 접경지역의 생태관광, 녹색성장, 동·서 교통인프라 구축, 평화협력사업, 접경특화발전과 'DMZ 평화의 길'등 DMZ관광 및 관광인프라 조성 지원이 대표적이다. 그 외 산림유전자원보호와 생물다양성 증진, '접경지역시장·군수협의회'[2]의 「평화경제특구법」 제정 등 DMZ는 수많은 이해당사기관의 각축장이 되어있다.

이해당사자들의 강력한 경쟁을 뚫고 'DMZ 생태공원'은 어떻게 추진될 수 있을까? DMZ 생태공원이 조성된다면 접경지역 주민들은 무엇을 할 수 있을까? 「국토종합계획(2020-2040)」의 DMZ 관련 계획을 매트릭스 분석하면 세가지로 귀결된다. 첫째, 계획의 공통된 목표는 '평화 인프라 확충'이고, 'DMZ 일원 어젠다 확보'이다. DMZ 관련 국내법의 성격규정이 미비해서 벌어지는 부처간 경쟁으로 판단된다. 둘째, DMZ는 로컬이지만 계획은 글로벌 측면에서 접근하고 있다. DMZ정책은 남북 합의와 국제사회의 지지가 선행되어야 하기 때문이다. 셋째, DMZ 일원의 자연자원과 문화자원을 활용한 가치향상을 추구한다. 내재적 관점이 어떠하든 부존자원을 발굴·활용하려는 의지로 해석된다. 이를 종합하면 "DMZ 생태공원과 접경지역 연계방안"은 지역 분할이 아니라 통합적 공간계획으로, 로컬보다는 글로벌 관점으로, 양측의 차별성보다는 공유자본을 활용하는 세 가지에 초점을 두고 진행하는 것이 합리적이다.

과제 진행을 위해 글로벌 접경지역 생태공원 조성 사례를 살펴보았다. 접경지역 생태공원 조성 과정과 지역활성화 방안을 추출하여 DMZ 생태공원과 접경지역 연계방안을 마련하였다. 거버넌스, 공간계획, 지역사회의 역사문화생태자원 활용, 공간별 도입 프로그램 등을 토대로 DMZ 생태공원 추진의 플랫폼, 공간구상, DMZ 일원 생태문화역사 자원의 남북 공유, 한반도만의 독특한 정서가 담긴 남북 공동사업을 제안하도록 한다.

II. 글로벌 접경지역 생태공원 논의

생태공원ecological park은 생태적 조성 과정을 중요시하지만 생태경관보전개념과 달리 생태계 시스템의 경제적 이익과 인간의 복지를 증가시키는 목적을 내포한다. 생태계획이 '서식지 복원·지역경제 활성화·주민의 삶의 질 향상' 세 가지 목표를 추구하는 것과 유사하다.

한반도 접경지역은 공간 구성에 따라 '비무장지대DMZ', 'DMZ 일원'과 '접경지역'으로 구분한다. DMZ는 군사분계선에서 남북 2킬로미터씩 후퇴한 L248km×W4km의 면적이다. 'DMZ 일원'은 DMZ와 민간인통제선 이북지역을 포함하는 개념으로 2000년대 중반 시민사회가 합의한 용어이다. '접경지역'은 「접경지역지원특별법」에 의해 비무장지대와 해상의 북방한계선과 맞닿아 있는 서해5도로, 10개의 시·군과 지리적 여건 등을 기준으로 경기도(고양·양주·동두천·포천)와 강원도(춘천), DMZ 내 집단 취락지역(파주시 군내면 백연리 통일촌)을 포함하는 개념이다(〈그림 1〉참조). DMZ는 통상적 생활권에 의해 동부권, 중부권, 서부권 및 한강하구로 구분하여 관리하기도 했지만 최근에는 DMZ, 한강하구, NLL 중립수역 등 생태적 특성에 따른 구분이 강화되는 추세다(〈그림 2〉참조).

1 접경지역 평화구축을 위한 생태공원

1) 국경을 마주한 양국의 국립공원을 통합하여 하나의 생태공원으로 지정한 것은 "Waterton-Glacier International Peace Park"[3]이 최초의 사례이다. 1932년 미국과 캐나다 양국은 평화와 친선, 자연생태계의 통합적 보전을 위해 평화공원을 유네스코UNESCO 세계유산에 등재하였다. "Waterton-Glacier International Peace Park"은 접경생태평화공원으로 핀란드-러시아 등 이후 조성된 거의 모든 글로벌 접경지역 생태공원의 모델이 되어있다.

2) 접경지역 산림경관보전을 목적으로 조성된 사례는 시에라리온과 라이베리아 접경에 조성된 평화공원이다. 내전과 부존자원을 두고 분쟁하

〈그림 1〉 남북 DMZ 일원 접경지역 공간구성과 명칭

〈그림 2〉 법적 통상적 생활권에 의한 접경지역 구분 관행

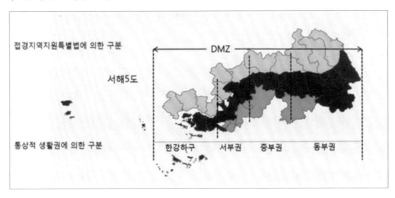

던 양측은 Gola National Park in Liberia(88,000ha)과 Gola Rainforest National Park in Sierra Leone(75,000ha)을 "A Trans-boundary Peace Park for Sierra Leone and Liberia"[4]로 공동 지정하였다. 양국 접경지역의 열대우림 생태회랑 복원은 현재 총 35만 헥타르가 생태계보전지역으로 지정되어 서아프리카에 생태계 서비스를 제공하고 있다. 거버넌스는 시에라리온 임업부와 보전협회, 라이베리아 산림개발청과 자연보전협회, Birdlife International Africa와 영국 왕립조류보호협회가 참여한다. 접경생태공원 조성 및 관리 재원은 EU의 기후기금이다.

3) Maloti-Drakensberg Park[5]은 세계적 멸종위기종 케이프 독수리

Gyps *coprotheres*와 수염독수리Gypaetus *barbatus* 및 희귀 토착 식물의 서식지 다양성 보전을 목표로 조성되었다. 남아프리카의 uKhahlamba Drakensberg National Park와 레소토의 Sehlathebe National Park가 통합되었다. 보전지역에는 4000년 이상 원주민들이 거주한 흔적, 현무암 부벽Buttress, 황금빛 사암의 성벽, 동굴벽화의 밀집 등 문화유산과 자연유산이 부각되어 복수의 유네스코 세계유산으로 등재되어 있다.

4) 보전활동가 그룹이 개입하여 접경지역 무장충돌과 갈등을 해소하고 보전지역을 설정한 사례는 에콰도르와 페루 접경지역의 Cordillera del Condor Transboundary Protected Area[6]이다. CIConservation International는 콘드로 산맥Cordillera del Cóndor 생태계 보전을 평화의 지렛대 삼아 양국 국경 수비대와 협의 후 1998년 미국 빌 클린턴 대통령이 보증을 서게 하여 국경을 확정하였다. 양측은 각각 국립공원을 조성한 후 2000년 보전활동 단체와 원주민 공동체가 참여하는 '생물권보전지역 관리체제' 확립 후 2004년 Condor-Kutuku 평화공원을 창설하였다. CI의 거버넌스는 ITTO[7]의 재정지원, 보전활동 단체들과 원주민 공동체와의 신뢰, 미국이라는 힘센 조정자가 있었기 때문에 성공 가능했다고 평가되었다.

5) 양국 접경지역 주민들이 생활의 불편을 해소하고자 접경생태공원을 조성한 사례는 핀란드와 러시아 간의 Oulanka-Paanajärvi Trans-boundary protected area[8]이다. 생태공원은 1992년 일대의 아한대림, 이탄습지, 하천 시스템 및 충적지 초원, 문화유산을 보호하고 관광 활성화 등 지역경제 증진을 목표로 설계되었다. 양측은 공동프로젝트를 통해 공원의 관리·운영, 고향방문과 지역방문, 기후위기와 고사목 대책, 지역특산종 송어 보호, 역사문화 공유와 관광활성화 문제를 해결하였다. Oulanka-Paanajärvi 국립공원 협의체는 노르웨이와 연결한 후 유럽 그

린벨트인 EUROPARC과 연결하려는 계획을 가지고 있다. 그러나 2.0트랙 협의체는 문제 해결을 위한 재정을 자체조달 해야하는 난제에 봉착해 있다.

접경지역의 글로벌 생태공원들은 국경이 둘 이상인 지역에서 다자의 세계유산으로 지정하는 TFCATransfrontier Conservation Area[9]이다. 협의체는 재정의 형태에 따라 1.0~2.0트랙이고 토착 역사·문화·자연유산을 생태관광에 활용하며 토지이용계획은 유네스코 MAB의 개념을 차용하였고, 거버넌스 과정이 가장 중요하였다.

② 지속가능한 발전모델, 유네스코 MAB

생물권보전지역BR, Biosphere reserve은 실행 방법으로 인간과 생물권MAB, Man and the Biosphere[10] 프로그램을 활용한다. MAB은 이해당사자들이 BR을 이용하여 지속가능한 발전을 도모하고 주민들의 삶의 질을 높일 수 있도록 구역별 도입 가능한 시설의 표준안을 제시한다(〈그림 3〉 참조).

핵심구역은 경관생태적으로 종 및 유전적 변이의 방지에 기여할 수 있도록 엄격하게 보호되는 지역이다. 모니터링과 교육, 연구개발 등 극히 제한된 이용이 허용된다. 전이구역은 핵심구역을 둘러싸거나 인접하며 과학적 연구, 모니터링, 훈련 및 교육, 생태계 시스템 순환 활동에 사용된다. 전환구역은 지역사회가 사회·문화·생태적 자원을 활용하여 지속가능한 경제 및 인간의 개발 활동을 촉진할 수 있는 공간이다.

미국과 캐나다 국경의 Waterton-Glacier International Peace Park은 공원 내부에 연구소, 교육프로그램, 야영장, 오지탐험, 헤리티지 센터, 빙하가든, 밤에 별을 관찰할 수 있는 International dark sky park 등을 도입하였고, 내부 소식을 방문객들에게 전해주는 신문사를 운영하며 오늘날 세계적으로 유명한 관광지가 되었다.

남아프리카와 레소토의 Maloti-Drakensberg 공원에서 드라켄스버그 지역은 화가, 도예, 예술가 및 공예 업체들의 갤러리와 스튜디오로 가득한 예술 루트가 조성되어 있다. 공원은 트랙을 활용하는 MTB, 계곡의 풍경과 수영을 겸한 하이킹, 야생동물 보호구역 하이킹, 오두막 체험, 등산, 송어 플라이 낚시 프로그램, 골프 클럽과 리조트, 패러 글라이딩, 리버 래프팅, 프라이빗 어드벤처, 세계문화유산 관광을 운영한다. 놀랍게도 지역에서 가장 인기있는 프로그램은 토착 희귀 및 멸종위기 생물종들을 관찰할 수 있는 트래일 프로그램이다.

노르웨이와 스웨덴의 모로쿨리엔Morokulien 생태공원은 '평화공화국'이라고 명명되어 있다. 여름철에는 남쪽 모로쿨리엔에서 북쪽의 트리실까지 24킬로미터의 걷기, 낚시, 카누, 하이킹과 18홀의 골프코스 플레이를 즐기고, 겨울철엔 스웨덴 최남단 밸팔레트Valfjället 스키 센터와 스키 리조트, 조깅과 크로스컨트리 스키, 아이스 링크 등 스포츠와 시설을 대여하고, 공예 박물관 및 폐유리 재생공장 박물관의 방문객을 늘려서 지역산업 및 경제 활성화에 기여한다.

한편, 국내법 중 DMZ의 성격을 정의한 것은 「자연환경보전법」이 유일하다.

> 제2조 13. "자연유보지역"이라 함은 사람의 접근이 사실상 불가능하여 생태계의 훼손이 방지되고 있는 지역중 군사상의 목적으로 이용되는 외에는 특별한 용도로 사용되지 아니하는 무인도로서 대통령령이 정하는 지역과 관할권이 대한민국에 속하는 날부터 2년간의 비무장지대를 말한다.

〈그림 3〉 유네스코 MAB 개념과 공간별 도입 가능 시설 예시
(https://en.unesco.org/node/314143)

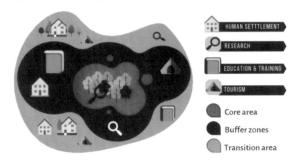

〈그림 4〉 MAB 개념을 적용한 DMZ 생태공원 토지이용 구상

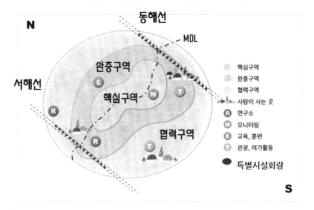

* 점선은 ict기반 지하화 특별인프라 회랑

3 MAB과 접경지역 활성화

유네스코 맵MAB은 개발과 보전을 융합하여 지속가능한 발전을 도모하는
과학적인 토지이용계획이다. 그래서 MAB은 보전지역 설정에 역점을 두
기보다는 인류가 지속가능하게 유지될 수 있도록 생태계 공간을 생물과
공유하는 토지이용 모델로 간주된다. 발칸반도 평화공원 프로젝트B3P,
Balcan Peace Park Project는 지역 실정에 맞는 접경지역 생태공원 운영 방안
을 마련하고 역내 역사문화생태자원 활용과 경제 활성화를 연계하고 있

다(그림 5). B3P에는 IUCN과 UNEP, 코스보, 알바니아, 몬테네그로 세 국가의 정부, 접경지역 공동체, NGO's 및 문화 예술인과 기업 등 민간 기부자가 이해당사자로 참여하여 2003년부터 18년째 상호 국경을 넘나드는 독창적인 프로그램을 운영 중이다.

1) 중앙구역은 자연 생태계와 생물다양성보전구역으로 연구 및 모니터링이 가능하고 인증된 가이드가 이끄는 방문객들만 방문이 허용된다. 다만 걷는 프로그램을 위한 트레일은 세 개의 국경을 교차하여 넘나들도록 설계되었다. 중앙구역은 협의체가 허용하지 않은 상업행위, 벌목, 화전, 인공조림, 가축 방목, 무단 캠핑 등이 불허된다.

2) 효과적 관리구역은 주민들의 생활과 방문객들을 위한 인프라 조성이 가능하다. 트레킹 경로 및 정보를 위한 간판, 위험지형의 안전을 도모하는 구조물, 스포츠 및 레저 구조물 구축은 허용된다. 숲 가꾸기, 화전, 인공 조림, 외래식물 심기, 무단 캠핑, 동식물 포획, 동물의 서식 및 방문객을 방해하는 활동은 금지된다.

3) 전통적 활용구역은 자연부락 지역으로, 전통적 생활양식에 위배 되지 않는 선에서 경관조성, 토지이용, 물과 숲의 활용, 목초지 이용, 약용식물 재배, 유형 및 무형 문화재 활동, 공예품 생산이 가능하다. 지역개발 계획, 국립공원 관리에 따른 농업재배, 가축사육, 조림과 목초지 조성 등은 연구 개발을 통해 진행된다. 숲 가꾸기, 화전, 조림, 멸종위기 동식물의 포획, 무단 캠핑, 동물 및 식물군집의 서식 및 방문객을 방해하는 활동은 금지된다.

4) 지속가능한 개발구역은 거주자와 지역 사업체에 전통적 삶의 방식과 전통적 건축관행, 사회적 특성을 반영한 문화활동을 허용한다. 지역 개발 계획 및 국립공원 관리에 따른 모든 농업 재배, 가축사육, 주민들의 주거지 개발, 방문객을 위한 숙박시설 개발, 서비스를 위한 공간, 상업 및 산업단지 개발 등은 조성 및 확장에 관한 연구가 선행되어야 한다.

〈그림 5〉 발칸 평화공원 프로젝트(B3P) 구역
(https://balkanspeaceparkdotorg.wordpress.com/)

〈그림 6〉 캐나다 뉴 브런즈윅과 미국 메인주 사이에 조성된 Aroostook Valley 골프 코스

Ⅲ. DMZ 생태공원과 생물권보전지역

DMZ 생태공원 조성을 위한 국제적인 보전지역 설정 방법은 유네스코 생물권보전지역BR, 람사르습지, 세계유산 등재 등이 있다. 남북 공동으로 DMZ 생태공원을 추진하면 접경생물권보전지역Transboundary Biosphere Reserve[11], 남한 단독으로 추진하면 생물권보전지역과 세계유산 등재제도를 활용할 수 있다.[12]

　DMZ 접경생물권보전지역 추진은 맵MAB을 활용한 마스터플랜 마련이 우선이고, 남북 및 접경지역과의 장기적이고 치밀한 거버넌스가 요구되며, 법제도의 정비가 필요하다(〈그림 4〉 참조).

1 MAB을 활용한 DMZ 생태공원 조성

DMZ는 국내법의 효력이 미치지 못할 뿐 아니라 보호지역 지정을 위한 조사마저 어렵고 일원의 넓은 면적이「군사기지 및 군사시설보호법」의 민간인 통제구역에 해당된다(〈그림 7〉 참조). 또한 DMZ 내부는 토지구획 정보가 정확하지 않고 지적미복구지로 추정되는 토지가 많아서 법정비 없이 생태공원 조성을 추진할 경우 무주부동산의 소유권 처리 등 관리방안 마련이 원칙적으로 불가능하다. 그러므로 군사적 통제지역인 국제적으로 보편타당한 방법인 MAB을 활용한 유네스코 생물권보전지역 지정이 현실적 대안이 될 수 있다(〈그림 8〉 참조).

1) DMZ 생태공원 핵심구역

DMZ 생태공원 핵심구역은 군사분계선을 중심으로 남북으로 남방한계선과 북방한계선까지 약 4킬로미터의 비무장지대 내부를 제안한다. DMZ 내부는 남북이 공동으로 접경생물권보전지역으로 지정 신청한 후 남측은 강원생태평화생물권보전지역(2019) 및 연천임진강생물권보전지역(2019)의 핵심구역과 중첩하면 남측 생물권보전지역 핵심구역을 확정할 수 있다.

2) DMZ 생태공원 완충구역

DMZ 양측 남방한계선 및 북방한계선으로부터 각각 3킬로미터까지를 완충 구간으로 제안한다. 민간인통제선까지 10킬로미터 구간을 2등분하면 군사분계선으로부터 5킬로미터까지는 완충구역이다. 이후 기 지정된 강원생태평화생물권보전지역(2019)과 연천임진강생물권보전지역(2019)의 완충구역과 중첩하여 남측 생물권보전지역 완충구역을 확정할 수 있다.

3) DMZ 생태공원 전이구역(협력구역)

DMZ 생태공원의 잠재적 협력구역은 군사분계선으로부터 10킬로미터 중 핵심구역과 완충구역을 제외한 나머지 공간을 지정하는 것이 대안이 될 수 있다. 각각의 전이구역은 기 지정된 강원생태평화 생물권보전지역(2019)과 연천임진강 생물권보전지역(2019)의 전이구역과 중첩하여 남측 생물권보전지역 핵심구역을 확정할 수 있다.

〈그림 7〉 군사시설 및 군사기지 보호법에 의한 민간인 통제구역 개념

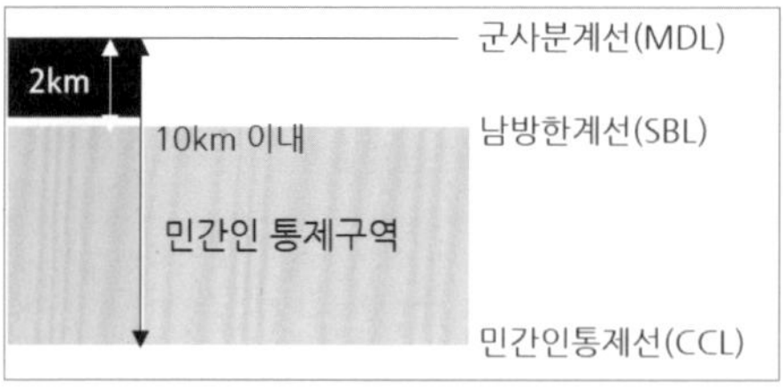

〈그림 8〉 MAB개념을 적용한 DMZ 생태공원의 잠재적 공간 구획

2 남북이 공유하는 역사·문화·생태자원의 활용

DMZ 생태공원 추진이 성공하기 위해서는 많은 토론과 사회적 합의가 필요하지만 글로벌 접경지역 생태공원 성공은 생태공원을 활용한 경제활동과 주민들의 삶의 질 향상이 중요하다. 생태공원의 프로그램 개발은 독특한 지역성과 공유자원을 반영하여 개발되어야 하고 경제적 효과의 공유가 전제되어야 한다. 기존 DMZ 생태공원 추진 주체들이 활용한 DMZ 일원 생태자원 및 유적지 조사 자료는 환경부 국립생태원[13]과 문화재청 문화재연구소[14]에서 확인할 수 있다.

본 과제는 DMZ의 자연유산 및 문화역사유산 이외에 선조들이 걸어서 금강산 가던 경로를 기록한 《동유기東遊記》, 《유산기遊山記》, 《유금강산기遊 金剛山記》와 관련된 시詩·서書·화畵에 주목하였다.

고려말 이곡李穀(1298~1351)은 《동유기》에 걸어서 금강산 가던 여정을 기록하였다. 1349년 8월 14일(음력) 송도를 떠나 배점拜岾에 도착하여 금강산을 유람한 기록의 일부이다.

> 철원鐵原에서 금강산까지가 3백 리이니, 송도에서는 실로 5백여 리 떨어져있는 셈이다. 그러나 강과 고개가 중첩하고 길이 매우 깊고 험하여 금강산을 출입하는 것은 어렵기 마찬가지이다. 일찍이 듣건대 이 산의 이름은 불경佛經에 나와 천하에 알려져서, 건축乾竺처럼 아득히 먼 나라에 있는 사람들까지

도 가끔 와서 본 경우가 있었다고 한다. 대개 직접 와서 보면 소문만 못하기 마련이다. 우리나라 사람 가운데 서촉西蜀의 아미산峨眉山과 남월南越의 보타산補陁山을 유람한 이가 있는데, 모두들 소문보다 못하더라고 하였다. 내가 비록 아미산과 보타산을 못 보았지만 내가 본 이 산은 참으로 소문을 넘어선다. 화공畵工이 아무리 솜씨 있게 그려 보이고 시인이 능력껏 표현해내려 한다하더라도 금강산의 모습은 비슷하게라도 형용할 수 없을 것이다.

17세기 후반 도곡陶谷 이의현 李宜顯 (1669~1745)은 기축년(1709, 숙종 35) 9월 1일부터 9월 12일까지 금강산을 유람하였다.《유금강산기》에는 노정뿐 아니라 일행의 행색, 지역의 풍습 등이 기록되어 당시 세태를 재현해 볼 수 있다.

국추菊秋 9월 초하루 무진일에, 아침 일찍 일어나서 급히 밥을 먹고 한 필의 말에 몸을 싣고 두 사람과 함께 고삐를 나란히 하고 가니, 말을 끄는 자가 세 명, 마른 양식을 가지고 가는 자가 두 명, 술과 안주를 들고 가는 자가 한 명, 그리고 침구를 지고 가는 자가 한 명이었다. 그 나머지 따르는 하인들은 모두 물리쳐서 단출하기가 방외方外의 산인散人과 같으니, 길가에 김 매는 지어미와 나무하는 지아비들 또한 내가 자기 고을의 읍재邑宰인 줄을 알지 못하였다. 점심 무렵에 옥동역玉洞驛에서 밥을 먹으니, 이곳은 평강平康 땅이다. 또다시 옥동천玉洞川을 건너니, 깎아지른 절벽이 병풍과 같고 여울물이 세차게 부딪쳐 흘렀으며 바위의 단풍이 물속에 거꾸로 비쳐서 완연히 한 폭의 살아있는 그림이었다. 계현憩峴을 넘었는데, 옛날 궁예弓裔가 사냥할 적에 휴식한 곳이라 한다. 또 갑천甲川을 넘었는데, 궁예가 변고를 듣고 이 냇가로 도망와서 갑옷을 버리고 달아났기 때문에 갑천이라고 이름하였다 한다.

3 한반도 인문학의 길, "걸어서 금강산 가던 옛길"

남북이 DMZ 생태공원의 핵심구역-완충구역-전이구역(협력구역)을 넘나들며 활용할 수 있는 프로그램으로 "걸어서 금강산 가던 옛길" 트레일을 제안한다. 글로벌 접경지역 생태공원 사례에서 MAB의 핵심구역-완충구역-핵심구역을 활용할 수 있고 서로 맞닿아 있는 국가의 국경선을 넘나들면서 진행할 수 있는 프로그램은 '걷는 길'이 유일하였다. 그러나 단순히 풍경을 감상하는 길이거나 종교적 순례길은 확산성과 경제적 효과에 한계가 있을 수밖에 없다.

남북이 공유하는 고전문학을 배경으로 제안 되는 "한반도 인문학의 길, 걸어서 금강산 가던 옛길"은 세계적으로 유래를 찾을 수 없는 독창적이고 독특한 컨텐츠의 길이다. 남북이 공동으로 플랫폼을 구성하여 노정과 지식을 아카이빙하고 조성·운영하는 것을 제안한다.

고려시대 송도에서 금강산까지 걷던 길의 여정을 현재의 지명으로 표현하면 '송도-장풍-철원-평강-세포-철령-회양-창도-배제-단발령-금강산 내산-안변-통천-해금강-고성-삼척'이다. 조선시대 한양을 출발하여 금강산까지 걸어가던 통상적 여정은 '한양-보제원(제기동)-임암(양주)-소요산-연천-금화-금성-창도-보리진-신안'이 대표적이다. 고려시대와 조선시대 "걸어서 금강산 가던 옛길"을 연결하면 DMZ를 사이에 두고 남북 간에 환상형의 "한반도 인문학의 길, 걸어서 금강산 가던 옛길"이 연결된다.

고려시대 조선시대 선조들이 걸어서 금강산 가던 옛길은 일제 강점기에 금강산 관광을 위한 철도 개발로 대체되었고 통상적 노선은 '한성-포천-철원-김화-평강-회양-창도-금강산'으로 단순화 되었다. 이후 '유산문학遊山文學'으로 대표되는 인문적 서사나 컨텐츠 생산은 중단되었고 자연과 문화와 여행이 어우러진 수많은 스토리가 수면 아래로 잠기게 되었다.

〈그림 9〉 남북 접경지역을 연결한 환상형의 "걸어서
금강산 가던 옛길" 구상도

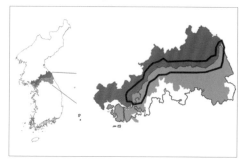

〈그림 10〉 고려시대와 조선시대 기행문의 "걸어서
금강산 가던 옛길" 노정 연결도

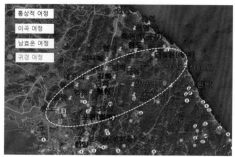

"걸어서 금강산 가던 옛길" 복원은 우리가 왜 남북 공동으로 한반도 인문
학의 길을 추진해야 하는가? DMZ가 양산하는 컨텐츠 산업의 혜택을 어
떻게 남북 접경지역 주민들이 공유할 수 있는가? 에 대한 현실적이고 충
분한 해답이 될 것이다.

Ⅳ. 마무리 말

유네스코 MAB 개념을 활용한 'DMZ 생태공원 조성과 접경지역 연계방
안'은 제5차 「국토종합계획(2020-2040)」에 내포된 인구쇠퇴, 도시쇠
퇴, 기후위기를 수용하면서 접경지역 주민들을 소외시키지 않는 DMZ 일
원 통합적 토지이용 구상과 다름 아니다. '걸어서 금강산 가던 옛길' 구
상은 DMZ 생태·역사문화·평화관광벨트를 설악산, 금강산, 원산, 백두
산과 잇는 국가의 '광역관광벨트 구축' 장기 계획에 부합하고, 개성 유네
스코 문화유산과 연결된다.

'DMZ 생태공원' 추진 플랫폼은 1.5트랙 대화 구조가 1.0보다 유리하
다. 문제 해결을 위한 기초 예산은 정부가 지원하고 어젠다 세팅과 조성
·운영은 전문가와 지역공동체가 자율적으로 추진해야 한다. 접경지역

생태공원은 공공의 기초 예산지원, 이익창출을 위한 보편적이고 독창적인 지역사업, 프로그램과 컨텐츠를 활용한 파생경제와 이익의 공유가 가능할 때 접경지역 주민들의 지지를 받을 수 있는 것으로 나타났기 때문이다.

물리적인 DMZ 생태공원 조성은 남북이 공동으로 DMZ를 '접경생물권보전지역'으로 지정한 후 남측은 강원생태평화생물권보전지역(2019)과 연천임진강 생물권보전지역(2019)과 중첩하여 핵심-완충-전이 구역을 확정할 수 있도록 정교한 액션플랜이 필요하다.

DMZ 생태공원에 우선 고려될 수 있는 사업은 핵심-완충-전이 구역과 남북을 넘나들며 운영할 수 있는 '걷는 길' 트레일이다. 완충구역은 자전거, 승마, 낚시, 등산, 야영 등 레저활동, 골프 코스와 페탕크Pétanque 등 스포츠, 접경문화 루트, 고려시대와 조선시대 자연마을 재현 등을 고려해 볼 수 있다. 전이구역은 접경지역 전통산업 시설, 특산품 가공산업, 기타 플랫폼에서 논의하여 합의하는 시설의 도입이 가능하다.

한반도 인문학의 길은 남북이 공유하는 고전 기록을 배경으로 군사분계선과 핵심-완충-전이구역을 넘나들도록 설계되면 글로벌 독창성·경쟁력과 확장성을 갖출 수 있다. 북한이 최근 지역의 전설·설화 등을 반영한 문화관광을 표방하기 때문에 수용성 측면에서도 유리하다.

유엔기구·국제생태기구 유치와 남북협력기구는 서해선과 동해선의 남북 종단축에 특별 인프라 회랑을 조성하여 활용하도록 한다. 특별 인프라 회랑은 ICT(정보통신기술)기반 시설물과 도로를 지하화하고 지상부를 공원으로 조성하면(〈그림 4〉 참조)[15] 개발과정의 생태적 부작용을 최소화하고 접경지역 경제 활성화와 접경지역 주민의 삶의 질 향상에 기여 해야 한다는 의제에도 부합할 것으로 판단된다.

〈주〉

1) 제5차 「국토종합계획(2020-2030)」은 국내·외 여건변화, 인구감소, 지역쇠퇴, 기후위기와 전환시대에 대응하도록 국토의 지속가능발전 20년 전략을 담아 2019년 12월 11일 최종 공고되었지만 코로나19 팬데믹 이후 문화변동을 반영하지 못한 아쉬움이 있음.

2) '접경지역시장군수협의회'는 2021년 8월 말 현재 DMZ와 인접한 인천(옹진군, 강화군), 경기(파주시, 김포시, 연천군), 강원(철원군, 화천군, 양구군, 인제군, 고성군)의 10개 접경지역 지자체장들로 구성되어 있음

3) https://www.watertonglacierpeacepark.org/ searching on August 30, 2021

4) https://africa-eu-partnership. org/en/success-stories/trans-boundary-peace-park-sierra-leone-and-liberia searching on August 30, 2021

5) https://whc.unesco.org/en/list/985 searching on August 29, 2021

6) http://www.tbpa.net/docs/71_Cordillera_del_condor.pdf searching on September 01, 2021

7) International Tropical Timbers Organization

8) http://www.tbpa.net/page.php?ndx=85 searching on September 01, 2021

9) https://tfcaportal.org/ TFCA는 야생동물보호법 집행에 관한 SADC프로토콜(1999)에서 정의한 개념으로 생물다양성 보전과 사회경제적 발전을 목표로 국경을 초월하여 자연자원 및 문화자원을 공유하고 공동관리함. 범주 A(조약 또는 기타 법적 구속력이 있고 상호 인정된 합의), 범주 B(MoU가 있는 TFCA) 및 범주 C(개념 단계의 TFCA)로 관리되며 UNEP보전모니터링센터(UNEP-WCMC)와 IUCN이 기록함

10) https://en.unesco.org/mab searching on September 01, 2021

11) UNESCO Transboundary BR은 국경이 마주한 '접경생물권보전지역' 지정을 통해 접경지역 지속가능한 발전과 평화구축에 기여하고 있으며 두 개 이상의 국가가 협의하여 지정신청을 해야함. 현재 모로코-스페인과 카자흐스탄-러시아연방 간의 대륙간 생물권보전지역을 포함하여 31개국 21개의 접경생물권보전지역이 있음

12) 국내에는 설악산(1982), 제주도(2002), 신안다도해(2009), 광릉숲(2010), 고창(2013), 순천(2018), DMZ 남방한계선 이남의 강원생태평화(2019), 연천임진강(2019) 생물권보전지역으로 지정되어 있음

13) https://www.nie.re.kr/contents/siteMain.do. searching on September 02, 2021. 2019년 조사결과, DMZ 일원은 한반도 생물종(2만 4,325종)의 약 20%인 4873종이 서식하고 멸종위기종은 91종으로 멸종위기 야생생물 I급은 산양, 사향노루, 반달가슴곰, 수달, 붉은박쥐 등 포유류 5종, 흑고니, 노랑부리백로, 저어새 등 조류 9종, 수원청개구리(양서류)와 흰수마자(담수어류)를 포함해 총 16종임

14) DMZ 문화재 보존 및 조사연구 발전방안(국립문화재연구소, 2019. 11 심포지엄)에 따르면 DMZ에는 도성지(1), 고분 및 고총(2), 전적지(4), 철도지(3), 봉수지(2), 산성지(4), 사지(2), 사우(1), 등록문화재(4) 등 9종 23개의 문화재가 조사됨

15) 현재 사우디아라비아에서 진행 중인 네옴(NEOM) 프로젝트의 스마트 도시와 유사한 개념

참고문헌

A.Young and J. Sula, 2016. Central and Eastern European Review. Report on the Balkans Peace Park Project 'Concerns for Valbona, within the Cross-border Balkans Peace Park Project(B3P). vol.10, 2016(ISSN 1752-7503).

Calen Cranz and Michael Boland. The Ecological Park as an Emerging Type, Places,1 5-3 (July 2003), pp. 43-47.

Conservation International brief, "Peace and Conservation in the Cordillera Del Condor Border Region between Ecuador and Peru", accessed on March 25 2020.

Ifan Thomas and Jeff Mow, Waterton-Glacier International Peace Park. US National Park Service, Park Canada. searching on August 30, 2021. www. naturalresources policy.org

Timothy, Dallen J. "Cross-border Partnership in Tourism Resouce Management: International Parks along the US-Canada Border." *Journal of sustainable tourism*, 1999-09-01, Vol.7(3-4). pp. 182-205.

Vayrynen, Raimo. "Environmental Security and Conflicts: Concepts and Policies." *International studies* (New Delhi), 1998-01, Vol.35 (1). pp. 3-21

Wittmayer, Julia M and Buescher, Bram, "Conservation Conflict? Transforontier Conservation, Development Discourses and Local Conflict between South Africa and Lesotho." *Human ecology:an interdisciplinary journal*, 2010.12.01., Vol.38(6). pp. 763-773.

한반도 평화체제 2.0을 위한 제안

14장

한반도 평화체제 2.0의 방향과 과제:
북핵문제 해법을 중심으로

이종석

Ⅰ. 한반도 평화체제 구축의 장애요소변화

평화의 개념은 '전쟁이 없는 상태'를 의미하는 소극적 평화에서 '전쟁의 근원이 되는 구조적 폭력이 제거된 상태'를 의미하는 적극적인 평화에 이르기까지 넓은 스펙트럼을 지닌다. 정전체제 아래서 겨우 물리적인 충돌이 멈추어 있는 한반도 상황은 평화의 가장 낮은 단계인 소극적 평화단계라고 할 수 있다. 이러한 소극적인 평화상태에서 전쟁을 걱정하지 않고 호혜적인 교류협력이 가능한 수준의 평화상태가 된다면, 우리는 그것을 한반도 평화체제라고 일컬을 수 있을 것이다.

한반도 평화체제를 사전적으로 규정하면 '한반도에서 전쟁을 법적으로 종결하고 갈등하는 주체들 간에 상호 적대적 관계를 초래했던 긴장요소들을 해소하며, 전쟁방지와 평화유지를 위한 제도적 장치를 마련함으로써 실질적으로 평화가 실현된 상태'라고 할 수 있다. 평화체제를 구성하는 분야별로 나누어 규정하면 한반도 평화체제 구축은 법적·제도적 차원에서 평화협정 체결을 통해 현재의 정전체제를 해소하는 것이며 정치군사적으로는 남북 간 군사적 대결상태를 해소하고 적대적인 북미관계를 정상화하는 것이다. 사회·문화적으로는 남북한 간에 활발한 교류협력이 실현되고 심리적 차원에서는 남북 간 상호 적대성이 해소된 상태를 의미한다. 그런데 이상에서 기술한 요소들이 동시에 모두 갖추어지기는 어렵다. 따라서 우선 법적·제도적 조건이 실현되고 군사적 대결상태가 해소되면 낮은 수준이지만 한반도 평화체제가 구축되었다고 말할 수 있다.

한국전쟁 이후 지난 68년간 정전체제 아래서 치열한 적대적 대결을 겪으며 살아온 우리는 평화체제를 열망하며 그 구축에 힘써 왔다. 그러나 평화에 대한 강한 열망과 달리 한반도에서 평화체제 구축은 매우 더디게 진행되어 왔다. 냉전 해체 이후 30여 년이 흘렀지만 한반도는 아직도 냉전적인 남북대결과 북·미 대결 구도가 작동하면서 평화체제 구축을 향한 많은 이의 열망을 희망 고문으로 만들고 있다.

오늘날 격동하는 국제정세를 생각하면, 한반도에서의 갈등과 대립은 시대착오적인 것처럼 느껴질 정도이다. 세계는 4차 산업혁명 시대의 도래와 미·중 디커플링 심화, 기후 위기, 코로나19 팬데믹 등을 맞이하여 미래가 불확실한 대전환의 시대로 진입했으나, 한반도는 이와 동떨어진 채 아직도 냉전적 담론과 대결구조에서 벗어나지 못하고 있다. 이러한 상황이 지속되는 한, 우리 국민의 평화로운 삶을 보장하기 어렵고 대전환기를 헤쳐나갈 새로운 한반도 전략도 제대로 수립할 수 없다. 무엇보다도 남북협력과 북방경제 형성을 통해 평화정착과 함께 한국경제의 새로운 성장동력을 창출하고 한반도 평화경제시대를 열어가겠다는 비전을 마련하기가 어렵다.

그런데 우리가 주목해야 할 점은 냉전시대와 비교할 때 한반도 평화체제를 가로막는 핵심적인 장애요소가 바뀌었다는 사실이다. 냉전시대에는 적대적인 남북대결이 한반도 평화를 가로막는 가장 큰 걸림돌이었다면, 지금은 북핵문제로 상징되는 북·미 대결 구도가 결정적인 장애물로 작용하고 있다. 냉전해체 이후 한반도 평화를 주도한 것은 남북관계였다. 1991년 12월에 체결된 남북기본합의서를 필두로 6.15 공동선언(2000년), 10.4 공동선언(2007년), 4.27 판문점선언(2018년) 등을 통해 남과 북은 적대와 불신의 관계를 넘어서 대화와 협력의 가능성을 열었으며 한반도 평화와 공동번영이라는 미래 비전을 공유했다. 그러나 다른 한편 1990년 초반에 발생한 북핵문제는 '북한의 핵 도발'과 미국이 주도하는 국제사회의 '제재'라는 악순환에 빠지면서 한반도 긴장을 고조시켜 왔다. 2018년 6월에 역사적인 북미 정상회담이 열려 양국관계의 개선을 선언하고 비핵화 협상을 재개했으나, 이후 협상은 교착국면에 빠져서 오늘에 이르고 있다.

지난 30년 동안 북핵문제는 남북관계를 자신의 종속변수로 만들었다. 북핵문제의 악화가 거의 예외 없이 남북관계의 경색을 유발한 지난 역사가 이를 증명한다. 북핵문제가 진전되지 않는 한, 남북관계의 자율성을 제고하기조차 어려운 것이 엄연한 현실이다. 따라서 현 단계에서 한반도 평화 증진은 북핵문제의 해법을 찾는 데서부터 시작할 수밖에 없다. 그렇다고 필자가 남북관계의 자율적 발전 모색을 부정하는 것은 아니다. 다만, 현 상황에서는 남북관계의 자율적 발전도 결국 북핵문제의 진전을 견인하는 방향에서 모색되어야 실현 가능성이 높아진다는 것이다. 이상의 문제의식에 바탕을 두고 필자는 업그레이드한 한반도 평화체제 2.0의 구축 방향과 과제를 찾아보고, 그 구체적인 실행방안을 제시해보고자 한다.

Ⅱ. 지속가능한 평화와 실현과제

1 합의 이행의 중요성

탈냉전의 서막이 오른 1990년 전후와 30여 년이 경과한 현재의 한반도를 비교하면 만족하기 어려운 완만한 수준이지만 평화가 증진되었다는 사실은 부인할 수 없다. 그동안 열린 6번의 남북 정상회담이 남북관계 진전의 중요한 계기를 만들어냈으며, 북미 제네바기본합의(1994년 10월)와 9.19 공동성명(2005년 9월), 싱가포르 북미 정상회담(2019년 6월) 등은 북핵문제에서 일정한 진전을 이룩하여 한반도 평화증진에 기여하였다. 비록 어느 회담이나 합의도 완전하게 이행된 것이 없기 때문에, 적지 않은 전문가들이 결과적으로 '실패한 회담'·'실패한 합의'라는 낙인을 찍었지만 평화를 향한 이러한 노력 덕분에 그나마 상호 충돌을 자제하고 대화를 모색하려는 움직임이 낯설지 않은 분위기가 되었다.

그러나 역사적 시각에서 볼 때 명백한 한반도 평화증진에도 불구하고 많은 이들은 여전히 평화를 실감하지 못하고 있다. 여전히 한반도는 불안하다고 느끼기 때문일 것이다. 그리고 남북 간이나 북·미 간에 획기적인 합의를 했다하더라도 결국 그 합의가 제대로 이행되지 않으면서, 빈번하게 증진되던 평화가 거꾸로 역행하며 불안에 휩싸였던 경험 때문일 것이다. 특히 지금처럼 북핵문제가 과거보다 더 큰 위협이 되었으면서도 해결기미가 보이지 않는 상황이 많은 이들에게 평화정책 자체에 대해서 회의를 갖게 한다.

객관적 지표와 관계없이 국민이 평화를 체감하지 못한다는 것은 정부의 평화정책 기반이 그만큼 협소해졌음을 의미한다. 그렇게 된 가장 큰 이유는 앞에서 설명했듯이 남북 혹은 북·미 합의가 대체로 불이행으로 점철되었기 때문이다. 예컨대, 4.27 판문점선언이나 9.19 평양 남북정상선언의 합의사항이 제대로 이행되지 않거나 싱가포르 북·미 공동성명이나 북핵문제 해결을 위해 합의한 9.19 공동성명이 이행되지 않으면서 남북 혹은 북·미 합의에 대한 국민들의 신뢰도가 저하된 것이다.

그렇다면 이러한 상황에서 우리가 한반도 평화증진을 위해 지켜야 할 자세는 무엇일까? 필자가 보기에 남북한을 비롯한 한반도 문제의 당사자들이 어떤 합의를 할 경우 그 이행을 보장해야, 어떤 합의이건 일회성 이벤트가 아니라 평화증진을 지속적으로 담보하는 것이 필요하다. 한마디로 표현하면 한반도 평화체제 2.0의 기본은 지속가능한 평화증진이다.

앞으로의 대북정책에서 남북 모두 합의한 사항은 반드시 지켜야 하며, 북핵문제와 연관된 합의는 반드시 이행하여 평화를 증진시켜야 한다는 점이 중요 원칙으로 자리 잡아야 한다. 우리는 흔히 경험을 통해 북한 사람들이 가장 까다로운 협상대상자라는 것을 느끼고 있으며, 그들은 합의하고도 항상 위반을 꿈꾼다고 의심한다. 바로 이러한 북한을 상대하여 평화를 이룩하기 위해서 필요한 제1원칙이 성실한 합의 이행이다.

일회성 이벤트를 지양한 평화 연동형의 정책들이 필요하다. 예컨대, 현재의 한반도 상황에서 종전선언은 정전협정이라는 틀 속에서 68년간 지속된 전쟁 중단 상태를 선언적 차원에서 전쟁 종료로 전환한다는 점에서 의미가 크다. 정전상태가 장기화하면서 한반도에서는 남북 대치선인 휴전선 일대가 세계 최고의 군사력 밀집지대로 변모하였으며, 이로 인해 고도의 긴장과 국지적 충돌을 거듭하면서 한반도에서는 불안정한 평화가 지속되어 왔다. 따라서 평화협정 체결 이전이라도 현재의 군사적 긴장 상태와 적대적 대결상태를 완화하고 평화를 증진하기 위해서 '한국전쟁의 종식'을 선언하는 것은 바람직하다. 그러나 한반도 평화문제가 북핵문제와 직결되어 있는 현 상황에서 종전선언은 북·미 비핵화 협상의 진전과 연동해서 실현하는 것이 중요하다. 즉 종전선언의 결과가 비핵화

협상의 진전으로 나타나거나, 종전선언 후 비핵화 협상이 진전되는 형태로 이 둘이 연동되어야 한다. 그렇지 않고 종전선언은 실현되었으나, 이후 비핵화에 진전이 없거나 오히려 한반도에 새로운 긴장이 조성된다면, 정부정책에 대한 불신을 키우고 평화허무론을 만연시킬 뿐이다. 결국 종전선언을 지속가능한 평화증진의 길 위에 위치시키는 것이 긴요한 것이다.

2 지속가능한 평화를 위한 당면 과제

그렇다면 지속가능한 한반도 평화증진을 위해 우리가 해결해야 할 당면 과제는 무엇일까?

첫째, 무엇보다도 북핵문제의 실질적 진전을 이룰 수 있는 비핵화 협상전략이 마련되어야 한다. 현재 북핵문제는 한반도 정세 전반을 좌우하는 핵심변수로 작용하고 있다. 북한의 핵 도발과 이를 대처하는 국제사회의 고강도 대북제재가 초래한 긴장이 한반도 정세를 좌지우지하고 있다. 북핵문제의 진전이 수반되지 않으면 남북관계의 발전은 단 수개월조차 지속하기 어려운 것이 현실이다. 우리가 평화번영의 한반도의 미래를 제대로 개척해 나갈 수도 없다. 따라서 지속가능한 한반도 평화를 위해서는 북핵문제 해결을 위한 비핵화 협상의 진전이 필수적이며, 한국정부가 이를 위해 적극적·주도적인 역할을 담당하려는 것은 당연하다.

둘째, 남북관계 발전과 북핵문제 진전의 선순환 관계를 구축해야 한다. 한반도 정세 불안정의 가장 큰 요소가 북핵문제이기는 하나, 정전체제 아래서 전통적인 남북 간 군사적 대결 관계를 완화하는 것도 한반도 평화증진을 위해 매우 중요하다. 여기에 북핵문제의 악화 속에서도 남북관계의 안정성을 도모해야 하는 이유가 있다. 결국 남북관계가 북핵문제에 숙명적으로 연동되어있는 현실 속에서는 매우 어렵지만, 일정하게 남북관계의 발전을 추구할 필요가 있다고 할 수 있다.

사실 남북관계에 대한 북핵문제의 규정력은 매우 강하나, 역으로 남북관계의 발전이 북핵문제의 진전을 견인할 수 있다. 남북관계 발전은 남북한 당국 사이의 신뢰를 제고시켜 한국 정부가 북핵문제를 두고 북한을 설득할 수 있는 공간을 넓혀준다. 예컨대, 2017년 가을 북한의 핵실험과 ICBM('화성15형') 발사로 인해 한반도정세가 전쟁 직전의 일촉즉발 상황으로 치달았을 때도 이 상황을 비핵화 협상 국면으로 전환한 것은 남북대화였다. 즉, 2018년 봄 평창 동계올림픽을 계기로 한국정부는 남북대화를 시도해 성공하였으며, 다시 이를 발판삼아 북한의 핵실험과 ICBM 실험발사 중단을 약속받고 북미 정상회담의 실현과 비핵화 협상을 견인한 바 있다.

　남북관계를 북핵문제에 완벽히 종속시킬 경우, 북미관계가 풀리지 않으면 남북관계도 교착에서 벗어나지 못하는 악순환이 발생할 가능성이 크다. 역사적으로 이러한 사례가 여러 차례 발생했다. 북핵문제의 진전 여부에 남북관계를 거의 종속시켰던 시기에 열린 하노이 북미 정상회담(2019년 2월)이 대표적이다. 이 회담의 결렬로 북미관계가 악화하자 북미 비핵화 협상의 진전 여부에 크게 의존하던 남북관계가 더 악화하는 악순환이 발생하였다. 한국정부는 쉽지 않지만, 남북관계 발전을 통해 북핵문제의 해결을 도모하고 북핵문제 진전이 대북 제재완화 등을 동반하면서 남북관계 발전을 더욱 촉진하는 선순환 관계를 추구해야 한다. 그리고 이를 위해서 한국정부는 북미협상에만 일방적으로 의존하지 말고 북핵문제 진전을 염두에 둔 남북관계 발전에도 힘을 쏟아야 한다.

　그런데 남북관계와 북핵문제 진전의 선순환 관계를 구축하기 위해서는 무엇보다도 한·미 당국이 남북대화가 북핵문제 진전에 매우 유용하다는 인식을 공고히 공유해야 한다. 과거 트럼프 미행정부는 비핵화 협상의 진전 없이 남북관계가 발전하는 것을 부정적으로 보고 이를 사실상 반대하였다. 그러나 이것은 트럼프 대통령이 주인공으로 나섰던 북미 정상회담이 바로 남북대화의 결실이었다는 사실 자체를 부정한 것이다.

셋째, 대북정책의 국민 공감대 확산을 통해 정책 동력을 지속해서 증강해야 한다. 대북정책을 원만하게 추진하기 위해서는 외부 환경 못지않게 대내적으로 국민의 동의 기반이 넓어야 한다. 대북정책의 국민적 지지기반이 취약하면 그만큼 대담한 정책 추진이 어려워지고 결국 남북관계와 북핵문제 진전의 선순환 관계를 구축하기 어려워진다. 그동안 대북정책의 국민 공감대 확산 정책은 주로 대국민 정책 설명이나 범국민 통일운동과 같은 대중 캠페인에 치중되었다. 그러나 이러한 캠페인성 노력이 얼마나 대북정책의 국민 공감대를 제고했는지는 의문이다.

현재 대북정책의 공감대 확산을 가로막는 가장 큰 장애물은 대북정책의 정치화라고 본다. 우리 사회에서는 대북정책이 제시되면 그 합리성 여부를 냉철히 따지기도 전에 여야로 나뉘어 심각한 공방이 발생하는데, 이러한 상황에서 전폭적인 국민 공감을 확보하기는 어렵다. 결국 대북정책의 국민 공감대 확산을 위해서는 우선 분열된 정치권에서 정책 공감대를 형성하는 일이 중요하다고 본다. 이를 위해서 여당과 야당 간 협치 기반을 강화하고, 남북관계에서 국회의 역할 확대를 도모할 필요가 있다. 나아가 주요 남북합의서의 국회 비준도 필요하다. 구체적으로 대북정책 수립과 이행에 대한 국회의 관여를 제도화한 새로운 거버넌스를 구축할 필요가 있다. 그래서 대북정책 수립과정이나 남북회담 결과에 대한 주요 정당 지도자의 브리핑과 주요 남북합의의 국회 비준 등이 일상적인 절차가 되도록 할 필요가 있다.

대북정책의 국민 공감대 확산을 위해서는 남북관계와 비핵화 협상에서 기존 합의가 이행되는 성공의 경험이 축적되어야 한다. 비록 작은 성공이라도 이것들이 모이면 정책 효능감을 높이고, 국민의 정책에 대한 신뢰가 높아진다. 그리고 국민 신뢰의 증대를 통해 정책에 대한 국민 공감대가 제고되면 그것은 더 큰 정책 추진의 동력이 될 수 있다.

Ⅲ. 북핵문제의 진전을 위한 전략 방향

한반도 평화체제 구축의 대전제인 북핵문제를 해결하기 위해 우리가 고려할 요소는 너무 많다. 여기서는 그중에서 필자가 중요하다고 판단하는 몇 가지 전략 방향을 제시하고자 한다.

첫째, 북한과 미국 간 신뢰 구축이 절실하다. 북핵문제의 진전을 위해서 지금 가장 필요한 것은 당사자 간 신뢰이다. 신뢰 부재 상태에서 진행된 미국과 국제사회의 대북제재의 강화가 그때마다 북한의 반발로 인해 오히려 북한의 핵 능력을 강화하였음은 부인하기 어렵다. 지금 무엇보다도 필요한 것은 비핵화 협상의 당사자인 미국과 북한이 상대방에 대한 극단적인 불신에서 벗어나는 것이다.

북한이 핵실험장 폭파, ICBM 실험발사 중단 등과 같은 부분적인 비핵화 조치에도 불구하고 미국이 그에 상응하는 부분적인 제재완화에 나서지 못하는 것은 북한이 다시 그에 호응해서 비핵화 조치를 진전시키기보다 약속을 위반하고 핵 능력 강화에 나설 수 있다는 우려 때문일 것이다. 즉, 북한에 대한 극도의 불신이 미국의 전향적인 행동을 막고 있다. 반면에 북한 지도부가 '북한이 핵무기 개발을 포기하면 체제 안전보장과 제재 해제를 해 줄 수 있다'는 미국의 공언을 거부하는 것도 미국에 대한 불신 때문이다. 이처럼 북·미 간 상호불신이 북핵문제의 진전을 가로막고 있다. 따라서 북·미 간 적대적 불신을 해소하지 않으면 한반도 평화 실현은 요원하다.

북·미 간 불신을 제거하고 신뢰를 구축하기 위한 묘안은 없다. 협상의 정석대로 양국이 작은 합의라도 그것을 반드시 준수함으로써 합의의 이행이라는 '성공 경험'을 축적할 필요가 있다. 이를 위해서 양국은 비현실적인 빅딜에 매달릴 것이 아니라 상호 부분적 비핵화와 부분적 제재완화 교환을 통해 불신을 완화하고 신뢰를 쌓아갈 필요가 있다. 한편 성공적인 협상의 경험조차 드문 북미협상의 역사를 되돌아볼 때, 비핵화 협상이건 평화협정의 추진이건 북·미 양자 협상만으로는 성공하기 어렵다. 이 협상을 만들어내고 나아가 실질적인 성과를 거두게 하기 위해서는 한국이나 중국이 적극적으로 북·미 양국 사이에서 중재 혹은 촉진자로서 역할을 할 필요가 있다.

둘째, 스냅백snapback 조치를 전제로 한 단계적 동시행동을 통해 북핵 문제를 풀어가는 것이 바람직하다. 북한의 고도화된 핵 능력과 비핵화 조치 이행검증의 복잡성 등을 고려할 때 단계적 접근이 유일한 해법이라고 본다. 설사 비핵화 최종상태end-state와 핵 폐기에 대한 로드맵에 합의하더라도 실제 이행은 단계적으로 할 수밖에 없다. 또한 북·미 간의 낮은 신뢰 수준에 비추어 비핵화와 제재완화의 동시 교환은 불가피해 보인다.

다만, 이러한 단계적·동시적 접근에 대해 미국은 제재완화의 어느 단계에서 북한이 합의를 위반하고 비핵화 의무를 저버릴지도 모른다는 우려 때문에 부정적이다. 이를 고려하여 미국의 우려를 해소하기 위해 스냅백 조치를 전제로 한 단계적 동시행동이 필요하다. 여기서 스냅백 조치란 미국이 제재를 해제(완화)하되 위반 행위가 발생하면 즉시 제재를 복원하는 조치를 뜻하며 오바마 정부 시절 맺어진 이란 핵 합의에도 관련 조항이 포함된 바 있다.

굳이 따지자면 스냅백 조치는 북한보다 미국에게 더 유리한 조치다. 왜냐하면 북한의 비핵화 조치는 핵시설과 핵무기 등의 폐기를 수반하는 비가역적적 성격이 강한 데 반해 제재완화와 같은 미국의 조치는 가역적 성격을 띠기 때문이다. 이는 스냅백 조치를 전제로 북·미 합의가 실현될 경우, 중도에 북한이 합의 위반을 해서 스냅백 조치가 발동하는 경우 북한이 입는 손해가 미국이나 국제사회가 입는 손해보다 훨씬 크기 때문에 북한이 쉽게 합의를 위반하기 어려울 것이라는 뜻이다. 특히 오늘날처럼 북한이 국가전략의 제1노선을 '경제건설 총력 집중'으로 삼고 외국의 자본과 기술을 받아들여 경제발전을 도모하고자 개방개혁을 추진하는 상황에서 스냅백 조치가 이루어지면 북한경제는 치명적인 타격을 입을 가능성이 크다. 따라서 일부 전문가들이 북한과 합의하더라도 결국 북한이 기만할 것이라고 단정하며 한 번도 스냅백 조치를 활용해보지도 않은 채 이 조치에 부정적인 반응을 보이는 것은 이해하기 어렵다.

셋째, 북핵문제해결을 위해서는 북·미 양자협상뿐만 아니라 6자회담 등 다자협상을 병행할 필요가 있다. 북·미 간 상호 적대성과 불신이 해결하기 어려울 정도로 심화되어 있는 상황에서 북·미 양자협상이라는 한 가지 형식만을 통해서는 문제를 해결하기 어렵다. 북·미 양자협상을 기본 틀로 삼되, 6자회담 복원을 비롯해 책임 있는 관련 국가들이 참여하는 다양한 다자협상을 병행하여 북·미 간 이견 해소를 돕고 합의를 촉진할 필요가 있다. 특히 북한의 과도한 미국 위협인식을 완화하고, 미국과 북한의 상충하는 주장이나 해법을 해결 지향적으로 조정하기 위한 다른 참가국들의 적극적이며 건설적인 역할이 필요하다.

Ⅳ. 비핵화 협상 방안: 스냅백 조치를 전제한 단계적 동시행동

우리가 북한으로부터 핵을 포기시키기 위해서는 정확하게 북한이 원하는 대가를 제공해야 한다. 북한이 전통적으로 핵 포기의 대가로 요구해 온 것은 '적대시 정책 포기와 체제 안전 보장'이었다. 그러나 이 조건은 추상적이서 구체화할 필요가 있다. 그동안 많은 이들은 북한의 이 '대가' 를 군사 외교적 관점에서 해석하여 북한에 대한 불가침 약속과 북·미 수교 등이 주요 내용이 될 것이라고 보았다. 그런데 이러한 항목들이 중요하지 않은 것은 아니지만, 지금은 달라졌다. 오늘날 북한이 원하는 가장 중요한 핵 포기 대가는 과거 군사 외교적 보상에서 경제제재의 해제로 바뀌었다. 이는 2018년 이후 북한의 국가전략 노선이 군사력건설 중심에서 경제건설 중심으로 바뀌고, 김정은의 통치모토가 김정일 시대부터 이어졌던 선군정치 대신에 인민생활 향상을 통해 정통성을 강화하려는 의도를 담은 인민대중제일주의로 바뀐 데서 쉽게 알 수 있다.

지금 미국이 북한으로부터 가장 얻고 싶은 것은 핵 포기이며, 북한이 미국으로부터 가장 원하는 것은 대북경제제재의 해제이다. 따라서 북·미 간 스냅백snapback 조치를 전제로 한 단계적 동시행동이 실현된다면 기본적인 교환 품목은 북한의 부분적인 비핵화 조치와 미국의 제재완화가 되어야 한다.

그렇다면 어떻게 단계적으로 풀어갈 수 있을까? 전통적으로 미국은 비핵화 협상 초기에 비교적 정교한 비핵화 로드맵에 합의하고 상대방에 정확한 신고목록의 제출 등을 요구하였다. 그러나 이것은 극도의 불신 때문에 아직 이런 합의를 할 준비가 되어 있지 않은 북한을 더 움츠러들게 했다.

그러나 이번에는 순서를 조정하여 먼저 1단계 합의를 하여 이행하고, 그 과정에서 구축된 북·미 간의 신뢰를 바탕으로 정교한 비핵화 로드맵 작성과 정밀한 신고목록 제출 등에 합의하는 방식이 바람직하다고 본다. 이런 제안이 가능한 것은 2018년 이후 북한이 미국과 한국정부에 제시했던 조건부 비핵화 조치들이 북한 핵문제해결에 있어서 매우 중요한 요소들을 포함하고 있기 때문이다. 반면에 반대급부로 북한이 요구하는 대가는 스냅백 조치를 전제로 하면 어렵다고 할 수 없다. 사실 결렬되기는 했으나 하노이 북미 정상회담에서 트럼프 대통령이 북한에 스냅백 조치를 제시한 바 있다(2021년 3월 15일 북한 외무성 부상 최선희 기자회견 발언).

북·미 간 비핵화 합의 1단계는 그동안 양측이 내놓았던 제안을 모두 모아서 하나의 교환 패키지를 만들어 동시에 교환하는 것이다. 그리고 1단계 협상 과정에서 비핵화 로드맵과 관련하여 대체적인 얼개 정도를 합의하고 정밀한 로드맵은 1단계 합의 이행 과정에서 논의하는 것이다. 북한이 제출해야 할 핵 및 ICBM 관련 신고목록도 북한의 일방적인 신고를 일단 그대로 접수한 뒤, 1단계 합의의 이행 완료 직전 정도에서 추가 요구하는 것이 바람직하다. 다만 북한의 일부 신고목록 미제출에 대한 미국의 우려를 고려하여 북한이 주요 핵시설을 자진 신고목록에서 제외한 것으로 밝혀지면 스냅백 조처를 할 수 있도록 설계한다. 사실 1단계 합의가 제대로 이행되어 북·미 간에 어느 정도 신뢰가 생긴 뒤 미국이 북한의 신고목록에 대해 정밀검증을 위해 추가 요구하면 북한이 이를 수용할 가능성이 크다.

그렇다면 비핵화 1단계의 합의 내용을 어떻게 구성해야 할까? 비핵화 1단계는 기존에 북한이 조건부로 제시했던 비핵화 품목들을 모두 포함하는 대신에 미국도 자신이 판단하는 합리적 수준에서 그 대가를 제공하는 것이다. 즉, 그동안 북·미 간 비핵화 협상 과정에서 협상 테이블 위에 올랐던 품목 중 교환 가능성이 큰 것들을 묶어서 일괄 교환하는 것이다. 이 경우 북한이 조건부로 내놓을 수 있는 것으로는 9.19 평양 남북공동선언(2018년)과 하노이 북미 정상회담(2019년)에서 제안한 내용이 있으며, 북미 제네바 합의(1994)의 일부 내용도 포함될 수 있다. 그리고 북한이 수용할 가능성이 큰 미국 민주당의 전통적 관심사도 일부 반영할 수 있다.

먼저 북한이 이미 조건부 포기 의사를 밝힌 바 있는 항목부터 살펴보자. 북한은 9.19 평양 남북공동선언에서 미국이 "상응조치를 취하면"이라는 조건을 달아 "영변 핵시설의 영구적 폐기와 같은 추가적인 조치를 계속 취해나갈 용의"를 밝혔다. 아울러 "동창리 엔진 실험장과 미사일 발사대를 유관국 전문가들의 참관하에 우선 영구적으로 폐기"하겠다고 천명하였다. 이어서 하노이 북미 정상회담이 결렬된 직후인 2019년 3월 1일에는 리용호 외무상을 통해 다음과 같이 좀 더 구체적으로 영변 핵단지 전체에 대한 전문가 입회하의 영구적 폐기를 제시하는 대신에 그 상응조치로 2016년 이후 취해진 대북제재 중 민생분야의 해제를 요구하였다.

> "미국이 유엔 제재의 일부, 즉 민수 경제와 인민 생활에 지장을 주는 항목을 해제하면 우리는 영변 지구의 플루토늄과 우라늄을 포함하여 모든 핵물질 생산시설들을 미국 전문가의 입회하에 두 나라 기술자들의 공동 작업으로 영구적으로 완전히 폐기한다.", "우리가 요구한 것은 전면적인 제재 해제가 아니라 일부 해제, 구체적으로는 유엔 제재 결의 총 11건 가운데서 2016년부터 2017년까지 채택된 5건, 그중에서 민수 경제와 인민 생활에 지장을 주는 항목만 먼저 해제하라는 것이다.", "이번 회담에서 우리는 미국의 우려를 덜어주기 위해 핵실험과 장거리 로켓 실험발사를 영구적으로 중지한다는 확약도 문서 형태로 줄 용의를 표명했다."

위의 내용을 정리하면 북한은 미국이 2016년부터 2017년까지 채택된 5건의 유엔 대북제재 결의 내용(2270호, 2375호 등)에 포함된 민수경제 분야의 제재를 해제하면 영변의 모든 핵물질 생산시설을 미국 전문가들 입회하에 북미 공동 작업으로 영구 폐기하겠다는 것이다. 핵실험과 ICBM 실험발사의 영구중단에 대한 문서화도 확약하였다. 여기에 북미 합의가 이루어진다면 9.19 공동성명에서 북한이 천명한 동창리 엔진 실험장과 미사일 발사대의 영구폐기도 북한 조치 내용에 포함될 수 있다. 사실 이 정도의 교환조건이라면 미국으로서는 하노이 정상회담에서 수용했어야 했다고 본다. 당시 트럼프 대통령과 그의 참모들은 영변 핵시설의 가치를 낮게 평가하며 북한의 제안을 거부했지만 영변 핵 단지는 5MW 원자로, 원심분리기, 핵연료 제조 공장, 재처리시설, 신형 경수로 등이 밀집한 여전한 북핵 프로그램의 심장이다.

그런데 비핵화 1단계 합의사항으로 북한이 내놓을 수 있는 품목은 이뿐만이 아니다. 전통적인 미국 민주당의 관심 사항인 핵무기와 ICBM 개발 동결도 미국과 국제사회가 북한에 상응조치로 에너지(석유 등)를 제공한다면 가능한 시나리오라고 할 수 있다. 이러한 교환은 이미 1994년에 체결된 북미 제네바 기본합의서에 반영되어 이행된 적이 있었다.

이상에서 살펴본 비핵화 관련 요소들은 북한과 미국에서 이미 제시된 바 있는 것들로서 비핵화 1단계 합의의 유력한 교환 품목이다. 여기에 외교안보 사안인 종전선언이나 초보적인 북·미 간 외교관계 개선 등이 선택적으로 추가될 수 있다고 본다. 위의 요소들을 활용하여 북·미 간 1단계 비핵화 협상의 교환 품목을 정리하면 다음의 〈표〉와 같다.

〈표〉 북미 비핵화 협상 1단계 합의를 위한 주요 교환 내용

북한 조치 사항	• 영변 핵 단지 전체의 영구폐기(전문가 입회) • 동창리 엔진 실험장과 발사대 영구 폐기(전문가 입회) • 핵실험과 ICBM 실험발사의 영구 중단(문서화) • 핵무기 개발 및 ICBM 개발 동결 • 핵 및 ICBM 관련 신고목록(* 북한 신고목록 일단 수용)
미국 조치 사항	• 2016년부터 2017까지 채택된 5건의 유엔 대북제재 결의 내용(2270호, 2375호 등) 중 민수 분야 해제 • 대북 에너지 지원(동결에 대한 보상)
특기사항	• 북한 합의 위반 시 스냅백 조치 적용 • 종전선언, 북·미 간 초보적인 외교관계 개선

이처럼 북한과 미국이 합의한 적이 있거나 과거 합의 가능성이 컸던 품목만 묶어서 교환하는 비핵화 1단계 합의만으로도 북핵문제에 중대한 진전을 이룰 수 있다. 그리고 이 합의의 이행은 북미 양국관계에서 성공의 경험을 쌓게 함으로써 이후 협상 단계의 원만한 타결에 매우 긍정적인 역할을 할 것이다.

한편 비핵화 1단계 이후에도 북미 상호 간의 조율에 따른 다단계 동시 조치는 지속되어야 한다. 이때 북한의 조치는 미국이 지정한 추가 의심 시설 검증 수용, 영변 외 핵시설 폐기, 핵물질·핵탄두·ICBM 관련 시설 및 ICBM의 폐기 및 반출 등이 예상된다. 미국이 취할 조치로는 북한의 추가 비핵화 조치에 상응한 제재의 단계적 완전 해제와 북핵문제 해결 후 북한의 평화적 원자력 이용권 보장, 북미관계 정상화, 평화협정 체결 등이 될 것으로 보인다.

비핵화 1단계 이후 위의 품목들을 어떻게 묶어서 효과적으로 매 단계를 구성할 것인가의 문제는 1단계 합의를 이행하는 과정에서 협의해나가도 늦지 않다고 본다. 사실 비핵화 1단계의 합의와 이행이 워낙 중요하기 때문에, 1단계가 성공하면, 그 성공을 바탕으로 하여 이후 한반도의 완전한 비핵화까지 나아가는 단계들에 대해 합의할 가능성이 크다고 본다.

결론적으로 우리가 겪어온 역사적 경험과 북미 간의 극심한 불신을 생각하면, 북핵문제의 진전은 매우 어렵다. 그러나 북핵문제의 진전 없이 한반도 평화체제를 구상하는 것은 불가능하기에 우리는 난관을 뚫고 북미 비핵화 협상을 재개하고 나아가 성공시켜야 한다. 이를 위한 첫 단계가 바로 북한과 미국, 국제사회가 스냅백 조치를 전제로 한 단계적 동시행동에 합의하는 것이라고 확신한다.

15장

한반도 비핵화를 위한 새로운 전략:
비핵지대의 유용성을 중심으로

정욱식

I. 들어가며

한반도 비핵화 체념론이 커지면서 그 대처 방안이 양극화되고 있다. 한편에서는 한국도 핵무기를 갖거나 미국의 전술핵을 재배치해서 '공포의 균형'을 이뤄야 한다고 주장한다. 하지만 이는 군비경쟁을 격화시키면서 핵전쟁의 공포만 가중시킬 뿐이다. 반대로 비핵화를 추후 과제로 밀어두고 남북한의 화해협력과 평화부터 추진하자는 주장도 있다. 하지만 이역시 한계는 있다. 미국 주도의 대북제재가 너무나도 촘촘하게 짜여 있어 남북한이 경제협력을 재개하는 것 자체가 대단히 어렵고, 북핵 위협에 대처하기 위해 한미동맹 강화와 자체적인 군비증강을 계속해야 한다는 목소리도 높기 때문이다. 물론 비핵화의 프레임에 갇히는 것은 경계해야 한다. 동시에 비핵화를 뒤로 미루거나 우회하면서 지속 가능한 한반도 평화와 남북관계 발전을 도모하는 것도 구조적으로 불가능해졌다는 점을 인식하는 것도 중요하다.

이러한 상황에서 비핵무기지대(이하 비핵지대)는 한반도 비핵화 논의와 전략에 새로운 활력을 불어넣어줄 수 있다.[1] 물론 비핵지대를 활용해 한반도 비핵화의 정의와 최종 상태에 합의한다고 해서 비핵화 프로세스가 순조롭게 이행될 것이라는 보장은 없다. 대북제재 해결과 한반도 평화체제 구축, 그리고 북미관계 정상화 등 비핵화의 상응조치들을 어떻게 구성하는가도 핵심적인 관건이기 때문이다.

동시에 세 가지 문제도 고려할 필요가 있다. 첫째는 트럼프 행정부시기에 북·미 협상이 실패한 중요한 원인 가운데 하나가 비핵화의 정의에 합의하지 못했다는 데에 있었다는 점이다. 둘째는 비핵화를 둘러싼 동상이몽이 계속되면 상응조치 합의와 이행에도 지장을 받게 될 공산이 크다는 점이다. 셋째는 비핵화의 정의와 최종 목표에 대한 합의가 부재한 상태에서 출발하는 데에 성공하더라도 언젠가는 이 문제를 둘러싼 이견과 갈등이 불거질 것이고, 이는 역진을 초래할 수 있다는 점이다.

한반도 핵문제의 해법으로 비핵지대를 활용하는 것은 이러한 한계를 극복하는 데에 큰 도움이 될 수 있다. 비핵화의 정의와 최종 상태를 둘러싼 오랜 갈등을 해결하는 데에 유용하기 때문이다. 특히 일방적이고 과도한 요구를 담은 '완전하고 검증가능하며 불가역적인 비핵화CVID'나 '최종적이고 완전히 검증되는 비핵화FFVD'의 대안으로 '다자적이고 법적 구속력을 갖춘 비핵화MLBD, Multilateral Legally Binding Denuclearization'라는 새로운 해법을 모색할 수 있는 경로를 담고 있다.

우선 1999년 유엔 군축위원회가 만든 비핵지대 가이드라인을 한반도의 현실에 맞게 재구성해 비핵화의 정의로 삼는 것을 정책적·전략적 기초로 삼을 수 있다. 그 이후 경로는 다양하게 검토할 수 있다. 한반도 비핵지대 조약 체결을 '최종 상태'로 삼는 방안, 한반도 평화협정에 비핵지대 조항을 넣거나 비핵지대 취지를 담은 비핵화 조항을 넣는 방안, 동북아 비핵지대를 추진하는 방안 등이 있을 수 있다. 이들 세 가지 경로는 취사선택도 가능할 수 있고 다양한 조합으로 구성할 수도 있다. 가령 한 반도 평화협정 체결→한반도 비핵지대 조약 체결→동북아 비핵지대로의 확대도 고려할 수 있다는 것이다.

어떤 형태로는 비핵화를 둘러싼 동상이몽을 최소화하고 그 정의와 목 표에 대한 합의를 이루는 것이 매우 중요하다. 비핵화의 정의와 최종 상 태에 대한 합의 부재는 2018~2019년 '톱다운'의 방식 북·미 협상이 실 패했던 주요 원인 가운데 하나였다. 바이든 행정부 출범 이후 2021년 9 월 현재까지 북·미 대화가 이뤄지지 않고 있다는 점에서 이 문제가 어떤 난관을 조성하게 될지는 알 수 없다. 이와 관련해 미국과 러시아의 전직 관료들과 전문가들이 대거 참여해 33개월의 논의를 거쳐 2021년 7월에 발표한 보고서에선 "당사자들이 한반도 비핵화라는 용어를 같은 방식으 로 해석하지 않는다"고 지적했다. 그러면서 "협상의 당면 목표 가운데 하 나는 '한반도 비핵화'가 정확히 무엇을 의미하는지에 대한 합의된 정의 를 만들어내는 것이 되어야 한다"고 권고했다.[2]

Ⅱ. 한반도 비핵화의 정의와 목표를 둘러싼 갈등

1 북·미 간의 갈등

한반도 핵문제 해법으로 비핵지대를 제안하는 우선적인 이유는 한반도 비핵화의 정의 및 최종 상태를 둘러싼 북·미 간의 동상이몽과 한국의 혼 란을 해결할 수 있는 유력한 방안이라는 데에 있다. 이게 가장 시급하고 중요한 이유이다. 북·미 간에는 한반도 비핵화의 최종 상태는 물론이고 정의 자체에 대한 합의가 존재하지 않는다. 2018년 6월 싱가포르 1차 북미 정상회담에서 "한반도의 완전한 비핵화를 향하여 노력할 것"이라고 합의했는데, 이때는 물론이고 그 이후에도 비핵화의 정의조차도 합의하지 못한 기이한 현상이 벌어진 것이다. 비핵화를 둘러싼 북·미 간의 "동문서답"과 관련해 《워싱턴포스트》는 "북한은 자신들의 핵 억제력 제거 전에 자국에 대한 미국의 핵 위협 제거가 이뤄져야 한다고 주장한다"고 꼬집기도 했다.[3]

비핵화 정의 합의가 중요하다는 것은 트럼프 행정부도 줄곧 강조했던 바이다. 가령 스티븐 비건 대북정책 특별대표는 "우리는 비핵화가 무엇인지 합의된 정의를 갖고 있지 않으며 비핵화 정의 합의를 매우 중요한 출발점으로 간주하고 있다"고 말했다. 특히 "우리가 어디로 가고 있는지를 알지 못한다면 우리는 목적지에 도달할 수 없다"며 "이에 따라 우리가 비핵화의 정의에 먼저 합의하는 것은 매우 중요하다"고 강조했었다.[4] 북한과의 비핵화 정의 합의를 다른 사안들에 대한 합의 및 이행의 전제조건으로 삼은 것이다. 이러한 트럼프 행정부의 입장은 필자의 2019년 3월 하순 국무부 관계자들과의 면담에서도 확인된 바이며, 트럼프 행정부의 고위 관료들이 여러 차례 강조한 바이다.

그러나 트럼프 행정부가 정의하고 북한에 제시한 비핵화는 통상적인 의미를 훨씬 넘어선 것이었다. 북한이 모든 핵무기는 물론이고 생화학무기와 모든 종류의 탄도미사일, 그리고 이중용도 프로그램까지 폐기하라는 것이었기 때문이다. 이에 대해 북한은 미국의 요구를 "강도적 요구", "무장해제 요구", "비현실적인 제안" 등의 표현으로 비난하면서 일축했다. 더구나 북한은 비핵화에 미국의 대북 핵 위협 해소도 포함되어야 한다는 점을 줄곧 요구해왔다. 이는 곧 비핵화의 정의 및 최종 상태에 대한 합의가 매우 중요한 반면에 대단히 어렵다는 것을 말해준다.

한편 김정은 정권 등장 이후 북한이 "조선반도 비핵화"와 관련해 가장 구체적인 입장을 내놓은 때는 2016년 7월 6일이었다. 당시 북한은 정부 대변인 성명을 통해 "우리가 주장하는 비핵화는 조선반도 전역의 비핵화"라며 5가지 요구사항을 내놨다. 첫째, "남조선에 끌어들여 놓고 시인도 부인도 하지 않는 미국의 핵무기들부터 모두 공개하여야 한다." 둘째, "남조선에서 모든 핵무기와 그 기지들을 철폐하고 세계 앞에 검증받아야 한다." 셋째, "미국이 조선반도와 그 주변에 수시로 전개하는 핵 타격수단들을 다시는 끌어들이지 않겠다는 것을 담보하여야 한다." 넷째, "그 어떤 경우에도 핵으로, 핵이 동원되는 전쟁행위로 우리를 위협 공갈하거나 우리 공화국을 반대하여 핵을 사용하지 않겠다는 것을 확약하여야 한다." 다섯째, "남조선에서 핵 사용권을 쥐고 있는 미군의 철수를 선포하여야 한다." 그러면서 "이러한 안전담보가 실지로 이루어진다면 우리 역시 그에 부합되는 조치들을 취하게 될 것이며 조선반도 비핵화 실현에서 획기적인 돌파구가 열리게 될 것이다"라는 입장을 밝혔다.[5]

북한이 제시한 요구들 가운데 첫째와 둘째는 미국이 이미 핵무기를 철수했기에 큰 난관이라고 보기 어렵다. 셋째 요구는 지금까지 미국이 담보한 적이 없기에 앞으로 협상을 통해 해결해야 할 문제이다. 넷째는 소극적 안전보장을 의미하는데, 이는 비핵화 합의와 평화협정 체결에 도달할 경우 포함될 수밖에 없다. 가장 논란거리는 다섯 번째 요구이다. 그런데 핵 사용권은 미국 대통령의 독점적인 권한이라는 점에서 북한의 요구는 무지나 오해에서 비롯된 것이라고 할 수 있다. 동시에 이는 미국의 대북 핵 위협이 해소되고 북·미 적대관계과 평화관계로 전환되면, 북한은 주한미군 주둔을 용인할 수 있다는 해석도 가능하다.

그 이후 북한은 2018년 남북 정상회담과 북미 정상회담에서 "완전한 비핵화"를 약속했다. 하지만 "완전한 비핵화"가 무엇인지 구체적이고 공개적인 입장은 2016년 7월 담화 이후 아직까지 내놓지 않고 있다. 다만 2018년 9월 남북한의 평양공동성명에 "핵무기와 핵 위협이 없는 평화의 터전"이 명시된 바 있다. 이와 관련해 북한을 대변해온 조총련계 언론

《조선신보》의 김지영 편집국장은 '미국이 취해야 할 비핵화 조치란 무엇이냐'는 질문에 "조선반도에서 핵전쟁이 일어나지 않겠다는 확신을 가질수 있게 해야 한다"며 두 가지를 강조했다. 하나는 "조선반도의 항구적이며 공고한 평화체제의 구축은 말로만 해서는 안 되고 구체적인 행동 조치, 군사 분야에서의 행동 조치가 동반되어야 한다"는 것이다. 또 하나는 "전쟁 종결과 평화체제 구축에서는 국제법적인 뒷받침도 있어야 한다"는 것이다.[6]

이에 따르면 북한은 비핵화를 핵문제 해결에 국한한 것이 아니라 한반도의 평화지대화로 간주하면서 미국의 대북 안전보장에는 국제법적 구속력과 구체적인 군사 조치가 있어야 한다는 입장이라는 것을 알 수 있다. 법적 구속력을 갖춘 대북 안전보장은 한반도 평화협정을 통해 마련될 수 있다. 문제는 군사 분야의 조치이다. 이와 관련해 리용호 외무상은 2019년 2월 28일 하노이 회담 결렬 직후에 가진 기자회견에서 "우리가 비핵화 조치를 취해나가는 데서 보다 중요한 문제는 안전담보 문제이지만 미국이 아직은 군사 분야 조치 취하는 것이 부담스러울 것이라 보고 부분적 제재 해제를 상응 조치로 제안한 것"이라고 밝혔다. 이는 비핵화의 북한측 의무 사항의 핵심이라고 할 수 있는 핵물질 및 핵무기 폐기 협상 단계에선 북한이 미국에 요구할 군사 분야 조치가 핵심 쟁점이 될 것이라는 점을 예고해준다. 특히 미국의 전략자산 한반도 배치 및 전개 문제가 난제가 될 것이다.

2 한국의 혼선과 여러 가지 비핵화와 비핵지대

한반도 비핵화에 관한 북·미 간의 갈등 못지않게 한국의 혼선도 짚어볼 필요가 있다. 문재인 대통령과 정부 고위 관료들은 비핵화를 둘러싼 북미 간의 이견이 부각될 때마다 양측의 입장은 "같다"는 말을 되풀이해왔다. 하지만 위에서 설명한 것처럼, 북·미 간의 의견 차이는 매우 크다. 존재하는 이견을 조율·해결하려는 노력보다는 희망적 사고에 갇혀 있었다는 비판이 가능한 대목이다. 정부뿐만 아니라 언론과 전문가들도 이러한 혼선 해결을 위한 노력보다는 오히려 혼선을 부추긴 측면도 있다.

이와 관련해 정의용 외교부장관은 한미 정상회담 직후인 2021년 5월 25일 "이번 한미 정상회담을 계기로 양측의 불필요한 오해를 살 만한 용어를 통일했다"며 한반도 비핵화가 정명正名임을 강조했다. 그러면서 "북한이 말하는 '한반도 비핵지대화'와 우리 정부가 말하는 '한반도 비핵화'는 큰 차이가 없다"고 말했다. 그러자 〈조선〉, 〈중앙〉, 〈동아〉 등 보수언론은 일제히 북한의 '비핵지대화' 주장에는 미국의 핵우산 및 주한미군 철수도 포함되어 있다며, 정의용을 맹비난했다. 이러한 비난이 과도한 것이지만, 동시에 비핵화에 대한 남북한의 정의와 목표에 "큰 차이가 없다"는 주장도 현실과는 동떨어져 있다.

비핵화를 둘러싼 혼란이 거듭되는 핵심적인 이유 가운데 하나는 다양한 표현에 있다. 북한 비핵화, 한반도 비핵화, 조선반도 비핵화, 한반도 비핵지대, 조선반도 비핵지대 등이 바로 그것들이다. 이러한 표현 속에 담긴 혼란을 최소화하기 위해서는 몇 가지 기본적인 사실부터 정리할 필요가 있다.

첫째, 북한은 1991년 말에 한반도 비핵화에 관한 공동선언에 합의한 이후 '조선반도 비핵지대'라는 표현을 공식적으로는 사용하지 않고 있다. 공식적으로는 '조선반도 비핵화'를 사용한다. 이에 따라 정의용의 발언은 불필요한 오해를 부추긴 측면이 강하다. 일각에선 북한이 외무성 영문 홈페이지에 소개된 4.27 판문점선언 영문 버전에서 '핵 없는 조선반도'라는 표현을 'turning the Korean peninsula into a nuclear-free zone'으로 표현한 것을 두고 '조선반도를 비핵지대로 바꾸는 것'이라고 번역한다. 그러면서 북한이 여전히 '조선반도 비핵지대'를 고수하는 것처럼 해석한다.

그러나 이는 과잉 해석이다. 비핵무기지대를 줄여서 부르는 비핵지대의 공식적인 영어 용어는 'nuclear-free zone'이 아니라 'nuclear-weapon-free zone'이다. 또 조 바이든 미국 대통령도 2020년 10월 22일 대선 후보 TV 토론에서 "한반도는 비핵지대가 되어야 한다The Korean Peninsula should be a nuclear-free zone"고 말한 바 있다. 이를 두고 바이든이 국제조약인 '비핵무기지대nuclear-weapon-free zone'를 추진할 의사를 밝힌 것이라고 보기는 어렵다. 이에 따라 북한 외무성의 영문 번역과 바이든의 발언은 '핵 없는 지대'라는 일반론적 의미를 나타낸 것이라고 할 수 있다.

둘째, '북한의 비핵화'라는 표현은 적어도 당분간은 유효하지 않다. 이 표현은 남한은 비핵화 약속을 준수하고 있고 미국은 1991년에 핵무기를 모두 철수했음으로 북한이 핵을 포기하면 된다는 뜻을 품고 있다. 그러나 이는 한쪽 눈으로만 비핵화를 바라보는 것이다. 한반도 핵문제는 70년 동안 존재해 온 미국의 대북 핵위협과 북한의 핵무장 시도를 본질로 하고 있기 때문이다. 북한을 포함한 당사자들이 이 표현에 합의한 적 자체가 없다는 점도 중요하다. 또 바이든 행정부가 대북정책 재검토를 완료하고선 공식적으로 사용하는 표현은 한반도 비핵화이며 이는 한미 정상회담에서도 재확인되었다.

셋째, 한반도 비핵화를 하기로 합의는 했지만, 이게 뭔지에 대한 합의된 정의는 없다. 한반도 비핵화 공동선언이 있지 않느냐고 반문할 수 있다. 정의용도 이 점을 강조했었다. 그러나 이 선언은 반쪽짜리이다. 남북한 사이의 합의여서 한반도 핵문제의 핵심 당사자인 미국이 포함되어 있지 않기 때문이다. 이로 인해 한반도 비핵화 공동선언에는 미국의 대북

핵 불사용과 불위협, 한국 내 핵무기 재배치 금지와 같은 의무 사항이 포함되어 있지 않다. 이는 존 볼턴과 같은 강경파들의 핵심 논리이기도 했다. 비핵화의 대상과 주체는 남북한으로 한정되는 것이지 미국의 의무는 포함되지 않는다는 주장이 바로 그것이다.

기실 어떻게 표현하든 한반도 핵문제의 해결 기조는 2018년 9.19 평양공동선언에 담겨 있다. "한반도를 핵무기와 핵위협이 없는 평화의 터전으로" 만들기로 한 남북 정상의 합의가 바로 그것이다. 그런데 각론으로 들어가면 간단치 않다. 1991년 이래 미국이 한국에 핵무기를 재배치했다는 근거는 없고 한국도 비핵화를 준수하고 있기에 북한이 핵무기를 포기하면 '핵무기 없는 한반도'는 실현된다. 그래도 핵심적인 문제는 남는다. '핵 위협 없는 한반도'가 바로 그것이다. 한반도에 미국의 핵무기가 없어도 미국의 대북 핵위협이 완전히 사라지는 것은 아니다. 미국의 핵 삼축체계는 전략폭격기, 대륙간탄도미사일ICBM, 잠수함발사탄도미사일SLBM로 구성되어 있는데, 이들 무기는 한반도 밖에서도 얼마든지 날아올 수 있기 때문이다. 더구나 미국은 B61-12를 비롯한 전술핵무기도 개발하고 있다. 이에 따라 한반도 비핵화 달성을 위해서는 북핵 해결 못지 않게 미국의 대북 핵 위협 해소 방안도 찾아야 한다.

그러나 이는 쉬운 과제가 아니다. 미국의 대북 핵 위협을 해소할 수 있는 가장 근본적인 방법은 약 5000개에 달하는 핵무기를 미국도 모두 폐기하는 것이다. 그러나 이는 가장 비현실적인 방법이다. 이 딜레마를 푸는 게 핵심 가운데 하나이다. '핵 위협이 없는 한반도'에 다가서지 못하면 '핵무기 없는 한반도'는 멀어지기 때문이다. 그런데 이 딜레마를 풀 수 있는 방법이 없는 것은 아니다. 한반도 비핵지대 창설이 바로 그것이다. 이 방안은 북핵 해결뿐만 아니라 미국을 포함한 핵보유국들의 핵 위협 해소에도 기여할 수 있기에 현실적이면서 미래지향적이다.

Ⅲ. 한반도 비핵지대란 무엇인가?

1 비핵지대의 '보편성'과 한반도에서의 활용 방안

비핵지대 방식으로 한반도 핵문제를 풀자는 제안은 당사자들이 제대로 검토한 적도 없고 이에 따라 협상 테이블에 올라온 적도 없다. 국내외에서의 공론화 수준도 미흡하다. 하지만 시야를 세계로 넓혀보면 비핵지대의 '보편성'을 찾을 수 있다. 현재 세계 면적의 50퍼센트가 넘는 지역이 비핵지대인데, 여기에는 중남미, 아프리카, 남태평양, 동남아시아, 중앙아시아 등이 속해 있다. 여기에 포함된 국가 수도 116개국에 달한다. 비핵지대는 핵확산금지조약NPT에도 담겨 있고, 유엔군축위원회는 1999년 비핵지대 설치를 위한 가이드라인을 제정한 바 있는데 유엔 총회도 이를 승인했다. 또 2009년 9월 채택된 유엔 안보리결의 1887호에는 다음과 같은 내용이 담겼다.

> "비핵지대 조약들을 체결하기 위해 취해진 조치들을 환영·지지하고, 지역 당사국들의 자유로운 준비에 기초하고 1999년 유엔군축위원회 지침에 따라 국제적으로 인정된 비핵지대가 세계의 지역 평화와 안전을 증진하고 비확산체제를 강화하며 핵 군축의 목표를 실현하는 데에 기여한다는 확신을 재확인한다."[7]

이를 통해 알 수 있는 것은 비핵지대가 핵문제를 풀기 위한 국제 규범의 하나로 자리잡고 있다는 점이다. 한반도 핵문제를 비핵지대 방식으로 문제를 풀자는 제안은 이에 근거한 것이다. 존재하지도, 합의하기도 힘든 한반도 비핵화의 정의와 최종 상태를 두고 헤맬 것이 아니라 이미 국제적으로 존재해온 비핵지대를 한반도 비핵화의 정의와 최종 상태로 삼으면 새로운 시작을 기약할 수 있다.

한반도 비핵지대의 대략적인 윤곽과 방식도 잡아볼 수 있다. 먼저 한반도 비핵지대 조약 체결 방식이다. 이는 남북한이 '비핵지대 안' 당사자들로 조약을 체결하고, 미국, 중국, 러시아, 영국, 프랑스 등 5대 공식적인 핵보유국들이자 유엔 안보리 상임이사국들이 '비핵지대 밖' 당사자들로 이 조약의 의정서를 체결하는 구도를 일컫는다. 기본적인 내용은 남북한은 핵무기를 개발·생산·보유·실험·접수를 하지 않고, 1992년 한반도 비핵화 공동선언에 따라 우라늄 농축 및 재처리 시설을 보유하지 않는 것이다. 또 5대 핵보유국들은 남북한에 핵무기 사용 및 사용 위협을 가하지 않고 핵무기 및 그 투발수단을 배치하지 않는다는 것을 법적 구속력을 갖춘 형태로 보장하는 것이다. 그 방식이 가장 바람직하지만, 단기적으로 현실화될 가능성은 낮다.

또 하나의 방식은 한반도 평화협정에 비핵지대, 혹은 상기한 내용을 중심으로 비핵화 조항을 포함하는 것이다. 이 방식이 보다 현실적이다. 당사자들 사이에 시기와 조건, 그리고 그 내용에 있어서는 상당한 차이가 있지만, 2000년 북미공동코뮈니케, 2005년 6자회담의 9.19 공동성명, 2007년과 2018년 남북 정상회담, 그리고 2018년 싱가포르 북미 정상회담에서 평화체제 구축 필요성에 대한 합의는 존재하기 때문이다.

한반도 비핵지대 조약체결 방식과 비교할 때, 평화협정 방식에선 러시아, 영국, 프랑스는 제외된다. 한반도 평화협정의 당사자는 남북미중이 되어야 한다는 공감대가 형성되어 있기 때문이다. 또 평화협정 방식은 한반도 비핵지대가 별도의 조약을 통해 창설되는 것은 아니지만, 내용적으로는 이러한 취지를 담을 수 있고 또 협정도 법적 구속력을 갖게 된다. 아울러 평화협정 이행이 순조롭게 진행되면, 중장기적으로 한반도 비핵지대 조약체결과 더 나아가 일본을 포함한 동북아 비핵지대 창설도 추진해볼 수 있을 것이다.

2 당사자들의 입장은?

어떤 방식으로 추진할 것인가에 따라 달라질 수 있지만, 한반도 핵문제 해결을 위해서는 남북미중 4자의 입장이 가장 중요하다. 또 미국과 더불어 양대 핵보유국이자 6자회담 참가국으로 동북아평화안보체제 워킹그룹 의장국을 맡았으며 핵 비확산을 주요 외교 목표로 삼아온 러시아의 입장도 중요하다고 할 수 있다. 일단 한반도 비핵지대는 공론화된 적이 없기에 이들 나라의 입장은 추측의 영역에 속한다. 다만 필자가 접촉해 본 중국과 러시아의 전문가들은 긍정적인 반응을 보였다. 이에 따라 한반도 비핵지대의 공론화와 현실화의 관건은 남북미 3자의 입장에 달려 있다고 해도 과언이 아니다.

우선 미국의 입장부터 짚어보자. 전통적으로 미국은 자신의 핵전략에 차질을 야기할 수 있는 비핵지대에 소극적인 입장을 보여 왔다. 이에 따라 미국이 여전히 핵전력을 자국의 국가안보 및 동맹 전략의 핵심으로 삼고 있는 상황에서 여기에 제한이 가해질 수 있는 한반도 비핵지대에 동의하겠느냐는 의문이 제기된다. 미국이 중국 및 러시아와 전략 경쟁의 수위를 높이고 있기에 더욱 그러하다. 만약 미국이 이 제안을 완강하게 거부한다면 한반도 비핵지대를 현실화하기는 어렵다. 미국의 동맹국인 한국이 미국의 동의 없이 한반도 비핵지대를 추진하기도 어렵고 미국과 적대관계에 있는 북한이 미국의 참여 없는 비핵지대 논의에 흥미를 느낄 가능성도 없기 때문이다.

그러나 미국의 입장을 비관적으로 예단할 필요는 없다. 비핵지대에 대한 미국 정부의 기본 입장은 "역사적으로 비핵지대가 적절하게 고안되고 완전히 이행되며 국제 평화와 안보, 그리고 안정에 기여한다면 비핵지대를 지지해왔다"는 것이다.[8] 특히 미국 민주당 정권이 비핵지대에 대해 비교적 호의적인 입장을 보여 왔다는 점에서 바이든 행정부의 등장을 한반도 비핵지대 공론화의 계기로 삼을 필요가 있다. 앞서 언급한 1999년 유엔 총회의 비핵지대 가이드라인 승인과 2009년 유엔 안보리 결의는 모두 미국 민주당 정권 때 이뤄진 것들이다. 2010년 5월 NPT 검토 회의를 앞두고는 수잔 버크 대통령 비확산 담당 특별대표도 "비핵지대는 NPT의 중요한 보완책이라고 믿고 있다"며 비핵지대가 "NPT를 넘어선 이익을 제공하고 있다"고 밝혔었다. NPT에 명시되지 않은 핵무기 배치 금지, 핵실험 금지, 방사성 물질 투기 금지, 국제원자력기구IAEA 추가 의정서 가입 의무, 핵 방호에 대한 높은 기준 설정 등이 비핵지대에 담긴 경우들이 많다는 것이다.[9]

바이든이 핵 군비통제와 비확산에 확고한 신념을 갖고 있다는 점도 주목할 필요가 있다. 그는 히로시마 원폭 투하 75년째였던 2020년 8월 6일에 "대통령에 당선된다면, 군비통제와 비확산에 관한 미국의 리더십 회복을 글로벌 리더십의 중추로 삼을 것"이라고 밝혔다. 또 그의 대선 캠프는 "바이든 대통령은 핵무기의 역할을 줄이겠다는 우리의 공약을 입증하기 위해 여러 가지 조치를 취할 것"이라며 "미국 핵무기의 유일한 목적은 억제에 있고 필요하다면 핵공격에 대한 보복에 한정할 것"이라고 밝혔다. 이러한 핵정책 방향은 비핵지대와 일정 정도 친화성이 있다.

바이든 행정부가 초기에는 '북한의 비핵화'라는 표현을 고집했다가 대북정책 검토가 완료되었다는 2021년 5월 초부터는 '한반도 비핵화'라는 표현을 사용하고 있는 것도 주목된다. '북한 비핵화'는 북한을 포함한 당사자들이 합의한 공식적인 표현이 아닐뿐더러 북한의 일방적인 핵포기를 요구하는 뉘앙스를 풍긴다는 점에서 심각한 문제가 있었다. 그래서 이 표현을 사용할수록 한반도 비핵화는 멀어지는 속성을 품고 있었다. 이에 따라 바이든 행정부가 늦게나마 정명正名을 사용하기 시작한 것은 분명 환영할 만한 일이다.

바이든 행정부가 한반도 비핵화라는 표현을 공식화하면서 이에 대한 정의에도 관심이 모아진다. 이와 관련해 미국의 고위 관료는 2021년 5월 19일에 '한반도 비핵화의 정의가 무엇이냐'는 질문에 대해 "그건 분명하다. 한반도의 전체 지역을 핵 없는 환경으로 만드는 것"이라고 답했다.[10] 이러한 발언은 두 가지 측면에서 주목할 가치가 있다. 하나는 트럼프 행정부나 일본 정부가 비핵화의 대상에 생화학무기 및 모든 종류의 탄도미사일도 포함시킨 반면에 이 관료는 핵에 초점을 맞췄다는 것이다. 또 하나는 핵 없는 지대를 한반도 전체로 언급했다는 점이다. 이는 핵 없는 한반도의 구체적인 실현 방안으로 한반도 비핵지대를 검토해볼 수 있는 중요한 기초가 될 수 있다.

무엇보다도 비핵지대가 30년 묵은, 그리고 거의 모든 이가 불가능하다고 여기는 북핵문제 해결에 크게 기여할 수 있는 방안이라면, 바이든 행정부로서도 검토해볼 여지는 있을 것이다. 불가능하다고 여겨져 온 북핵 해결에 성공한다면, 이는 위대한 업적이 될 것이기 때문이다. 미국의 원거리 투사 능력도 과거보다 훨씬 강해졌다는 점에서 핵전력을 전진 배치해야 할 군사적 필요성도 크게 줄어들었다. 이에 따라 미국의 입장을 성급히 예단하기보다는 예상되는 쟁점들을 분석해보고 이에 대한 해결책을 도모하는 것이 바람직하다.

단초를 발견할 수도 있다. 바이든 행정부의 대북정책은 조정되고calibrated 실용적이며pragmatic 유연한flexible 접근을 통해 한반도의 완전한 비핵화라는 최종 결과에 도달하겠다는 것으로 요약할 수 있다. 한반도 비핵지대는 이러한 외교적 방향을 아우를 수 있는 특성을 내포하고 있다. 비핵화의 정의를 둘러싼 갈등을 조정하고 이미 국제적으로 존재하는 비핵지대를 활용한다는 점에서 실용적이며 북한과의 공감을 넓혀갈 수 있다는 점에서 유연하다. 무엇보다도 목적지가 분명하다는 점에서 '결과

친화적'이다. 특히 한반도 평화협정에 비핵지대를 포함시키는 방식은 별도의 비핵지대 조약 체결에 비해 미국의 거부감이 덜할 수 있다.

북한은 어떨까? 북한 역시 비핵지대에 동의할지 불확실하다. 우선 북한이 핵포기라는 전략적 결단을 내리기 위해서는 미국의 핵위협 해소 이외에도 대북제재 해결, 평화체제, 북·미 수교, 한반도 군축 등도 요구된다. 또 조약이나 협정 방식으로 미국의 대북 핵위협이 근원적으로 해소될 수 있을지에 대한 북한의 확신이 서지 않을 수도 있다. 하지만 비핵지대는 미국의 대북 핵위협 해소를 '법적 구속력을 갖춘 방식'으로 해결하는 것이라는 점에서 지금까지의 방식보다는 우월하다. 또 별도의 조약 체결 방식이든 평화협정에 포함시키는 방식이든, 비핵지대는 '다자간 대북 안전보장'이라는 성격도 갖게 된다. 이러한 두 가지 특성, 즉 법적 구속력과 다자간 조약(협정)은 난제 중의 난제라고 할 수 있는 대북 안전보장 문제를 해결하는 데에 기여할 수 있다.

기실 북한이야말로 1990년을 전후해 '조선반도 비핵지대'를 먼저 제안한 당사자였고, 필자가 제안하는 한반도 비핵지대에는 북한이 주장해온 '조선반도 비핵화'와 일부 유사한 내용도 있다. 그래서 친북적인 주장처럼 들릴 수 있다. 하지만 비핵지대는 친북적인 주장이 아니라 하나의 국제 규범이자 거의 모든 이들이 불가능하다고 여기는 북한의 핵 포기를 현실화할 수 있는 가장 유력한 방법이다. 미국의 대북 핵위협 해소를 포함한 비핵지대를 대안으로 제시하는 것이야말로 김정은 정권에게 전략적 결단을 촉구하는 '최대의 압박'이 될 것이다. 한반도 핵문제의 해법으로 비핵지대를 제안한 최초 당사자가 북한이었고 김정은 정권이 2016년 6월에 밝힌 입장과도 친화성이 있다는 점에서 김정은이 이를 거부할 명분도 별로 없다. 오히려 김일성과 김정일의 유훈을 가장 완벽한 방식으로 실현하는 것이기에 김정은에게 '명예로운 선택'의 길을 열어줄 수 있다. '강압'에 의한, 그래서 실패를 되풀이해온 방식이 아니라 지금까지 거의 시도되지 않은 '공감'을 통한 방식이기에 더욱 그러하다.

외교 협상, 특히 적대국들 사이의 협상에서 어느 일방이 완전히 만족할 수 있는 해법은 존재하지 않는다. 이는 패전국을 상대로도 달성하기 힘들다. 그래서 협상 당사자들이 만족과 불만을 동시에 가질 수 있는 협상안이 오히려 현실적이다. 한반도 핵문제를 비핵지대 방식으로 풀자는 제안이 이에 해당될 수 있다. 당사자들의 요구와 제안을 잘 버무려 합의에 도달함으로써 이를 이루지 못했을 때보다 더 나은 상태를 지향하는 접근법이 될 수 있기 때문이다.

바로 이러한 이유 때문에 한국의 입장과 역할이 매우 중요하다. 한반도 비핵지대에 대한 정부의 공식적인 입장이 나온 것은 아직 없다. 또 정부 차원에서 비핵지대 방안을 검토·공론화하면 보수 진영이 반발할 수도 있다. '핵우산과 주한미군 철수를 요구하는 북한의 주장과 흡사하고 한미동맹을 약화시킬 수 있다'는 주장이 고개를 들 것이기 때문이다. 이에 따라 한반도 비핵지대화가 주한미군 및 핵우산에 미칠 영향도 점검해볼 필요가 있다.

3 주한미군과 핵우산의 문제

북한이 '조선반도 비핵지대화'에 주한미군 철수를 포함시킨 때는 1990년대 초반까지였다. 이는 조지 H.W 부시 행정부가 1991년에 '조선반도 비핵지대'를 거부하면서 한반도 비핵화를 대안으로 제시한 핵심적인 사유에 해당된다.[11] 하지만 북한은 1992년 김용순 노동당 비서와 아널드 캔터 미국 국무차관 간 회담 이래로 사실상 주한미군 철수 주장을 거둬들였다. 김정은이 남북 정상회담이나 북미 정상회담에서 이를 요구한 적도 없다. 김정은과 여러 차례 면담했던 마이크 폼페이오도 "김 위원장은 직접적이든 간접적이든 주한미군 철수를 요구하지도 거론한 적도 없다”고 밝혔다. 동시에 북한은 한미연합훈련과 미국의 전략자산 전개에 대해서는 예민한 반응을 보여 왔다.

이와 관련해 김여정 노동당 부부장이 2021년 8월 10일 내놓은 담화가 논란이 된 바 있다. 그는 한미연합훈련을 맹비난하면서 “조선반도에 평화가 깃들자면 미국이 남조선에 전개한 침략무력과 전쟁장비들부터 철거하여야 한다.”며, “미군이 남조선에 주둔하고 있는 한 조선반도 정세를 주기적으로 악화시키는 화근은 절대로 제거되지 않을 것”이라고 주장했다. 이를 두고 상당수 언론과 전문가들은 주한미군 철수를 주장한 것이라고 해석했다. 그러나 이는 과잉 해석이다.

한미동맹은 주한미군이 있으면 한미연합훈련을 하는 것이 당연하다고 여긴다. 김여정의 담화는 바로 이 점을 겨냥한 것이다. 문맥상 “조선반도 정세를 주기적으로 악화시키는 화근은” 바로 연합훈련을 가리킨다. 이에 따라 김여정의 담화는 ‘주한미군 때문에 연합훈련을 계속해야 한다면 미군은 차라리 나가라’는 뜻을 담고 있다. 이는 거꾸로 미국의 전략 자산 전개와 한미연합훈련이 자제된다면 주한미군 주둔을 용인할 수 있다는 것을 행간에 담고 있다고 할 수 있다.

이러한 내용을 종합해본다면, 한반도 핵문제를 비핵지대 방식으로 푼다고 해서 주한미군 철수로 이어지는 것은 아니다. 대북 협상에서도 주한미군의 주둔 여부는 한·미 양국이 결정할 사안이라는 점을 분명히 할 필요는 있다. 동시에 주한미군의 규모와 성격, 그리고 무장 수준과 연합훈련 문제는 한반도 비핵지대화 및 군비통제에 맞게 조정할 필요는 있다.

한반도 비핵지대화가 미국 핵우산의 철수를 반드시 포함하는 것도 아니다. 미국의 동맹국들인 호주와 뉴질랜드가 포함된 남태평양 비핵지대 조약에도 핵우산 철수 조항은 없다. 무엇보다도 한반도 비핵지대화가 창설되면 미국이 한국을 향해 핵우산을 펼쳐야 할 사유는 해소된다. 비핵지대를 남북미중 4자 한반도 평화협정에 포함시키면, 북한의 핵 포기뿐만 아니라 중국의 대남 소극적 안전보장도 포함되기 때문이다. 한반도 비핵지대 조약을 별도로 체결할 경우에는 소극적 안전보장 국가로 러시아 등 다른 공식적인 핵보유국들도 포함된다. 이에 따라 북한이 다시 핵무기 보유에 나서거나 중국이 한국에 대해 핵 위협을 가할 때 미국의 핵우산은 다시 펼쳐질 수 있다.

Ⅳ. 결론을 대신해서

흔히 한반도 비핵화는 '미션 임파서블mission impossible'로 불린다. 비핵화 자체를 둘러싼 동상이몽이 너무나도 크고 이에 따라 제재 해결 등 상응조치와 선순환적인 로드맵을 만들기 어려웠기 때문이다. 하여 국제사회에서는 이미 익숙한, 그러나 한반도 핵문제 해법으론 낯선 비핵지대를 주목해야 한다. 국제사회에서는 비핵지대가 하나의 '노멀normal'이다. 한반도 핵문제 해법으로는 '새로운new' 것이다. 그렇다면 한반도 문제 해법의 '뉴 노멀New normal'이 될 수 있지 않겠는가?

나는 앞서 구체적인 추진 방안으로 별도의 조약을 체결하는 방식과 평화협정에 관련 조항을 넣는 방식을 제안한 바 있다. 단기적으로는 후자의 방식이 더 현실적이다. 우선 조약 방식은 핵심 당사자들인 남북미 3자의 전면적인 검토를 요하는데, 이는 상당한 시간이 소요되고 검토 결과도 조약 방식에 우호적인 방향으로 나올 것이라는 보장이 없다. 또 "지대 내" 당사자들인 남북한이 핵심 주체가 되어야 하는데, 이는 지금까지 비핵화가 북·미 협상 구도로 짜인 것과 상당한 괴리가 있다. 아울러 미국 행정부가 한반도 비핵지대 조약을 동의·서명하더라도 상원이 이 조약을 비준할 것인지도 확신할 수 없다.

이에 반해 평화협정peace agreement 방식은 비핵화와 평화체제 구축을 동시적·병행적으로 추진한다는 공감대가 형성되어 있고, 핵심 당사자인 남북미중이 참여할 것이며, 조약treaty과는 달리 미국 상원의 비준을 요하지 않는다는 현실적인 장점이 있다.[12] 이에 따라 비핵지대나 이 취지를 담은 비핵화 조항을 평화협정에 포함시키는 방안을 추진할 필요가 있다. 당사자들이 한반도 비핵화와 평화협정 협상을 시작하면서 "한반도의 완전한 비핵화를 추진하는 데에 있어서 비핵지대의 유용성에 주목한다."거나 "비핵지대를 한반도 비핵화의 정의와 최종 상태로 삼기로 하고 한반도 평화협정에 관련 조항을 넣기로 했다"는 합의가 그 출발점이 될 수 있다.

더 나아가 동북아 6자회담 재개 및 6자 안보정상회담으로의 발전을 통한 접근도 요구된다.[13] 한반도 문제 해결 시도와 동북아 신냉전 도래는 어울리는 짝이 아니다. 이에 따라 한국, 북한, 미국, 중국, 러시아, 일본 등 6개국이 참여하는 6자회담은 동북아의 신냉전을 예방하고 한반도 문제 해결을 도모하는 데에 유용한 틀이 될 수 있다. 비핵지대 방식으로 한반도 핵문제 해결을 추진하면서 6자회담을 통해 이에 대한 지지와 협력을 확보하고 한반도 비핵지대를 동북아 비핵지대로의 발전을 공론화할 수 있는 토대가 될 수 있기 때문이다.

〈주〉

1) 한반도 비핵지대 조약 시안을 포함해 이 제안에 대한 자세한 내용은 정욱식, 《한반도의 길, 왜 비핵지대인가?》 (유리창, 2020년); 정욱식, 《한반도 평화, 새로운 시작을 위한 조건》 (유리창, 2021년) 참조.

2) A joint study by the Center for Energy and Security Studies (CENESS) and the International Institute for Strategic Studies (IISS), "DPRK Strategic Capabilities and Security on the Korean Peninsula: Looking Ahead", p. 74, (July 2021)

3) *The Washington Post* (December 26, 2019)

4) New Altanticist. "'Door is wide open' for negotiations with North Korea, US envoy says," (June 19, 2019) https://www.atlanticcouncil.org/blogs/new-atlanticist/door-is-wide-open-for-negotiations-with-north-korea-us-envoy-says (검색일: 2021.8.17.).

5) 《통일뉴스》, "北 '한미 안전담보하면 조선반도 비핵화 돌파구 열릴 것'" (2016.07.07.), http://www.tongilnews.com/news/articleView.html?idxno=117315 (검색일: 2021.8.17.).

6) 《서울신문》, "[김지영 조선신보 편집국장 인터뷰1] "핵 버리면 잘 살 수 있단 헛소리만"" (2019.06.28.), https://www.seoul.co.kr/news/newsView.php?id=2019062750005 6.

7) UNSC Resolution 1887, "Maintenance of international peace and security: Nuclear non-proliferation and nuclear disarmament," http://unscr.com/en/resolutions/1887 (검색일: 2021.8.14.).

8) U.S. Department of State, "Nuclear Weapon Free Zones", https://2009-2017.state.gov/t/isn/anwfz/index.htm (검색일: 2021.8.18.).

9) Ambassador Susan F. Burk, Remarks on Behalf of the U.S. at the Second Conference for States Parties and Signatories to Treaties that Establish Nuclear-Weapon-Free Zones and Mongolia, (April 30, 2010.) https://2009-2017.state.gov/t/isn/rls/rm/141427.htm (검색일: 2021.8.18.)

10) Background Press Call by A Senior Administration Official on the Official Working Visit of the Republic of Korea, 2021 https://www.whitehouse.gov/briefing-room/press-briefings/2021/05/20/background-press-call-by-a-senior-administration-official-on-the-official-working-visit-of-the-republic-of-korea (검색일: 2021.8.19.).

11) 정욱식, 《한반도 평화, 새로운 시작을 위한 조건》, pp. 215-216, (유리창, 2021년)

12) 미국 행정부에 따르면 협정(agreement)과 조약(treaty)에는 절차상으로 차이가 있다. 협정은 상원의 비준을 요하지 않는 반면에 조약은 상원의 비준을 요한다. 하지만 둘 모두

국제법적 구속력을 갖추고 있다. 이에 따라 평화조약으로 추진 시 미국 상원의 3분의 2의 동의를 받아낼 수 있을지 불확실뿐만 아니라 상원은 수정 요구 권한도 갖고 있다는 현실을 고려해, 평화협정으로 추진하는 것이 바람직하다고 판단한다.

13) 《세계일보》, 문정인, "北核, 美 혼자 해결 어려워… 6자 정상회담으로 가야" (2021.01.13.).

16장

한반도 재래식 군비통제의 대안적 접근

김정섭

I. 문제 제기

북한 핵 위협이 제기된 이후 한반도 평화체제 구축은 비핵화와 연관되어 검토되어 왔다. 남북 간의 화해 협력은 물론 북미관계의 근본적 개선을 위해서는 비핵화가 전제되지 않고서는 불가능하기 때문이다. 북핵 동결, 불능화, 폐기 등의 비핵화 조치와 제재완화, 북미 간 연락사무소 교환, 북미관계도 정상화 등이 서로 맞물려 있는 것이다. 즉, 비핵화 로드맵과 평화체제 로드맵이 서로 연동되어 있고, 비핵화 달성이 곧 평화체제 구축과 연결되는 구조라고 할 수 있다. 그러나 한반도 평화체제 논의는 비핵화를 넘어 한반도 전반의 군사력 문제, 즉 재래식 군비통제의 주제를 다루어야 완성될 수 있다. 남북 간 적대상태의 근저에는 핵 위협뿐 아니라 재래식 전력의 대치가 자리하고 있기 때문이다. 따라서 남북 간 재래식 군사력의 문제는 평화체제 구축 과정에서 반드시 검토되어야 할 주제라고 할 수 있다.

우리가 한반도 군비통제의 문제를 고민해야 하는 이유는 크게 두 가지다. 첫째, 북한의 비핵화 협상이 장기화될 가능성이 커지는 상황에서 기존 '9.19 군사합의'의 한계를 보완하며 상황을 안정적으로 관리해야 할 필요성이 커지고 있다. 하노이 회담 결렬에도 불구하고 현재까지는 싱가포르 정상회담에서 암묵적으로 합의된 모라토리움이 유지되고 있다. 즉, 북한의 핵실험과 장거리 미사일 실험발사가 유예되는 대신에 한·미는 전략자산 전개를 중단하고 한미연합훈련을 축소한다는 교환이 지켜지고 있는 상황이다. 그러나 이 같은 사실상의 쌍중단 상황이 언제까지 지속될지는 불확실하다. 북한은 지속적으로 한미연합훈련이 9.19 군사합의에 위반된다며 문제를 제기하고 있다. 또한 남측의 국방예산 증액, F-35 실전 배치 등 주요 전력증강이나 태극연습 등 한국군의 주요 훈련에 대해서도 예민한 반응을 보이면서 비판 수위를 높이고 있다. 그러면서 자신들은 2019년 5월부터 단거리 전술 유도무기를 집중적으로 실험발사하였고, 제8차 당대회에서는 국방력 현대화에 대한 의지를 천명한 바 있다. 한국 내에서도 북한의 군사행동이 있을 때마다 9.19 군사합의 위반 논란이 불거지고 있다. 이 같은 논란이 생기는 이유는 9.19 군사합의가 군사분계선 인근을 중심으로 한 우발적 충돌 예방에 중점을 두고 있고, 그 외 지역에 대해서는 명확한 규정을 두고 있지 않기 때문이다. 합의서 제1조는 '지상과 해상, 공중을 비롯한 모든 공간에서 군사적 긴장과 충돌의 근원이 되는 상대방에 대한 일체의 적대행위를 전면 중지하기로 하였다'라고 규정하고 있다. 여기서 '일체의 적대행위 전면 중지'를 적극적으로 해석하면 공격적 무기체계 배치나 한반도 전역에서의 군사훈련 등이 모두 해당된다고 할 수 있으나, 구체적 세부 규정이 없어 논란의 여지를 제공하고 있는 것이다. 향후 비핵화 협상 교착이 장기화될 경우 중장거리 미사일 발사나 핵실험 중지의 모라토리움이 깨질 수 있음은 물론 최소한 군사분계선 인근의 군사행동을 규제하고 있는 9.19 군사합의도 형해화 가능성을 배제할 수 없다고 판단된다.

한반도의 재래식 군비통제 논의가 중요한 또 다른 이유는 평화체제 구축 과정은 물론 그 이후에도 남북 간 군사 문제는 완전히 사라지지 않는 중요한 주제이기 때문이다. 평화체제가 구축된다면 이상적으로는 남북 간 화해 협력이 실현되어 냉전이 종식된다고 할 수 있다. 북미관계도 정상화되고 남북 간에도 현재와 같은 높은 수준의 군사적 위협인식은 많이 해소될 것으로 기대된다. 그러나 그럼에도 불구하고 국가의 안위와 체제 유지 차원에서 일정 수준 이상의 군사력 보존은 계속 중요할 수밖에 없을 것이다. 하나의 민족이 다른 정치경제 시스템을 유지한 채 공존하는 상황 자체가 유동적이고 불확실성을 내포하고 있기 때문이다. 특히, 미·중 경쟁이 당분간 계속되거나 강화된다고 전망한다면 한반도에서 안보적 대립 구도가 완벽하게 해소되기는 어려울 수 있다. 북미 화해에도 불구하고 한미동맹과 주한미군 주둔이 지속될 것이고, 북한으로서는 중국과의 유대를 통해 안보적, 경제적 보험을 두는 상황을 예상해 볼 수 있기 때문이다. 즉, 평화체제 구축이 완벽한 냉전 종식이 아니라 동서 냉전시대의 데탕트 상황과 유사한 모습을 띨 가능성을 말한다. 그렇다면 이런 상황을 염두에 둔 남북 간 군사력 균형은 어떤 상태여야 하며 이를 위해 어떻게 군비통제 문제에 접근할 것인가는 중요한 문제가 아닐 수 없다.

II. 유럽의 군비통제의 경험과 9.19 군사합의의 의미

치열했던 동서 냉전의 상황에서 일구어낸 유럽의 군비통제 경험은 항상 정책적, 학술적 밴치마킹의 대상이 되어 왔다. 소련의 압도적인 재래식 전력을 마주하고 있던 서유럽이 미·소 핵 대치의 와중에 재래식 군비통제에서 성과를 낼 수 있었다는 점은 한반도에도 항상 영감과 도전을 주는 사례이기 때문이다. 다만, 동서 냉전 당시의 유럽과 한반도의 지정학적 상황과 군사적 대치의 성격이 일치하지 않는다는 점을 유념해야 한다. 따라서 유럽의 경험을 살펴보되 한반도 적용상의 한계와 보완 필요성에 대해 고민해야 하며 9.19 군사합의를 비롯한 한반도 군비통제 조치도 이러한 관점에서 접근할 필요가 있다. 유럽의 군비통제는 크게 신뢰구축을 논의한 CSCE와 군축을 협상한 MBFR(후에 CFE로 발전)로 양분될 수 있으며 차례로 살펴보기로 한다.

▮1 신뢰구축과 운용적 군비통제: 유럽안보협력회의(CSCE)

군사적 신뢰구축은 적대국 간 오해misunderstanding나 오인misperception, 두려움fear을 감소시켜 군사적 긴장을 완화하고 전쟁 발발 가능성을 낮추려는 일체의 조치를 말한다. 특히 기습공격이 어렵고 불가능하다는 점을 알려주기 위한 정보의 공개, 군사력의 재배치, 특정 군사 활동의 제한 등의 조치를 강조한다. 병력 규모나 무기체계 등 군사력의 실체와 구조에는 손을 대지 않고 훈련, 기동, 배치 등을 통제하는 방식이기 때문에 운용적 군비통제operational arms control라고 부르기도 한다. 유럽의 운용적 군비통제라고 할 수 있는 CSCE는 미국, 캐나다, 소련을 포함하여 유럽의 모든 나라가 참여한 35개국 회의로서 1973년 7월부터 시작되어 세 가지 성과물을 도출해 낸 바 있다.[1]

첫 번째 성과물은 1975년 헬싱키 최종선언에 담긴 신뢰구축 조치였다. 주요 내용으로는 유럽과 구소련 일부를 대상 지역으로 하여 병력 25,000명 이상이 참가하는 훈련에 대해 21일 전 사전 통보하는 규정이 포함되어 있다. 다만, 훈련 참관단 초청에 대해 회원국의 자유재량에 맡겨 놓았기 때문에 구속력이 없다는 한계가 있었다. 1986년에 도출된 스톡홀름 협약은 헬싱키 협약의 한계를 보완하고 적용 대상과 규제 사항을 대폭 확대하였다. 적용 지역이 전 유럽으로 확대되었고, 규제 대상도 병력 13,000명 이상, 300대 이상의 전차가 동원되는 군사훈련에 대해 42일 전에 통보하도록 규제가 강화되었다. 특히 40,000명 이상이 참가하는 훈련은 1년 전에, 75,000명 이상이 동원되는 훈련은 2년 전에 통보하지 않으면 실시할 수 없도록 규제하였다. 또한 각국은 매년 1~3차례의 참관단을 초청할 의무가 있었고 피검국가는 거절할 수 없으며 지상 또는 공중을 통한 현장사찰을 허용하는 등의 검증 조치가 도입되었다. 세 번째 성과물은 1990년에 합의된 비엔나 협약이었다. 지리적 적용 대상과 규제 훈련의 종류와 규모는 스톡홀름 협약과 동일하나 훈련 통보 조치가 강화되었다. 40,000명 이상이 참가하는 훈련에 대해 기존 1년에서 2년 전에 통보할 의무를 부과했고, 횟수도 2년에 1회만 가능하도록 규제했다. 또한 검증에 있어서도 방어시설을 제외하고는 사찰관의 접근과 출입을 허용하는 규정이 포함되었다.

이 같은 세 단계의 걸친 신뢰구축 조치는 유럽의 군사적 긴장 완화에 적지 않은 기여를 했다고 평가받는다. 1986년에 이르러 유럽에의 대규모 군사훈련과 기동이 대폭 감소했으며, 일정 규모 이상의 군사적 기동에 대한 사전 통보 횟수가 이전보다 3배 이상 증가하여 상대의 의도와 움직임에 대한 예측 가능성을 높였다는 것이다. 특히 합의사항을 확인하는 검증 작업이 진행되면서 잠재적 적대국 군에 대한 이해가 높아지고 신뢰도가 향상되었다는 점도 긍정적 효과라고 할 수 있다. 다만, 이 같은 신뢰구축 조치는 군사 의도military intentions에 한정되고 군사 능력military capabilities을 다루는 것이 아니라는 점에서 의도하지 않은 충돌을 막을 수는 있지만 전쟁의 능력과 가능성을 실질적으로 줄이지 못한다는 한계는 존재한다.

〈표 1〉 유럽의 신뢰구축 및 운용적 군비통제 협약[2]

구분	헬싱키 협약(1975)	스톡홀름 협약(1986)	비엔나 협약(1990)
적용 지역	유럽과 구소련 일부	전 유럽 지역	전 유럽 지역
구속력	자발적 준수	정치적 구속	제도화와 의무화
규제 대상	병력 25,000명 이상 기동	− 병력 13,000명 이상 기동 − 전차 300대, 항공기 200 쏘티 이상의 훈련 − 3,000명 이상 상륙군/공수훈련	좌동
통보 기한	21일 전 사전 통보	42일 전 사전 통보	42일 전 사전 통보
참관 초청 대상	자유 재량	의무화	의무화
제한 조치		− 40,000명 이상 훈련은 1년 전 통보 − 75,000명 이상 훈련은 2년 전 통보	− 40,000명 이상 훈련은 2년 전 통보 − 2년에 1회만 가능
검증		− 매년 1~3회 초청 의무 − 피검 국가 거절 불가 − 지상·공중을 통한 현장 사찰 − 요청 후 36시간 내 검증 허용 − 48시간 내 검증 종결	− 좌동 − 사찰관의 접근·출입 및 현장사찰 허용

2 구조적 군비통제(군축): 재래식 무기감축

유럽의 군비통제는 운용적 차원을 넘어 군사력의 실체를 규제하려는 구조적 군비통제 노력을 포함하고 있다. 1973년 10월에 최초로 개최된 '상호균형 감축회의MBFR: Mutual and Balanced Force Reductions'가 그 시발이었다. 소련에 비해 재래식 전력에서 열세를 만회하고 싶었던 나토의 입장과 유럽 안보 질서의 안정화를 원했던 소련의 이해가 맞아 떨어져 이루어진 것으로 나토 16개국, 바르샤바 7개국 등 총 23개국이 참가한 회담을 말한다. MBFR 협상은 1973년 시작한 이래 16년간 진행되었으며 핵심 주제는 중부유럽(독일, 체코, 헝가리, 폴란드 지역)의 군사력 하향 조정에 맞추어져 있었다. 이때 핵심 쟁점은 감축 방식을 둘러싼 입장 차이에 있었다. 미국을 비롯한 서유럽 나토 국가들은 병력의 공동 상한선을 제안하는 등 소련의 병력 감축을 강조한 반면, 소련은 자신에게 유리한 동일 수량 또는 동일 비율 감축을 주장한 것이다. 또한 나토 측이 요구한 상호검증이나 정보교환에 대해 소련은 부정적 입장을 견지함으로써 합의가 이루어지지 않았다. 결국 군사력 균형이 불리하게 변경되지 않기 위한 신경전이 계속되면서 MBFR은 마침내 16년의 노력에도 불구하고 합의물을 도출하지 못한 채 종료하게 된다. CSCE의 성과와 비교했을 때 MBFR은 실패로 귀결되었다고 할 수 있으나 아무런 의미가 없었던 것만은 아니었다. MBFR 협상의 미측 대표였던 조나단 딘 대사는 협상을 통해 나토와 바르샤바 측이 서로 상대방의 군사교리와 무기체계에 대한 이해를 높일 수 있었고, 이는 결국 무기감축CFE 성공의 밑거름이 되었다고 강조한다. MBFR 협상 초반에만 해도 나토와 바르샤바 측은 상대의 군사용어와 개념을 이해하지 못했으나 시간이 갈수록 상호 이해가 높아져 1989년 시작된 CFE 협상이 조기에 성과를 내는 중요한 바탕이 되었다는 것이다.[3]

MBFR 협상이 나토와 바르샤바 조약국 간에 입장 차이로 성과물을 내지 못할 때 재래식 군축의 새로운 전기를 마련한 것은 바로 소련의 새로운 지도자 고르바초프였다. 군비통제에 대해 전향적인 입장을 가졌던 고르바초프는 1986년 6월 우랄에서 대서양까지의 재래식 군축계획을 발표한 데 이어 1988년 12월에는 유럽 배치 소련군 50만 명을 일방적으로 감축한다는 놀라운 선언을 하기에 이른다. 이로써 유럽의 군축 협상은 급물살을 타기 시작했으며 1989년 3월 재래식무기감축CFE: Conventional Forces in Europe 협상이 시작되었다. 협상은 순조롭게 진행되어 1990년 11월 재래식 무기의 폐기에 이어 1992년 10월에는 병력 감축에 대한 타협도 이루어졌으며 이로써 유럽은 이전보다 훨씬 낮은 수준에서 군사력 균형을 달성하게 되었던 것이다. CFE의 주요 내용을 살펴보면 먼저 대상 지역으로는 중부유럽에 한정했던 MBFR을 넘어 우랄산맥부터 대서양까지의 모든 유럽을 포괄하고 있다. 가장 핵심적인 사항은 공격용 5대 무기(전차, 장갑차, 야포, 전투기, 공격용 헬기)의 감축을 규정한 것이다. 전차의 경우 보유 상한선을 20,000대로 규정, 나토는 5,091대를 바르샤바 군은 13,191대를 감축하도록 했고, 장갑차는 30,000대가 상한선으로 설정되어 나토는 4,666대, 바르샤바 군은 10,950대를 줄이도록 규정했다. 이외 야포, 전투기, 공격용 헬기도 각각 20,000문, 6,800대, 2,000대를 보유 상한선으로 규제했다. 동일 숫자나 비율 감소가 아니라 상한선 개념으로 감축했기 때문에 바르샤바 군의 감축 규모가 훨씬 큰 것이 특징이다. 전투기의 경우엔 나토는 보유 상한선보다 현 보유가 적어 감축해야 할 것이 없는 반면, 바르샤바 군은 1,572대를 일방적으로 감축하는 것으로 되어 있다.

CFE가 성공을 거두게 됨에 따라 유럽은 이전보다 훨씬 낮은 수준에서 안정적인 재래식 균형을 달성할 수 있게 되었다. 특히 5대 공격무기의 규모를 대폭 감축함으로써 기습공격 능력과 대규모 공격 능력의 감소되었다는 점이 큰 의미가 있었다. 현재보다 낮은 수준에서 전쟁 억지와 안보가 가능하다는 발상의 전환은 고르바초프가 주장한 신사고와 연관이 있었다. 이전까지 소련 지도자들은 상대보다 강하고 많은 군사력을 가져야 안보를 확보할 수 있다고 믿었기 때문에 군비축소에 대해서는 상당히 보수적으로 접근하였다. 그러나 고르바초프는 과잉 군사력을 보유하는 것은 의미가 없을 뿐 아니라 소련의 정치경제적 개혁에 부담이 될 뿐이라는 점을 인식했고 이에 따라 방어충분성에 필요한 수준으로 군축 합의가 이루어진 것이다. 재래식 군축 협상이 성공할 수 있었던 데에는 미·소

간 핵 군비통제의 진전도 적지 않은 역할을 했다. 1987년에 합의된 중거리핵무기폐기조약으로 핵무기 위협이 재래식 군축의 장애물로 작용하지 않았던 것이다. 또한 INF조약에서 이미 검증문제가 합의되었기 때문에 재래식 무기 폐기에 대해서도 검증·사찰이 손쉽게 합의된 측면이 있었다.[4]

〈표 2〉 CFE 재래식 무기 감축 합의 내용[5]

구분		전차	장갑차	야포	전투기	공격용 헬기
NATO	보유 상한선	20,000대	30,000대	20,000문	6,800대	2,000대
	현 보유	25,091대	34,666대	20,620대	5,939대	1,733대
	삭감 규모	5,091대	4,666대	620문	0	0
WTO	보유 상한선	20,000대	30,000대	20,000문	6,800대	2,000대
	현 보유	33,191대	40,950대	23,702문	8,372대	1,631대
	삭감 규모	13,191대	10,950대	3,702문	1,572대	0

3 '9.19 군사합의'의 의의와 한계

남북한이 2018년 9월 평양에서 합의한 9.19 남북군사합의는 전형적인 신뢰구축 조치와 운용적 군비통제 방안을 담고 있다. 9.19 군사합의의 가장 핵심적인 내용은 군사분계선 인근에서의 상호 적대행위를 금지한 부분이다. 지상은 군사분계선MDL을 기준으로 5킬로미터, 즉 총 10킬로미터 폭의 완충지대를 설정하여 이 구간 내에서는 포병사격훈련과 연대급 이상의 야외기동훈련을 전면 중지하기로 하였다. 해상의 경우 동서해상 NLL 일대(덕적도~초도, 속초~통천)를 완충구역으로 설정하고 이 구역 내 포사격 및 해상 기동훈련을 중지하기로 합의하였다. 공중에도 항공기 종류별로 비행금지 구역이 설정되었다. 다만, 동서부 지형과 항공기의 성격을 고려하여 비행금지 구역이 차별화되었는데, 고정익 항공기는 서부 20킬로미터, 동부 40킬로미터 구간 내 비행이 금지되었고 헬기는 10킬로미터 구간, 무인기는 서부 10킬로미터, 동부 15킬로미터 구간에서 비행이 금지되었다. 이와 함께 판문점 공동경비구역JSA의 비무장화와 상호 1킬로미터 이내 근접해 있는 남북 감시초소GP를 철수하기로 하였다. 또한 서해 해상에서 평화수역과 시범적 공동어로구역이 설정되었고, 한강 하구 공동이용을 위한 군사적 보장 대책을 강구하기로 하였다. 아울러 이러한 조치의 이행을 협의할 통로로서 군사공동위원회의 설치, 가동에 대해서도 합의하였다.

9.19 군사합의에 대해서는 비판적 시각이 존재한다. 완충구역 설정에 따라 우리군이 필요한 훈련을 제대로 실시하지 못한다는 지적이 대표적이다. 예를 들어 서북도서 부대인 해병6여단과 연평부대가 포병사격 훈련을 위해 내륙지역 순환훈련으로 조정해야 하는 부담을 말한다. 특히 비행금지구역이 설정됨에 따라 한국군이 우월한 위치에 있던 공중 정찰 자산의 운용에 제한이 발생한다고 비판하기도 한다. 그러나 이 같은 비판은 9.19 군사합의가 지향하는 군사적 신뢰구축과 운용적 군비통제의 취지를 충분히 인식하지 못한 측면이 있다. 9.19 군사합의는 남북 간의 군사적 충돌이 어느 일방의 의도적 도발과 억제의 실패로 발생할 수도 있지만 우발적 충돌이나 위기관리의 실패로 초래될 수 있다는 문제의식에서 출발한다. 바로 유럽의 CSCE 협상과 같은 맥락이라고 할 수 있다. 한반도의 접경지역은 냉전시대 유럽 못지않게 파괴적인 군사력이 과잉 대치하고 있는 상황이다. 이런 상황에서 전쟁을 예방하기 위해서는 신뢰성 있는 억제력 보존도 중요하지만 자칫 상대를 자극할 수 있는 과잉행동이 의도하지 않은 위기고조와 무력충돌로 확전될 가능성에 유의해야 한다. 이런 관점에서 군사분계선 일대에서 양측 군의 접촉면을 최소화하려는 9.19 군사합의의 조치들은 위기관리 측면에서 상당한 의의가 있다. 충돌의 개연성을 줄이고 설사 우발상황이 발생했을 때도 최소한의 의사소통의 여유를 보장할 수 있기 때문이다. 실제로 9.19 군사합의는 전반

적으로 남북 간 군사적 긴장완화에 기여하고 있다고 판단된다. 북측은 그동안 두 차례 위반 사례가 있었지만 대체로 적대행위 중지에 관한 합의사항은 충실히 지키고 있고 이를 통해 지상, 해상, 공중 접경지역에서 군사적 안정성이 유지되고 있다고 평가된다.

다만, 아쉬운 것은 9.19 군사합의가 초보적 수준의 운용적 군비통제만을 담고 있다는 점이다. 군사분계선과 NLL 인접의 접경지역을 중심으로 한 제한만을 규정하고 있기 때문에 공간적 범위 면에서 한계가 있는 것이 사실이다. 논란이 되고 있는 한미연합훈련, 완충 구역 밖에서의 미사일 실험발사, 최첨단 무기 개발과 작전 배치 등에 대해서는 합의가 이루어지지 않았던 것이다. 그러면서도 합의서 제1조에서는 '일체의 적대행위를 전면 중지하기로 하였다'고 규정하여 논란의 여지를 남긴 바 있다. 또한 적대행위 중단이라는 부작위는 지켜지고 있는 반면, 남북공동 유해발굴, 한강하구 공동이용, 군사공동위 구성 등 적극적인 남북협력 사안에 대해서는 북측이 호응하지 않고 있다는 점도 한계로 지적되고 있다. 하지 말아야 할 행동은 준수하고 있어서 최소한의 군사적 신뢰조치는 준수하고 있지만 적극적인 평화구축 노력은 보이지 않고 있는 상황이라고 할 수 있다. 특히 군사공동위가 구성되지 못함에 따라 합의서 이행과 관련된 제반 사항을 논의할 수 있는 후속 조치가 마련되지 못하고 있다. 남북이 합의한 군사공동위 구성·운영 합의서에 따르면 양측은 군사공동위를 통해 군사 분야 합의사항 이행을 점검하는 한편 긴급 상황들을 협의, 처리하고 단계적 군축 실현 문제도 협의하기로 되어 있다. 즉, 평화체제 구축에 영향을 줄 수 있는 제반 군사적 문제들에 대한 대처방안을 협의한다는 것이다. 만약 군사공동위가 계획한 대로 가동되었다면 현재 논란이 되고 있는 한미연합훈련이나 북한의 단거리 미사일 발사와 같은 사안에 대해서도 소통의 자리가 마련될 수 있었을 것이다.

구분	이행 현황
적대행위 중지 (지·해·공 완충구역 설정)	• 비행금지구역 항공기 활동 전무 등 남북 모두 합의 충실히 이행 • 창린도 해안포 사격훈련과 아측 GP에 대한 총격 사건 발생(2건)
남북공동 유해발굴	• 남북 간 MDL 연결도로 개설 완료(18.12월) • 공동 유해발굴에 대해서는 북측 미호응 • 우리측 지역에서 지뢰제거 및 유해발굴 작업 추진 (지뢰제거 100%, 유해발굴 70% 진행)
JSA 비무장화 (초소·화기 철수 등)	• 지뢰제거, 초소·화기 철수 등 비무장화 기반구축 완료(18.12월) • 국방부·유엔사 간 JSA 공동근무 및 운영규칙 합의(19.4월)
상호 GP 철수(11개)	• GP 화기·장비 및 인원 철수 완료(18.11월) • DMZ 평화의 길 개방(고성, 철원, 파주)
한강하구 공동이용	• 남북공동수로조사 완료 및 해도 제작(18.12월~19.1월) • 한강하구 이남 우리측 지역 시범항행(19.4월, 7월)
군사공동위 구성·운영	• 군사공동위 구성·운영 합의서 초안 마련, 남북 협의는 중단 상태

Ⅲ. 한반도 군비통제의 환경: 기존 접근법의 한계와 핵심 쟁점

그동안 남북 군비통제에 관련한 전통적인 입장은 유럽의 경험을 기초로 군사적 신뢰구축, 운용적 군비통제, 구조적 군비통제를 단계적으로 실현한다는 접근 방식을 취하고 있다. 군사적 신뢰구축과 운용적 군비통제로는 9.19 군사합의의 내용을 포함하여 군사력의 추가 배치 제한, 특정 군사력의 후방 재배치 등이 주로 논의되어 왔다. 특히 수도권의 안전을 보장하기 위해 장사정포의 운용 통제나 후방배치 필요성이 강조되어 왔다. 후방 배치할 경우 장사정포의 최대 사거리를 고려하여 수도권을 위협할 수 없는 지역까지 후방으로 재배치하고 이동된 화포의 수량과 위치에 관한 정보를 공유한다는 내용이다. 군축 단계인 구조적 군비통제와 관련해서는 공격형 무기와 병력을 단계적으로 감축하여 대규모 공격능력을 축소하는데 주안을 두고 있다. 아울러 미사일도 수도권을 위협하는 단거리 미사일부터 감축을 시작하여 중거리 탄도미사일 감축으로 확대한다는 구상이 제시된 바 있다. 그러나 수도권 안전보장과 지상군의 대규모 기습공격 예방에 중점을 둔 유럽식 군비통제 접근은 한반도에 그대로 적용하기가 쉽지 않다. 냉전시대 유럽과는 다른 한반도의 지정학적 특징과 최근 전략경쟁의 본질을 고려하여야하기 때문이다.

■1 한반도 군비통제 환경의 특징: 다층적인 비대칭성

먼저 남북한 간에는 위협 인식의 비대칭성 문제가 존재한다. 한국은 북한을 위협의 대상으로 인식하지만, 북한은 미국을 주요 위협대상으로 인식하는 비대칭적인 위협인식을 말한다. 냉전 종식 이후 교차 승인이 이루어지지 못하고 한국만이 중국, 러시아와 수교하여 북한은 여전히 미국과 적대적인 관계로 남아 있기 때문이다. 따라서 한국 입장에서는 북한의 공격 능력 제거 등 군축을 추진할 동기가 있으나, 북한은 미국의 위협 해소를 안전보장의 관건으로 생각하고 있어 남북한 간 군축의 장애요소로 작용하고 있다. 냉전시대 유럽의 군비통제가 성공할 수 있었던 것도 나토와 바르샤바 군이라는 적대적 진영 전체를 놓고 군비통제가 논의되었기 때문이다. 초보적 수준을 넘어서는 군비통제 조치가 남북한만 따로 떼어서 이루어지기 어렵다는 것은 결국 한반도의 군비통제는 미국, 중국을 포함한 다자적 접근이 필요하다는 것을 뜻한다고 할 수 있다.

둘째, 남북한 간 군사 능력의 비대칭성이 존재한다. 재래식 전력에서 북한이 양적 우세를 점하고 있는 반면에 한국이 이를 질적 우위를 통해 상쇄하고 있는 상황을 말한다. 군비통제 쌍방 간에 군사 능력의 비대칭성이 심할수록 재래식 군축을 적용하는 데 많은 난관이 존재한다. 군축의 방식으로 통상 일정 비율 감축, 동수균형 감축, 동일 상한선 방식 등세 가지가 가능하다. 수적 우위에 있는 측은 통상 동수균형을 주장하는 반면, 열세에 있는 측은 동일 상한선 방식을 선호한다. 유럽의 경우에도 소련은 일정 비율 또는 동수균형을 주장했으나, 재래식 전력의 열세에 있던 나토가 동일 상한선 방식을 주장하여 관철시킨 바가 있다. 그간 남북한도 북측은 동일 규모를 줄이는 동수균형 감축을 고집해 왔고, 남측은 동수보유 원칙 즉 동일 상한선 입장을 견지해 왔다. 여기에 더해서 한반도의 군비통제가 유럽의 경우보다 더 까다로운 이유는 병력과 무기의 양적 우열뿐 아니라 질적 차이가 심하기 때문이다. 유럽의 경우 나토와 바르샤바 군의 무기체계가 성능 면에서 차이가 적었기 때문에 질적인 요소는 큰 변수가 되지 않았지만, 남북한 간에는 한층 복잡한 고려가 개입되지 않을 수 없다. 예를 들어 전차를 감축할 경우 군사력 비교 분석에 사용되는 전력지수를 산출하여 질적 요소를 반영해야 하는데, 무기 체계별로 화력, 기동성, 방호력 등 모든 질적 요소를 수치화하는 작업이 결코 간단하지 않고 남북 간에 이러한 질적 평가에 대해 합의를 도출하기가 쉽지 않을 것이다. 특히 군사 능력이 비대칭적일 경우 무엇이 균형적인 감축인가에 대해 남북한 간에는 물론 국내적으로도 적지 않은 논란이 초래될 가능성이 높을 것으로 예상된다.

❷ 한반도의 군사력 균형의 성격과 전략적 안정성

유럽의 군비통제는 주로 지상군을 통한 대규모 기습 공격의 위험을 제거하는데 초점이 맞추어져 있다. 일정 규모 이상의 병력 이동 시 사전 통보, 전차, 장갑차 등 공격무기의 감축 등은 당시 나토와 바르샤바 측이 공유했던 이러한 위협인식을 반영한 결과였다. 한반도의 경우도 북한이 군사분계선을 넘어 기습적으로 남침하는 상황이 심각하고 위험한 시나리오임에는 틀림없다. 그러나 90년대 이후 북한의 위협은 단순히 지상군 남침이 아니라 미사일과 핵무기와 같은 대량살상무기 위협이 부각되고 있고, 북한의 입장에서도 한국군의 지상군보다는 한·미의 최첨단 해공군 전력에 대해 예민하게 반응하고 있는 것이 사실이다. 우발충돌의 가능성도 지상 군사분계선뿐 아니라 NLL 인근 등 해상, 공중 영역에서 발생할 가능성이 높아지고 있다. 따라서 한반도의 경우 군사분계선을 넘는 지상 공격무기 중심의 군비통제는 충분히 적실성 있는 접근이 될 수 없다고 할 것이다.

이 같은 상황 변화는 남북한 간에 존재하는 군사력 균형의 성격을 살펴봄으로써 좀 더 분명하게 이해할 수 있다. 현재 한반도의 전략 균형은 남북 간 전술적인 공격·방어 능력의 균형보다는 상대방의 전면적 도발을 억제하기에 충분한 보복 능력 보유에 기초하고 있다. 즉, 쌍방억제가 강력히 작동하고 있음을 의미한다. 공격·방어 능력이 영토를 취하고 지키는 전통적인 재래식 군사력을 의미한다면, 쌍방 억제는 상대에게 감내하기 힘든 비용을 부과할 수 있는 보복 능력에 기초한다. 핵 억제 이론에서 도출된 소위 공포의 균형과 유사하다고 할 수 있다. 예를 들어 북한의 경우 전면전 시 한미연합군의 공세를 막아낼 방어 능력은 부족하나, 수도권을 위협하는 장사정포, 핵미사일과 같은 WMD 능력을 통해 한·미의 군사적 행동 자체를 억제할 수 있는 능력을 보유하고 있다. 반대로 한미연합군도 북한의 전면적 도발을 응징할 수 있는 보복 능력이 충분하므로 한반도에서는 쌍방 억제가 전략적 안정의 핵심 메커니즘으로 작동하고 있다는 것이다.

따라서 남북한 간 군비통제는 이러한 한반도의 전략균형의 성격을 토대로 이루어져야 한다. 군축이 자칫 남북한 전략적 안정의 토대인 쌍방 억제를 훼손할 가능성이 없는지 유념하면서 추진할 필요가 있다는 뜻이다. 장사정포 후방 배치, 공격무기 감축과 같은 전통적인 군축 조치들은 기습 공격 위험을 낮추는 긍정적인 의도와 효과가 있으나, 공포의 균형의 토대인 보복 능력을 감소시킨다는 의미도 내포하고 있다. 특히, 북한 입장에서 자신들의 억제 능력을 감소시키는 군축 제안 수용에 소극적일 수밖에 없을 것으로 예상된다. 예를 들어 장사정포의 최대 사거리를 감안하여 수도권 타격이 불가능한 지점까지 후방 재배치한다는 것은 북한 입장에서는 장사정포의 억제효과를 무력화시키는 것으로 받아들여질 것이다. 미사일 전력 감축 시 단거리 미사일부터 감축, 폐기하자는 제안도 마찬가지다. 한·미의 압도적인 군사능력을 방어할 능력이 없는 북한으로서는 보복 위협에 기초한 억제 전략을 포기하기가 쉽지 않을 것이기 때문에 군비통제 방안을 고민할 때 이러한 한반도의 전략균형의 본질을 고려하여야 할 것이다.

3 북한의 핵무장 상태하 재래식 군축의 문제

현재 남북한 군비통제의 최대 난관은 북한의 핵문제라고 할 수 있다. 군사력 균형에서 절대적 비중을 차지하는 핵무기를 제외하고 재래식 군축을 의미 있는 수준으로 진전시키는 것은 현실적으로 불가능하다. 한반도 재래식 군축은 남북한이 당사자인 반면에 핵 군비통제(북한 비핵화)는 기본적으로 북미 간의 협상 과정이라는 문제도 존재한다. 따라서 북한의 비핵화 수준과 연계되지 않는 재래식 군축은 군사적인 합리성과 정치적 명분 면에서 모두 추진하기가 곤란할 것이다. 유럽의 경우에도 CSCE나 CFE 같은 재래식 군비통제가 성공할 수 있었던 데에는 핵과 미사일과 같은 전략무기에 대해 미·소 간에 별도의 양자 협상이 있었다는 점이 작용했다. 예를 들어 1975년 헬싱키 협약은 1972년 전략무기제한협정SALT 1이 체결되었기에 가능했고, 1986년 스톡홀름협약은 다음 해 1987년 체결된 중거리핵전력INF 조약의 진전과 맞물리면서 탄력을 받을 수 있었다. 1990년의 CFE도 냉전 종식 분위기하에서 전략무기감축협정START 체결과 동시에 진행되어 얻어진 결과물이었다. 다시 말해 유럽에서의 재래식 군비통제와 핵 군비통제는 투 트랙으로 진행되면서 성과를 낼 수 있었던 것이다.[6]

한편 핵 군비통제와 재래식 군축의 관계를 종합적으로 이해하는 관점도 필요하다. 핵 보유 국가는 핵 군비통제와 재래식 군축을 자신의 총체적 군사력 관점에서 이해한다. 핵 무장국이 재래식 전력을 감축하게 될 경우 자신의 핵 능력을 더욱 고도화하거나 아니면 적어도 비핵화에 대해 소극적으로 나올 가능성이 존재한다. 오히려 재래식 군축을 핵무기를 통해 보완하는 '핵 대체 효과'를 기대할 가능성이 커질 수 있다. 핵사용 문턱nuclear threshold을 낮추어 저강도 위기 단계에서도 핵 억제의 신뢰성을 높이고자 하는 시도를 말한다. 군비통제의 결과는 아니지만 최근 북한이 전술핵과 단거리 미사일 개발을 강조하고 있는 모습은 바로 재래식 전력의 열세를 핵으로 보완하려는 시도라고 해석된다. 이와는 반대로 비핵화가 진전될 경우 최소한의 억제력 보유를 위해 재래식 전력은 더욱 보강하려는 동기가 발생할 가능성이 있다. 비핵화와 한반도 평화 프로세스는 북미관계와 남북관계의 개선을 동반하겠지만 그 과정에서 일정 수준 이상의 억제력을 보존하려는 남북한의 군사적 동기는 사라지지 않을 가능성이 높다는 점도 고려해야 할 것이다.

4 동북아 안보상황 측면

남북한 군비통제를 추진함에 있어 고려해야 할 또 하나의 중요한 요인은 동북아 안보상황 측면이다. 최근 동북아 역내국 간 대립과 경쟁이 치열해짐에 따라 지역 내 군비증강이 심화되는 추세를 보이고 있다. 미·중 전략 경쟁이 본격화되고 있고 일본의 보통국가화와 러시아의 군사력 증강도 계속되고 있다. 특히 미·중을 중심으로 한 동북아 미사일 경쟁이 심화되고 있다. 중국이 반접근·지역거부A2AD 전략의 일환으로 DF-21D 등 중거리 미사일 전력을 증강하자 마침내 미국은 INF 조약을 폐기하고 인도태평양지역 내 중거리 미사일 배치를 검토하고 있는 상황이다. 일본 역시 북한 핵미사일 위협을 명분으로 '적 기지 공격 능력' 확보를 위한 폭격기나 순항미사일 역량 구축 필요성을 제기하고 있다.

따라서 남북한 재래식 군축은 북한 위협뿐 아니라 불안정한 역내 동북아 안보질서를 염두에 두고 추진할 필요가 있다. 냉전시대 나토와 바르샤바 군은 상대 진영만이 유일한 위협이었으나 한국으로서는 북한뿐 아니라 주변국의 잠재적 위협에 대해서도 일정 수준의 대응 능력을 갖추지 않을 수 없는 상황이다. 특히 미사일이나 해공군의 첨단 재래식 전력의 경우 주변국 위협까지 고려한 총체적인 국방력 관점에서 남북 간 군축에 접근해야 한다. 즉, 한반도의 군비통제는 미래의 잠재적 위협(주변국)에 대한 억제와 대응, 국가 위상에 부합하는 국제적 안보 소요 등을 종합적으로 고려해야 하는 중층적 접근이 필요할 것이다.

Ⅳ. 한반도 군비통제 추진 방향

1 스톡홀름 협약 수준으로 운용적 군비통제 심화

현재 9.19 군사합의가 군사분계선 일대에 대해서만 구체적 규정을 두고 있는 한계가 있음은 앞서 지적한 바와 같다. 일체의 적대적 행위를 금지한다는 포괄적 조항에도 불구하고 그 외 군사 활동에 대한 구체적 합의가 없어서 한미연합훈련이나 북한의 단거리 미사일 발사를 둘러싼 논란도 계속되고 있다. 이 같은 한계를 극복하기 위해 향후 역점을 두어야 할 군비통제 조치는 유럽의 스톡홀름 협약의 사례처럼 장소를 불문하고 일정 규모 이상의 훈련에 대해서는 사전 통보 및 상호 참관을 의무화하는 것을 추진할 필요가 있다. 예를 들어 보병부대는 사단급 이상, 포병·기계화 부대는 여단급 이상을 대상으로 차년도 훈련계획을 미리 상호 통보하는 방안을 고려해 볼 수 있다. 특히 문제가 되는 한미연합훈련에 대해서도 한·미 당국 간 사전 검토를 통해 남북이 합의할 수 있는 기준을 마련하는 것이 필요하다. 또한 현재 9.19 군사합의는 유럽의 초기 신뢰구축 조치인 헬싱키 협약과 마찬가지로 상호검증제도가 미비하다. 스톡홀름 협약 이후 도입된 검증제도는 유럽 군비통제 성공의 주요 요인이라고 평가받아 왔다. 따라서 남북한 간에도 현장 사찰의 민감성을 고려하여 지나치게 침투적인 방식은 피하되 일정 수준의 상호 검증을 통해 남북한 간 군사적 투명성을 높이고 신뢰를 쌓아가는 것이 바람직할 것이다.

한편, 북한의 미사일 발사에 대해서는 유엔 결의안과 연관지어 검토하고 해결해 나가야 하는 문제가 있다. 단거리 미사일이라 할지라도 북한의 탄도미사일 발사는 2006년 이래 유엔 안전보장이사회가 규정한 결의안 위배에 해당한다. 그렇기 때문에 남북한이 단거리 미사일 발사에 대해 사전 통보와 참관 의무를 합의한다는 것은 북한의 탄도미사일 발사를 정당화시켜주는 효과가 있다.[7] 따라서 이 문제는 북한 비핵화 진전과 연동하여 미국을 비롯한 국제사회와 협력하여 단거리 탄도미사일 실험발사를 어떻게 취급할 것인지를 검토할 필요가 있다. ICBM과 달리 2019년 이후 집중적으로 이루어진 북한의 단거리 미사일 실험발사에 대해서는 강력한 대응이 없었고 사실상 묵인에 가깝게 처리되어 왔다. 미국을 비롯한 국제사회 입장에서는 위협인식 면에서 차이가 있기 때문인데, 그럼에도 불구하고 한국의 입장에서는 한반도 전역을 사정거리로 하는 단거리 미사일의 돌발적인 실험발사는 항상 경계와 위협의 대상이 아닐 수 없다. 따라서 현실적 관점에서 단거리 미사일과 중장거리 미사일을 구분해서 대응하는 접근을 고려해 볼 만하다. 향후 남북 간 운용적 군비통제가 좀 더 실효성 있는 조치가 되기 위해서는 부대의 이동과 훈련뿐 아니라 미사일 실험발사를 규제할 수 있는 조치를 운용적 군비통제 차원에서 검토할 필요가 있다.

② 한반도의 전략적 안정성을 유지하는 가운데 과잉 군사력 축소

남북한 간 재래식 군비통제는 무엇보다 한반도의 전략적 안정성을 해치지 않는 방향에서 추진할 필요가 있다. 통상 재래식 군축의 경우 공격형 무기(기동 무기, 전투기, 미사일 등)의 감축에 초점을 맞추게 되나, 이로 인해 오히려 군사적 안정성이 훼손되지 않도록 유의해야 한다. 무엇보다 한반도 군사력 균형의 비대칭성을 고려할 때 남북관계가 크게 개선되지 않는 한 군사적, 정치적인 합의를 이끌어낼 수 있는 '균형적인 감축'은 현실적으로도 쉽지 않을 것으로 예상된다. 북한 입장에서도 대남 억제력의 근간인 장사정포, 단거리 미사일 등을 무력화하는 재배치나 감축은 수용하지 않을 가능성이 크다. 다시 말해 북미 간에 비핵화 협상이 진전된다면 미 본토를 겨냥하는 응징억제 역량은 타협할 여지가 있겠지만 한반도 인근을 대상으로 하는 거부적 억제 능력까지 포기하는 것은 훨씬 어려울 것이다. 따라서 한반도 군사력 균형의 근간인 쌍방 억제를 현실로 인정하고 이에 기반하여 군비통제 방안을 고민할 필요가 있어 보인다.

이런 관점에서 군축을 추진할 경우 가능한 부분은 과잉 억제, 공격 능력의 감축이다. 억제가 한반도 전략균형을 유지시켜 주는 역설적 효과가 있다는 것을 인정한다 하더라도 현재 한·미와 북한이 상대방을 겨냥하고 있는 공격 능력은 과잉 억제에 해당한다고 판단된다.[8] 북한의 경우 현재 핵탄두를 장착한 단거리 전술유도무기까지 보유할 정도로 핵 능력이 고도화 되었으나, 핵무장 이전에도 북한은 한국이 감당할 수 없는 수준의 보복 능력을 보유하고 있었다. 최근 개발한 초대형 방사포를 감안하지 않더라도 북한은 이미 수도권을 대량 집중 타격할 수 있는 300여 문의 170밀리미터 자주포와 240밀리미터 방사포를 보유한 지 오래이며, 800기가 넘는 탄도미사일, 그리고 2,500~5,000톤에 이르는 각종 화학무기를 갖고 있다. 한미연합전력도 북한의 전면적인 도발을 억제할 수 있는 충분한 보복능력을 갖추고 있다. 한국군 전력만 따져도 야포와 다련장 5,300문, 전투함 140여 척, 전투기 460여 대 등의 보복 능력을 보유하고 있고 여기에 주한미군 전력과 미 증원전력이 가세한다면 북한정권의 생존을 위협할 수 있는 능력을 충분히 갖추고 있다. 억제는 필요하지만 군사력의 과잉과 포화상태는 불필요하고 위험하다. 관건은 남북한이 어느 정도의 군사력을 충분한 억제력 수준이라고 판단하는가에 있다. 고르바초프 등장으로 소련의 지도부가 방어충분성defensive sufficiency 개념에 입각하여 필요 이상의 군사력은 국가안보에 도움이 되지 않는다는 사고의 전환을 이루어 냈듯이 남북한 간에도 과잉 억제와 잉여 군사력이라는 측면을 고려할 필요가 있다. 억제 이론의 관점에서 본다면 상대보다 우위에 서려는 확전 우세escalation dominance가 아니라 쌍방 억제를 수용하는 확전통제escalation control의 관점에서 군사력 건설과 교리의 선택을 한다는 것을 뜻한다.

3 한반도 평화체제 구축 시 도래할 남북공동안보 시대를 지향하는 군축 추진

남북한 재래식 군축은 북한 비핵화 진전과 일정 정도 연계하여 추진하는 것이 불가피하다. 북한 비핵화가 진전되지 않은 상황에서 한국군의 재래식 능력을 감축한다는 것은 군사적·정치적으로 수용이 곤란할 것이다. 북한 입장에서도 비핵화 과정 중에 재래식 군축에 적극적으로 나서지 않을 것이며, 만약 재래식 군축의 압박이 크다면 오히려 비핵화에 소극적으로 나오는 부정적 효과도 존재한다. 한편 북한 비핵화 수준에 맞추어 남북 간 군축을 추진할 경우 중요한 것은 미래 남북의 군사력은 한반도를 공동 이해 주체로 하는 공동안보의 협력 구조로 전환되어야 한다는 점이다. 남북한은 주변국의 위협을 억지하고 국지적 분쟁 시 상황을 주도적으로 통제하고 확전을 방지할 수 있는 능력을 구비해야 할 것이다. 따라서 바로 이런 시대를 내다보는 거시전략적 안목에서 군비축소의 항목과 수준을 조절해 나갈 필요가 있다.

군비통제 방식과 관련해서는 반드시 쌍무적 협상에 의존할 필요 없이 사안에 따라서는 한국의 일방적 조치로 선도해 나가는 방식도 고려해야 한다. 앞서 언급한 대로 한반도 군비통제는 다층적인 비대칭성과 비핵화 과정, 그리고 주변국 위협이라는 복합적 요소가 내재되어 있어 북한과 쌍무적 협상을 통해 합의를 이끌어내는 것이 상당히 어려울 것으로 전망된다. 따라서 병력감축, 전력증강 규모와 방향 조정 등을 적극 검토하되 이를 불확실한 남북 군축협상과 국내적 논란에 종속시키기보다는 한국군의 군 현대화와 정예화 차원에서 추진할 수도 있을 것이다. 병력 감축 등을 남북 군축의 어젠다로 접근할 경우 군축 협상이 교착되어 한국군이 필요로 하는 정예화, 첨단화를 추진하지 못하는 상황도 발생할 수 있기 때문이다. 즉, 남북 군축의 틀이 아닌 한국군 자체의 필요에 따라 병력 감축, 일부 장비 폐기, 전력 증강 방향 조정 등을 적극 추진하는 것이 바람직할 수 있다는 뜻이다. 또한 한국의 선도적 감군이 있을 경우 북한도 자체 필요(대군 유지에 따른 경제적 부담 등)에 따라 병력 감축 등 호응이 있을 수 있다고 판단된다. 다시 말해 운용적 군비통제는 남북한 합의를 이루어 내는 것이 바람직하지만 구조적 군비통제의 경우 사안별로는 쌍무적, 일방적 접근을 유연하게 혼용할 필요가 있을 것이다.

〈주〉

1) 이상철, 〈CSCE를 통한 유럽 군비통제의 교훈〉, 《한반도 군비통제 8》 (1992); 한용섭, 《한반도 평화와 군비통제》, (박영사, 2004)

2) 한용섭(2004), pp. 378-379.

3) 한용섭(2004), p. 405.

4) 황일도, 〈냉전기 군비통제체제의 한반도·동북아 적용 가능성〉, 정책연구시리즈 2019-12, (국립외교원 외교안보연구소, 2019), p. 36.

5) 한용섭(2004), p. 406.

6) 황일도(2019), p. 36.

7) 황일도(2019), pp. 40-41.

8) 김정섭, 〈한반도 확장억제의 재조명: 핵우산의 한계와 재래식 억제의 모색〉, 국가전략 제21권 2호(2015), pp. 18-19.

17장

평화경제 활성화 방안

최지영

I. 들어가며

'평화경제'라는 용어는 그 관계를 정의하기 어려운 두 단어, '평화'와 '경제'의 조합으로 이루어져 있다. '평화'와 '경제'의 관계에 대한 논의는 칸트의 영구평화론에서부터 케인즈의 '평화의 경제적 결과'에 이르기까지 오래전부터 이루어진 것이지만, 이에 대해서 일치된 견해, 즉 합의 consensus가 있다고 보기는 어렵다.

 한반도에서 '평화경제'는 남북경제협력과 평화 조성에 대한 논의를 의미한다. 상호관계가 복잡한 '평화'와 '경제'를 단순 조합한 것처럼 보이기는 하지만, 한반도에서 평화와 경제의 관계에 대한 논의 자체가 단순한 상태에 머물러 있었던 것은 아니다. 초기의 '경제평화론'은 경제협력으로 평화를 견인하겠다는 일방향적인 접근에 초점을 맞추고 있었으나, 이는 한반도의 특수성에 보다 주목한 논의인 '평화와 경제의 선순환론'으로 발전하였다. 또한, 남북경협의 정체와 중단을 경험한 이후, 초기조건으로서의 평화가 취약한 상태에서 '선순환'이 작동하기 어렵다는 현실인식은 '평화경제론'으로 귀결되었다.[1] 이와 같이, 한반도 평화경제에 대

313

한 논의는 남북관계의 특수성, 남북한의 경제적 여건, 당시의 한반도 상황을 반영하여 심화되어 왔다. 그럼에도 불구하고, 현재 한반도에서 평화경제를 어떻게 실현하고, 활성화할 것인가에 대한 논의를 시작하기란 매우 어렵다. 남북경협의 정체와 중단 경험으로 인해 한반도에서 '평화'와 '경제'의 선순환 가능성에 대한 회의적인 시각이 팽배해 있으며, 국제사회의 대북제재와 북한의 폐쇄적인 정책 대응도 경협 재개 가능성을 어렵게 하고 있기 때문이다.

비단, 한반도에서뿐만 아니라 평화가 경제협력을 촉진하는가, 혹은 경제협력이 평화 조성에 기여하는가에 대한 견해들도 일치하지 않는다. 이론적인 차원에서뿐만 아니라 실증적인 차원에서도 여러 국가들을 대상으로 한 분석들은 다양한 결과를 보여준다. 이와 같이, 평화와 경제의 관계를 일률적으로 설명하기 어려운 것은 각국이 처한 정치적, 경제적 여건이 상이하기 때문일 것이다. 분단국이라고 하더라도, 중국과 대만의 관계와 동독과 서독의 관계, 남한과 북한의 관계가 같지 않은 것처럼 말이다.

평화와 경제의 관계가 일률적이지 않다면, 어떠한 조건에서 둘 간의 상호적 효과가 발생하는지를 살펴볼 필요가 있다. 이 글에서는 우선, 경제적 상호의존이 평화 조성에 기여한다는 자본주의 평화론이 지난 남북경협에서 제대로 작동하지 않은 원인들을 되짚고, 앞으로 한반도 평화경제 활성화에 필요한 조건들을 살펴보고자 한다.

Ⅱ. 경제적 상호의존과 평화

인간과 인간이, 국가와 국가가 경제적으로 서로 의존하려고 하는 이유는 물질적 풍요를 위해서이다. 경제학의 아버지라고 불리는 아담 스미스는 핀 공장에서 '노동의 상호의존'이 가져오는 놀라운 생산성의 증가를 발견했다. 인간이 가지고 있는 자원과 시간은 유한하다. 그 자원과 시간을 효율적으로 활용하여, 최대한의 물질적 풍요를 누리기 위한 방법이 바로 분업이다. 핀 공장의 노동 분업은 250년 이후 국제적 분업 구조로 발전하였다. 각 국가의 생산요소들은 긴밀하게 연결되어 생산과정에 투입되며, 이렇게 생산된 상품들은 한 국가에만 머무르지 않는다. 끊임없이 이윤을 추구하는 자본이 국경을 넘나들기 시작한 지 이미 오래이고, 생산은 전 세계를 아우르는 가치 사슬value chain에 묶여 있다. 코로나19 팬데믹으로 한 국가의 생산이 정체되거나, 물류의 이동이 통제됨으로써 발생하는 파급효과가 얼마나 대단한지 우리는 이미 목도하였다.

경제적 번영을 위해 국가간 상호의존도를 증진시키는 과정은 평화롭기만 했던가? 그렇지 않다. 산업혁명과 자본주의를 먼저 시작한 국가들은 저렴한 생산요소를 찾아 식민지에 눈을 돌렸으며, 이로부터 노동력과 원자재를 수탈하는 일방적인 방식의 경제적 의존이 시작되었다. 자국의 경제적 이익을 더 확보하기 위한 경쟁은 세계대전으로 귀결되기도 했다.

경제적 상호의존이 평화 조성에 기여한다는 논의는 '자본주의 평화론'에 기초해 있다. 이는 국가간 분쟁을 제약하는 요인이 무엇인가에 대해서는 대립하는 두 가지 견해 가운데 하나이다. 민주주의 평화론은 개인의 정치적 자유가 보장되는 민주주의 국가에서는 전쟁을 결정하거나 지속하는 데 있어 국민의 지지가 필요하기 때문에, 체제의 특성이 전쟁 발발의 제도적 제약으로 작용할 수 있다고 주장한다. 반면, 자본주의 평화론은 전쟁 발발에 따라 경제적 상호의존이 축소될 경우 발생하는 기회비용이 전쟁을 제약하는 요인이 될 수 있다고 본다.

자본주의 평화론, 즉 평화-경제의 관계가 성립하는가에 대해서도 논쟁이 있다. 세계대전의 발발이 자본주의 평화론의 설명력을 약화시킨다는 주장도 있으나, 그렇지 않다는 주장도 있다. Weede(2005)에 따르면, 제2차 세계대전은 양측의 경제적 상호의존도가 크게 낮아진 상황에서 발생했고, 제1차 세계대전도 제국주의 국가들 간의 경제적 상호의존도가 정체되던 상황에서 발발했다.[2] 오히려, 그 이후 유럽연합의 형성과 진전, 냉전체제의 해체는 자본주의 평화론에 대한 기대를 높이는 계기가 되었다. 교통과 통신의 발전, 기술혁신이 뒷받침된 세계화의 진전도 이러한 변화와 맞물렸다. 전쟁 자원으로 활용되는 석탄과 철강을 공동으로 통제하고 관리함으로써 평화를 유지하고, 경제적 이익을 공유하자는 데서 출발한 유럽석탄철강공동체ECSC는 출범한 지 43년 만에 유럽연합EU으로 확대되었다. 유럽연합의 형성은 그 자체가 경제적 상호의존도가 진전되는 과정이다. 전략자원의 공동 이용은 공동시장으로 발전하였으며, 통화 통합을 이루는 데까지 진전되었다. 특히, 2004년에는 중동부 유럽의 구사회주의 체제전환국가들까지 유럽연합에 편입되면서, 시장경제체제를 토대로 한 국가들 간의 경제적 상호의존은 더욱 확대되었다.

물론, 경제적 상호의존도의 제고가 국가간 갈등을 완전히 해소하지는 못한다. 국제분업을 통해 절대적인 효용의 크기가 증가한다고 하더라도, 이를 배분하는 과정에 모든 참여자가 만족하는 것은 아니기 때문이다. 이익의 상대적 크기에 따른 불만이 발생할 수도 있고, 통합 과정에서 오히려 손해를 보는 계층이나 지역도 생길 수 있다. 브렉시트나 미·중 무역갈등은 국가간 경제적 상호의존도가 증가하는 과정에서 발생하는 국가내 갈등, 국가간 갈등을 잘 보여준다. 국민투표를 통해 유럽연합을 탈퇴하기로 결정하였으나, 영국 내에서도 브렉시트에 대한 찬성과 반대는 지역별로, 세대별로, 소득계층별로 비교적 선명하게 나뉘었다. 지역별로는 과거 산업도시로 번창하다가 쇠퇴한 도시들에서, 세대별로는 50세 이상 기성세대들이, 소득계층별로는 저소득층에서 EU 탈퇴에 대한 지지가 높았다.³ 경제통합에 따른 이익은 지역별·세대별·소득계층별로 다를 수 있다. 우리나라도 FTA를 체결할 때마다, 이에 대한 찬반이 갈리곤 했다. 이러한 갈등을 축소하기 위해서는 이익을 재배분하여 공유하는 정책이, 특히 손실을 입은 경제주체에 대한 보상정책이 적절하게 이루어질 필요가 있다. 따라서, 브렉시트라는 정치적 결정에 다수가 동의한 것은 이러한 정책들이 미흡했던 결과라고 볼 수 있다. 미·중 무역갈등도 마찬가지이다. 미국 선거에서 중국과의 통상 이슈는 유권자들의 정치적 결정에 영향을 미치는 중요한 요인이 되었다. 선행연구에 따르면, 미·중 무역경쟁의 심화는 미국 정치의 양극화에 영향을 미친 것으로 나타난다. 수입경쟁에 상대적으로 더 노출된 지역, 즉 산업에 침투한 대중수입이 큰 지역일수록 정치적 양극화는 더 심화되는 것으로 나타났다.⁴ 일반적으로 저임금 국가로부터의 수입 증가는 선진국의 노동집약적 제조업에 타격을 준다. 이러한 산업의 비중이 높은 지역, 그 지역의 인구통계학적 구조가 세대별, 인종별, 계층별, 지역별로 어떠한가에 따라 대중 통상정책에 대한 찬반이 달라지는 것이다.

그럼에도 불구하고, 브렉시트와 미·중 무역갈등에 대한 논의는 통상정책에 대한 찬반일 뿐, 이것이 군사적 분쟁에 대한 동의나 지지로 이어지기는 쉽지 않다. 글로벌 가치 사슬로 복잡하게 얽힌 국제분업구조에서 군사적 분쟁이 야기하는 기회비용의 크기 자체가 달라졌기 때문이다. 이는 냉전체제 해체 이후 국가간 전쟁inter-state war은 감소하고 있다는 데서도 확인할 수 있다. 오늘날 군사적 분쟁armed conflict의 대부분은 내전internal armed conflict이나 국제화된 내전internationalized internal armed conflict이 차지하고 있다.⁵ 이마저도 산업화가 진전된 국가들에서는 거의 발생하지 않는다. 국민경제가 이미 글로벌 가치 사슬에 깊이 편입되어 있는 국가들은 내전이든 국가간 전쟁이든 군사적 분쟁에 따른 기회비용이 훨씬 더 크기 때문이다.

　지난 30여 년간 지속되었던 남북경협의 시도는 유럽의 공동체 형성을 모델로 한 것이다. 비정치적 차원의 교류협력으로부터 발생하는 확산효과가 평화 조성과 정치적 통합에 긍정적으로 작용할 것이라는 기능주의적 접근은 우리 정부의 공식통일방안인 민족공동체통일방안에 영향을 미쳤으며, 이는 여러 형태의 남북협력사업으로 구체화되었다. 남북교역, 개성공업지구 가동은 경제적 상호의존 확대의 평화 증진 효과를, 금강산 관광사업은 관광을 통한 평화 조성 효과를 기대한 사업들이다. 2000년대 초중반 금강산 관광사업이 안정화되고, 개성공업지구의 가동도 시작되는 등 남북경협이 활성화되면서, 경제협력의 확산효과가 부분적으로 확인되기도 했다. 통일연구원의 통일의식조사에 따르면, 통일의 이유를 '경제적인 측면'에서 찾는 비중은 1994년에는 13퍼센트에 불과하였으나, 2003년과 2005년에는 각각 29.5퍼센트, 27.9퍼센트로 큰 폭으로 상승했다.[6] 금강산 관광객들을 대상으로 실시된 조사들도 관광 협력이 북한이나 통일에 대한 인식에 긍정적인 영향을 미친다는 것을 보여준다.[7] 이렇듯, 통일인식의 변화는 남북경협의 활성화가 한반도 평화를 증진시키는 효과가 있음을 보여주기도 한다.

　그럼에도 불구하고, 남북경협이 차례차례 중단된 과정은 경제협력의 확대가 궁극적으로 한반도의 군사적 긴장을 완화하는 데 실패했음을 보여준다. 유럽의 공동체 형성 과정은 경제통합의 한 사례일 수 있으며, 이를 일반화하여 한반도에 적용하는 것이 적합하지 않을 수도 있다. 유럽의 단계적인 경제통합은 시장경제체제를 갖춘 국가들, 그리고 비교적 소득 격차가 확대되지 않은 국가들 간에 이루어진 것으로, 남북한의 경제통합에는 적합하지 않을 수도 있다. 그러나, 유럽 통합의 예외성을 인정하기에 앞서, 기존의 남북경협은 과연 자본주의 평화론의 접근에 부합하는 것이었는지 살펴볼 필요가 있다. 자본주의 평화론의 핵심은 경제적 상호의존이 끊어짐으로 인하여 발생하는 기회비용이 국가 간 갈등을 축소한다는 데 있다. 그렇다면, 지난 30여 년의 남북경협은 남북한의 경제적 상호의존을 얼마나 확대시켰는가? 결론부터 말하자면, 남북경협의 중단에 따른 기회비용은 남한과 북한 모두에게 의미 있는 경제적 충격이라고 보기 어렵다. 우선, 남북한의 경제적 격차로 인해, 남북경협의 규모는 남한 경제의 총교역 규모에서 미미한 비중을 차지한다. 기존의 경제협력 사업에 관여한 대북사업자, 현대아산과 한국관광공사, 개성공업지구 입주 기업들에게는 상당한 손실이었을 수 있지만, 국민경제 수준에서 경협 중단이 큰 충격이었다고 보기는 어렵다.

반면, 북한이 받는 경제적 충격은 남한에 비해서는 훨씬 크다. 북한은 남북교역을 통해서 2~3억 달러의 흑자를, 개성공업지구를 통해서 1억 달러의 임금 수입을 확보하고 있었고, 이것은 북한경제의 규모를 감안할 때 적지 않은 규모이다. 이와 같이, 외화수입의 상실이라는 기회비용이 발생했고, 이것은 우리 정부가 대북제재 조치의 일환으로 경협을 중단시킬 때 의도했던 것이기도 하다. 그러나 남북경협 중단 이후에 나타난 북한의 대외경제정책 변화를 보면, 북한은 남북경협 중단에 따른 경제적 충격을 북중경협 확대로 흡수하고 있다. 남북교역을 중단시켰던 2010년 5.24 조치 이후, 북한은 대중 무연탄 수출을 큰 폭으로 늘리기 시작했다. 연 10억 달러 정도의 무연탄 수출로 얻은 외화수입은 남북교역 중단에 따른 손실을 보상하기에 충분했을 것으로 보인다. 또한, 개성공업지구 폐쇄가 이루어진 직후인 2017~2019년 북한은 북중관광협력을 큰 폭으로 확대시킨 바 있다. 2019년에는 약 30만 명의 중국 관광객이 북한을 방문한 것으로 보인다. 통상 관광객 1인당 북한이 얻는 외화수입을 감안할 때, 북중관광협력은 개성공업지구 폐쇄에 따른 손실을 어느 정도 보상할 수 있는 수준이다.

이처럼 북한이 남북경협 중단에 따른 경제적 충격을 북중경협 확대로 흡수할 수 있었던 것은 기존의 남북경협이 북한경제에 '구조적으로' 연관되어 있지 않았기 때문이다. 위탁가공교역, 개성공업지구와 같은 제조업 부문의 협력 사례의 경우, 북한 대내경제의 생산과정과 거의 연계되어 있다고 보기 어렵다. 기존의 남북경협은 남한이 원자재를 제공하고, 북한은 노동력만 제공하는 형태였으며, 특히 개성공업지구는 분리된 특구에서 이루어진 협력사업이었기 때문이다. 이는, 자립적인 경제구조를 지향하는 북한의 정책 때문이기도 하다. 대북제재 강화 이전 북한의 중간재 수입의존도는 8~12퍼센트 수준으로 비교대상국가들(베트남, 캄보디아)의 절반 수준에 미치지 못하는 수준인 것으로 나타났다.[8] 북한의 대외의존도는 대북제재 강화 이전 양적인 측면에서는 크게 확대되었으나, 구조적인 측면에서 그렇다고 보기는 어려운 것이다.

정리하면, 남북경협은 30여 년 동안 지속되어 왔음에도 불구하고, 경제적 상호의존도는 질적으로 제고되지 않았으며, 이는 경제협력 중단에 따른 기회비용을 축소시켜, 평화를 증진시키는 데 걸림돌로 작용하였다.

또한, 남북경협은 1989년 시작되어, 2016년에 최종 중단되었지만, 각각의 사업의 지속성은 높다고 보기 어렵다. 남북교역은 1989년부터 2010년까지 이루어졌지만, 초기 10년 동안에는 시범적인 형태로 교역 규모가 미미했다. 금강산 관광사업과 개성공업지구의 지속기간도 10년 남짓이다. 유로 통합까지 50년 이상이 소요된 유럽의 경제공동체 형성 과정과 비교하기에 남북경협의 지속성은 너무 짧다.

이처럼, 남북경협의 지속성이 짧은 것은 '정경분리 접근'이 지켜지지 않았기 때문이다. 정경분리 접근은 안보 문제와 경제 문제를 분리하여, 대등하게 접근하자는 것으로 최소한의 경제적 상호의존을 '관여'라는 차원에서 유지하자는 취지이다. 남북경협에 정경분리 원칙을 적용하자는 제안들은 동독과 서독, 중국과 대만과 같은 분단국들의 경제교류 경험에 기초한 것이기도 했다. 분단국들의 경제교류 경험은 경제협력이 정치군사적 갈등을 근본적으로 해소하지는 못하더라도, 경제적 관여가 서로에 대한 영향력을 유지하는 계기가 될 수 있다는 것을 잘 보여준다. 내독교역은 동독의 대 서독 경제적 의존도를 높이는 방향으로 이루어졌고, 이는 소련을 포함한 사회주의권에 대한 경제적 의존도가 심화되지 않는 데 크게 기여했다.[9] 분단국의 경제교류 사례는 남북경협의 중단 이후 북한의 대중국 무역의존도가 90퍼센트를 상회하고 있는 현실과 대비된다. 무역의존도의 측면에서뿐만 아니라, 중국은 북한의 전략자원이라고 할 수 있는 원유, 비료, 식량부족분의 주요 공급국이다. 국제사회의 대북제재 실효성이 중국의 제재 준수 여부에 달려 있는 것은 이와 같이 북한의 대중 경제적 의존도가 상당한 수준이기 때문이다. 우리가 남북경협을 재개하고 활성화해야 하는 이유도 바로 여기에 있다.

Ⅲ. 평화경제 활성화 방안

대북정책의 목적 가운데 하나는 한반도의 평화 정착에 도움이 되는 방향으로 북한의 정책 변화를 유도하는 것이다. 우리가 기대하는 북한의 정책 변화란 비핵화와 개혁개방이다. 남북경협은 북한을 비핵화와 개혁개방으로 유인할 수 있는 실용적 수단일까?

현재와 같이, 국제사회의 대북제재가 지속되고 있는 상황에서 당장 남북경협을 전면 재개하기는 어렵다. 기존의 남북경협 대부분이 유엔안보리 대북제재에 저촉되기 때문이다. 그러나, 대북제재 하에서도 이루어질 수 있는 민생협력들을 시도할 수는 있다. 무엇보다, 민생 문제 해결은 북한당국이 가장 시급하게 해결해야 할 과제이다. 하노이 회담에서 북한은 최종적으로 민생과 관련한 대북제재를 부분적으로 해제해 줄 것을 요구한 바 있다. 현재 대북정책의 목표가 북한을 다시 대화의 장으로 불러들이는 것이라면, 민생 경제의 어려움을 해소할 수 있는 협력방안을 우선적으로 고려할 필요가 있다. 하노이 회담이 결렬되었던 2019년에 비해, 최근 북한경제 상황은 더욱 악화되었다. 대북제재 장기화, 코로나19, 자연재해와 같은 연쇄 충격으로 북한이 다시 인도주의적 위기에 직면할 가능성들이 높아지고 있다. 김정은 위원장 집권 초기부터 경제적 성과를 제시하고 싶어 했던 북한당국의 입장에서는 난처한 상황이 아닐 수 없다. 물론, 2019년 말부터 북한은 '제재와 자력갱생의 대결'을 강조하고 있고, 연일 경제가 어렵다고 하면서도 국제사회의 인도적 협력은 수용하지 않고 있다. 이러한 태도로 미루어 볼 때, 북한은 인도적 협력이라는 임시방편이 아닌 '대북제재 일부 완화'라는 정공법을 선택한 것으로 보인다. 실제로, 대북제재하에서 북한이 경제적으로 발전하는 것은 불가능하기 때문이다. 유엔 안보리 대북제재는 북한이 철강, 기계류 등 자본재를 수입하는 것을 금지하고 있고, 수출의 90퍼센트를 차단하고 있다. 중국으로부터의 원유와 비료 공급이 유지된다면, 1990년대 중반과 같은 경제적 위기가 발생할 가능성은 비교적 낮지만, 버티는 것 이상의 경제적 성과를 거두기는 어렵다.

북한을 대화의 장으로 이끌기 위해, 민생 문제의 해결을 위한 방안을 제시하는 것이 필요하다면, 우선 대북제재의 틀을 벗어나지 않으면서, 경제적으로 관여할 수 있는 방안을 고려해야 한다. 우리 정부가 제시했던 작은 교역과 개별관광은 현재의 대북제재 상황을 고려하여 제시된 남북경협사업이다. 작은 교역은 제재에 저촉되지 않는 반출입 품목을 선정하거나 인도적 성격의 물품들을 주요 반출 품목으로 선정하는 등 가능한 방향을 검토할 필요가 있다. 개별관광도 이산가족을 중심으로 하는 인도적 목적의 사업이나, 문화·학술 행사와 같이 비상업적인 성격의 교류협력 형식으로 시도해 볼 수도 있을 것이다. 이와 같이 시범적인 형태의 작은 교역과 개별 관광은 대규모 현금이 유입되는 것이 아니기 때문에, 대북제재의 틀 내에서도 비교적 가능성이 있다고 볼 수 있다. 코로나19 팬데믹으로 북한당국이 국경을 봉쇄하기 전까지, 대북제재 강화에도 불구하고 북중교역은 제재외 품목, 특히 원자재와 소비재 수입을 중심으로 유지되었고, 북한을 방문하는 중국 관광객 숫자도 큰 폭으로 증가한 바 있다. 지난 남북경협도 시범적 차원에서 이루어진 작은 규모의 사업이 점차 확대되는 과정이었으며, 이를 통해 남북 간 대화채널을 유지하고 남북한 구성원들 간의 접촉의 기회를 확대할 수 있었다. 1998년 시작된 금강산 관광은 시범 관광으로 시작하였으나, 10년 동안 금강산 관광객의 누적규모가 193만 명으로 확대되었으며, 남북경협의 형태는 개성공업지구 가동으로 확장되기도 했다.

비핵·평화 협상의 진전에 따라 대북제재가 일부 완화되거나 해제될 경우, 작은 교역은 점차 품목을 늘려 일반 교역으로 확대하고, 시범관광 성격의 개별 관광도 정례 관광을 확대할 수 있으며 개성공업지구의 재가동도 준비할 수 있을 것이다.

그러나 남북경협이 지속가능한 형태로 발전하는 것은 단지 '경제의 영역'에서만 가능한 것이 아니다. 평화와 경제의 관계는 일률적이지 않다. 특히, 경제협력이 평화를 견인하는 효과에 대해서는 논란이 있으나, 평화가 경제협력을 확대시킨다는 데는 대체로 일치된 견해들을 보이고 있다.[10] 굳이 선행연구들을 인용하지 않더라도, 우리는 지난 남북경협의 역사를 통해 초기조건으로서의 평화가 군건하지 않을 때 남북경협이 지속가능한 발전을 이루기 어렵다는 것을 경험했다. '평화의 최우선 추구',

'흔들리지 않는 평화'를 강조하는 현 정부의 인식은 이러한 경험에 기초하고 있다. '흔들리지 않는 평화'를 만드는 것은 '정치의 영역'이라면, 남북경협이 지속가능한 형태로 발전하도록 설계하는 것은 '경제의 영역'이다.[11] 국가간 평화-경제의 선순환이 작동하기 위해서는 경제적 상호의존 관계에 대한 만족도가 높아야 한다. 브렉시트나 미·중 무역분쟁에서 보듯이, 경제협력이 확대된다고 해서 무조건 평화가 유지되는 것은 아니기 때문이다. 초기조건으로서의 평화가 조성된 이후, 남북경협이 지속가능한 형태로 발전하기 위해 고려해야 할 사항은 다음과 같다. 첫째, 남북경협의 제도화 수준 제고, 둘째, 남북경협 사업의 여건과 경제성에 대한 충분한 검토, 셋째, 남북한 산업의 상호의존도 제고, 넷째, 다양한 가치의 상호연결성을 확보할 필요가 있다.

경제협력의 제도화는 사업의 효율성을 제고한다는 차원에서 주로 논의되었지만, 거래의 불확실성을 줄임으로써 경협 참여자들을 확대하고, 남북한 교역 당사자들 간의 갈등을 줄이는 데 기여한다는 측면에서도 중요하다. 계약을 강제하는 제도화는 거래로부터 발생할 수 있는 위험과 이익에 대한 불확실성을 줄이는 효과가 있다. 또한, 이익의 배분 과정을 비교적 투명하게 만드는 장치이기도 하다.

다음으로, 남북경협 사업의 여건과 경제성에 대한 충분한 검토가 필요하다. 남북경협이 활성화될 경우, 개성공업지구가 재가동되거나 이와 유사한 경제특구가 확대될 가능성이 높다. 추가적인 경제특구를 조성할 경우, 해당 지역의 인력수급 여건, 입주기업의 업종 등을 북한당국과 충분히 협의할 필요가 있다. 개성공업지구의 경우 개성시의 인력수급 여건이 입주기업의 인력수요에 못 미쳐, 만성적인 인력부족이 발생한 바 있다. 이는 개성시의 도시화 수준, 경제활동참가율, 유휴노동력 수준을 사전에 충분히 검토하지 못하고, 노동집약적인 제조업을 우선적으로 배치했기 때문에 발생한 결과이다.[12] 물론, 북한 내부의 상세한 정보를 공개하기를 꺼려하는 북한당국의 미온적 태도는 경협 활성화를 어렵게 하는 요인중의 하나였다. 그럼에도 불구하고, 경협사업의 여건에 대한 충분한 검토 없이 사업이 진행되었을 경우, 이는 도리어 사업의 지속가능한 발전을 가로막고, 남북 간 갈등을 증폭시키는 요인으로 작용한다. 지난 경협사업의 경험을 교훈 삼아, 앞으로 남북경협이 재개될 경우, 각 사업의 여건과 경제성을 사전에 면밀히 검토할 필요가 있다.

셋째, 남북경협은 남북한 산업의 상호보완성을 확대하는 방향으로 이루어질 필요가 있다. 남북한은 소득 격차가 이미 큰 폭으로 확대되어 있을 뿐만 아니라 산업구조 또한 비대칭적이다. 북한은 농림어업, 광업의 비중이 전 산업의 1/3을 차지하는 전형적인 저소득국의 산업구조를 갖추고 있지만, 남한은 서비스업의 비중이 60퍼센트에 달한다. 이와 같이 비대칭적인 산업구조는 남한과 북한의 비교우위가 각각 뚜렷하다는 것을 의미하는데, 이를 경제협력의 기회 요인으로 활용할 필요가 있다. 또한, 전체 산업구조의 측면에서뿐만 아니라, 다양한 이해관계자들이 참여하는 방향으로 경제적 상호의존을 확대할 필요가 있다. 예를 들어, 기존 남북협력은 남한이 원자재와 자본재를 제공하고, 북한은 노동력만 제공하는 방식으로 이루어졌다. 북한지역으로부터 원자재나 소비재를 공급받거나, 남북한이 합작하는 방식으로 경협의 형태를 확대할 필요가 있다. 북한지역에서 생산된 원자재와 소비재를 소비하는 것은 북한경제의 남북경협에 대한 관여를 높인다는 의미가 있다. 이를 공급하는 북한의 생산자들이 남북경협과 연관되는 의미가 있기 때문이다. 남북한의 합작 사업을 늘리는 것도 같은 이유에서 의미가 있다. 북한경제의 남북경협에 대한 관여가 높아진다는 것은 분쟁에 따르는 기회비용이 상승하는 것을 의미한다. 이는 결과적으로 한반도의 평화조성에 기여할 것이다. 또한,

남북경협으로 북한의 산업화를 촉진하여 경제발전을 견인하고, 남북한 소득격차의 축소를 통해 통일비용을 축소하는 데서도 그 의미를 찾을 수 있다.

마지막으로 남북경협은 비단 경제적 이익을 확보하는 데 그치는 것이 아니라, 다양한 분야의 가치들과 상호 연결될 필요가 있다. 남북한의 교류협력은 그 구성원들이 공감할 수 있는 다양한 가치들을 추구하는 방향으로 이루어질 필요가 있다. 남북경협의 추진도 단순히 경제적 이익을 확보하는 데 그치는 것이 아니라, 보건, 생태, 교육, 문화적 가치들로 확산되는 방향에서 이루어질 필요가 있다. 코로나19 팬데믹 직후, 방역물품의 공동 생산을 위해 개성공업지구를 재가동하자는 의견이 제안된 적이 있다. 물론 이러한 제안이 구체화되기 위해서는 현실성에 대한 검토가 선행되어야 하겠지만, 이는 남북경협이 남북한 구성원들의 생명 보호라는 가치에 기여하게 되는 바람직한 상호연결성이라고 할 수 있다. DMZ 생태·평화관광 제안도 바람직한 사례라 볼 수 있다. 이러한 접근은 경제협력이 단순히 경제적 이익을 추구하는 데서 그치는 것이 아니라, 다양한 분야에 영향을 미칠 가능성을 발견한 것이라고도 볼 수 있다. 경제적 발전을 다양한 보편 가치와 연결시키는 것은 국제사회가 지향하는 발전의 방향이기도 하다. 유엔의 지속가능한 발전은 빈곤감소, 경제성장이 인간안보와 관련된 다양한 가치들과 연결되어 있다는 것을 강조한다. 남북교류협력도 개별 사업의 목표에 그치는 것이 아니라, 남북한 주민들이 공감하는 보편적 가치들을 상호 연결하는 방향으로 이루어질 필요가 있다.

Ⅳ. 나가며

우리 사회에서 남북경협은 첨예하게 찬반이 대립되는 이슈 가운데 하나이다. 남북경협도 FTA(자유무역협정)이나 TPP(환태평양 경제동반자협정)과 같은 경제통합의 일환이지만, 이에 대한 찬반이 갈리는 것은 경제적 이익 때문이라기보다, 대북인식의 차이 때문인 것으로 보인다. 남북경협의 규모는 우리나라의 전체 교역에서 차지하는 비중이 미미한 수준이며, 우리 국민 대부분의 경제적 이익과 크게 상관이 없다. 우리나라의 전체 무역규모는 약 1조 달러로, 남북경협이 최대치를 기록했던 2016년(33억 달러)를 기준으로 비교했을 때, 전체 무역에서 차지하는 비중은 0.3퍼센트에 불과하다. 남북경협으로부터 북한이 얻은 이익도 남북교역 흑자 연 2~3억 달러, 개성공업지구 임금수입 연 1억달러 정도로, 교역규모를 감안했을 때 크지 않다. 뿐만 아니라, 남북경협으로 북한이 얻은 이익은 상업적 거래에 따른 것으로, 남북경협에 참여한 우리나라의 대북사업자들의 이익도 같이 고려해야 한다. 대북 인도적 지원만 하더라도, 1995~2020년 무상지원 금액은 정부와 민간을 합쳐 평균 8800만 달러이다. 2020년 우리나라가 저소득 개발도상국에 공여한 ODA 규모가 22.5억 달러였다는 점을 감안했을 때, 대북 인도적 지원의 규모가 크다고 보기 어렵다. 이와 같이, 우리 경제는 이미 선진국 수준에 도달하였기 때문에, 북한에 대한 경제적 관여를 높이는 데 많은 비용이 소요되지 않는다.

　그럼에도 불구하고, 남북경협이 소모적인 '퍼주기' 논쟁으로 귀결되곤 하는 것은 남북 간 군사적 긴장으로 부정적인 대북 인식이 누적되었기 때문이다. 북한의 정책에 대한 실망과 경협의 효과에 대한 불신은 서로 뒤엉킨 것으로 볼 수 있는데, 경협의 비용과 이익에 대해서는 보다 객관적이고 합리적으로 접근할 필요가 있다. 우리 경제에 큰 부담이 되지 않는 비용을 치르고 북한의 정책 변화를 유도할 수 있다면, 남북경협은 실용적인 대북 관여 수단이다. 따라서 최소한의 정경분리 접근은 유지한다는 원칙, 예컨대 민생과 관련한 교역이나 협력에 대해서는 민간 사업자의 의견을 존중하여 정치군사적 갈등과 무관하게 지속한다는 원칙을 고려할 필요가 있다.

한편, 남북경협의 경제적 효과를 지나치게 과대평가하는 접근도 지양해야 한다. 남북한의 경제적 격차를 감안할 때, 남북경협의 규모가 확대되는 데는 긴 시간이 소요될 수밖에 없고, 남북한의 경제적 이익이 기계적으로 균형을 이루기도 어렵다. 여러 남북경협에 대한 구상들도 아직은 구체화되지 않았기 때문에, 면밀한 경제적 분석이 이루어지기도 어렵다. 그럼에도 불구하고, 남북경협의 경제적 효과를 지나치게 부각하는 것은 오히려 경협정책의 성과에 대한 불만족으로 이어질 우려가 있다.

남북경협을 통한 이익은 초기에는 개별 사업 자체에서 발생한다기보다, 한반도의 지정학적 리스크를 완화함으로써 얻는 반사 이익에 가깝다는 점을 고려할 필요가 있다. 글로벌 공급망을 안정적으로 유지하는 것은 국민 경제뿐만 아니라 국가안보 차원에서도 갈수록 그 중요성이 높아지고 있다. 안정적인 남북경협으로 한반도 리스크가 해소된다면, 우리 경제가 얻는 반사 이익은 예상보다 훨씬 높아질 수 있다. 또한, 장기적으로 북한경제가 성장하고 남북경협의 규모가 증가하게 되면, 개별 사업으로부터 발생하는 경제적 이익의 규모도 확대될 것이다.

무엇보다, 국가간 경제적 상호의존에 대한 논의는 미래지향적인 관점에서 이루어져야 한다. 한반도 평화경제에 대한 논의도 마찬가지이다. 남북경협에 대한 논의는 우리 미래 세대의 안전과 복리를 증진시키기 위해서, 남북한이 어떠한 경제적 관계를 맺는 것이 바람직한가에 대한 질문에서 출발할 필요가 있다.

〈주〉

1) 한반도에서 '평화경제'에 대한 논의는 모두 '평화경제론'으로 불리고 있지만, 조민(2006)의 논의는 자본주의 평화론의 접근을 강조하고 있는 반면, 김연철(2006)은 평화와 경제의 역동적 상호관계를 보다 강조하고 있다. 이를 각각 '경제평화론', '평화경제 선순환론'이라고 한다면, 문재인 정부의 평화경제론은 참여정부의 선순환론을 이어받은 것이지만, 초기조건으로서의 평화를 강조한다는 점에서 '평화경제론'으로 구분할 수 있다. 조민, 〈남북경제공동체 형성의 이론적 틀: 평화경제론〉, KINU 온라인 시리즈 06-03, 통일연구원, (2006). 김연철, 〈한반도 평화경제론: 평화와 경제협력의 선순환〉, 북한연구학회보 제10권 제1호, pp. 51-74.

2) Erich Weede. *Balance of Power, Globalization and the Capitalist Peace*. (Liberal-Verlag, 2005). pp. 37-38.

3) 안병억, 〈브렉시트, 세계화의 종말인가?〉, 《황해문화》, (2016.12) pp. 264-282.

4) David Autor, David Dorn, Gordon Hanson and Kaveh Majlesi, (2020) "Importing Political Polarization? The Electoral Consequences of Rising Trade Exposure," *American Economic Review*, 110-10, (2020) pp. 3139-3183.

5) Thérése Pettersson and Peter Wallensteen, "Armed Conflicts, 1946-2014," *Journal of Peace Research* 52-4 (2015), pp. 536-550.

6) 통일연구원, KINU국민통일여론(1994~2008), https://www.kinu.or.kr/www/jsp/prg/stats/PollList.jsp

7) 금강산 관광객들을 대상으로 한 통일인식 변화를 살펴보면, 전체의 71%가 '긍정적'이라고 답했으며, '부정적'이라는 비중은 1.9%에 그쳤다. 또한, 관광일수가 긴 여행상품을 선택했을 수로 긍정적인 변화 비중이 높은 것으로 나타났다. 이는 관광을 통한 인적 접촉의 긍정적인 영향을 부분적으로 보여준다. 김철원·이태숙, 〈남북관광 협력과 통일인식 변화에 관한 연구-금강산 관광을 중심으로〉, 통일문제연구 2008년 상반기 통권 제49호, (2008) p. 83. 재인용: 이해정, 〈금강산 관광의 의미 재조명〉, (현대경제연구원, 2008)

8) Ji Young Choi, "The Impact of the Reinforced Sanctions on the North Korean Economy: Focused on the Ripple Effects from Trade Shock," *Korean journal of defense analysis* 32.3 (2020) pp. 371-391.

9) 황병덕, 〈분단국 경제교류·협력 비교연구〉, (민족통일연구원, 1998)

10) Keshk et al. (2004), Kim and Rousseau(2005)은 갈등은 무역을 감소시키지만, 무역이 갈등을 감소시키지는 않는다고 주장한다. 즉, 평화는 경제협력을 견인하지만, 경제협력이 반드시 평화를 조성하지는 않는다는 것이다. 반대로, Hegre et al.(2010)은 위 연구들을 확장하여, 무역과 평화의 상호적 효과가 존재함을 실증적으로 보이고 있다. 재인용: 최지영, 〈평화경제전략〉, 《신한반도체제 추진 종합연구(1): 신한반도체제의 개념과 추진전략 V. 신한반도체제 추진전략》, 조한범(편), (경제인문사회연구회, 2020), pp. 86-99.

11) 최지영 (2020), pp. 86-99.

12) 최지영, 〈남북 경제 협력이 인력수요 변화에 미치는 영향〉, 《중장기 인력수급 수정전망 2019-2029》, 김수현 외, 한국고용정보원, (2020) pp. 173-224.

참고문헌

David Autor, David Dorn, Gordon Hanson and Kaveh Majlesi, (2020) "Importing Political Polarization? The Electoral Consequences of Rising Trade Exposure." *American Economic Review*, 110-10, (2020). pp. 3139-3183

Erich Weede. Balance of Power, *Globalization and the Capitalist Peace*. (Liberal-Verlag, 2005). pp. 37-38.

Ji Young Choi, "The Impact of the Reinforced Sanctions on the North Korean Economy: Focused on the Ripple Effects from Trade Shock." *Korean journal of defense analysis* 32-3 (2020). pp. 371-391.

Keshk, Omar MG, Brian M. Pollins, and Rafael Reuveny. "Trade still follows the flag: The primacy of politics in a simultaneous model of interdependence and armed conflict." *The Journal of Politics* 66-4 (2004): 1155-1179; Kim, Hyung Min, and David L. Rousseau. "The classical liberals were half right (or half wrong): New tests of the 'Liberal Peace', 1960-88." *Journal of Peace Research* 42-5 (2005). 523-543; Hegre, Håvard, John R. Oneal, and Bruce Russett. "Trade does promote peace: New simultaneous estimates of the reciprocal effects of trade and conflict." *Journal of Peace Research* 47-6 (2010). 763-774; 재인용: 최지영. 〈평화경제전략〉, 《신한반도체제 추진 종합연구(1): 신한반도체제의 개념과 추진전략 V. 신한반도체제 추진전략》, 조한범(편), 경제인문사회연구회, (2020), pp. 86-99.

Thérése Pettersson and Peter Wallensteen. "Armed Conflicts, 1946-2014." *Journal of Peace Research* 52-4 (2015). pp. 536-550.

김연철. 〈한반도 평화경제론: 평화와 경제협력의 선순환〉, 북한연구학회보 제10권 제1호. pp. 51-74.

김철원·이태숙. 〈남북관광 협력과 통일인식 변화에 관한 연구-금강산 관광을 중심으로〉, 통일문제연구 2008년 상반기 통권 제49호, (2008). p. 83. 재인용: 이해정, 〈금강산 관광의 의미 재조명〉, 현대경제연구원, (2008).

안병억. 〈브렉시트, 세계화의 종말인가?〉, 《황해문화》, (2016.12), pp. 264-282.

조민. 〈남북경제공동체 형성의 이론적 틀: 평화경제론〉, KINU 온라인 시리즈 06-03, 통일연구원, (2006).

최지영. 〈남북 경제 협력이 인력수요 변화에 미치는 영향〉, 《중장기 인력수급 수정전망 2019 -2029》, 김수현 외, 한국고용정보원, (2020).

통일연구원. KINU국민통일여론(1994~2008), https://www.kinu.or.kr/www/jsp/prg/stats/PollList.jsp

황병덕. 〈분단국 경제교류·협력 비교연구〉, 민족통일연구원, (1998).

18장

포스트 코로나19 G-0시대 한국 외교의 대전환

이혜정

Ⅰ. 무엇이 문제인가?

코로나19의 대유행과 기후위기에서부터 미·중의 '패권' 경쟁, 북한 핵문제 등까지 다양한 도전들이 한국 외교의 새로운 전략을 요구하고 있다. 처방은 올바른 진단에 기초하고, 환경에 대한 정확한 이해가 선행되어야 목적과 수단을 효과적으로 결합하는 전략이 가능하다. 미국에 편승할지, 미·중 사이에서 균형외교를 추진할지 등을 따지기 이전에 한국이 처한 도전들의 성격을 따져봐야 하는 이유이다.

　무엇이 문제인가? 현재 국제환경의 특징은 무엇인가? 미·중의 대외정책은 어떤 시대적 인식에 기초하고 있는가? 중국의 시진핑 체제는 1921년 공산당 창당과 중국의 부상을 배경으로 100년 이래 유례없는 국제환경의 변화를 강조한다. 미국 바이든 정부는 민주주의 대 독재의 대립을 강조하며 시진핑의 중국이 기존의 미국 주도 국제질서를 훼손하고 있다고 비판한다. 동시에 "중산층을 위한 외교"의 기치 아래 1980년대 이래 미국이 주도적으로 추진해온, 그리고 기존의 '자유주의 국제질서'의 핵심인 "낙수 경제" 즉, 신자유주의 지구화를 폐기하고, 트럼프의 관세전쟁을 승계하고 미국산 구매 등 보호주의는 강화하면서 노동자-중산층 중심의 경제 재건을 도모하는 경제적 민중-민족주의를 추진하고 있다.

코로나19의 대유행은 이러한 미·중 양국의 전략적 인식을 배태하고 강화한 배경이자, 미·중은 물론 기존의 지구적 거버넌스 체제를 벗어나는 도전들을 노정한 역사적 전환점이다. 전자의 대표적 사례가 (바이든 정부가 상당부분 계승하고 있는) 트럼프의 경제적 민족주의와 대중 강경 노선이라면, 후자의 대표적 사례는 기후변화이다.

기후변화에 따른 생태계 전반의 위기에 대한 경고는 이전부터 존재했다. 하지만 (지구의 면면한 역사에서 인간이 지구를 파괴하는 지질학적 시간대인) "인류세anthropocene"라는 시대 인식이나 통상적인 기업의 ESG 수준을 넘어 "탈-성장de-growth"을 주장하는 급진적인 목소리가 높아진 것은 코로나19의 대유행 속에서 유럽의 홍수와 미국과 호주의 산불 등 유례없는 자연재해가 '선진국'에서도 발생했기 때문이다. 미·중의 갈등이 겹치면서 WHO 등 기존 지구적 보건 거버넌스 체제가 코로나19 대응에 실패한 것과 마찬가지로, 기후변화에 대한 효과적인 지구적, 인류적 대응체계는 갖춰지지 않고 있다. 요란한 수사는 넘쳐나지만, 국가별 해법은 자국의 이해관계를 반영하는 것이고, 그 어떤 국가도 그 해법을 인류 전체에게 강요할 능력을 지니고 있지 않은 것이다.

좀 더 일반화해서 말하자면, 그 어떤 국가도 (자본주의 발전에 따른 경제적 불평등을 해소하고 경제적 효율성의 원천인 기술의 부정적인 효과를 통제하면서 어떻게 성장을 도모할지 등) 현재의 다양한 도전들, 시대적 화두들에 대한 정답을 갖고 있고 않다. 그리고 코로나19 이후의 세계에는 단순히 압도적인 힘이 아니라 강압과 동의를 결합한 리더십으로서의 패권hegemony은 존재하지 않는다. 바이든 정부는 더 이상 트럼프 이전의 '자유주의 국제질서'로의 복귀를 시도하고 있지도 않고, 중국을 자신만의

힘으로 압도할 능력이나 대중국 견제에 동맹들을 일사분란하게 효과적으로 동원할 능력도 지니고 있지 않다.

예를 들어, 바이든 정부는 6월 유럽 순방에서 G-7과 나토 등이 미국의 중국위협 인식에 일정하게 동의하도록 하는 외교적 성과를 거두었지만, 7월 미국을 방문한 독일 메르켈 총리는 러시아 송유관 등에서 양국 이익의 차이를 분명히 했고 유럽 전역을 휩쓴 홍수에 따른 독일의 수재로 급거 귀국해야만 했다. 8월에는 동맹들과의 충분한 상의 없이 바이든 정부가 아프가니스탄에서의 전면적인 철군을 강행하면서 미국인 소개의 난맥상에 대한 국내의 비난은 물론 미국의 일방주의에 대한 유럽동맹들의 비판이 제기되었다. 그리고 최근 중국 견제를 위한 미국, 영국, 호주 삼각동맹AUKUS의 출범은 더욱 강렬한 파열음을 내고 있다. 바이든 정부는 영국과 함께 중국 견제를 위해 호주에 대한 핵잠수함 지원에 나섰고, 호주는 기존의 프랑스제 디젤 잠수함 도입 계획을 취소하였는데 이 과정에서 프랑스는 철저히 배제되었기 때문이다. 미영호의 핵잠수함 기획을 공식 발표 직전에야 통보받은 프랑스는 동맹의 배반을 규탄하면서 미국과 호주 대사를 소환하는 등 강력하게 반발하고 있다.

이러한 현실은 역사적으로 미국에 의존해온 한국 외교의 이념적, 제도적 관성을 깨야 하는 도전을 안겨주는 동시에, 구글에 대한 최근 규제 입법의 사례처럼 한국이 새로운 지구적 거버넌스를 독자적으로 선도할 기회를 제공하기도 한다.

Ⅱ. 코로나19의 '대혼란': G-0시대

강압과 동의를 결합한 패권은 엄밀한 정의와 조작화가 어려운 개념이지만, 미·중 기술 '패권' 경쟁 등에서와 같이 광범위하게 사용되고 있다.

이러한 대중적 용례는 현재 미중관계와 국제환경에 대한 정확한 이해를 방해한다.

카E. H. Carr는 20세기 전반 양차 세계대전 사이의 위기를 다룬 고전적 저작, 《이십년의 위기 *The Twenty Years' Crisis*》에서 국제정치에서 권력의 요소를 세 가지 — 군사력과 경제력, 그리고 여론에 대한 지배 — 로 나누고, 19세기 영국의 국제적 영향력이 영국의 이익과 국제사회의 이익이 자연적으로 합치된다는 이익조화의 원칙에 바탕을 둔 것이었다고 분석했다. 그리고 미국 중심의 서구 국제정치학계에서 패권 논의는 이차대전 직후 미국의 압도적인 힘의 우위가 침식되고 닉슨의 금태환 중지로 달러본위의 브레턴우즈체제가 변화된 1970년대 이후 등장했는데, 그 논의를 주도한 것은 새로운 학제적 분과인 국제정치경제였다. 초기의 대표적 논의는 국제체제의 안정을 도모할 능력을 결여한 영국과 그런 의지를 결여한 미국에 의해 대공황이 초래되었다는 패권안정론이었다. 이후 그람시적인 (강제와 동의의 결합으로서) 헤게모니 개념이 도입되고, 냉전의 종언 이후 단극체제에서는 미국체제의 예외적인 이념적 보편성과 일방주의적 지배를 자제하는 자기규율이 강조되었다.

이들 논의를 종합해보면, 패권은 개별 강대국의 상대적인 힘의 우위, 국제체제의 안정이나 특정한 국제질서를 운영하는 공공재 제공 등의 체제적 능력, 그리고 국제사회 전반의 모델이라는 세 가지 층위 혹은 요소를 지닌 것으로 볼 수 있다. 여기에 카의 고전적 논의를 보태면, 패권은 두 가지 능력, 즉, 군사력과 경제력, 이념을 균형적으로 종합하고 유지하는 능력 및 개별 국가의 패권기획이 자국(민)의 이익일 뿐 아니라 국제사회의 이익이라는 대내외적 이익조화를 대내외적으로 정당화하는 능력에 달렸다.

코로나19의 대유행은 국제질서의 '대혼란 Great Disruption'을 초래하였

고, 이는 패권 부재의 시대를 연 결정적 전환점이었다.[1] 코로나19가 국제
질서에 미친 영향에 대해서는 코로나19 이전과 이후는 전혀 다르다는 입
장과 기존의 구조적 모순들이 증폭되었을 뿐이라는 두 가지 극단적인 입
장이 대립한다. 단속과 연속의 요소가 모두 공존하는 것이 현실에 가까
울 것이다. 물론 코로나19가 모든 변화의 원인은 아니다. 하지만 사회적
거리두기와 대봉쇄the Great Lockdown와 같은 방역의 필요가 2008년 미국
발 금융위기 이후 대침체the Great Recession를 넘어서는, 1930년대 대공황
the Great Depression 이후 최악의 경제 위기를 초래한 역설은 분명 새롭다.
거의 모든 국가들이 기존의 신자유주의 패러다임에서 벗어나 전쟁의 수
사까지 동원하며 확장적인 재정정책을 시행한 점도 그렇다. 또한 코로나
19의 공포가 실제 전쟁보다도 훨씬 더 직접적이고 전면적으로 개인의 일
상을 무너뜨리면서, 다시는 코로나19 이전으로 돌아갈 수 없다는 인식이
광범위하게 퍼진 점도 단속적인 변화이다.

　이와 같은 코로나19 복합위기는 거시적으로 보면 산업화 이후 두 번
째 지구화의 위기이다. 영국이 주도한 첫 번째 지구화는 19세기 후반의
공황과 식민지 확장 경쟁, 1차대전의 위기를 겪다가 대공황과 2차대전으
로 파국을 맞이하였다. 2차대전 이후 미국이 주도한 두 번째 지구화는
무역과 금융, 생산의 전 분야에서 통합이 심화되고 각 분야를 다루는 국
제제도들이 운영되고 있는 점이 가장 큰 특징이다.

　냉전 초기 미국은 대공황의 역사적 교훈을 내장한, 국가의 거시경제
조정 및 복지 제공으로 시장의 논리를 일정하게 제어하는 '내장된 자유
주의embedded liberalism'를 추진하였다. 하지만 1970년대 스태그플레이션
을 거치면서 국가의 보호와 규제 기능을 제거하고 금융 자본을 중심으로
운영되는 신자유주의가 등장하였다. 냉전의 종언 이후 세계경제 운영의
독점권을 지니게 된 미국은 신자유주의 지구화를 전 지구적으로 강력하

게 추진하였다.

군사·경제·이념의 차원에서 미국 패권은 20세기 말 정점에 달했다. 9.11 테러 이후 부시 정부의 일방주의적인 대테러전쟁으로 군사력과 이념적 영향력이 쇠퇴하였고, 신자유주의 지구화의 병폐는 대침체를 초래했고, 이후 미국의 경제력과 자본주의의 모델로서의 영향력 또한 쇠퇴하였다. 대침체는 다시 미국의 경제적, 정치적, 인종적, 이념적 분열을 심화시켜 미국 우선주의의 기치 아래 기존의 패권 엘리트들이 미국인의 이익을 해치는 글로벌리즘을 추구했다고 비판한 트럼프의 집권으로 이어졌다.

트럼프 정부가 미국의 정치적 분열을 심화시키고 2020년 대선국면에서 코로나19 대응에 처참하게 실패한 채 중국과의 체제경쟁으로 선회하면서, 모델로서의 미국 민주주의의 위상은 더욱 추락하고 미국은 물론 중국을 포함하는 국제사회 전반의 새로운 경제적 공존모델을 제공하는 미국 패권의 대내외적 이익조화 기획은 완전히 폐기되었다.

코로나19 복합위기는 인류의 삶의 거의 모든 분야에서 기존의 일정·과정·시스템이 중단·단절·붕괴되는 '대혼란the Great Disruption'의 성격을 지닌다. 대혼란에 따른 변화는 세 가지이다. 블랙홀처럼 모든 이슈를 빨아들이고 중단시키는 '동결', 기존의 추세를 강화하는 '증폭', 그리고 관행이나 예상을 뒤집는 '반전'이 그것들이다.

대혼란에 따른 '반전'으로는 서구 선진국들의 방역 실패가 대표적인 사례이다. 백신개발에서는 이들이 여전히 선구였지만, 특히 미국의 경우 코로나19로 인해서 19세기 내전에서의 사망자 65만 명을 상회하는 사망자를 내면서 평균 수명이 1.5년이나 줄어든 것은 미국뿐 아니라 전 세계의 충격이 아닐 수 없다.

'동결'의 사례는 방역을 위해 대면 기업 활동이나 올림픽, 군사훈련, 선거운동 등이 모두 중단된 것이고, 그 효과는 생명이 이윤이나 국가안보 등 그 어떤 가치보다도 우선하는 가치임을 확인한 것이다. 유엔을 중심으로 국제사회에서 '코로나19 휴전'과 경제제재의 중단 요구가 터져 나왔다. 국가안보가 아니라 시민의 안전을 최우선시하여 군비는 감축하고 보건협력은 물론 기후변화에 대한 투자와 국제적 협력을 촉구하는 목소리가 높아졌다. 산업혁명 이후 서구의 자본주의 문명에 대한 반성, 더 거시적으로 보자면, "인류세"의 인류 문명 자체에 대한 반성이었다.

'증폭'의 대표적 사례는 신자유주의 지구화의 구조적 모순이 심화된 것이다. 그간 신자유주의 지구화는 적어도 지구적 수준에서 절대 빈곤과 국가 간 경제적 격차를 줄이는 효과를 지녔는데, 코로나19의 대혼란은 경제적 불평등의 심화, 기존의 공급망 등 경제적 상호의존의 교란과 함께 국가 간 경제적 격차도 벌리는 '대분기'를 초래했다. 이를 배경으로 신자유주의 지구화에 대한 정치적 반발과 민주주의의 후퇴가 '선진국'을 포함해서 전 지구적으로 나타났고, IMF는 "새로운 브레턴우즈의 순간"이라는 이름으로 세계경제의 운영원리를 새롭게 정립해야 한다고 주창하기도 했다.

경제적 불평등은 성별·인종적 차별 등과 착종되었고, 미국의 경우 저소득 원주민과 흑인 등 계층에서 특히 코로나19의 피해가 심했다. 백인 경찰의 무릎에 깔려죽은 흑인 용의자 조지 플로이드의 사망 이후 미국 전역을 휩쓴 '흑인 목숨은 소중하다BLM'는 반인종주의 운동 역시 코로나19의 대혼란이 기존의 복합적 차별 구조를 증폭시킨 사례라 할 것이다. BLM이 미국 내전의 남부 지도자들과 윌슨 대통령의 인종주의, 유럽 제국주의에 대한 역사 청산 운동으로까지 번진 점을 고려하면, '증폭'의 역사적 자장은 19세기 서구 제국주의 전반으로 향한 것이었다.

한편, 코로나19의 대혼란을 배경으로 트럼프 정부는 중국과의 갈등을 기존의 남중국해 군사화와 관세전쟁 등의 분야에서 중국의 공산당지배

체제와 공급망, 중국 유학생들의 미국 과학기술 접근 등에까지 전 방위적으로 확대했다. 이에 따라 양국 관계는 영사관 폐쇄를 교환하는 수준으로까지 악화되었다. 코로나19 대응에서는 양국이 그 기원을 둘러싸고 책임 공방을 벌이고 트럼프 정부는 WHO를 탈퇴하면서 공동대응을 조직하기는커녕 지구적 협조체제를 가로막는 "공공악재public bads"로 작용하고 있다는 비판이 제기되기에 이르렀다. 미·중 양국이 모두 국제적 리더십을 제공하지 못하는 패권의 부재, G-0의 대공위, 궐위시대의 도래가 확인된 것이다.

역사적으로 비교해보면, 중국은 19세기 영국 주도의 지구화체제에서 서구 열강의 다자적 제국주의에 복속되었지만, 탈냉전기 미국의 신자유주의 지구화체제에서는 경제적으로 부상하고 비록 지역적 차원이지만 일대일로와 AIIB 등을 통해서 적어도 '제3세계' 지역에서 독자적으로 미국 패권의 대안적 질서와 제도를 제공하기에 이르렀다. 하지만 중국의 영향력은 영국과 미국이 다른 제국이나 강대국들을 군사적·경제적·이념적·제도적으로 통제하는 수준에는 미치지 못한다. 즉, 중국은 패권의 기준 혹은 임계점을 넘지 못한 상태인 것이다.

트럼프의 미국은 국제사회 전반의 이익이 되는 패권을 조직할 의지가 없었고, 대침체 이후 제반 측면의 양극화가 심화된 미국체제에서는 지속적이고 안정적인 패권의 대전략을 기대하기 어려웠다. 『이코노미스트』는 트럼프가 달러의 기축통화지위나 무역보복, 금융제제 등의 '대량혼란무기Weapons of Mass Disruption'를 외교적 수단으로 사용하고 있다고 지적했다. 나이Jospeh Nye는 이러한 경제적 상호의존의 '오남용'이 장기적으로는 미국 패권으로부터의 탈퇴를 추동하며 미국 패권의 정당성을 침식한다고 경고했다.

2020년 미국 대선에서 바이든이 승리하면서, 주류의 입장에서는 트럼프의 재선이라는 최악의 사태는 방지했지만 대선 이후 트럼프의 대선 불복, 의사당 난입 사태 및 의회의 트럼프 탄핵 실패는 미국체제의 분열과 실패가 얼마나 심각한 것인지를 또다시 비극적으로 보여주었다.

Ⅲ. 바이든의 미국 우선주의

바이든 정부의 외교적 구호는 미국의 귀환이다. 관련해서 두 가지 질문이 제기된다. 바이든이 돌아왔다고 주장하는 미국은 어떤 미국인가? 그리고 얼마나 존속할 수 있는가? 바이든 외교의 본질적 특징에 대해서는 세 가지 해석이 경합하고 있다. 자유주의 패권의 복원, 민주주의 대 독재의 체제경쟁 승리를 위한 새로운 대전략, 그리고 트럼프의 경제적 민족주의를 민중주의적으로 강화한 경제적 민중-민족주의가 그것들이다. 바이든 정부의 수사에는 물론 이 세 가지 요소들이 다 포함되어 있지만, 정책적 초점은 경제적 민중-민족주의이다.[2]

1 바이든의 대선 공약

2020년 대선국면에서 바이든의 대표적인 외교정책 공약은 《포린어훼어》지 3-4월호에 실린 "미국 리더십의 복원Why American Must Lead Again: Rescuing U.S. Foreign Policy After Trump"이었다. 이 기고문은 실제 포린어훼어 웹에는 1월에 발표된 것으로, 2월 말부터 미국 전역을 휩쓴 코로나19 대유행의 충격을 반영하지 않은 것이었다. 그 내용은 부제가 말해주듯이 트럼프의 적폐를 청산하는 데 초점이 있었고, 민주주의와 중산층을 위한 외교, 리더십 복원의 세 가지 기획을 담고 있었는데, 각 기획 내부와 이들 세 가지 기획들 간에 본연적인 긴장이 존재했다.

민주주의 기획은 트럼프가 훼손한 미국 민주주의를 복원하고 지구적 수준에서 민주주의의 후퇴 추세를 역진시키는 것을 목표로 했다. 구체적으로 바이든의 공약은 집권 1년 차에 오바마의 핵안보정상회담을 모델로, 민주주의의 재건이 필요한 모든 국가들과 그를 주창하는 비정부기구들을 초청해서 '민주주의를 위한 지구적 정상회담'을 열고 금권정치와 부패 청산이라는 공통 과제를 중심으로 민주주의 재건의 해법을 모색하겠다는 것이었다.

문제는 우선 트럼프의 적폐 청산이 쉽지 않다는 점이었다. 트럼프의 집권을 가능하게 한 주요한 요인은 신자유주의 지구화의 병폐에 대한 반발로서 경제적 민족주의뿐 아니라 인종주의와 배외주의가 결합된 백인 민족주의이다. 이는 미국 역사의 면면한 전통이자 상원과 선거인단 등으로 제도화된 것이고, 트럼프는 여전히 공화당 기층 유권자들의 지지를 확보하고 있다. 또한 엄밀하게 따지자면, 대법원이 언론자유의 명목으로 거의 무제한의 선거 자금 유입을 허용하는 미국정치야말로 금권정치의 표상이다.

지구적 차원에서 민주주의의 재건은 더욱 지난한 과제이다. 러시아의 2020년 미국 대선 개입 논란과 중국의 반민주주의 선전, 소위 '샤프 파워'가 민주주의 후퇴의 요인으로 비판받지만, 이들 국가가 냉전 시기의 소련과 모택동의 중국이 공산혁명을 수출하고 지원한 것처럼 현재에도 자신의 체제를 수출하고 민주주의 국가들을 위협하고 있다고 보기는 힘들다. 게다가, 역사적으로 냉전 시기 이란과 칠레 등에서의 쿠데타 비밀 공작과 베트남 등에 대한 군사적 개입에서부터 9.11 테러 이후 대테러전쟁에 이르기까지 미국의 민주주의 기획은 수많은 논란을 낳았다. 특히 대침체 이후 미국 여론은 중동에서의 민주주의 국가건설 기획에 비판적이었다. 종합하면, 바이든의 민주주의 기획은 미국 민주주의 자체의 결함 및 대외적으로 미국 외교의 민주주의 수호와 확산의 의지 및 능력 등

제반차원에서 결함을 지니고 있었다.

중산층을 위한 외교는 트럼프의 경제적 민족주의와 중국의 부상에 대한 대응의 성격을 지닌다. 경제력이 미국 패권의 기초인데, 대침체 이후 미국 경제의 상대적 하락과 중국의 부상이 진행되었다. 중국 등과의 경쟁에서 승리하기 위해서는 미국의 경제력을 재건해야 하는데, 이를 위해서는 트럼프의 독단적이고 임시응변적인 관세전쟁을 뛰어넘어 대내적으로는 미국 재건을 위한 대규모 투자, 대외적으로는 동맹을 활용하는 중국 견제가 필요하다는 것이었다. "경제안보가 국가안보"라는 트럼프 정부의 구호를 내세우며, 바이든은 미국체제의 골간인 중산층 강화를 위해서 대내적으로는 대규모의 인프라 투자, 교육, 복지, 연구개발 등 분야의 대규모 투자, 대외적으로는 보호주의의 지구적 확산을 추동하지 않으면서 미국의 이익을 지키는 '공평무역'을 주창했다.

문제는 전자의 경우, 트럼프가 지배하는 공화당은 물론 진보와 중도로 분열된 민주당이 미국 재건의 프로그램에 합의할 수 있는지, 후자의 경우 과연 미국의 중산층을 위한 외교가 보호주의를 추동하지 않고 경제적 다자주의와 공존 가능한지 하는 것이었다. 바이든은 중국이 지구적 영향력, 정치제제의 선전, 미래 기술에 대한 투자 등 포괄적 분야에서의 부상을 추진하고 있기 때문에, 그에 대한 강경한 대응이 필요하다고 본다. 하지만, 그 방법은 동맹들에게 관세를 부과하는 트럼프의 '자충수'가 아니라, 기후변화, 비확산, 보건안보 등에서는 중국과 협력하면서도 중국의 기술 절취, 인권탄압 등에서는 동맹과 연합 전선을 형성하는 것이었다. 여기서 문제는, 바이든은 미국과 동맹들의 GDP가 전 세계 GDP의 절반이라는 점을 지적하면서 반중국 연합의 효과를 강조하지만, 중국과 미국 및 미국의 동맹들이 경제적 상호의존으로 얽혀 있고, 동맹들은 미국과 경제적으로 경쟁관계이기도하다는 점이다. 반중국 연합의 결성이 가능한지도 문제이고, 그렇다고 해도 중국이 과연 그 압박에 굴복하면서 기후변화 등에서는 협력할 것인지도 의문이었다.

바이든의 리더십 복원 기획은, 패권국가가 없는 무정부상태에서는 국제사회의 집단행동이 불가능하고 미국이 트럼프를 예외로 하고 지난 70년 동안 국제사회의 공통의 문제를 해결하고 국제체제의 규범과 규칙을 제정하는 데 주도적인 역할을 해왔다는, 미국 패권의 논리에 바탕을 두고 있다. 이러한 전통적, 전형적 패권의 논리를 기반으로 바이든은 트럼프가 파리기후협정과 WHO 등 국제협정과 기구들에서 탈퇴하고 나토와 일본, 한국 등 민주주의 동맹을 비판하고 이란 핵협상을 파기한 것을 맹렬히 비난하며, 동맹의 복원과 함께 기후변화, 비확산, 첨단기술 분야의 새로운 규칙 제정 등에서 미국의 주도적인 역할을 공약했다.

이러한 바이든의 리더십 기획은, 기존 패권 엘리트들의 글로벌리즘이 미국의 이익을 훼손했다는 트럼프의 미국 우선주의와는 배치되는 것이지만, 트럼프와 마찬가지로 중동지역에서 '영구한 전쟁'의 종식을 주창한다는 점에서는 트럼프의 '고립주의적' 미국 우선주의와 완전히 상충하는 것은 아니었다. 그리고 트럼프 정부에서 진행된 핵무기와 통상무기의 경계를 무너뜨리는 핵전략과 전반적인 군비증강에 대한 분명한 재검토를 결여하고 있기 때문에, 군사력에 의존하지 않는 외교의 복원에는 분명한 한계가 있었다. 바이든이 주장하는 미국 패권의 논리가 역사적 사실과 반드시 부합하는 것도 아니었다. 예를 들어, 트럼프의 TPP와 파리기후협정 탈퇴에도 불구하고 일본 주도의 CPTTP가 수립되고 전 지구적 기후대응은 진행되었고, 9.11 테러 이후 미국은 관타나모 기지와 드론 공격 등 기존 국제법 체계를 파괴한 '주범'이었다.

바이든의 민주주의와 중산층을 위한 외교, 그리고 리더십의 복원 기획은 상호 상충하기도 한다. 카의 패권의 대내외적 이익조화를 기준으로 보면, 중산층을 위한 외교는 대내적 이익조화에 집중한 것이고 리더십 복원은 국제사회 전반의 대외적 이익조화의 과제와 연관된 것이다. 코로나19의 대혼란이 세계경제의 불평등을 대내외적으로 악화시킨 '대분기'를 초래했고, 신자유주의 지구화의 대안을 모색하는 '새로운 브레턴우즈의 순간'이 도래했다는 주장의 맥락에서 보면, 반중국 연합이 아니라 동맹들의 중산층은 물론 빈곤으로 다시 추락하는 개발도상국들과 중국을 포함하는 국제사회의 전반의 이익을 조화시키는 공동번영의 비전이 패권의 과제이다. 미국의 중산층만 살리는 외교는 동맹의 중산층을 파괴하고 그에 따라 동맹의 민주주의도 파괴할 수 있다.

2 바이든 정부의 대외정책

2020년 2월 이후 코로나19의 대혼란을 거치면서 바이든의 외교정책 공약에서 중산층을 위한 외교는 더욱 강화되고, 미국 민주주의의 쇠퇴는 가속화되고, 그에 따란 민주주의, 중산층을 위한 외교, 리더십 복원의 모순 역시 심화되었다.

바이든 캠프는 2020년 여름 전당대회를 앞두고 트럼프의 미국산 구매에다가 대규모 연구개발 투자를 결합한 미국 재건 기획을 '더 나은 재건 Build Back Better'이라는 이름으로 내놓았다. 민주당 전당대회의 후보 지명 수락연설에서 바이든은 코로나19-경제-인종-기후변화의 복합적 위기에 대한 대응을 최우선적 정책과제로 설정했고, '더 나은 재건'은 바이든 인수팀의 구호가 되었다. '더 나은 재건'은 기존의 신자유주의로는 대내적으로는 트럼프의 정치적 도전을 이겨낼 수 없고 대외적으로는 패권의 기반인 미국의 경제력을 재건할 수도 없다는 반성에 기반을 둔 것이었다. 자유무역에 대한 통렬한 반성과 그간 금기시되던 산업정책의 정당화, 중산층을 위한 외교의 이름으로 미국의 힘을 재건하는 '내적 균형internal balancing'과 중국 견제에 동맹을 동원하는 '외적 균형external balancing'에 대한 강조가 급속하게 진행되었다. 이러한 인식들이 정리된 것이 2021년 3월 초에 발표된 바이든 정부의 〈잠정 국가안보전략 지침Interim National Security Strategy Guidance: Renewing America's Advantages, (이하 전략지침)〉이다.

전략지침은 미국의 패권이 대내외적 환경 변화에 따른 "역사적 변곡점"에 처해 있다는 인식에서, 부제가 강조하듯, 미국의 상대적 힘의 우위 확보를 최우선적 정책과제로 처방하고 있다. "역사적 변곡점"은 미국의 상대적 쇠퇴가 아직은 역진 혹은 회복 불가능한 결정적 전환점tipping, turning point에 이르지는 않았다는 인식의 반영이다. 전략지침은 물론 미국 패권이 국제질서의 기반이라는 절대적 명제에 기초해서, 미국 힘의 우위 갱신을 주장한다.

전략지침이 국제환경 변화의 요인으로 꼽는 것은 네 가지이다.

첫째, 민주주의의 위기로 그 원인은 민족주의와 권위주의의 부상 등 대내외적으로 다양하다.

둘째, 중국의 부상에 따른 실제 세력균형의 변화이다. 전략지침은 중국의 날로 공세적이 되어가는 '의도'와 종합국력의 차원에서 잠재적으로 국제체제를 위협할 수 있는 유일한 잠재적 도전자로서의 '능력'을 결합함으로써 중국의 위협을 극대화한다. 중국의 실제 (비록 잠재적이지만) 능력에 주목하는 이러한 위협 인식은, 중국이 설령 미국과 전면적으로 협력하려고 하는 의도를 지니고 있는 경우에도, 미국이 여전히 중국을 힘으로 압도할 수 있어야 함을 강조한다. 이는 예방전쟁의 논리와 유사한 대단히 공세적인 전략적 사고이다.

셋째, 미국이 주도적으로 건설한 기존의 국제질서를 떠받쳐온 동맹, 제도, 규범들이 그 자체의 오류와 불공정성 등 때문에 도전받고 있다. 따라서 기존 국제질서로의 복귀는 불가능하고, 미국은 사이버 테러, 기후 변화, 부패, 디지털 권위주의 등 현재의 도전들을 다루는 새로운 국제질서를 창출해야 한다.

넷째, 이상의 변화들을 추동하고 있는 AI, 5G 첨단기술 혁명이다. 이들 기술은 미래 인류의 삶을 결정할 수도 있는 게임 체인저로서 기회와 위험을 동시에 제공한다. 그 함의는 중국이 미국의 기존 기술 발전의 경로를 우회할 수 있다는, 달리 말하면, 미국의 기술적 우위가 더 이상 보장되지 않는다는 것이다.

이러한 국제환경 인식에 따라서, 전략지침은 미국 국익의 안보, 경제, 가치의 세 가지 요소들을 일정하게 재정의한다. 국익의 재정의에서 가장 핵심적인 것은 GDP와 같은 국가 단위의 부의 총량이나 기업의 이익이 아니라 "노동자 가족의 삶working families' livelihood"을 기준으로 미국의 경제적 이익을 재정의하는 것이다. 이는 트럼프의 경제적 민족주의를 뛰어넘어, 기존의 신자유주의 패러다임을 전면적으로 폐기하는 급진적인 경제적 민중주의에 따른 국익의 재규정이다. 이러한 국익 규정에 따르면, 기존의 자유무역을 중심으로 하는 국제경제정책은 당연히 전면적으로 재조정되어야 한다. 전략지침은 구체적인 전략목표로 경제력 등 미국의 힘의 원천을 보호하고 증강하는 것(내적 균형), 미국과 동맹들에 "직접적인 위협"을 예방하고 지구적 공유지를 통제하는 세력균형, 그리고 기존 국제체제의 쇠퇴와 기술 혁명에 대한 대응을 위한 미국 주도의 국제체제를 들고 있다.

이러한 전략적 인식의 함의는 '자유주의 패권'의 복원이 바람직하지도 가능하지도 않다는 것이다. 오바마 정부는 전범으로서 미국 민주주의의 이념적 힘과 규칙 기반 국제질서를 전제로, 중국의 부상을 군사적으로는 첨단기술로 상쇄하고 경제적으로는 신자유주의 지구화의 틀, 보다 구체적으로는 TPP를 통해서 관리하고자 했다. 그런데, 전략지침은 이러한 기존 전략의 이념적·세력균형적·제도적·기술적 기반이 모두 침식되었다고 지적하며 미국의 국익을 민중주의적으로 재정의하고 있는 것이다. 이에 따라 바이든의 서문과 전략지침 본문은 트럼프 이전으로 돌아갈 수 없음을 일관되고 분명하게 밝히고 있다. 특히, 전략지침을 설명(선전)하는 연설에서 국무장관 블링컨은 자신을 포함해서 오바마 정부 출신의 기존 외교관들이 왜 미국이 해외에서 패권기획을 진행하는지, 그것이 어떻게 미국에게 이익이 되는지를 제대로 설명하지 못했다고 반성하면서, 코로나19 대응에서부터 중산층 재건을 위한 대규모 투자, 미국 민주주의와 인종, 이민 개혁, 기후변화 대응과 새로운 대중 견제 등 전면적인 대내외적 개혁이 필요하다고 역설했다.

전략지침에 나타난 바이든 외교의 근본적인 문제는 목표들은 여전히 팽창적인데 그를 실현할 수단은 확실히 담보되지 않았다는 점이다. 미국과 동맹에 대한 모든 잠재적 위협이 아니라 "직접적 위협"을 예방하겠다는 목표는 물론 부시 정부의 대테러전쟁 논리보다는 축소된 것이다, 하지만 사이버와 우주 공간까지 포함하는 지구적 공유지의 통제는 여전히 야심찬 목표이고, 기존 국제질서 및 미국의 힘의 상대적 쇠퇴를 인정하면서도 동맹과 파트너들을 동원하는 미국 주도의 국제체제 수립도 그렇다. 한편, 전략지침은 동맹과 파트너를 동원할 긍정적인 유인이 무엇인지, 미국 경제의 재건과 외교의 복원과 조화되는 미국의 군사력은 어떤 수준의 어떤 모습인지에 대한 (스마트한 군비 증강이라는 수사 이상의) 구체적인 청사진을 전혀 제시하지 못하고 있다. 이러한 목표-수단의 격차는 바이든 정부가 중산층 재건과 중국 견제를 위해서 민주주의-독재의 체제 경쟁 프레임을 '남용'하면서, 이념적인 성격까지 지니게 되었다.

바이든은 취임 100일 기념 의회 연설과 예산안 관련 연설 등을 통해서 미국은 민주주의의 효능을 증명하는 독재와의 체제 경쟁의 '역사적 변곡점'에 놓여 있으며 신자유주의를 상징하는 '낙수경제'는 작동한 적이 없고 미국은 월가가 아니라 중산층이 건설한 것이며 중산층은 노조의 산물이라는 등의 수사를 개발하고 반복적으로 강조했다. 이러한 수사들을 동원하면서 그는 중국과의 경쟁에서 승리하기 위해서 (미국 구제-일자리-가족계획을 통한) 대규모 인프라, 복지, 연구개발 투자는 물론 미국의 공급망 탄력성 정책과 심지어는 인터넷요금과 보청기 가격을 낮추는 반독점 개혁이 필요하다고 역설했다.

중국의 위협은 분명 극단적으로 분열된 미국정치의 현실에서 민주, 공화 양당이 인프라 투자와 연구개발, 공급망 정책 등에서 합의를 이룰 수 있는 거의 유일한 이슈이다. 하지만 이와 같은 중국 위협론의 국내정치적 기능은 미중관계를 '정상적인' 외교적 교섭이 불가능한 체제경쟁으로 몰고 가는 부작용을 낳는다. 공화당 주 의회들의 선거권 제한과 선거관리에 대한 통제 강화, 체계적 인종주의 개혁에 대한 반발, 이민 개혁의 실패 등으로 미국 민주주의 자체의 위기가 해소되고 있지 않다. 이런 상황에서 민주주의-독재의 체제 경쟁 프레임은 미국 민주주의에 대한 비판의 부메랑으로 돌아오고, 중국 견제를 위해 비민주주의 파트너들을 동원하는 데에도 한계로 작동한다. 가장 심각한 문제는 미국이 동맹들에게 긍정적인 경제적 유인을 제공하지 못한다는 점이다. 동맹들에 대한 트럼프 정부의 관세부과를 비판했었던 바이든이 취임 이후 동맹에 대한 관세를 유지하고 미국산 구매 정책은 강화한데다 '노동자 중심 무역정책'을 추진하고 있는데, 중국은 유엔 중심 (즉, 주권에 바탕을 둔) 경제적 다자주의의 수호를 외치며 CPTPP에 가입을 신청하고 있다.

Ⅳ. 한국 외교의 과제

바이든 외교의 미국 우선주의와 난맥상은 미국 주류 내부에서도 신랄한 비판의 대상이다. 워싱턴포스트의 칼럼니스트 자카리아는 미·영·호 동맹 출범의 파열음을 배경으로 다음과 같이 비판했다. "바이든과 그의 팀은 종종 트럼프가 규칙 기반 국제체제를 공격했다고 비판하였다. 하지만 적나라한 보호주의, 일방적인 제재, [동맹들과의] 제한적인 상의 그리고 백신은 물론 여행에서까지의 미국 우선주의로 어떻게 그런 국제체제를 재건하겠는가?" 자카리아의 지적처럼 미국의 리더십은 중국의 위협과 같은 공포와 안보상 고려로만은 불가능하고, 미국의 이익을 지키면서도 다른 국가들이 공동으로 번영할 수 있는 "개방적이고 규칙 기반의 국제질서"의 비전을 제시할 때만 가능하다.[3]

카의 패권의 이익조화를 기준으로 평가하면, 바이든 정부는 대내적 이익조화의 재건을 위한 초당파적 합의는 물론 그 핵심적인 프로그램(3.5조 달러 규모의 예산안)에 대한 민주당 중도와 진보의 합의조차 이루지 못하고 있다. 대외적 이익조화와 관련해서는 아예 그런 비전 자체를 결여하고 있는 상황이다. 군사력과 경제력, 여론(이념)을 종합해야 한다는 카의 또 다른 혜안을 기준으로 보아도, 바이든의 미국은 전범으로서의 영향력을 상실하고 있고 경제적인 공영의 비전을 결여한 채, 카불 함락과 프랑스와의 갈등에서 보이듯이, 기존의 군사태세와 군사력 우위를 중국 견제와 국제적 안정과 어떻게 조화시킬지 헤매고 있는 실정이다.

이러한 현실은 한국 외교의 엄중한 도전이다. 한미동맹에 대한 이념적 지지와 제도적 결속(박)은 단단한데, 이명박 정부 이래의 안보는 물론 경제와 가치의 측면에서 미국 패권에 전면적으로 편승한다는 한·미 전략동맹의 형해화가 트럼프 정부에 이어 바이든 정부에서도 이어지고 있기 때문이다. 불량국가 북한의 핵개발을 용인하지 않겠다는 한국 보수 정부와 미국 패권의 결의는 오바마 정부 이래 북한의 핵개발로 깨어졌다. 한·미 군사동맹의 관성적 논리는 한국 보수의 핵무장론이나 진보의 평화체제론 모두를 만족시키지 못한다. 한·미·일 안보협력은 북핵문제의 해법도, 한국에게 역사문제로 경제제재를 가하는 일본과 공존하는 정답도 아니다. 한·미 전략동맹의 관성은 한국의 안보와 번영 그 어떤 것도 보장하지 못한다.

바이든 정부는 공식적으로 자신의 중국정책은 경쟁과 대결, 협력의 세가지 차원을 모두 지닌다고 주장한다, 하지만, 민주주의와 독재의 이념 대결이라는 수사와 중국에게 협력에 대한 인센티브를 제공할 수 없다는 주장, 그리고 미국의 상대적인 힘의 우위를 갱신해야 한다는 전략적 대명제를 결합하면, 바이든 정부의 중국정책은 중국의 부상을 저지하고 미국의 상대적 우위를 재건하는 대결정책에 가깝다. 이러한 이중의 중국정책은 비록 국내적으로 초당파적 지지를 받고는 있지만, '노동자 중심의 무역정책'이 미국 소비자와 기업의 이익을 해친다고 주장하는 자본가들과 기후변화가 훨씬 급박한 실존적 위협이라고 주장하는 진보로부터 비판을 받고 있다. 그리고 무엇보다도, 바이든의 중국정책은 동맹들을 자국의 공급망과 기술규제 등에 동원할 뿐 공동 번영의 비전을 제시하지 못하고 있다.

미중관계에서 신냉전의 수사가 난무하지만, 미국이 트루먼 독트린으로 그리스와 터키에 대한 군사원조를, 마셜플랜으로 서유럽에 대한 경제지원을, 그리고 나토를 통해서 서유럽의 안보를 책임지기 시작한 냉전정책과 비교하면, 현재의 미국은 대중 진영을 조직하고 운영할 군사적, 경제적 능력과 의지를 결여하고 있다. FDR과 해밀턴에 비유되던 바이든은 이제 카터에 비유되고 있다.

G-0시대에 미국도 중국도 그 어떤 국가도 보편적 발전과 평화의 정답을 갖고 있지 않다. 모두 자국의 고유한 입장에서 군사적·경제적 이익과 가치를 최대한 조화시키는 포트폴리오를 모색할 뿐이다. 국제사회에 대한 한국의 기여가 미국과의 동맹을 통해서만 이루어져야 하는 것은 아니다. 오히려 2008년 대침체로 미국체제가 쇠퇴하기 시작할 때 미국에 '올인'한 보수의 실패를 되풀이하지 않는 것이 한국의 생존과 번영의 새로운 길을 찾아나서는 첫걸음이다.

〈주〉

1) 아래의 관련 논의는 이혜정, 《프레시안》, "코로나19가 불러온 '대혼란'의 시대", (2020.6. 22.)에 의존한다.

2) 자세한 내용은 이혜정, 〈바이든의 미국 우선주의: 중산층을 위한 외교〉, 한국정치연구 30집 3호 (2021), pp. 225-255.

3) Fareed Zakaria, "Is Biden Normalizing Trump's Foreign Policy?" *The Washington Post* (2021.9.22.)

19장

'남남갈등'에 대한 새로운 인식과
디지털 미디어 시대 '공론' 기반 강화

이제훈

Ⅰ. 남북관계의 이중성

남북관계는 이중적이다. 남과 북의 상호 인식이 이중적이고, 대한민국의 조선민주주의인민공화국에 대한 인식 또한 이중적이다.[1] 남과 북은 서로를 '적'이자 '동반자'로 인식한다. 남과 북은 국제법적으로 두 개의 주권 국가이되, 서로한테는 별개의 국가가 아니다. 외부인이 쉽사리 이해하기 어려운 복잡하고도 모순적인 관계 인식이다. '3년 전쟁과 70년 분단'의 자화상이자, '3년 전쟁과 70년 분단'의 수렁에서 벗어나려는 지난한 역사적 투쟁의 잠정적 성과물이다.

대한민국과 조선민주주의인민공화국은 국제법적으론 유엔에 동시·분리 가입(1991년 9월17일)한 두 개의 주권국가이며, 양자 측면에선 "나라와 나라 사이의 관계가 아닌 통일을 지향하는 과정에서 형성되는 잠정적 특수 관계"(통일 지향 특수 관계)를 자임한다.[2]

대한민국 헌법은 제3조에서 "대한민국의 영토는 한반도와 그 부속도서로 한다."고 선언하고 있다. 휴전선 이북, 압록강~두만강 이남은, 대한

민국 영토라는 원칙적 선언이다. 이 영토 조항은 1948년 7월17일 제정된 제헌헌법 때부터 현행 9차 개정 헌법까지 한 번도 빠지지 않았다. 그런데 헌법은 4조에서 "대한민국은 통일을 지향하며, 자유민주적 기본질서에 입각한 평화적 통일 정책을 수립하고 이를 추진한다"고 아울러 선언하고 있다. 사실상 북의 정치적 실체를 인정한 토대 위에서 국가가 통일 지향의 정책을 펼쳐야 한다는 헌법적 의무를 부과한 것이다.

헌법 3조와 4조는 상충한다. 다만 헌법사의 맥락에서 보면 '상충'보다는 '보완'과 '대체'의 흐름을 읽을 수 있다. 현행 헌법 4조는 1987년 9차 개헌 때 신설된 조항이다. 1987년 6월 항쟁의 민주와 화해협력 정신의 소산이다. 헌법 해석의 최고기관인 대법원과 헌법재판소는 헌법 4조를 남북교류협력법(1990년 8월1일 발효), 남북관계 발전에 관한 법률(2006년 6월30일 발효, 남북관계발전법)을 포함한 각종 국내법과 남북기본합의서(1992년 2월19일 발효) 등 각종 남북 당국 간 합의서의 헌법적 근거로 인용하고 있다.[3] 1948년 제헌헌법의 영토 조항이 38선 이북의 정치적 실체를 부인하는 측면과 함께, 온전한 민족통일국가 수립의 염원을 아우르고 있다는 사실도 염두에 둘 필요가 있다. 대법원과 헌재는 "현 단계에 있어서의 북한은 조국의 평화적 통일을 위한 대화와 협력의 동반자이나 동시에 남북한 관계의 변화에도 불구하고, 적화통일노선을 고수하면서 우리의 자유민주주의 체제를 전복하고자 획책하는 반국가단체라는 성격도 아울러 가지고 있"다고 판시했다.[4] 대법원과 헌재의 이런 인식은 "반국가단체"로서 북은 국가보안법으로, '대화와 협력의 동반자'로서 북은 남북교류협력법으로 인식·대응하는 법체계와 조응한다.[5]

이렇듯 남북관계가 '두 얼굴'을 지니고 있음은 헌법과 법률로 인정된다. 대한민국 국민 누군가가 북을 '적'으로 간주하든, '동반자'로 대하든 그 자체로는 헌법과 법률에 비춰 원칙적으로 문제 삼을 일이 아니다. 다만 정부는 헌법과 다수 국민의 뜻에 따라 대북정책과 통일정책을 펼칠 '공동의 인식 기반'을 확장할 의무가 있다. 국회와 정당은 대한민국 국민과 한국사회가 의견 대립·충돌로 날을 새기보다, '다른 의견'을 존중하는 소통으로 '더 넓은 공동 의견'을 지향할 수 있도록 애써야 한다. 이 점에서 북의 '적'성에 주목한 헌법 3조와 국가보안법은 1948년 탄생한 반면, 북의 '동반자'성에 주목한 헌법 4조와 교류협력법은 1987년 6월 항쟁 이후 넓은 의미의 '민주화 시대'에 탄생했다는 역사적 사실과 시대의 흐름을 놓치지 말아야 한다.

Ⅱ. 변화하는 '남남갈등'

1 '남남갈등'의 태동

대한민국의 초기 역사에서 북에 대한 '다른 생각'은 때로 목숨을 내놓아야 할 만큼 위험한 일이었다. '평화통일론'을 주창했다는 이유로 형장의 이슬로 사라진 진보당수 조봉암[6]과 '의문사'한 장준하[7]의 사례는 빙산의 일각이다. 더구나 조봉암과 장준하는 애초부터 '친북'과는 거리가 멀었다. 조봉암은 '최초의 공산주의자'였으나 '반공친미'로 노선을 바꿨고, 장준하는 애초부터 반공친미였다. 조봉암은 대한민국 정부 초대 농림장관이자 2대 국회 부의장이었고, 장준하는 7대 국회의원이었다. 국무위원과 국회의원 출신도 이런 식으로 목숨을 잃을 정도였으니 힘없는 이들은 오죽 했을까. 적어도 1980년대 전두환 정권 때까지는 남북관계와 관련해 정부와 다른 인식을 드러내는 건 때로 목숨을 내걸어야 할 정도로 위험천만한 일이었다. 따라서 남북관계와 '북한'을 둘러싼 '다른 생각'은 공식적으론 봉인될 수밖에 없었다.

1987년 6월 항쟁과 1980년대 말~1990년대 초반 옛 소련 등 사회주의 국가들의 연쇄 체제 전환에 따른 동북아시아의 '비대칭 탈냉전'이 남북관계와 대북 인식에 근본적 변화를 가져왔다. 1987년 6월 항쟁에 힘입은 현행 헌법의 "평화통일 원칙 규정"(헌법 4조) 신설, 남북한의 유엔 동시·분리 가입과 남북관계를 "통일지향 특수관계"로 규정한 남북기본합의서 채택 등에 힘입어 남과 북의 '동반자'성이 본격적으로 시야에 들어왔다.

이런 근본적 변화를 동력으로, 1990년대 초반 이후 한국사회는 남북관계와 대북인식에서 '다른 생각'의 갈등과 각축이 본격화했다. 이른바 '남남갈등'의 태동이다. '남남갈등'이란 남북관계와 대북 인식의 차이에 따른 대북정책(과 통일정책)을 둘러싼 갈등을 일컫는 개념이다. 이데올로기적 갈등을 포괄한다. 다만 그 '갈등'을 퇴행으로 여길 일은 아니다. 엇갈린 역사의 길을 다시 찾아가는 길고도 지난한 여정의 시작이기 때문이다.

② '촛불'과 '태극기'의 균열, 갈등, 각축

비유컨대, 2021년 한국사회의 남남갈등은 '촛불'과 '태극기'의 균열, 갈등, 각축에 다름 아니다. '촛불'은 '촛불집회'와 그 집회에 참여·동의하는 세력의 줄임말이다. 멀리는 이명박 정부 첫해인 2008년 '미국산 쇠고기 수입 반대' 집회에 뿌리를 두고 있으며, 직접적으로는 2016년 10월~2017년 3월 '박근혜 대통령 탄핵'을 공동 목표로 삼은 전무후무한 대규모·장기 시민연대 집회 참여·지지 세력을 가리킨다. 비폭력을 특징으로 하며, 남북관계와 대북 인식 측면에선 대화와 협력을 통한 관계 개선, '반전·반핵·평화'를 지향한다. '태극기'는 '태극기집회'와 그 집회에 참여·동의하는 세력의 줄임말이다. 태극기 집회는 촛불집회에 대항하려는 목적에서 2016년 11월19일 '박근혜를 사랑하는 사람들의 모임(약칭

박사모)', '나라사랑어머니회연합' 등 박근혜 전 대통령 지지 모임 주도로 시작됐다. '태극기집회' 세력의 남북관계와 대북 인식은 '반공·반핵·반북'으로 수렴된다.

원칙적으로 남남갈등은 두 개의 균열선을 기준으로 이합집산한다. 첫째 '북한을 어떻게 볼 것인가'(대북관), 둘째 '북한을 어떻게 대할 것인가'(대북정책)가 그것이다. 남과 북이 '적'이자 '동반자'의 이중성을 지닌다고 할 때, '촛불'은 '동반자'성의 확대·강화를 통한 '적'성의 완화·축소와 화해협력을 지향·선호하며, '태극기'는 '적'성에 초점을 맞춰 안보중심의 대북 압박을 선호하는 경향이 강하다.

3 디지털 미디어 시대, 확증편향과 허위정보

한국은 이미 '1인 1스마트폰' 사회다. 과학기술정보통신부의 '무선 통신 서비스 통계 현황'을 보면 2021년 5월 말 기준으로, 휴대전화는 5,582만 3,232회선, 스마트폰은 5,344만 3,693회선이다. 모두들 손전화를 포함한 모바일 기기로 정보(뉴스)의 수용자이자 생산자(전파자)라는 이중 정체성을 갖고 있다. 디지털 미디어 시대의 변화다. 신문과 방송으로만 뉴스를 접하던 아날로그 시대와 전혀 다른 세상이다. 각자가 정보의 수용자이자 생산자라는 건, '1인 1미디어 시대'가 도래했다는 뜻이다.

5G 환경을 기반으로 촘촘하고 빠른 속도의 네트워크로 연결된 디지털 환경과 다양한 사회관계망서비스SNS의 확산·이용은 뉴스 수용과 생산의 환경·맥락을 질적으로 변화시키고 있다. 5G SNS는 실시간 정보 유통과 함께 '끼리끼리 소통 문화' 강화 추세를 가속화한다. 이런 변화는 복잡하고 난해한 이론을 동원하지 않더라도, 스마트폰으로 SNS에 열심인 이라면 누구든 실감한다.

인류는 심장을 열정·감정, 뇌를 이성의 상징물로 여겨왔다. 심장이 뇌

보다 강하듯, 열정·감정은 이성보다 강하다. 사람은 이성적 동물이지만, 감정과 열정의 동물이기도 하다. 무엇보다 인류는 동족을 학살하는 예외적 생명체다. 원시사회 때부터 스스로를 지켜내려 집단생활을 하며 키워온 '초사회성hypersociality'이 문제다. 초사회성은 사람들이 '내 편' '네 편'을 가르게 하고 '보고 싶은 것만 보고, 믿고 싶은 것만 믿게' 만드는 성향을 자극한다. 인지심리학에서는 '확증편향Confirmation bias'이라고 한다. '관계'의 불가피한 산물이다.

5G SNS에 기반을 둔 '끼리끼리 소통 문화'의 확산은 '확증편향'의 온실이다. 그리하여 '확증편향'은 5G SNS를 타고 빠르고 넓게 번지는 '허위정보'(가짜뉴스)의 불쏘시개로 작용한다. 2020년 4~5월 한국 정부의 거듭된 공식 부인에도 한·미 주요언론에까지 등장하며 한 때 금융시장을 흔들기도 한 '김정은 건강이상·사망설'[8], 미국 대안우파와 '트럼피즘' 따위가 최근 몇 년 새 한반도와 지구를 강타한, '확증편향'을 동력으로 한 '허위정보'의 극단적 사례라고 할 수 있다.

Ⅲ. 인식의 전환

1 남남갈등, 대북정책의 추진 동력

흔히 대북정책 추진의 최대 국내 장애물로 이른바 '남남갈등'과 '진영논리'를 꼽는다. 한국사회의 이견과 갈등이 대북정책의 발목을 잡고 있다는 인식이다. 하지만 이견과 갈등은 민주주의의 필수 구성 요소이다. 민주주의가 전체주의에 비해 우월한 체제임을 입증하는 다원주의의 대표적 징표다. 따라서 민주주의의 맥락에서 이견과 갈등은 제거의 대상이 아니다.

이견과 갈등의 한국적 표현이 '남남갈등'이다. '진영논리'는 남남갈등의 한 축을 이룬다. 따라서 민주주의 일반 이론의 관점에서 남남갈등과 진영논리는 제거·해체의 대상이 아니다.

남남갈등을 부정적으로 여겨온 기존 인식과 발상의 전환이 필요하다. 남남갈등과 진영논리를 불온시하며 제거·해체의 표적으로 삼을 게 아니라, 한국사회 구성원들이 '나와 다른 의견'을 적대시하지 않고 '소금' 노릇을 하는 '상호 견제 의견'으로 여길 수 있도록, 그리하여 '동의하지 않지만 존중할 수 있는 공론'을 창출하는 과정에 다함께 참여하기를 주저하지 않도록, 더불어 디지털 시대의 도드라진 추세인 '확증편향'의 완화를 목표로 한 정책 수단의 개발에 힘을 쏟을 필요가 있다.

무엇보다 민주주의의 절대적 가치와 분단 현실을 고려할 때 한국사회에서 남남갈등은 변수가 아닌 상수라는 인식의 전환이 필요하다. 일반적으로 대외 협상에서 내부의 강력한 반대 의견은 협상의 어려움을 가중시키는 한편으로, 상대의 양보를 이끌어내는 효과적인 협상 지렛대로 활용되는 사례가 적지 않다. 남북 합의 이행을 포함한 대북정책 추진 및 북한과 협상 과정에서 남남갈등을 정책 추진 주체의 입지와 협상력을 높일 동력으로 활용할 방안과 관련한 다각적인 고민과 접근이 필요하다.

확증편향의 다른 얼굴은 '열정'이다. 남남갈등의 다른 얼굴도 '열정'이다. 광화문 광장의 촛불시민은 '박근혜 대통령 탄핵'에 찬성하되 광장에는 나서지 않는 시민들보다, 태극기 집회 참석자들은 '박근혜 대통령 탄핵'에 반대하되 거리에 나서지 않는 시민들보다 간절함의 강도가 10배는 된다는 학자들의 지적이 있다. 열정은 변화와 실천의 동력이다. 남남갈등이라는 이름의 '열정'을 변화와 실천의 에너지로 전환할 정책 수단의 고민이 절실한 까닭이다.

② '국민 공감대' 인큐베이터, 국회 그리고 사회적 대화

'초당파적 정책 추진'은, '광범한 국민적 공감대에 기반을 둔 정책 추진'이라고 풀어 말할 수 있다. 문제는 무엇을 어떻게 해야 '초당파적 정책 추진' '광범한 국민적 공감대에 기반을 둔 정책 추진'이라고 할 수 있느냐는 것이다.

현대 대의민주주의 체제는 사회의 다양한 의견과 갈등을 조정하는 제도적 메커니즘으로서 복수정당제와 3권 분립을 필수 구성 요소로 채택하고 있다. 대북정책을 둘러싼 한국사회의 갈등과 이견을 조율해 '공론' 또는 '동의하지 않으나 이해·존중할 수 있는 다수 의견'을 창출·확인하는 가장 효과적인 제도적 방법은 국회의 논의와 표결, 입법이라고 할 수 있다. 따라서 국회의 대북정책 참여, 행정부와 국회의 협력은 남북 합의 이행을 포함한 대북정책 추진 과정에서 '국민 공감대'를 확인·확보하는 가장 권위 있고 효과적인 제도적 방법이다.

아울러 시민사회의 자율적 의사소통은 한국사회의 다양한 세력과 이해관계의 상충·갈등·이견을 조율하는 가장 바람직하고 효과적인 비제도적 방법이라고 할 수 있다. '통일국민협약'을 100대 국정과제로 제시한 문재인 정부시기에 이미 '평화·통일비전 사회적 대화 전국시민회의'(통일비전시민회의)[9]를 중심으로 한 '숙의형 사회적 대화'의 경험이 축적돼 있다. 통일비전시민회의는 7대 종단, 범시민사회단체연합(보수), 시민사회단체연대회의(진보) 등 보수·중도·진보를 두루 아우른 독립적 사회적 대화 민간 추진 기구다.

Ⅳ. '공론' 기반 확충: 주체별 과제

1 정부와 의회의 협업

1) '대북전단금지법' 모델

이른바 '대북전단금지법'(남북관계 발전에 관한 법률 일부 개정, 2020년 12월29일) 모델은 남북 정상 합의의 이행을 위한 국민 공감대 확산·실천과 관련해 적극 검토·활용해야 할 대표적 사례로 꼽을 만하다. '풀뿌리 민심→지자체(기초 & 광역)→중앙정부→국회'의 경로를 거치며 민주적 의사소통과 다수 의견 결집, 공론의 제도화가 이뤄졌다. 남남갈등이 심한 남북관계 및 대북 정책 영역에서 검증 가능하며 가시적인 '국민 공감대'를 제도적으로 창출·확인한 드물지만 효과적인 사례다.

이른바 '대북전단금지법'은 일부 탈북민 단체의 '김정은·리설주 부부' 비난 전단 살포를 문제삼은 김여정 조선노동당 중앙위원회 부부장의 개인 담화(2020년 6월4일)와 북쪽의 개성 남북공동연락사무소 건물 폭파(2020년 6월16일) 등에 따른 남북관계의 단절과 충돌 위기를 배경으로 한다. 문재인 정부는 "(2018년) 5월 1일부터 군사분계선 일대에서 확성기 방송과 전단 살포 행위를 비롯한 모든 적대행위를 중지"하기로 합의한 4·27 판문점선언 이행, 남과 북의 군사적 충돌 방지 등을 위해 '남북관계 발전에 관한 법률' 일부 개정의 방식으로 군사분계선 일대의 대북 전단 살포를 규제하는 입법을 추진했다.

대북전단 살포와 관련한 북한 당국의 폭력적 불만 표출에 대한 한국사회의 대응은 초기엔 전형적인 남남갈등 증폭 양상을 띠었다. 그러나 시간이 지날수록 경기·강원 북부 접경지역민들의 조직적 의사 표현, 접경지역 기초지자체와 광역 지자체의 적극적 행정·입법 행위, 중앙정부와 국회의 효과적 협력을 통해 이른바 '대북전단금지법' 입법에 성공했다.[10]

헌법 가치에 기반을 둔 입법 행위라는 가장 권위 있는 제도적 대응으로 한국사회 내부의 이견과 갈등을 제도적으로 흡수하고, 남북관계 개선의 제도적 기반을 마련하는 데 성공한 셈이다.

2) 정상 합의 국회 비준 동의

남북 정상 합의에 대한 국회 비준 동의는 남북 합의 이행 의지를 법적으로 확인하는 최고 수위의 제도적 장치다. 남북 합의 이행을 위한 국민 공감대 확산·실천의 가장 강력하고도 효과적인 제도적 방안이다.

그러나 4대 경협 합의서 등 극히 일부를 빼고는 대부분의 남북 당국 합의는 국회 비준 동의를 받지 못했다. 네 차례의 남북 정상 합의 문서(6·15공동선언, 10·4정상선언, 4·27판문점선언, 9·19평양공동선언)는 단 한 번도 국회 비준 동의의 문턱을 넘지 못했다.

남북 정상 합의에 대한 국회 비준 동의는 안팎의 환경 악화에 따른 남북관계의 정체·후퇴에도 상호 신뢰 유지와 관계개선 노력의 재가동을 위한 제도적 기반으로 기능할 수 있다. 무엇보다 정권 교체와 남북관계 정체·후퇴에도 '공론' 형성과 일관성 있는 대북정책 추진의 최소 기반으로 작용할 수 있다. 따라서 정부와 더불어민주당을 중심으로 추진해온 4·27판문점선언에 대한 국회 비준 동의는 구체적 성과로 이어질 필요가 있다.

2 중앙정부와 지방정부의 구실 분담

대북정책은 흔히 '대통령의 의제'로 꼽힌다. 국가의 운명을 가를 중대사이자 고도로 민감하고 복잡한 영역이라는 이유가 명분으로 제시되는데, 현실적으론 긍정적이든 부정적이든 대북정책의 정치적 파장이 정권의 운명을 가를 정도로 파괴적이라는 사정이 주요하게 고려된 탓이다. 대북정책의 주무부서는 통일부이지만, 실질적 사령탑으로 통일부보다 청와

대가 꼽히는 배경이다. 때론 통일부보다 국가정보원이 중시되기도 한다. 지금껏 대북정책은 고도로 중앙집중적인 방식으로 추진돼 왔다.

남과 북의 교류협력과 대북정책 추진 과정에서 지방정부의 구실을 대폭 확대·강화할 필요가 있다. 원칙적으론 지방자치제의 정신에 부합하며, 현실적으론 '완충지대'를 넓혀 남북관계 악화 때 '위험분산'의 효과적 방책이 될 수 있다. 지방정부의 구실을 높인다는 건, 중앙정부의 권한을 지방정부에 나눠준다는 뜻이다. 중앙정부가 독점해온 대북정책 권한을 지방정부에 적절히 이양, 분산할 필요가 있다. 권한의 분산은 책임의 분산을 수반한다. 그리고 책임의 분산은 양날의 칼이다. 책임 분산의 이점은 남북관계 악화 때 위험을 분산시킬 수 있다는 점이고, 잠재적 위험 요인은 정책추진 과정에서 '혼선'이 발생할 수 있다는 점이다.

남북관계의 현실과 시대의 흐름에 비춰 위험 요인보다 이익 요인을 중시할 필요가 있다. 첫째, 지방정부의 구실을 높이면 '북핵 위기' 또는 '북·미 적대관계' 탓에 남북관계가 악화할 때 역진 위험을 완화·분산할 수 있다. 비유컨대 도로에서 대형 교통사고가 나면 자동차는 모두 멈추지만, 오토바이·자전거·행인은 우회하며 전진할 수 있는 이치와 다르지 않다. 둘째, 지방정부와 의회는 중앙정부·국회 차원의 극단적 대결 정치와 다른 길을 걷는 경우가 많다. 한국의 거대 보수 정당은 '북핵'을 이유로 화해와 교류협력보다 대북 압박을 앞세우지만, 그 보수 정당 소속의 지자체장이 지방정부 차원의 남북 교류협력 사업에 적극적인 사례를 우리는 숱하게 보아온 터다.

중앙정부와 다른 지방정부의 이런 특성은 '초당파적 정책 추진' '광범한 국민적 공감대에 기반을 둔 정책 추진'은 물론, 남북 당국 관계가 효과적으로 작동하지 않을 때 '우회로'를 다양하게 개척하고 열어둘 수 있는 가능성을 높인다. 아울러 미국·유엔의 고강도 대북제재 탓에 운신 폭이 좁은 중앙정부 대신 지방정부가 남북관계 개선의 첨병 구실을 할 수도 있다.

정부와 국회도 이런 문제의식과 필요성을 고려해 '지방자치단체 남북교류·협력의 지원' 조항(24조2)을 2020년 12월8일 개정 남북교류협력에 관한 법률에 신설했다. "지방자치단체는 남북교류·협력을 위하여 협력사업을 추진할 수 있다", "지방자치단체의 남북교류·협력을 증진하고, 관련 정책을 협의·조정하기 위하여 통일부에 지방자치단체 남북교류협력 정책협의회를 둔다"는 내용이 대표적이다. 이런 법 개정의 취지에 맞춰 지자체의 구실을 확대·강화하는 데 중앙정부와 국회가 좀더 적극적일 필요가 있다.

❸ 남북 국회회담

국민 공감대 창출·확산의 가장 효과적이고 강력한 제도적 틀이 입법부인 국회라는 점을 고려할 때, 남남갈등과 진영논리의 효과적인 조율을 통한 공론 형성과 함께 남북관계에 새로운 활력을 불어넣는 방안으로 남북 국회회담 추진을 적극적으로 검토할 필요가 있다.

국회회담의 남쪽 추진 주체는 당연히 진보와 보수를 아우른 국회의 여당과 야당을 포괄할 터이므로, 국회회담의 추진은 '국민 공감대' 창출·확산 과정에 다름 아니다.

남북 국회회담은 70년 분단사에서 단 한 차례도 공식적으로 성사된 적이 없어 나라 안팎의 관심을 끌 이벤트로서 잠재력이 크다.[11] 더불어 국회회담이 성사된다면 이는 남북 대화의 새로운 제도적 창구의 창출이라는 점에서 남북관계에 새로운 활력을 불어넣을 수 있다. 요컨대 남북 국회회담의 추진과 성사는 국민 공감대 창출·확산의 과정이자 남북관계의 새로운 동력원과 제도적 틀의 모색·창출로 기능할 수 있다.

4 자율적 의사소통 기반 강화

1) 《노동신문》 등 북한 정보 개방 조처

정보 개방은 열린사회와 자율적 의사소통을 생명선으로 하는 민주주의의 본질적 가치다. 그런데 선진 민주국가를 자임하는 대한민국은 분단 현실과 국가보안법 등을 이유로 《노동신문》 등 북한 언론매체와 출판물에 대한 일반 시민의 접근을 국가보안법과 방송통신위원회 등을 수단으로 법적·기술적으로 차단하고 있다.

미국이 철저하고도 집요한 대북제재망의 구축과 집행에도 '정보 접근·개방·자유'는 불가침의 가치로 인정해 '제재 예외'를 명시적이고도 강력하게 고수하는 이유를 생각해볼 필요가 있다.

무엇보다 정보 개방을 토대로 한 시민사회의 자율적 의사소통은 확증편향과 허위정보의 악영향을 완화하는 본질적 대책이 될 수 있다. 아울러 일반 시민의 자유로운 북한 관련 정보 취득과 자율적 판단은 남북 합의 이행을 포함한 대북정책 추진의 국민 공감대 창출·확산에 기초 동력 구실을 할 수 있다.

따라서 《노동신문》 등 북한 언론매체와 출판물에 대한 법적·기술적 차단을 해제하는 일방적 조처를 취할 필요가 있다. 이러한 일방적 조처는 국제사회의 폭넓은 지지를 이끌어낼 수 있을뿐더러, 북한에 '상응 조처'를 압박하는 잠재·부수 효과도 기대할 수 있다.

물론 '3년 전쟁과 70년 분단'을 고려할 때 《노동신문》 등에 대한 시민들의 접근권 보장에 이르기까지 적잖은 논란이 불가피할 터이지만, 코스코폴리탄(세계시민주의)적 생활문화를 지닌 청(소)년층의 성장은 새로운 접근에 긍정적 동력으로 작용할 수 있다.

이와 관련해 2021년 4월 김일성 조선민주주의인민공화국(북한) 주석의 회고록 《세기와 더불어》(전 8권) 국내 출간·판매를 둘러싸고 논란이 일었을 때, 국민의힘 하태경 의원이 "북한 관련 정보를 모두 통제해야 한다는 건 국민을 유아 취급하는 것"이라며 "이제 국민을 믿고 표현의 자유를 보다 적극 보장합시다"라고 제안하고, 국민의힘 박기녕 부대변인이 "국민의식과 체제의 우월성을 믿고 국민에게 판단을 맡기자"는 논평을 낸 사실에 주목할 필요가 있다.[12] 이제는 보수 세력에서도 '무조건 막아야 한다'는 주장을 펼치지는 않는데, 이는 중대한 변화다.

2) 민주시민교육과 '갈등관리위원회'

허위정보(가짜뉴스)는 열린사회와 민주주의의 심장이라 할 자율적 의사소통의 기반을 침식하는 '민주주의의 적'이다. 허위정보는 대체로 특정 대상에 대한 배제와 낙인으로 혐오와 적대감정·행동을 자극하는 경향이 있다. 한국사회에서는 그 대표적 대상이 '북한'이며, 이 밖에도 이주노동자·성소수자 등 소수자와 약자들이 표적이 된다. 허위정보의 조직적 확산은 '다른 의견'을 적대시하도록 부추기고 남남갈등의 부정적 측면을 증폭시키며 합리적 의사소통과 공론의 창출·확산을 어렵게 한다.

따라서 한국사회의 시민들이 허위정보에 휘둘리지 않고 남남갈등을 긍정적 에너지로 전환하는 능력을 높이려 한다면 민주시민교육을 강화해야 한다. 아울러 민관 합동 '갈등관리위원회'(가칭)의 구성·운영을 적극 검토·추진할 필요가 있다. 행정부·입법부·전문가집단·언론 등 주요 영역별로 갈등의 공개적 표출과 조정의 장을 마련해 국민 공감대 창출의 인큐베이터를 다양화·다차원화할 필요가 있다.

3) 사회적 대화

남북 합의 이행을 포함한 국민 공감대 창출·확산이란 반드시 정부의 대북정책에 대한 지지나 단일한 의견으로의 결집을 뜻하는 것은 아니다.

'공감'은 '동의'와 같은 뜻이 아니다. 남들이 왜 그런 생각을 하고 그런 행동을 하려는지에 대한 (굳이 동의를 전제하지 않은) '이해'만으로도 '공감대'의 창출은 가능하다. '통일비전시민회의'가 조직한 숙의형 사회적 대화 과정에서 적잖은 시민들이 상대방의 이야기를 경청하는 것만으로도 자신의 생각에 많은 변화가 일어났으며, 상대방의 의견을 (동의하지는 않지만)이해하게 됐다는 변화를 보인 사실을 염두에 둘 필요가 있다.

'대화는 마음의 강을 건너는 다리'라는 말이 있듯이, 지속적인 사회적 대화는 한국사회에서 '나'와 다른 의견을 지닌 이들이 왜 그런 의견을 갖게 됐고 유지하고 있는지와 관련한 내밀한 사연을 공유하고, 그 마음을 이해하는 가교의 구실을 할 수 있다. 각계각층을 아우른 숙의형 사회적 대화는 한국사회의 서로 다른 의견을 지닌 이들 사이의 공감의 폭과 깊이를 더하는 배양기 구실을 할 수 있다.

따라서 '통일비전시민회의'의 활동 경험과 결과를 토대로 상향식 풀뿌리 숙의형 사회적 대화 지속·확대 방안, 민관 협력 사회적 대화 모델 개선 방안 등을 벼릴 필요가 있다. 아울러 헌법기구인 민주평화통일자문회의를 통한 국내외 코리안 네트워크 활성화와 남북 합의 이행을 포함한 대북정책 추진 기반 확대 노력을 병행할 필요가 있다.

〈주〉

1) 이 글에서 조선민주주의인민공화국은 문맥에 따라 '북한' 또는 '북'으로 약칭한다. 대한민국은 문맥에 따라 '한국' '남한' '남' 따위로 약칭한다.

2) 남과 북은 1991년 12월13일 합의한 "남북 사이의 화해와 불가침 및 교류·협력에 관한 합의서" 서문에서 양자 관계를 "쌍방 사이의 관계가 나라와 나라 사이의 관계가 아닌 통일을 지향하는 과정에서 잠정적으로 형성되는 특수관계라는 것을 인정하고, 평화 통일을 성취하기 위한 공동의 노력을 경주할 것을 다짐"했다. 이를 '통일지향 특수관계'라고 한다. 남북 경제 교류를 '민족내부거래'로 간주해 관세를 매기지 않는 등 남북 교류협력 전반에 폭넓게 근거로 삼는다.

3) 헌법재판소, 1993.7.29. 92헌바48, 1997.1.16. 92헌바6, 2000.7.20.. 98헌바63; 대법원, 2008.4.17. 판결 2003도758 등 참조.

4) 이제훈, 〈노태우 정부의 북방정책과 비대칭적 탈냉전: 남·북·미 3각 관계와 3당 합당의 영향을 중심으로〉, 북한대학원대학교 박사학위논문, (2016년 1월), p. 155

5) 국가보안법은 제2조에서 "반국가단체"를 "정부를 참칭하거나 국가를 변란할 것을 목적으로 하는 국내외의 결사 또는 집단으로서 지휘통솔체제를 갖춘 단체"라고 규정하고 있다. 남북교류협력에 관한 법률(남북교류협력법)은 1조에 "군사분계선 이남지역과 그 이북지역 간의 상호 교류와 협력을 촉진하기 위하여 필요한 사항을 규정함으로써 한반도의 평화와 통일에 이바지하는 것"을 목적으로 규정해놨다.

6) 조봉암은 자신이 창당을 주도한 진보당의 '평화통일' 강령이 국가보안법 위반이라는 혐의로 사형을 선고받아 1959년 7월31일 교수형에 처해졌다.

7) 장준하는 1975년 8월 17일 경기도 포천시 약사봉에서 주검으로 발견됐다. 당시 박정희 정부는 실족사라고 발표했으나, 정권에 의한 타살 의혹은 잦아들지 않고 있다.

8) 2020년 4~5월의 '김정일 건강이상설·사망설'의 경과와 그 의미 맥락을 구체적으로 살펴 려면, 이관세 등, 〈북한 허위정보에 대한 다층적 분석과 이해〉, 경남대 극동문제연구소 (2020) 참조.

9) '평화·통일비전 사회적 대화 전국시민회의'는 진보·보수·중도 시민단체, 종교계(7대 종단) 등으로 이뤄진 정파·진영·종교·세대 초월을 추구하는 민간협의기구로 2018년 11월 발기인 대회를 거쳐 2019년 30일 공식 출범했으며, 2021년 7월5일 '통일국민협약' 최종안을 통일부장관한테 전달했다. 《한겨레》, "시민 6118명이 63번 대화해 도출한 '한반도 미래상' 나왔다" (2021.07.05.) https://www.hani.co.kr/arti/politics/defense/1002 158.html.

10) 당시 접경지역민과 지자체의 주요 움직임을 꼽으면 이렇다. 2020년 6월5일 접경지역시장 군수협의회 대북정단 살포 중단 건의문 통일부 전달, 2020년 6월12일 경기도 대북전단 살포자 접경지역 출입금지 등 단속·수사 방침 발표, 2020년 10월 접경지역 주민 3111명 '남북관계발전법' 개정안 입법 촉구 청원, 2020년 12월 접경지역 이장단 '남북관계발전법' 개정안 국회 본회의 통과 환영 성명 등.

11) 남북 국회회담 추진과 관련해선 12대 국회 때인 1985년 두차례의 예비접촉 뒤 중단됐고, 13대 국회 때인 1988~1990년 10차 준비접촉까지 이어졌으나 역시 국회회담으로 결실을 맺지 못했다.

12) 《한겨레》, "'김일성 회고록'을 대하는 국민의힘의 놀라운 변화"(2021.04.27.) https://www.hani.co.kr/arti/politics/defense/992730.html.

참고문헌

헌법재판소, 1993.7.29. 92헌바48, 1997.1.16. 92헌바6, 2000.7.20.. 98헌바63; 대법원, 2008.4.17. 판결 2003도758.

이관세 등, 〈북한 허위정보에 대한 다층적 분석과 이해〉, (경남대 극동문제연구소, 2020)

이제훈, 〈노태우 정부의 북방정책과 비대칭적 탈냉전: 남·북·미 3각 관계와 3당 합당의 영향을 중심으로〉, 북한대학원대학교 박사학위논문, (2016년 1월)

《한겨레》, "시민 6118명이 63번 대화해 도출한 '한반도 미래상' 나왔다", (2021.07.05.) https://www.hani.co.kr/arti/politics/defense/1002158.html.

《한겨레》, "'김일성 회고록'을 대하는 국민의힘의 놀라운 변화", (2021.04.27.) https://www.hani.co.kr/arti/politics/defense/992730.html.

대전환시대, 한반도 평화의 새로운 길

1쇄 인쇄 2022년 2월 11일
1쇄 발행 2022년 2월 16일
지은이 | (사)동북아평화경제협회
발행인 부성옥
발행처 도서출판 오름
등록번호 제2015-000047호 (1993. 5. 11)
주 소 서울특별시 중구 필동로 19 삼가빌딩 4층
전 화 (02) 585-9123 / 팩 스 (02) 584-7952
E-mail oruem9123@naver.com

ISBN 978-89-7778-519-9 93340
* 값은 뒤표지에 있습니다.